地域政治文化論序説
― 滋賀県の政治風土研究 ―

大橋 松行

はしがき

　私は，学部生のときから政治に関心をもっていたが，それは主として政治思想史の分野に関するものであった。それゆえ，大きな迷いもなく日本政治思想史がご専門の西田毅先生のゼミに所属した。西田先生は福沢諭吉や徳富蘇峰など，主として明治期の政治思想についてご研究しておられた。当時の私は，明治期から昭和初期の社会主義思想に興味があったので，卒業レポート（当時，同志社大学法学部は卒業論文がなかったと記憶している）は北一輝の国家社会主義について書いた。4回生の途中で，先生は長期研究のためイギリスに行かれたので，以後直接ご指導を受けることができなくなった。

　卒業後，私は別の大学院へ進学したが，そこでは主として社会学を学んだ。学部生時代，社会学については一般教養科目の「社会学」しか履修していなかったので，ほとんど「いろは」からのスタートであった。大学院では，私の母校からウェーバー研究の権威である脇圭平先生を非常勤講師としてお招きいただくなどして，大変な便宜を図っていただいた。このご配慮にはいまでも深く感謝している。修士課程は社会思想がご専門の野村博先生のご指導を受け，修士論文として「国家の本質に関する一考察―国家社会学的構想」を書いた。博士後期課程では官僚制社会学がご専門の筆谷稔先生のご指導を受けることになった。筆谷先生は政治社会学にもご造詣が深かったので，先生のご指導を受ける過程で現代日本政治（とくに身近な政治である地域政治）に関心をもつようになったのである。このころには，少しは社会学的な視点から社会・政治現象を考察できるようにもなっていた。

　私が本格的に地域政治について研究することになったのは，1981年に政治社会学研究会が発足して，4年間事務局を担当したことが大きく影響している。この研究会は，当時奈良女子大学文学部教授の間場壽一先生，神戸大学教養部教授の居安正先生，京都府立大学文学部教授の高島昌二先生，それに

筆谷先生の4人が中心となってつくられたのである。年に何回か研究会が開催され，そこで政治社会学に関する研究発表が行われる。私は，毎回事務局担当として参加する中で大いに知的刺激を受け，次第に興味・関心がふくらんでいったのである。いまでは私にとって最も身近な生活圏である滋賀県の政治現象，とりわけ各級選挙を研究することがライフワークとなっている。その意味で，私をここまで導いていただいた故筆谷先生はじめ，諸先生方に深く感謝する次第である。

　さて本書は，序章と終章を除いて，私がこれまでに発表してきた諸論稿をまとめたものである。そのほとんどは，1980年代に執筆したものであるため，文章の表現はいずれも当時の視点から社会・政治現象をとらえたものとなっている。内容的には，主として1970年代後半から80年代後半の滋賀県の地域政治を対象としており，その意味では歴史的色合いの濃いものである。本書を構成する諸章の初出は，次のとおりである。なお，これらを本書に収録するに当たって，一部改題し，あるものは文体や註の形式を統一するなど必要な加筆・修正を行ったが，内容についての加筆・修正は，主旨や歴史性を損なわない範囲内にとどめた。

　序　章　書き下ろし。
　第1章　「農村社会の政治風土(3)──戦後農政と農村・農民の対応を中心に」佛教大学社会学研究会『佛大社会学』第10号，1985年3月。
　第2章　「農村社会の政治風土(2)──自治会・町内会の機能的多元性と政治的保守性を中心に(I)」佛教大学社会学研究会『佛大社会学』第9号，1984年3月。
　第3章　「農村社会の政治風土(5)──自治会・町内会の機能的多元性と政治的保守を中心に(II)」佛教大学社会学研究会『佛大社会学』第12号，1987年3月。
　第4章　「農村社会の政治風土(4)──地方議員の比較分析」佛教大学社会学研究会『佛大社会学』第11号，1986年3月。

第5章 「農村社会の政治風土(1)―滋賀県湖北地域の地元意識と政治的保守」佛教大学社会学研究会『佛大社会学』第7号，1982年3月。

第6章 「共闘形態における〈滋賀方式〉―組織過程論的視座からの分析」佛教大学学会『佛教大学大学院研究紀要』第9号，1981年3月。

第7章 「生活文化と政治文化の接合点を求めて―滋賀県湖北地域での予備的考察」水谷幸正編集代表『社会学の現代的課題』（筆谷稔博士追悼論文集）法律文化社，1983年。

第8章 「投票行動様式にみる湖国の選挙風土―湖北地域の政治的保守主義を中心に」滋賀県近代史研究会『滋賀近代史研究』創刊号，1984年12月。

第9章 「湖国における'86衆参同日選挙の分析」滋賀県近代史研究会『滋賀近代史研究』第3号，1987年12月。

終　章　書き下ろし。

補　章　「地方政治家の後継者指名」地方自治研究会編『地域社会の政治構造と政治意識 解析編』（文部省科学研究費調査報告書，代表：居安正大阪大学教授，研究課題番号63301023）1992年3月。

　なお，本書の出版に当たっては，サンライズ出版㈱社長の岩根順子さん，専務の岩根治美さん，およびスタッフの皆さんには大変お世話になった。また，前滋賀県立大学職員の米田紀代子さんには原稿の打ち直し作業をしていただいた。サンライズ出版からはこれで3冊目となるが，今回も研究書という市場原理にはそぐわない書物を快くこの世に出していただけることに心から感謝し，厚くお礼を申し上げたい。

2006年9月
　　　　　　　　　　黄金の稲穂がたなびく初秋の候に
　　　　　　　　　　　　　　　　　　　大　橋　松　行

目　次

はしがき

序　章　地域政治文化論の基本的視点と研究対象
　第1節　本研究の基本的視点……………………………………………… 12
　第2節　1970年代後半から80年代後半の日本社会・政治の諸特徴……… 14
　第3節　本書の構成………………………………………………………… 16

第1章　戦後農政と農村・農民の対応
　第1節　自民党政権下での農村政治……………………………………… 26
　　　　　戦後農政の軌跡／農業問題に関する衆議院議員の意見／戦後農政に対する農村の対応
　第2節　総花的補助金政治と米価，土地改良事業，農村整備事業……… 35
　　　　　生産者米価／土地改良事業
　第3節　農村環境の総合整備問題………………………………………… 37

第2章　自治会・町内会の機能的多元性
　第1節　分析のねらいと視点……………………………………………… 44
　第2節　自治会・町内会の意味づけと地域の政治・行政への関心……… 45
　　　　　自治会・町内会活動への参加状況／自治会・町内会の意味づけ（機能と役割期待）／県に対する苦情・要望等の伝達方法／地域の政治・行政への関心度
　第3節　湖北農村の特徴…………………………………………………… 57
　　　　　産業別・年齢別人口構造の特徴／湖北農業の特徴

第3章　農村社会における政治の論理
　第1節　日本の保守政治の構造…………………………………………… 72
　第2節　地元民主主義と利益誘導型政治………………………………… 75
　第3節　地域住民の生活空間理解………………………………………… 78
　第4節　地方選挙における「ムラぐるみ選挙」………………………… 81

第4章　地方議員にみる地域特性
- 第1節　問題の所在 …………………………………………………… 90
- 第2節　年齢構成 ……………………………………………………… 91
- 第3節　学歴構成 ……………………………………………………… 91
- 第4節　職歴構成 ……………………………………………………… 93
- 第5節　活動歴（役職歴）構成 ……………………………………… 96
- 第6節　政党役員・労組役員の経歴をもつ地方議員 ……………… 103
- 第7節　公務員出身議員・初当選議員について …………………… 105

第5章　農村社会の政治風土
　　　　―滋賀県湖北地域の地元意識と政治的保守―
- 第1節　問題の所在 …………………………………………………… 112
- 第2節　衆参同日選挙にみる湖北地域の政治図式 ………………… 115
　　　　同日選挙における湖北地域での焦点と問題点／各党派・勢力の
　　　　選挙別得票状況
- 第3節　地元票の構造の推移 ………………………………………… 123
　　　　地元選出候補・議員の推移／地元候補の得票構造の推移／地元
　　　　票の流出状況の推移

第6章　共闘形態としての〈滋賀方式〉
　　　　―組織過程論的視座からの分析―
- 第1節　問題の所在 …………………………………………………… 136
- 第2節　反自民勢力の組織化と統一候補擁立過程 ………………… 141
　　　　滋賀県における政治組織と労働組合組織の状況／滋賀労働4団
　　　　体の結束過程／滋賀労働4団体の組織的対応過程／野党各党の
　　　　組織的対応過程／7者共闘による反自民勢力結集過程
- 第3節　選挙運動時における諸組織の役割と機能 ………………… 150
- 第4節　総括と今後の展望 …………………………………………… 151

第7章　生活文化と政治文化の接合点を求めて
　　　　―滋賀県湖北地域での予備的考察―
- 第1節　問題の所在 …………………………………………………… 162

第2節　対象としての湖北地域の位置づけと分析視座 ……………… 167
　　　　地域と生活圏／湖北地域の位置づけと文化的特性／政治体系と
　　　　分析視座
第3節　政治文化と地元意識 ……………………………………………… 178
　　　　現象としての政治的保守主義／本質あるいは原理としての政治
　　　　的保守主義／地元意識と政治的保守主義

第8章　湖国滋賀の選挙風土
　　　　―湖北地域の政治的保守主義を中心に―

第1節　政治的保守主義と政党の類型化 ………………………………… 192
第2節　参議院議員通常選挙にみる政治特性 …………………………… 198
第3節　第37回衆議院議員総選挙の結果分析 …………………………… 213
第4節　湖北地域の政治的保守主義と〈湖北の復権〉思想 …………… 218
第5節　まとめにかえて―中期的将来の展望 …………………………… 222

第9章　滋賀県における'86衆参同日選挙の分析

第1節　はじめに …………………………………………………………… 230
第2節　滋賀県における今次同日選挙の特徴 …………………………… 233
第3節　武村正義の描いたシナリオと現実 ……………………………… 239
　　　　中道・革新主軸から自民・中道主軸さらに自民党主軸への政治
　　　　姿勢の転換／共産党との決別＝共産党の野党宣言／自民党に入
　　　　党・公認申請・知事辞表提出・衆議院選挙出馬表明／後継知事
　　　　の指名・知事辞任／無所属での出馬・自民党公認での当選
第4節　武村県政以降＝政党の多党化時代の有権者の推移 …………… 244
第5節　党派別基礎票の絶対得票率 ……………………………………… 247
第6節　基礎票における得票数と絶対得票率の指数 …………………… 251
第7節　今次同日選挙における各候補者の得票数・絶対得票率 ……… 253
第8節　武村旋風の意味するもの ………………………………………… 257
第9節　今次同日選挙における政党支持率と各党の絶対得票率 ……… 266
第10節　まとめにかえて ………………………………………………… 268

終　章　本研究のまとめと今後の研究課題
　第 1 節　各章のまとめ …………………………………………… 280
　　　　　　第 1 章のまとめ／第 2 章のまとめ／第 3 章のまとめ／第 4 章の
　　　　　　まとめ／第 5 章のまとめ／第 6 章のまとめ／第 7 章のまとめ／
　　　　　　第 8 章のまとめ／第 9 章のまとめ
　第 2 節　今後の研究課題 ………………………………………… 294

補　章　地方政治家の後継指名
　第 1 節　問題の所在 ……………………………………………… 300
　第 2 節　後継指名の実態 ………………………………………… 303
　　　　　　後継指名率／地方政治家をとりまく社会関係／後継指名者と地
　　　　　　方政治家の種別
　第 3 節　後継指名のメリット …………………………………… 312
　　　　　　地方政治家の種別にみる後継指名のメリット／所属政党別にみ
　　　　　　る後継指名のメリット／指名者別にみる後継指名のメリット
　第 4 節　後継指名意思 …………………………………………… 316
　　　　　　地方政治家の種別にみる後継指名意思／性別にみる後継指名意
　　　　　　思／所属政党別にみる後継指名意思／地域推薦の有無別にみる
　　　　　　後継指名意思／後継指名有無別にみる後継指名意思
　第 5 節　まとめにかえて ………………………………………… 323

資　料 ……………………………………………………………… 329
　地方議員アンケート調査
　自治体首長アンケート調査

索　引 ……………………………………………………………… 343

序章
地域政治文化論の基本的視点と研究対象

第1節　本研究の基本的視点

　政治とは何か。それは、「古い慣習や伝統の力ではもはや利益の統合が不可能になる程度に、個人やグループの利益の分化が進行した社会において、単独者の恣意やイデオロギーや不当な実力行使によらず、不断の利益の調整を行なわなければならないところでは、どこでも必要となる人間活動であり、『わざ』である」[1]。つまり、「政治は社会の諸集団・諸階層のあいだに利害や要求、意見や主張の対立・衝突が生じたとき、それを調整し安定した社会生活を作り上げようとする制御技能にほかならない」[2]。

　このように、対人的勢力関係を重視する立場から政治を定義すると、それは優れて人間的な現象であって、各種の組織や地域社会、小集団にいたるまで、あらゆる人間の集合体に見出される秩序形成の作用であるといえる。この定義は、事実上の政治過程を構成する諸要素、すなわち、個人、集団、制度の相互作用に注目し、政治現象を社会生活の具体的諸相との関係でとらえる政治社会学の視点に立脚している[3]。

　政治をこのように定義づけると、政治は人間の社会生活のさまざまなレベルに存在することになる。例えば、第一次的接触の小世界における政治（＝「微視政治（micro-politics）」）[4]、国家や国際社会など規模の大きな全体社会レベルにおける紛争解決の方途としての政治[5]（＝「巨視政治（macro-politics）」）、そして、前二者の中間レベルの政治（＝「中間政治（mezzo-politics）」）が考えられる。

　本研究は、基本的に前述の政治社会学の視点から行う。また、ここで研究の対象としているのは地域社会の政治、すなわち「中間政治」である。間場壽一の指摘にあるように、地域政治が研究対象となりうるには、国政レベルや自治体レベルとは違った独自の自律的領域たりうることが必要である。これまでの地域政治の多くは、自治体単位の行政圏を分析の対象としてきた。確かに、自治体は地域生活に直接、間接に関わりをもつ政策決定に影響を与えるため、それは地域政治の重要部分を占めている[6]。

しかし，同時に，地域住民にとって具体的な生活圏においても政治が存在するわけで，それにも目を向ける必要がある。ひとつは，自治体よりもミクロなコミュニティの日常生活場面における政治であり，もうひとつは基礎自治体の範域を超えて存在する広域生活圏における政治である。とくに後者は，国政レベルの政治と基礎自治体レベルの政治の結節点として重要な意味をもっている。

本研究では，後者の政治について考察することに主眼を置いているが，考察の方法的視点は，D.イーストンの政治体系モデル[7]に依拠しつつ，地域政治をひとつの政治システムとして捉え，国政および広域自治体の諸領域を，システムを囲繞する環境的諸条件として措定し，これらとの関係性において地域政治を考察するとともに，他方で，個々の地域政治システムに内在する構成諸要素を政治的相互作用のひとつのセットとして位置づけて，地域政治内部の特質を析出するというところに置いている。

もとより，地域社会に現出する政治現象は一様ではない。政治現象のあらわれ方の差異を規定するのは，単に文化的な違いだけではない。歴史的・行政地理的要因などのさまざまな要素が作用する。ここでは地域政治相互の比較分析という手法を用いて特定の地域政治の特質（主として政治文化[8]の特性）を析出することにあるが，その際，比較の基準を一元的に設定するのではなく，多様な視角からする比較を組み合わせることによって，多面的に地域特性を導き出すことにする[9]。

さて，本研究で具体的に研究対象としているのは，主として滋賀県湖北地域である。当該地域の政治文化の特性を，主として1970年代後半から80年代後半という限定された時期区分において考察している。それは，この時期が戦後の日本政治の変動を社会的，経済的な変動との関連で分析するうえで，他の時期とは区別される特徴を有しているからである。次節でこの時期の諸特徴を簡潔に述べておくことにするが，本研究が何がしかの意義をもつとすれば，それは，これまで湖北地域（もっと広く滋賀県）を対象としたこの種の研究が行われていなかったことにある。

第2節　1970年代後半から80年代後半の日本社会・政治の諸特徴

　1973年の「第1次石油ショック」によって，日本経済は大打撃をうけ，高度経済成長に終止符を打った。それは，開発と効率の観点から物質的価値を追求しつづける経済至上主義の破綻を意味した。以後，日本は低成長期に移行するが，1970年代後半から80年代にかけて，日本社会はポスト高度成長期における産業社会の安定成長期を迎えることになる。

　この時期には国民の生活に対する価値志向にも変化が認められる。総理府の国民生活に関する世論調査によると，70年代前半までは「物の豊かさ」志向であったのが，70年代後半には「物の豊かさ」と「心の豊かさ」が拮抗し，80年代からは「心の豊かさ」志向が増加し続けている。これは一見，日本人の脱物質主義志向のようにみえるが，年齢別にみれば，脱物質主義志向と加齢との間に相関関係があり，ここからは若年層の脱物質主義志向はみられない。見方を変えれば，若年層ほど依然として物質主義志向的なのである。

　経済の安定成長は，再び日本を「豊かな社会」の到来へと導いた。それはまた，「当該社会の共通目標が希薄化し，社会を維持し，存続させるための伝統的社会的価値の重みが相対的に低下し，代わって社会よりも個人を重視した価値志向」[10]の顕現を結果した。すなわち，集団・社会に対する関心の希薄化と「自己」に対する意識の集中である。大山七穂は，「個人志向化は社会や政治への興味・関心を低下させ，政治アリーナからの撤退に結びつく」[11]と指摘しているが，それはその後の各級選挙における投票率低下現象となって具現している。

　では，当時の日本の政治状況はどのようなものであったのか。1980年6月，国政レベルでは初めての衆参同日選挙が行われ，自民党が圧勝して，70年代の「保革伯仲」の政治状況から「保守回帰」現象をもたらした。83年12月の衆議院選挙で自民党は過半数の議席を獲得できず，新自由クラブと連立内閣を組んだが，86年7月の2度目の衆参同日選挙で自民党は再び圧勝し，「86年体制」と呼ばれる政治状況を現出した。この政治現象は，国民の生活保守

主義に対応するものである。村上泰亮は,「既得権益維持」という視点から,このことに関して次のように述べている。「保守回帰現象の主な原因は,伝統志向ないしナショナリズムの高揚ではない。70年代の自民党が,都市消費者という新しい『顧客』にも目を向けて,『豊かな社会』の状況を日本で完成させたことが,自民党支持の増加となって結実したとみるべきだろう。……,1970年代の日本は,世界でも最も快適な生活環境を提供しているといっても過言ではない。このような判断は,停滞する他国の状況が明らかとなり,高成長期にみられた期待水準の膨張が鎮静するに及んで,日本人の間に定着したのである。脱イデオロギー化し保身化した新中間大衆が,政権担当政党の支持に向かったことは,むしろ当然というべきだろう」[12]。高畠通敏も,1970年代末の成熟社会化時代の保守化を構成する要因は,明らかに高度成長時代の保守化とは,ベクトルが異なっているとして,かつての物的福祉や経済的利益に代わって,心の満足や生きがい,アイデンティティがより大きなウエイトを占めていると指摘している[13]。

つまり,「急速に進む社会変動に直面して,自民党は都市自営業者や農村に代表される伝統的な支持層だけでなく,都市消費者にもウィングを広げ,広範な諸階層・諸集団の利益・権益を集約する利益指向型包括政党に転身することによって新中間層の利益保身性をつなぎとめ,支持基盤の維持に成功した」[14] のである。しかし,反面で「自民党政権は,有権者の支持をつなぎとめるために公的資金を地域と業界に誘導・配分する必要に迫られ,さまざまな社会開発政策の実施に向かっていった」[15] ことも,また事実なのである。

以上がナショナルレベルにおける時代背景の概略であるが,この時期は,選挙制度上は「中選挙区制」の時代であり,戦後日本の政党政治の歴史的流れからみると〈政党の多党化時代〉に対応し,滋賀県政においては武村県政期(1974〜86年)に該当する。これらのことを念頭に置きつつ,次節で各章の考察のねらいと分析の基本的視点について概括しておく。

第3節　本書の構成

　各章の考察のねらいと分析の基本的視点は，次のとおりである。

　第1章での主眼は，「農村は保守の地盤」とされる要因を，主として戦後日本の経済社会変動と，それに対応する自民党政権の一連の農業・農村政策とを相互に関連づけながら析出することにある。その際，自民党の対農村・農民政策の戦略および農村・農民の自民党政権への対応の仕方に焦点を当てて考察する。

　第2章での主な目的は，滋賀県内で実施された各種世論調査に依拠して，自治体と住民との媒介組織である自治会や町内会が，農村的な地域社会（具体的には滋賀県湖北地域）で現実に果たしている組織的機能，および地域住民の自治会・町内会に対する役割期待の特質とその背後に存在する要因を，都市的な社会（具体的には滋賀県湖南地域）におけるそれとの比較分析を通じて析出することにある。ここでは，自治会・町内会はそれ自体さまざまな社会的機能を果たしているとともに，他面で多分に政治的機能をも果たしている「中間集団（intermediate group）」であるとの認識を前提にして，主として湖北地域における自治体・町内会のあり方やその必要性を地域住民の意識や行動の視点からとらえるという方法を用いている。また，この視点は，政治的系列化の関係を縦糸に，機能的代替関係を横糸にした網状の複雑な構造を有している無所属政治の実態を，いいかえれば，日本の保守政治（＝草の根保守主義）の底辺構造の実態を明らかにするひとつの方向性をもっている。

　第3章では，主として日本の保守政治を構造的に解明することに主眼を置いている。日本の政治構造は国政レベルにおける政党政治と地方レベルにおける無所属政治の二元構造に特徴があると指摘される。いわゆる政党化の逆ピラミッド現象であるが，それは保守政党である自民党に著しい。自民党の場合，国会議員とりわけ衆議院議員を頂点とする人的つながりに重点を置いた形でタテの系列化によって地方組織は形成されている。したがって，政治

文化としての草の根保守主義の構造的解明を行うには，町村レベルにおける地方議員や末端運動員の役割行動を政治的系列の脈絡で考察することが必要である。それはまた，保守政党としての自民党がなぜ長きにわたって政権党であり続けることができたのか，その政治力の源泉を解明することにも関わってくる。ここでは自民党と地域社会において社会的なものを政治的なものに置き換える転轍手の役割を果たしてきた地方議員や自治会役員，地元有力者および自治会・町内会との関係に焦点を絞って，生活文化との相互規定性の視座から考察する。

　前章では，生活文化との相互規定性の視座から政治文化としての草の根保守主義について考察した。そこで第4章では，それを受ける形で地方議員，とりわけ基礎自治体レベルの議員の属性と社会的背景を考察する。これまでの考察から，草の根保守主義は，政権党である自民党の戦後農政における総花的補助金政治と，それを末端において遂行してきた地域社会の包括的代表機関である自治会・町内会および特定の職能集団との絶えざる相互作用によって結果したものである。具体的かつ直接的な利益の配分と，その見返りとしての自民党への支持，選挙時における自民党および自民党系無所属候補への投票といった「現世利益」的な政治的関係の構造化である。このような政治的関係を媒介している主要な中間項が，中間集団としての包括的代表機関である自治会・町内会，あるいは地域の職能集団に対して日常的に直接コミットできる位置にあり，実際，さまざまな機会を通して接触を図っている地方議員なのである。そのような位置づけがなされる地方議員（とくに湖北地域）の属性や社会的背景を，年齢，学歴，職歴，活動歴（役職歴）において考察するとともに，政党役員・労組役員の経歴をもつ議員，公務員出身議員，初当選議員についても都市社会（具体的には大津市）との比較において考察を行う。ここで考察の対象としているのは，1980年代初頭の地方議員である。

　第5章での主な目的は，農村社会の政治風土（より限定的には地元意識と政治的保守）の変容過程を漸進的な政治変動の過程として歴史的連続性の中

でとらえることにある。政治文化はその性格上，基本的に秩序志向を傾向性としてもつが，それはまた，政治教育という過程を通じて変容し，新たに創造される。その変化は，政治変動と深くむすびついているが，重要なことは，石田雄が指摘するように，歴史の発展の中で，どの点に連続性を見出し，どの点にどのような形での変化を見出すかということである。また，ここで考察の対象とする農村社会とは具体的に滋賀県湖北地域のことであり，当該社会における政治体系である。もとより，当該社会における政治体系は国家レベルおよび広域自治体レベルの政治体系の下位体系として位置づけられるものであるから，両者の関係は相互連関的である。しかし，その社会がそれを包摂する全体社会からの影響を受けながらも，相対的にではあるが，その社会独自の地域特性を具備し，多少の変化をともないながらも，その特性を維持・存続させてきているということを社会的事実として認識する必要がある。同時に，当該社会に位置づけられる政治体系（基礎自治体レベルおよび，それと広域自治体との中間に位置づけられる地域社会レベルの政治体系）も相対的独自性をもつとの認識が必要である。この章では，そのような視点から考察する。

　第6章では，1980年6月に行われた衆参同日選挙の際に，滋賀県で展開された中道・革新型選挙協力としての〈滋賀方式〉について考察する。参議院地方区でこのような協力形態が形成されたのは滋賀，岩手，山形，徳島，高知の5選挙区であるが，成功したのは滋賀選挙区のみであった。では，なぜ滋賀では成功したのか，その勝因はどこにあったのか。多次元にわたる勝因の中から，とくに政党と労働組合という，本然的に異なった組織構造と機能を有する2つの組織が，なぜ協力体系を構築できたのか，それが議席獲得に向けてどのように効果的に機能したのかということに限定して，組織過程論および組織運動論の視座から分析を試みることに主眼を置いている。

　第7章では，一般文化とりわけ生活文化との関連で政治文化の問題を考察することに主眼を置いている。一般文化に関しては，主としてNHK放送世論調査所の『全国県民世論調査』（1979年）結果を重視している。この調査

では，日本人の意識には，ある性・年齢層の人びとにとっては地域を越えて共通であるが，他の性・年齢層の人びととは異なる「性・年齢の文化」と，性・年齢別にはたいした差はないが，県などの地域によって異なる「地域的な文化」とがあるということが明らかにされた。また，地域差が大きいのは生活意識と郷土意識の領域であることも明らかにされた。このような調査結果を重視する立場に立てば，生活意識と政治行動との連関分析は「文化の地方性」を加味して行うことが要請される。ここでは生活意識が必ずしも直線的に政治行動と結びつくとは限らないとの認識を前提とすれば，生活意識と政治行動とを結びつける誘因（媒介的要因）を設定する必要性がでてくるのであるが，ここでは「地元意識」を媒介変数として位置づけている。

　文化において地域特性が存在する以上，「文化としての生活」と「文化としての政治」とは必ずしも同一の方向性を示すとは限らないし，また，それで両者の間に矛盾が存在するというものではない。生活文化にしろ，政治文化にしろ，それらは個々の人びとが共有していると思われる私的な経験や生活史，あるいは公的経験の累積物・産物の歴史的・伝統的パターンである。だが一般的には，生活文化と政治文化とはほぼ同一の方向性を示していると考えられるし，多くの地域，とくに農村社会では保守主義としての志向性を共有していると考えられる。そこで，具体的に生活文化的にも政治文化的にも保守主義として位置づけられる滋賀県湖北地域に焦点を当てて，地域特性としての保守主義を実証的に解明することにする。その際，地元意識という概念を媒介変数として用いることにする。

　滋賀の政治風土は「保守的」だとか，滋賀県は「保守王国」だとかいわれる。しかし，現実には県北部と県南部とでは，人びとの生活文化に違いがあるように政治文化においても大きな差異性がある。前章での考察によって，湖北地域には独自の政治的保守主義が存在することが明らかになった。そこで第8章では，国政選挙における湖北有権者の投票行動様式と大津市有権者のそれとを比較分析することによって，さらに湖北地域の政治的地域特性を明らかにすることを主な目的とする。

ここで考察の対象とする国政選挙とは，1983年6月に執行された第13回参議院選挙と1983年12月に執行された第37回衆議院選挙である。参議院選挙の場合，この選挙から全国区制にかわって拘束名簿式比例代表制が導入された。この制度の大きな特徴は，個人ではなく政党が選挙の主体となる政党本位の選挙制度だということである。この新制度が，湖国政界に与えたインパクトや特徴を主として有権者の投票行動様式やその結果としての各政党の得票構造を分析することによって析出する。その際，政党を保守・中道・革新という旧来の類別によるだけでなく，組織原理からの類別，すなわち，議員政党，組織政党，市民政党に類別して，大津市との比較において湖北地域の政治的保守主義の特性を考察することにする。

　この組織原理からの類別は，一方において戦後日本の政党政治の歴史的流れにほぼ対応している。議員政党は1955年の保守合同，左右両派社会党統一による〈自社二大政党時代〉に，組織政党は1960年代後半以降の〈野党の多党化時代〉に，そして市民政党は1970年代後半以降の〈政党の多党化時代〉に対応する形で現出している。他方で，この歴史的過程は，国民の政治参加への自覚の高まりに基づく参加民主主義の発展過程と理解することができる。そのような理解に基づくと，政党の近代化および国民の政党支持の態度における脱政党化や市民政党への志向は，その大枠において，政治における〈ムラ〉的状況の拒否と〈脱政治的保守主義〉のプロセスと軌を一にしていると考えられる。これは政治文化の維持と変容に関わるものであり，そこでの問題は，維持と変容のメカニズムを明らかにすることである。

　また，衆議院選挙の場合，選挙直前に公職選挙法が「改正」されて選挙運動の規制が強化されたことと，田中一審有罪判決をうけての選挙であったため，政治倫理が争点となった点に特徴がある。この選挙に自民党田中派から山下・川島両候補が自民党公認で出馬したのであるが，それに対する有権者の反応，とりわけ湖北地域でのそれを，政治文化の維持と変容の問題として取り上げて考察する。

　第9章では，選挙史上2度目の衆参同日選挙（1986年7月執行）の際に，

武村の知事からの衆議院選挙転身出馬によって無風選挙区から一転して超激戦区となった衆議院滋賀選挙区の選挙情勢の分析と〈滋賀方式〉が復活した参議院選挙の考察に主要な目的がある。この両選挙の考察は，湖北地域の政治文化の変容システムの考察でもある。武村の衆議院選挙参入と当選によって湖北地域の政治図式は大きく変化した。しかし，変化に乏しい政治的側面も存在している。何が変化・変容し，何が維持されているのか，それを析出することにする。

補章では，地方自治研究会（代表：居安正大阪大学教授）が1988年から1991年まで文部省より科学研究費助成を得て，近畿圏を中心に行った地方議員および自治体首長と有権者を対象とする調査（「地域社会の政治構造と政治意識の総合研究」）に基づいて，①後継指名の実態，②後継指名のメリット，③後継指名意思の有無について考察することが主な目的である。この章を設定したのは，共同研究での調査対象の中に滋賀県の自治体が複数含まれているからである。

まず，後継指名の実態については，次の点について考察を行う。第1は，後継指名率の高さを議員および首長の種別，性別，出生地，所属政党，初めての公職に就く前の職業，最終学歴などのデモグラフィック要因，および団体加入，団体役職経験といった基本的項目との関係において考察する。第2は，議員および首長をとりまく社会的環境を後継指名との関わりにおいて考察する。次に，後継指名のメリットについては，後継指名の三バン（地盤，看板，カバン）に対する有効度を議員および首長の種別，所属政党，後継指名の主体において考察する。また，後継指名意思については，地方政治家の現職引退時における後継指名に関わる政治的態度を考察する。その際，意識の事実と行動の事実との間にはかなり高い相関があると仮定しつつも，必ずしも両者が直接的対応をするというのではなく，それは「各人の意識の内容，構造，力学的特性」（池内一）によって行動の方向や強弱が規定されるとの理解に立って考察を行う。具体的には，後継指名意思を状況規定レベル（主として評価レベル）と準備状態レベル（意思決定レベル）とに分けて，それ

それ「必要―疑問」軸,「指名する―指名しない」軸とを設定して,特徴点を析出することにする。

註
1) 永井陽之助「政治学とは何か」永井陽之助・篠原一編『現代政治学入門』有斐閣,1965年,p.6。
2) 間場壽一「日本政治へのプレリュード」間場壽一編『講座社会学 9 政治』東京大学出版会,2000年,p.1。
3) 間場壽一「地域社会と政治」間場壽一編『地域政治の社会学』世界思想社,1983年,pp.2-3。
4) 永井陽之助「前掲論文」p.7。
5) 間場壽一「地域社会と政治」p.2。
6) 間場壽一「地域社会と政治」pp.3-4。
7) D.Easton, *A Systems of Political Life,* John Wiley & Sons Inc. 1965.(片岡寛光監訳,薄井秀二・依田博訳『政治生活の体系分析・上』早稲田大学出版部,1980年)。イーストンは,政治体系のフローモデルについて,概略次のように説明している。「この分析方法は政治体系の動態的分析を可能にする,というより動態的な分析を必然ならしめる。われわれは,政治体系がそのアウトプットを通じて何ごとかをなすのをみるだけでなく,政治体系によってなされたものがその政治体系の後続の行動に影響をあたえる事実をも認識する。したがってわれわれの立場では,政治過程をとぎれなく結びついた行動の流れとして認識することがきわめて重要である」(p.41)。「政治体系はその環境で形成された『要求』と『支持』をとり込み,それらによってアウトプットと呼ばれるものを産出する。……。つまり,アウトプットは,体系成員が体系に対してもつ支持感情,および体系に対する後続の『要求』の性格に影響をあたえる点に注目すべきである。このようにしてアウトプットはいわば再生した形で体系を還流する」(p.41)。「インプットは体系に対していわば原材料を供給し,体系はこれに働きかけていわゆるアウトプットを生産する。……。『要求』はもともとオーソリティズに向けられるのであるから,この変換過程はオーソリティズに向かって動く。……,『要求』は政治体系の基本的諸活動の引き金役として作用する。一方オーソリティズは,どのような政治体系においても特殊な位置を占め,『要求』のアウトプットへの変換に対して特別の責任を負っている」(p.42)。「アウトプットは,インプットにたえず作用する諸影響に修正を加え,後続のインプットそのものに変更を加えることができる。しかし,オーソリティズがその行動を決定する場合に,それ以前のアウトプットの効果を考慮することが可能であるためには,フィードバック・ループで生じている事態を何らかの仕方で知っているのでなければならない。……。これによってオーソリティズは,フィードバックされる情報をよりどころにして,自らの行動を諸目標の実現のために修正ないし調整することが可能になる」(p.45)。
8) ここでいう政治文化とは,「国民社会の成員のあいだに共有された政治に対する基本的態度(歴史的に形成された政治的価値・信念・感情の伝統的な志向のパターン)のこと」であって,それは「政治過程や政治構造のパターンに一定の秩序と方向性を与える

文化的特性」である（間場壽一「日本政治へのプレリュード」pp.9-10）と理解しておこう。このような理解は，政治文化を一般文化と区別することを意味する。つまり，「政治的指向は，一般文化の諸基準および諸価値だけでなく，外的状況にたいする認識，思考，および適応を包摂しているのだから，それは文化の中のある分化した部分であり，また何らかの自律性をもっている」ものなのである（内山秀夫「政治文化概念の成立と展開」秋元律郎・間場壽一編集『リーディングス日本の社会学 14 政治』東京大学出版会，1985年，p.220）。また，間場は，日本人の基本的な態度を今なお集約的に表現している政治文化は「和の精神」であると述べ，それは闘争を回避し秩序と安定を志向する行動様式であって，「非結社性」「反闘争性」「同調志向」の3つの要素を基本的な原理とするものである，としている（間場壽一「日本人の政治観の基底にあるもの」間場壽一・居安正・高島昌二著『日本政治を読む──その組織と風土』有斐閣，1987年，pp.5-6）。

9) これは，石田雄の次のような示唆に依拠している。「政治現象のあらわれ方の差異を規定するのは，単に文化的なちがいだけではない。社会体制によるちがい，歴史段階によるちがいなどさまざまの要素が作用する。文化の一元的決定論に陥ることをさけるべき理由はここにある。比較の場合の諸基準は，それぞれに一義的であることは必要であるが，そのことは比較の基準がすべて一元的であるべきことを意味しない。むしろ多様な視角からする比較を組み合わせることによって，より有効な分析をなしうるであろう」（石田雄『政治と文化』東京大学出版会，1969年，p.4）。

10) 大山七穂「価値と政治意識」高木修監修，池田謙一編集『政治行動の社会心理学──社会に参加する人間のこころと行動』〈シリーズ 21世紀の社会心理学 6〉北大路書房，2001年，p.80。

11) 大山七穂「前掲論文」p.82。

12) 『村上泰亮著作集 5』中央公論社，1997年，pp.265-266。

13) 高畠通敏『新保守の時代はつづくのか』三一書房，1987年，p.187。

14) 間場壽一「日本政治のプレリュード」p.29。

15) 中道實「ナショナル・ポリティクスの構造変動」間場壽一編『講座社会学 9 政治』p.238。

第 1 章
戦後農政と農村・農民の対応

第1節　自民党政権下での農村政治

1．戦後農政の軌跡

　戦後,とりわけ農地改革後の農村政治は,大まかに区別すれば次の3つの段階に分けることができるだろう。第1の段階は,農地改革から1960年ぐらいまでの時期である。この時期は外交的な面に注視すれば新日米安全保障条約の締結に基づく新日米安保体制および日米経済協力体制確立前の時期であり,経済的には高度成長への離陸期に当たる。この時期の特徴は,農地改革(1946〜50年)によって地主的土地所有制が解体し,それに代って家族労働力による小生産(＝自給的生産)を前提に,土地の所有と耕作との一致を原則とした農民的土地所有制に移行したことである。このように,制度上では自作農化した農民は小土地所有者として保守化し,〈非政治化〉しつつ,土地不足の論理に基づく経営主義的,生活中心的な志向を著しく強めていった。しかし,このような制度的・現象的な「断絶」の根底には,なお意識的な面での「連続」が存在していたといえる。つまり,「意識のうえでは,元地主にも元小作にも,農地改革は終了していないのである」[1]。

　第2の段階は,1960年代から1970年代のはじめぐらいの時期である。この時期には農業基本法が制定され(1961年),それに基づいて〈構造政策〉が展開される。そのねらいが,過小農経営のためにゆきづまった日本農業の体質を改善することによって農業と他産業との所得の均衡を図り,さらに国際的競争に耐えることのできるような農業を生みだすことにあった[2]のか,あるいは,日本資本主義の農業再編と掌握にあったのか,それについての意見は分れようが,具体的には農業構造改善事業を中心に土地基盤整備と,それに結びついた大型機械・設備の政策的推進が行われたのである[3]。

　また,高橋明善によれば,この時期は「高度成長期であり,農民層の分解が進んだ農村の激動期」であって,「地域開発,農基法はどの農村,農業の産業化的近代化施策が,農民に一定の幻想を与えつつ,一方で農村の荒廃化が進みながらも,農民の上層部分をむしろ積極的に保守体制に吸収していっ

た」時期として位置づけられている[4]。

ともあれ，この時期における政府の農政は，農林漁業基本問題調査会が，「所得の均衡という観点から出発し，他産業への農業人口の移動を前提として，経営規模の大きい自立農家を構想し，その自立農家の協業によって新しい日本農業の再建を考えた」にもかかわらず，「実際の対策の中には，兼業農家に対する離農対策が全然具体化されていないし，明確な経営の方向もうち出されていない」[5]状況にあったがために，すなわち，「一方では米と土地の管理をつづけて，農業の密室性を維持したまま，他方で『農業近代化』を推進しようとした」[6]ために，それは農村と農業に明るい展望をもたせるものではなかった。高度経済成長期における日本の農民たちの環境適応能力は，「成長経済にふさわしくあくなき金銭欲として，機械化，施設化，化学化—化学肥料や農薬の大量使用—の全面的な推進として，また生活の電化，洋風化，モータリゼーションの熱心な追求として表現された」[7]が，その結果は「機械化貧乏」や「後継者問題」など，さまざまな農業経営上の矛盾や不安をもたらしたのである[8]。

このような状況は今日まで連続しており，『琵琶湖東北部地域住民意識アンケート調査報告書』（1980年2月）にも，そのことは明確に示されている。ちなみに，農業経営上現在困っていることの第1位は「農機具の購入負担が大きい」（35.9％）という機械化にともなう農業経営の問題であり，以下，第2位が「農産物の価格安定」（21.9％），第3位が「土地改良の遅れ」（13.2％）といった政府の農業政策に関する問題であり，第4位が「後継者がいない」（11.5％）というふうになっている。また，一方における専業化＝企業的農業経営と，他方における兼業化，兼業深化＝〈土地もち労働者〉化といった農民層分解もこの時期に顕著になっている。湖北地域においても，ほぼ1.5haを境に専業化と兼業化が，0.7haを境に兼業化と兼業深化がみられる。

第3の段階は，1970年代前半から今日までの時期である。再び高橋によれば，この時期は，「米の作付調整，石油ショックを経て低成長時代へ移行す

るが，農民の圧倒的多数が労働者化し，農業の『近代化』ということの幻想性が大部分の非農民化しつつある農民にとって明らかになり，開発と低成長の矛盾が農村近代化の幻想をも打ち破り，農村の自民党支持基盤が揺らいでくる時期である」[9]。

2．農業問題に関する衆議院議員の意見

　ここで検証の意味も含めて，「衆議院議員農業問題アンケート調査結果」(『日本農業新聞』1980年1月3日付) から今後の農政の進路と農村における政党の支持基盤について検討しておくことも意義があるであろう。この調査は，日本農業新聞社が1979年11月から12月にかけて衆議院議員全員に対して実施したもので，回答者は317人（62.0%）であった。回答を寄せた議員を党派別にみると自民党109人（42.4%），社会党78人（73.6%），公明党53人（91.4%），共産党41人（100%），民社党29人（80.6%），新自由クラブ2人（50.0%），社会民主連合2人（100%），無所属3人（42.9%）となっている。

　まず「日本の農業の現状」については，「危機的状況にある」とみている議員は184人（58.0%）で，「危機的状況とはいえないが，このままでは危機を招く」（129人，40.7%）を合せると，日本農業の現状に回答者のほぼ全員が危機感をもっていることになる。ただ，危機感の中でも社会党の62人（79.5%），共産党の41人（100%），社会民主連合の2人（100%）は「現状が危機的状態」ととらえているが，自民党の78人（71.6%），新自由クラブの2人（100%）は「このままでは危機を招く」ととらえており，公明党（前者29人，54.7%，後者23人，43.4%），民社党（前者18人，62.1%，後者10人，34.5%）はその中間に位置しているというように，保守・中道・革新で危機感に対するニュアンスの相違がみられる。

　続いて，1980年代の農業政策についての具体的な問題の考え方についてみてみよう。最初に，食糧自給政策については，各党とも「安全保障のため，食糧自給率をさらに高めるべきだ」（288人，90.9%。最も低い自民党は86人，78.9%）という意見を支持している。それに対して，「食糧自給率の向上も

大事だが，国際協調の立場から，必要なものを除き，安い農産物は輸入すべきだ」（24人，7.6％。最も高い自民党は17人，15.6％）という意見は少数である。この食糧自給率との関連で米の生産調整の強化についての意見をみてみると，「目標上積み反対」は96人（30.3％。最も高い社会党は58人，74.4％）で，「目標上積みをし，需給均衡を図るべきだ」とする積極的な調整強化路線派は24人（7.6％。最も高い自民党は22人，20.2％）である。しかし，全体的な傾向としては「目標上積みは反対だが，条件整備をし，自主的に目標を大幅に上回るようにすべきだ」とする意見が多い（128人，40.4％。自民党56人，51.4％，公明党44人，83.0％，民社党16人，55.1％）。また，米の生産調整との関連で，農協が強く主張している飼料米を「生産調整の転作作物にいれ，すすめるべきだ」という積極派は207人（65.3％。社会党59人，75.6％，自民党45人，41.3％，公明党43人，81.1％，共産党41人，100％，民社党17人，58.6％）で，「財政負担，技術上の問題もあり，慎重に扱うべきだ」とする慎重派は73人（23.0％。自民党46人，42.2％，民社党10人，34.5％，社会民主連合2人，100％）となっており，大蔵省など財政当局が主張しはじめた休耕については，「休耕は農地を荒すので，すすめるべきではない」とする否定派は219人（69.1％。社会党70人，89.7％，公明党47人，88.7％，共産党41人，100％，自民党34人，31.2％，民社党23人，79.3％，社会民主連合2人，100％），それに対して「適当な転作作物のない地域では，条件つきで認めるべきだ」「転作には財政負担もかかるので条件つきで認めるべきだ」とする条件つき派は75人（23.7％）で，とくに自民党は61人（57.5％）が条件つき派で，与野党間に大きな差異がみられる。

　同じような傾向性は農林水産省が主張する食糧管理法や農地法の改正に関する問題においてもみられる。食糧管理法については，「改正は，食管法を骨抜きにするもので反対だ」とする反対派は82人（25.9％。共産党41人，100％，社会党31人，39.7％，自民党8人，7.3％），「流通の実態にあわせ，改正を図るべきだ」という賛成派は43人（13.6％。自民党27人，24.8％，民社党13人，44.8％），「改正は反対だが，運用改善は図るべきだ」とする改善派は

86人（27.1％。自民党47人，43.1％，社会党29人，37.2％，民社党6人，20.7％，社会民主連合2人，100％），「何ともいえない。今後の論議をみて判断したい」とする態度保留派は60人（18.9％。公明党43人，81.1％，自民党14人，12.8％）となっている。

　他方，農地法についても，「改正の動きは危険であり反対だ」（91人，28.7％。社会党45人，57.7％，共産党41人，100％），「農地流動化を図る法改正や特別立法を考えるべきだ」（69人，21.8％。自民党50人，45.9％，民社党16人，55.2％），「改正は反対だが，農地流動化へ別途の対策を考えるべきだ」（73人，23.0％。自民党35人，32.1％，社会党29人，37.2％，民社党4人，13.8％，社会民主連合2人，100％），「何ともいえない。今後の論議をみて判断したい」（66人，20.8％。公明党42人，79.2％，自民党19人，17.4％）となっており，食糧管理法と同様に，改正賛成派，反対派，改善派，態度保留派が拮抗している状態にあるが，その中で民社党，自民党が法改正により積極的であり，それに対して，共産党，社会党が法改正に反対の立場を明確に示し，公明党は態度を明確にしないという傾向がより強くみられる。

　さらに財政危機が深まる中での農業保護とそれに対する財界や労働界からの農政批判についてみておこう。まず，財政見直しと農業については，「食糧自給，総合安全保障のため，財政負担は欠かせず，今後もより強化すべきだ」という財政負担強化派は227人（71.6％。社会党65人，83.3％，自民党54人，49.5％，公明党47人，88.7％，共産党41人，100％，民社党16人，55.2％，社会民主連合2人，100％，新自由クラブ1人，50.0％）で，「食糧自給，総合安全保障のために財政負担は必要だが，財政危機の時でもあり，現状水準でいい」とする現状維持派（54人，17.0％。自民党30人，27.5％，社会党10人，12.8％，民社党8人，27.6％，公明党6人，13.3％）を加えると9割近くに達する。ただ，自民党の場合には「必要最小限に絞るべきだ」（20人，18.3％），「農業の自主的発展を図るべきだ」（3人，2.8％）とする意見も他党に比して多い。

　次に，財界や労働界からの農政批判（「日本の農産物は割高だ」「保護政策

を見直すべきだ」）に対しては，「無責任なものが多く，賛成できない」（112人，35.3％。社会党44人，56.4％，共産党41人，100％，自民党22人，20.2％），「もっともな批判もあるが，問題もあり，賛成できない」（180人，56.8％。自民党74人，67.9％，公明党47人，88.7％，社会党43人，41.0％，民社党23人，79.3％，社会民主連合2人，100％，新自由クラブ1人，50.0％，）という否定派が9割強を占めている。ただこの場合においても，財界や労働界からの農政批判に対して保守・中道政党の方がやや理解を示す方向に傾いているということはいえよう。

　さて，これまで農業・農政についての各党議員の意見をみてきたのであるが，では，彼ら自身農村との関わりをどうみているのか検討しておこう。第1に，農村派か都市派か国民派かという質問に対して，「農村派と自負している。農林漁業，農村の立場を重視したい」（92人，29.0％。自民党57人，52.3％，社会党26人，33.3％，民社党5人，17.2％，共産党2人，4.9％，公明党1人，1.9％，社会民主連合1人，50.0％），「どちらかといえば農村派だと思う」（44人，13.9％。自民党21人，19.3％，社会党14人，17.9％，公明党4人，7.5％，共産党3人，7.3％，民社党2人，6.9％）という農村派は136人（42.9％），都市派は9人（2.8％），「農村派，都市派を分けるのは好ましくない。国民から選ばれたのだから，国民的広い立場を重視したい」という国民派は169人（53.3％），その他5人（1.6％）となっている。

　第2に，「農村は保守の地盤だ」という意見に対して，「その通りだと思う」（44人，13.9％。自民党31人，28.4％，社会党6人，7.7％，公明党3人，5.7％，民社党3人，10.3％，無所属1人，33.3％），「ある程度あたっていると思う」（68人，21.5％。自民党37人，33.9％，公明党17人，32.1％，社会党12人，15.4％，民社党2人，6.9％）と回答している議員は112人（35.4％）で，それに対して，「保守とか革新とか，わりきれない。問題によると思う」（63人，19.9％。自民党22人，20.2％，社会党13人，16.7％，公明党12人，22.6％，民社党12人，41.4％，新自由クラブ2人，100％，共産党1人，2.4％，無所属1人，33.3％），「農村も変わってきており，保守だ，と割りきるべきではない」

(133人，42.0%。社会党46人，59.0%，共産党40人，97.6%，公明党22人，41.5%，自民党17人，15.6%，民社党5人，17.2%，社会民主連合2人，100%，無所属1人，33.3%）とする意見は196人（61.9%）となっている。

　この2つの質問の回答結果から，次のようなことはいえそうである。自民党の場合には71.6%が自分を農村派として位置づけており，また，62.4%が農村は保守の地盤だと考えている。この数値は，同じような議員政党的組織特性をもつ社会党（農村派51.3%，農村は保守の地盤23.1%）と比較してはるかに高い。それに対して他党（野党）の場合は，自らを国民派として位置づけ，また，農村は必ずしも保守の地盤ではないという意識が強い。この両者の意識上の較差は，多分に各党の戦略的要素の反映とみることもできようが，自民党の中でもこの考えをもつ議員も多く，「農村は保守の地盤」という考えが次第に通用しなくなってきている，つまり，農村を「保守の地盤」と一元的にとえることはできなくなってきているということである。このことは，日本の農業・農政に対する考え方では，その大枠において保守・中道・革新の間で大きな相違（保守・中道はより現実的対応主義であり，革新はより農業保護主義の傾向が強い）がみられるし，自民党内部においても現実的対応主義をベースにしながらも，個々の問題については多様な見解がみられという事実にうかがい知ることができる。

　しかし，眼を農村住民の側に転じてこのことを検証してみるとどうであろうか。より個別具体的に滋賀県湖北地域における保守・中道・革新の絶対得票率（参議院選挙）の推移を検討することによってみてみよう。図1から理解できるように，1971年次選挙以降の総革新，中道の絶対得票率は若干の起伏（総革新はやや下向ぎみ，中道はやや上昇ぎみ）はあるが，大体同じ水準（総革新は約2割，中道は1割）を保っている。ところが，総保守の場合には起伏が激しい。総保守の絶対得票率の推移と総革新，中道のそれとの間には若干の負の相関関係が認められるが，それよりもむしろ，棄権率との相関の方がより顕著である。ということは，農村は保守政党にとって強固な地盤ではなくなったが，しかし，そのことが即革新や中道の地盤になったことを

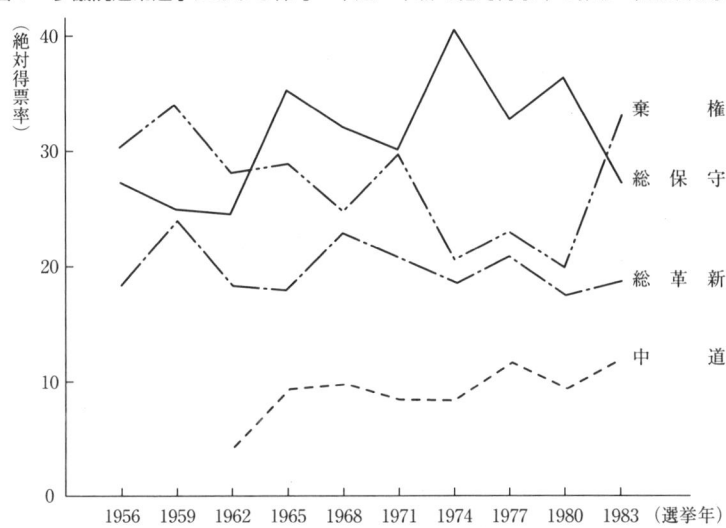

図1　参議院通常選挙における保守・中道・革新の絶対得票率の推移（滋賀県湖北地域）

註：① 総保守：自民党，新自由クラブ（1977，80年）。
　　② 中　道：民社党，公明党（1965年以降），社会市民連合（1977年），
　　　　　　　社会民主連合（1980年），新自由クラブ民主連合（1983年）。
　　③ 総革新：社会党，共産党，革新自由連合（1977，80年）

意味するわけではなく，よりゆるやかな保守地盤に転化した（＝柔構造化）という程度の変化を示しているものと考えられる。

3．戦後農政に対する農村の対応

　このことを農民（より精確には農村社会の有権者）の側に視点を置いて考えてみよう。これまでの自民党政権の農業政策あるいは全体の経済政策，その他，国の諸政策の基調は一貫してムラ否定政策であったし，現在もその方向は変わらない[10]。つまり，「"むら"の中に資本主義の原理，個人主義と経済合理主義をまともに入れていく政策がとられてきた」[11] 結果，現在の経済大国日本が築かれてきたわけである。ここで権力の側が意識的にムラを否定したのか，それとも状況的に否定したのかということをみておく必要はあろう。現代日本の権力構造は，一般的に政官財の三位一体構造として理解されているが，国策の基調におけるムラの徹底的否定については多分に意識的

に三位一体の体制がとられていたといえるが,それは主として経済的な契機の中で行われてきたと考えられる。ところが,政策の具体的な施行段階（＝政治過程）になると,現存在としてのムラを利用するという一種の妥協が生まれている。これは少なくとも政官（＝行政主体）の側においては,意識的な妥協というよりもむしろ状況的な妥協としてとらえた方がより現実的であろう。

　このような権力の側におけるムラ否定政策に対して,ムラそのものは,これまでそれに抵抗することよりも,むしろ没主体的に相呼応する形で対応していった。ところが,1973年の石油ショックによる高度経済成長の破綻,低成長時代（＝減速経済期）への移行にともなって財政的危機が顕在化し,既にみたように財界や労働界,さらには消費者が政府に向けて農民を非難する圧力をかけてくるようになってきた[12]。そういう情勢の変化の中で,ムラは,一方では依然として政府の農業政策に適応しつつ,他方でこれまでの過剰適応に対する反省のうえに,独自の地域政策を構想し,それに「主体的」に関わりをもつことによって〈非政治化〉からの脱却の方向性を示そうとしているともいえよう。ただ,ムラのもつ構造・機能的特性からすれば,前者によりウエイトを置いた形で状況適応的な対応を模索している過程にあると考えた方がより現実的ではあろう[13]。『琵琶湖東北部地域住民意識アンケート調査報告書』では,農業経営の将来的展望において6割強が暗中模索状態にある。そのようなムラの錯綜した心理が参議院選挙での総保守の絶対得票率と棄権率との相関（負の）として映し出されていると考えることもできるであろう。

　次に,政府の農業政策に対する没主体的呼応を余儀なくされていることの中身を,政府の補助金政治と米価,土地改良事業等との関係を考察する中で検討してみよう。

第2節　総花的補助金政治と米価，土地改良事業，農村整備事業
1．生産者米価

　補助金政治との関わりで，農民が最も関心をよせているのが農産物の価格，とりわけ米価と土地改良事業である。それらは農村・農民と戦後保守政治との関連で考察されるべき課題でもある。玉城哲は，「農村が保守政治の基盤になったのは，農民たちが小土地所有者として保守化したことに原因があっただけではない。農村の利害と現実の政治・行政とが密接にむすびつく仕組みがたくみにつくりだされた点が，重要な点だったのである。政府の管理・統制のもとにおかれた密室的農業という戦後農業の基本的性格の中に，そもそもの素地があった」[14]と指摘しているが，その実態は主として米価と土地改良事業であった。

　米作農家にとって，米価は彼らの共通の，しかも最大の関心事であったし，現在でもそれほど大きな変化はない。ただ，兼業深化が著しい今日においては必ずしも最大の関心事としてとらえることはできないが，それでも依然として大きな関心事のひとつではある。しかし，米価（＝生産者米価）は食糧管理法に基づいて政府が決定するために，米作農民は厳格な価格・流通統制のもとにおかれ，いわば市場経済における独立の主体とはいえない存在であり，むしろ政府の米価政策で操作される存在だったのであり，今日でもその体質に大きな変化はない。農民は米価水準のいかんが所得に大きな関わりをもつため，その職能的利益の実現を政府の政策に期待せざるをえないのであり，また，そのためにさまざまなルートや手段を講じて政府に働きかけ，ときには圧力をかけることによって，その実現に最大限の努力を払ってきたのである。

2．土地改良事業

　いまひとつ農村・農民と政治をむすびつけてきた大きな要因は，さまざまな種類の補助金であり，とりわけその最大のものが土地改良事業である。玉

城は,「農村と政治のむすびつきは,『米価』だけではなかった。補助金もまた政治と行政に農村をひきつけ,組織化してゆくだいじなきずなであった。戦後30年のあいだにつくられた農業・農村むけの補助金は無数といってよいほどであるが,それらはたんに政府が農業を管理するために必要だったばかりでなく,農村議員が政府に働きかけることによって際限なくつくりだされたという性格をもっている。その中で,もっとも金額も大きく,また全国にわたるひろがりで支出されたのが土地改良事業にかかわる補助金であった」[15]と指摘しているが,いま少し詳しく補助金行政(この場合の補助金は,「補助金」「負担金」「交付金」「補給金」「委託費」の5種類の総称としての広義の意味で用いる)についてみておこう。

1980年度の一般会計予算総額は42兆5,888億円,そのうち,補助金は13兆8,520億円で,実に予算総額の32.5%を占める。それらのうち,農林水産省所管の補助金は1兆9,728億円で,国の補助金全体の14.2%を占め,その内訳は,補助金(狭義の)1兆6,560億円,負担金1,013億円,交付金1,153億円,補給金874億円,委託費128億円である。また,農林水産省所管の補助金の中から林業と水産業の補助金を除いたものが農業補助金であるが,その全容については表1のごとくである。この農業補助金を補助事業数でみれば474事業で,全省の補助事業(約1,500件)の約3分の1を占めることになる。その中で最も補助金が多いのが土地改良

表1　農業補助金の全容(1980年度)

項別分類	目数	事業別数	金額(億円)
◇補助金			
農業振興費	13	33	956
農業構造対策費	5	24	1,470
農蚕園芸振興費	9	62	255
水田利用再編対策費	2	4	3,016
畜産振興費	11	89	399
食品流通対策費	5	59	231
土地改良事業費	12	23	4,620
農林金融費	5	7	211
糖価安定対策費	1	1	10
その他16項	31	89	2,199
(計25項)	(94)	(391)	(13,367)
◇負担金　2項	2	4	854
◇交付金　9項	9	10	1,147
◇補給金　2項	3	3	861
◇委託費　9項	15	66	42
合　計　　47項	123	474	16,271

出典:広瀬道貞『補助金と政権党』朝日新聞社,1981年,p.99。

事業（農業基盤整備）である。ちなみに，土地改良事業費の府県別構成比をみてみると，滋賀県は2.3％で全国第16位となっている（第1位の北海道が13.9％，最下位の東京都が0.1％）。さらに，土地改良事業費の補助金と農家負担についてみてみよう。土地改良事業は農家が集落ごとに「土地改良区」をつくり，事業を申請し，着手することになるが，規模が200haに達すると県営の事業，それ以下なら団体営（多くの場合は農協）の事業となる。工事費は周囲の条件で上下するが，平均して反当たり約70万円で，その内訳は国庫補助金30万円（42.9％），県費補助金20万円（28.6％），農家負担金20万円（28.6％）である。しかし，農家の負担分については，農林漁業金融公庫から年利6.5％，10年据え置き後15年返済という好条件の融資がつくというものである[16]。

　このような補助金行政については，さまざまな問題点が指摘されてきた。その第1は，画一行政である。すなわち，地域の実情，その動きつつある方向，農民の営農実態，意識の水準と画一的に決められた補助要綱とのズレなどである。第2は，農政があまりにも経営のあり方に介入しすぎることである。第3は，構造改善事業に特徴的にみられた，そしてその後一般化していった補助事業の総合化という名のセット主義である。こうしたさまざまな問題点を抱えているにもかかわらず，農村・農民が補助事業を受け入れていったのは，現実問題として「金が欲しかった」からである。つまり，補助金の資本形成機能に注目し，期待したからであったといえよう[17]。

第3節　農村環境の総合整備問題

　さて，これまでみてきた政府・自民党による一連の農政は，その直接の対象を農家・農民に置いたものであったが，農村社会（ムラ）における住民の第1次産業に占める割合が高かったときには，それは同時にムラそのものをも対象となしえた。そして，ムラを政策実施の機能主体として位置づけることもできた。つまり，集落の共同体的機能（集落機能）が他のさまざまな目

的・機能集団あるいは職能集団のそれを抱えこんだ形で展開されていったのである。ところが，離農・脱農あるいは兼業深化等によって第1次産業に従事する人びとの割合が減少し，さらには混住社会化が急速に進展していくことによって，農村住民の構成が複雑化し，また，価値観の多様化にともなって利害の対立が顕在化してくる中で，政府の農業政策はムラそのものを対象とはしえなくなってきた。それはムラの中に存在する特定の職能集団（例えば，農業実行組合，土地改良事業に関わる諸団体等）およびその構成員を対象とするものとなり，また，その役割遂行の機能主体も，それに関わる諸々の職能集団の連合体へと変化していった。ところが，行政の側においては，農政を実施していく際には集落を利用するという意識が依然として強く働いているわけで，例えば，1981年度の『農業白書』の「昭和57年度において講じようとする農業施策」の中の概説で，「……農村の現状をみると，農家の兼業化，農家世帯員の高齢化，地方定住志向の高まり等を反映した混住化の進展等により農村社会は大きく変化し，農業者間，農家と非農家間での意識の多様化や相違による利害の対立が生じ，農業集落が従来有していた生産，生活両面にわたる共同体的機能（集落機能）が低下している。今後，農業構造の改善，農業生産の再編成を図り，活力ある農村を築き，後継者の育成にも資するため，生産環境，生活環境両面にわたる農村の整備を進めることが重要となっている」と述べている。その意図が，「『集落の共同体的機能』が最近は弱くなってきているが，これを強めていくように手をかしていこうということと，それを強めながら農業の生産面と生活面の両面をよくしていこう」[18]とするところにあるのか，それとも権力の側における農村・農民に対する管理・統制の再強化にあるのか，それは断定できないが，それに関わって近年大きな政策課題としてクローズアップされてきているのが農村環境の総合整備問題である。この農村整備問題は，農村内部と政策当局の双方から提起されたもので，その問題提起の背景には，①第三次全国総合開発計画（三全総）による定住構想，②農村社会構造の急激な変貌を背景にした農村ないし農村住民からの農村整備の要求がある。つまり，経済・社会構造の急

激な変化にともなう農業の生産構造の変化，農家の意識構造や生活構造の変化，さらには農村社会の機能的変化等と三全総が提起した定住構想とがあいまって農村整備問題が主要な政策課題としてクローズアップされてきたということである。

　いま少し詳しく農村整備に対する農村住民からのニーズをみてみよう。その第1は，農村における生活の基本条件に関わる農村社会資本の整備である。例えば，上水道，簡易水道などの飲用水施設，町村道・集落道の改良舗装などの道路施設，交通手段の整備あるいはまた病院・診療所などの医療施設の整備などである。第2は，農家の生活様式の都市化・現代化にともない誘発されてきた農家の生活環境整備に関わるもので，例えば，し尿処理施設，家庭ゴミ処理施設，下水道，集落内排水施設などの整備である。第3は，公民館，集会所，公園あるいは体育館，プール，保育園などの農村における地域活動の処点づくりに関わるものである。第4は，用・排水施設改良，農道整備，圃場整備などのいわゆる農業生産基盤整備に関わるものである。ここでの特徴は，昭和20〜30年代においてはそれぞれ別々の根拠に基づいて要求されていたものが，昭和40年代後半以降はそれぞれが結合された形で，しかもそれらがさらに全体として結び合わされて要求されてきているというところにある。つまり，既にみた政府の戦後農政の時期3区分に即していえば，第1段階および第2段階においては特殊個別的要求として提示されていたものが，第3段階においては，それらが包括的に総合化されるという形で提示されてきているわけである。

　このような包括的な要求提示の背景には，既に述べたような農村の社会構造が根底から大きく変貌してきたことが考えられる。このような諸要求に対処するために，農村の生産環境，生活環境の総合的整備を内容とする補助事業あるいは融資事業が施行されているのであるが，その主要なものをみてみると，補助事業としては，①農村基盤総合整備パイロット事業（1970年に調査に着手され，1972年から事業実施），農村基盤総合整備事業（1976年度から実施），②農村総合整備計画および農村総合整備モデル事業（1973年実施）

があり，また，融資事業としては，①農業近代化資金制度の中の農村環境整備資金（対象：診療施設，農事放送，水道施設，下水道，託児所，集会所，研修所などの諸施設，農業管理センター，ガス供給施設，除雪用施設など），②農林漁業金融公庫資金の土地改良資金の中の農村環境基盤施設関係，農業構造改善事業推進資金の中の農業生産環境施設関係の資金，共同利用施設資金のうちの農協病院，農事放送施設，電気導入施設関係の資金などがある[19]。

これら一連の補助金行政に対して，農村社会はそれに適応（過剰適応ではないだろうが）していこうとしているのであり，また，自民党政権は，その点を巧みに利用して農村における支持基盤を維持しようとしている。つまり，補助金行政という名の利益誘導政策を特殊個別的な職能集団の問題として限定化せず，戦略的に農村社会全体の問題として位置づけることによって農村・農民の支持をつなぎとめておこうとしているともいえる。その意味では，白鳥令が指摘しているように，「農村における自民党支持は，具体的かつ直接的な利益の配分によって裏打ちされ，同時に人間関係を中心とした非イデオロギー的（非政治的といってよいかもしれない）連鎖を基盤としている」[20]といえよう。

ただこの場合，現実的な政策実施レベルの段階では，村落社会の包括的代表機関である自治会・町内会が大きな役割を演じるわけであるが，その行政的・社会的機能の実態の究明が次に必要になってくるであろう。それと同時に，それらがいかにして保守政治（草の根保守主義）と結びつくのか，そのあたりの解明，とりわけ自治会・町内会の政治的機能の構造的解明が今後要請されてくる。

註
1）新保満『村が栄える条件―岩手県志和の変貌』日本放送出版協会，1983年，p.162。
2）福武直『日本農村の社会問題』東京大学出版会，1969年，p.55。
3）細谷昂は，〈構造政策〉のねらいは，「日本独占資本の復活完了にもとづき，あらたな段階での強蓄積をめざして，①〈開放経済体制〉への移行にともなうアメリカなどの外国農産物輸入の増大をにらみながら，"旧来の零細な農民的小経営の再編による農業，

'合理化'とそれによる農産物価格水準の低下"を達成すること，②日本資本主義の持続的な〈高度成長〉のために，"他国にまさる最重要の武器である日本の労働力，つまり低賃金で勤勉かつ資本に温順な労働力を資本が豊富にその手中におさめること"，③資本がその生産物を"生産手段として，また生活資料としてますますひろく農業と農家のなかにもちこみ，また農産物の流通と加工過程の掌握とむすびついて農産物をますますつよくその手ににぎりつつ，独占資本の収奪を拡大・強化"することにあった」とみなしている（細谷昻「農民意識と農村社会の変革」福武直監修，蓮見音彦編『社会学講座4 農村社会学』東京大学出版会，1973年，pp.198-199)。

4）高橋明善「自民党の農村支配」白鳥令編『保守体制』（上）東洋経済新報社，1977年，p.137。

5）福武直『前掲書』p.56。

6）玉城哲『稲作文化と日本人』現代評論社，1977年，p.193。

7）玉城哲『稲作文化と日本人』p.192。

8）岩崎信彦の次の指摘は示唆に富む。「同じ私的所有といっても，日本農業における自己労働にもとづく土地の『個人的な私有』と工業における他人労働にもとづく『資本主義的な私有』では，それに依拠する経営の論理と倫理が異なるはずである。後者をもって前者を律することが農業の近代化であるとしたところにとりかえしのきかない大きな問題があったのだろう。若年層の大量離村と農家の圧倒的な兼業化はその帰結であり，農業的自然の貧困化をともなって日本の農村空間は衰弱していっているのである」（岩崎信彦「生活の資本主義化と地域社会」石川淳志・高橋明善・布施鉄治・安原茂編著『現代日本の地域社会—創造的再構築と「地域社会学」の課題』青木書店，1983年，pp.101-102)。

9）高橋明善「前掲論文」p.137。

10）守田志郎は，日本の農業政策について次のように指摘している。「日本は，農業政策にかんして，世界に例の少ないほど官僚国家である。通達を出す，補助金を出す，あとは規制，である。農政の根本理念は何か，といえば，一言で，それは『上意下達』だ，と言ってよい」（守田志郎『文化の転回—暮しの中からの思索』朝日新聞社，1978年，p.80)。

11）内山政照・守田志郎・堀越久甫「根源からの出発」玉城哲・堀越久甫・内山政照・守田志郎・原田津・川本彰編『むらは現代に生かせるか』農山漁村文化協会，1979年，p.106，内山の発言。

12）守田志郎は，都会の人間が国や官僚機構の力を活用して農民をおさえつけようとする意識を〈市民の城下意識〉とよんでいる（守田志郎『前掲書』p.80)。

13）例えば，玉城哲は，「むらを代表するような社会組織の日本的要素から，大きな変化の力が作用してくることを期待するわけにはゆかないだろう。それは，激動的な変化を抑制し，日本の文化に適合させてゆく力として作用するものだと理解すべきであり，変革の推進力だとは考えない方がよいのである」（玉城哲『日本の社会システム—むらと水からの再構成』農山漁村文化協会，1982年，p.46）と指摘している。また，守田志郎も次のように述べている。「"むら"というのは，"むら"そのものが前むきに，内発的エネルギーをもつものではない，そういう期待をする対象ではない。一定のまとまりをもち，どのような方向にも行く。しかし，ある特定の方向に行ってしまわない。それも，意志として行ってはしまわないのではなく，リードするものとのテンポなり認識なりのずれ，またはちがいがあるから行けない」（内山政照・守田志郎・堀越久甫「根源から

の出発」玉城哲他編『前掲書』p.119)。
14) 玉城哲『稲作文化と日本人』p.183。
15) 玉城哲『稲作文化と日本人』p.185。
16) 広瀬道貞『補助金と政権党』朝日新聞社，1981年，pp.20-99。
17) 今村奈良臣『補助金と農業・農村』家の光協会，1978年，p.199。
18) 堀越久甫『むら役員心得帳―日本的和の論理の実際』農山漁村文化協会，1983年，p.169。
19) 今村奈良臣『前掲書』pp.213-223。
20) 白鳥令「崩壊する自民党単独政権の論理と構造」白鳥令編『保守体制』(下) 東洋経済新報社，1977年，p.249。

第 2 章
自治会・町内会の機能的多元性

第1節　分析のねらいと視点

　筆者はこれまで，さまざまな機会を通じて農村的な地域社会，より個別的には滋賀県湖北地域の政治的保守主義について，その実態の輪郭を実証的に明らかにしようとしてきた[1]。

　この章の目的は，自治体と住民との媒介組織である自治会や町内会が，農村的な地域社会で現実に果たしている機能，および地域住民の自治会・町内会に対する役割期待の特質とその背後に存在する要因を，主として都市的な社会におけるそれとの比較分析を通じて析出しようとするところにある。

　自治会や町内会が，「住民の自治体への参加を方向づけ，自治体自治のあり方と，ひいてはわが国の政治のあり方を規定する」[2]と指摘されているように，それ自体さまざまな社会的機能を果たしているとともに，他面では多分に政治的機能をも果たしている「中間集団（intermediate group）」だといえる。機能の多目的性や多元性については後に具体的に明らかにすることにして，まず自治会・町内会を，「(1)各市町村内の一定地域（町，丁目，地区，大字，小字など）を範囲とし，(2)そこに居住する世帯を構成員とし，多くのばあい自動的な全戸加入制をとり，(3)近隣の親睦を中心に生活上のさまざまな機能を未分化的にはたし，(4)同時に多少とも市町村の公的行政の補完機能をもはたし，行政の末端機関としての性格をもつ」[3]ものと基本的に理解しておこう。そのうえで，より個別的に湖北地域における自治会・町内会にスポットを当てて，そのあり方や必要性を地域住民の意識や行動の視点からとらえるという方法を用いて分析作業を進めていくことにしたい。ただ，この視点から自治会・町内会の意味づけについて考察しようとする場合には，政権党（＝自民党）の一元的・画一的な農業政策（＝農村政治）の推移と，それに対する地域住民（農民）の対応（適応），およびそれにともなう農村社会の多元的，特殊個別的な構造的変動過程を考慮する必要があるように思われる。

　またこの視点は，「政治的系列化の関係を縦糸に，機能的代替関係を横糸

にした網状の複雑な構造を有している」[4] 無所属政治のパターンの実態，いいかえれば，わが国の保守政治の底辺構造の実態を明らかにするひとつの方向性をもっていると思える。いわゆる草の根保守主義の実態を解明するひとつのキーポイントになりうる。それはまた，「自民党が，地方・農村の政治的，社会的風土の中にとけこんで，農村住民を，彼らのつくりあげる社会と人間を，内側から支配し続けてきた」[5] ということの具体的事実の解明にもいくらかの貢献を果たすものと考えている。

第2節　自治会・町内会の意味づけと地域の政治・行政への関心
1．自治会・町内会活動への参加状況

まず，自治会・町内会への加入率についてであるが，『第10回滋賀県政世論調査』（滋賀県，1977年8月）によれば湖北地域が97.5％で県内最高，都市化・混住社会化が急速に進行している湖南地域でも91.8％（県内最低，県全体94.2％）と高い率を示している。これは，自治会・町内会の存在しないところがきわめて少なく，しかも，それが存在するところでは原則として全戸加入であるということと，いまひとつは地域住民がそのような組織の必要性を認めていることによるものといえよう。

次に自治会・町内会活動への参加状況について，さまざまな角度から検討してみよう。まず第1に，地域別にみてみた場合どのような特徴がみられるであろうか（表1参照）。「積極的に参加して中心的役割を果たしている」「会合や行事があるごとに参加している」「毎回ではないがよく参加している」を〈積極的参加型〉，「たまに参加する程度」「ほとんど参加しない」を〈消極的参加型〉というように類別すれば，両地域とも前者の方が率は高い（湖北地域：1977年調査84.5％，1979年調査59.0％，湖南地域または大津市：1977年調査68.7％，1979年調査51.2％，県全体：1977年調査75.2％，1979年調査58.4％）が，とくに湖北地域においては高率である。とりわけ〈積極的参加型〉の前2者についてみてみると，湖北地域が1977年調査77.1％，1979年

表1　自治会・町内会活動への参加状況（地域別）

（数字＝％）

参加状況		湖北地域 1977年	湖北地域 1979年	湖南地域・大津市 1977年	湖南地域・大津市 1979年	滋賀県 1977年	滋賀県 1979年
積極派	積極的に参加して中心的役割を果たしている	23.0	7.3	10.1	5.3	14.6	7.5
積極派	会合や行事があるごとに参加している	54.1	33.7	35.8	13.5	42.2	23.3
積極派	毎回ではないがよく参加している	7.4	18.0	22.7	32.4	18.4	27.6
消極派	たまに参加する程度	11.5	17.4	15.0	27.9	13.2	22.2
消極派	ほとんど参加しない	1.6	14.0	8.2	13.9	5.8	10.6
ノン・コミット派	自治会・町内会はない。加入していない	1.6	2.8	7.1	1.2	5.1	2.8
	D.K, N.A	0.8	6.7	1.1	5.7	0.6	6.0

註：① 1977年のは『第10回滋賀県政世論調査』（滋賀県，1977年8月）に基づいている。サンプル数は滋賀県全体1,549人、湖北地域（1市7町：長浜市，山東町，近江町，浅井町，湖北町，高月町，木之本町，西浅井町）244人，湖南地域（3市8町：大津市，草津市，守山市，栗東町，中主町，野洲町，甲西町，水口町，甲賀町，甲南町，信楽町）732人である。
② 1979年のは『滋賀県民意識に関する世論調査』（滋賀県広報課，1979年8月）に基づいている。サンプル数は滋賀県全体1,193人，湖北地域（1市10町：長浜市，山東町，伊吹町，米原町，近江町，浅井町，虎姫町，湖北町，高月町，木之本町，余呉町）178人，大津市244人である。

調査41.0％であるのに対して，湖南地域（大津市）は1977年調査45.9％，1979年調査20.2％で，両地域の間には極めて大きな較差がある。この結果からいえることは，農村的な地域社会の住民の方が，都市的な地域社会の住民よりも，自治会・町内会活動への参加がより積極的であるということである。

　ここで問題となるのは，両調査の結果の較差があまりにも大きいことである。対象領域の広狭やサンプル数の多寡による影響も考えられるが，やはり基本的には地域住民の自治会・町内会活動への参加態度の変化，すなわち〈積極的参加型〉の減少に大きな原因があるように思われる。とくに湖北地域については，『琵琶湖東北部地域住民意識アンケート調査報告書』（1980年2月，サンプル数：湖北地域3,518人…長浜市1,132人，坂田郡867人，東浅井郡757人，伊香郡762人）において，「いつも参加している」という〈積極的参加型〉が57.1％（長浜市61.7％，坂田郡52.4％，東浅井郡59.8％，伊香郡52.8％），また，県下第2の都市である彦根市は36.1％である。それに対して，「ときどき参加している」が33.9％（長浜市31.4％，坂田郡38.3％，東浅井郡32.1％，伊香郡34.6％），彦根市40.7％，「ほとんど参加しない」が6.4％（長浜市5.4％，坂田郡6.6％，東浅井郡5.5％，伊香郡8.5％），彦根市18.8％であることから，全般的にみた場合，自治会・町内会活動への参加志向は衰退傾向を示していると考えられるであろう。

表2　自治会・町内会活動への参加状況（Ⅱ）

(数字：サンプル=実数，他は%)

		積極的参加型		消極的参加型		ノン・コミットメント型		D.K, N.A		サンプル数	
		1977年	1979年	1977年	1979年	1977年	1979年	1977年	1979年	1977年	1979年
近所づ	深　い	81.4	-	14.7	-	3.8	-	-	-	651	-
きあい	な　い・浅　い	70.6	-	22.1	-	6.1	-	1.2	-	868	-
居　住	長い（20年以上）	80.5	60.7	16.4	29.1	0.5	3.0	0.3	7.2	1,331	639
年　数	短い（10年未満）	34.9	51.9	36.2	39.2	26.3	2.7	2.6	5.9	152	372
	40　歳　代	80.5	69.8	16.1	27.1	2.8	0.8	0.6	2.3	348	258
年　齢	50　歳　代	82.8	64.9	16.2	31.1	-	1.5	-	2.5	297	199
	20　歳　代	55.9	32.2	25.3	43.5	14.0	9.9	1.8	14.3	221	223
	農　林　漁　業	87.2	69.5	10.9	24.3	2.2	2.3	-	3.9	274	128
職　業	主　　　　婦	70.2	61.7	20.8	34.6	9.0	0.7	-	3.0	245	269
	管理・専門技術・事務職	71.8	53.5	20.8	33.9	7.4	5.3	-	7.3	298	301
	商工サービス・自由業	72.3	68.7	23.2	28.7	3.4	0.7	1.1	2.0	177	150
	旧小・高小・新中	75.9	62.6	19.2	30.3	4.1	0.9	0.7	6.1	821	527
学　歴	旧　中・新　高	79.0	56.9	15.9	34.0	4.4	3.9	0.7	5.2	548	462
	旧高専大・新大	61.4	50.5	25.3	36.7	13.2	4.9	-	7.8	166	204

註：当該表は『第10回滋賀県政世論調査』（滋賀県，1977年8月）および『滋賀県民意識に関する世論調査』（滋賀県広報課，1979年8月）より作成。

　第2に，その他の視角から参加状況をみてみると，次のようなことが一般的特徴としてあげられる（表2参照）。〈積極的参加型〉は，①近所づきあいが深い人，②居住年数が長い人（とくに20年以上の居住者），③年齢別では，とくに40歳代，50歳代の年齢層，④職業別では農林漁業従事者，⑤学歴別では初等教育および中等教育修了者，などによって構成されている。それに対して〈消極的参加型〉は，①近所づきあいをしていないか，あるいはつきあいの程度が浅い人，②居住年数が短い人（とくに10年未満），③年齢別では20歳代，④職業別では主婦，管理・専門技術・事務職，商工サービス・自由業，⑤学歴別では高学歴者，などによって構成されている。

　これらのことを考慮に入れたうえで，第3に，琵琶湖東北部地域住民の自治会・町内会活動への参加状況についてさらに検討しておこう。ただ，ここで用いるデータは長浜市を核とする1市3郡（＝湖北地域）と彦根市を核とする1市2郡（犬上郡，愛知郡を含む）の両広域圏を合わせたものであるため，湖北地域住民の参加への志向性を分析するには若干その精確性に欠けるきらいはあるが，その傾向の大筋は把握できるであろう。

　これによれば，職業別では農林水産関係および公務員に参加志向が高く，

逆に主婦，サラリーマンにその志向性が低い（表3参照）。居住年数でみれば，その年数の長さに比例して参加志向が高くなっている（表4参照）。また年齢別では，50歳代を中心に，60歳代，40歳代で参加志向が高く，20歳代，30歳代で低くなっている（表5参照）。つまり，先にみた一般的特徴がかなり明確に当てはまるということである。このような人びとがなぜ自治会・町内会活動に積極的なのかということを明らかにしなければならないが，それについては後で解明することにしよう。

表3　自治会・町内会活動への参加状況（職業別）　　（数字：サンプル＝実数，他は％）

	いつも参加	ときどき参加	ほとんど不参加	自治会・町内会未加入	サンプル数
農 林 水 産	69.6	25.7	3.8	0.9	968
自 営	52.7	37.2	8.9	1.2	1,377
サラリーマン	44.6	38.1	13.9	3.5	2,382
公 務 員	56.6	35.3	7.2	0.9	1,073
主婦・その他	34.7	44.8	15.7	4.9	706

註：当該表は『琵琶湖東北部地域住民意識アンケート調査報告書』（1980年2月）より作成。

表4　自治会・町内会活動への参加状況（居住年数別）　（数字：サンプル＝実数，他は％）

	いつも参加	ときどき参加	ほとんど不参加	自治会・町内会未加入	サンプル数
昭和29年以前	60.3	31.9	6.7	1.1	4,231
昭和30～39年	43.0	43.0	10.9	3.1	605
昭和40～49年	34.3	48.0	15.2	2.5	1,038
昭和50年～	26.1	40.7	24.6	8.7	760

註：当該表は『琵琶湖東北部地域住民意識アンケート調査報告書』（1980年2月）より作成。

表5　自治会・町内会活動への参加状況（年齢別）　　（数字：サンプル＝実数，他は％）

	いつも参加	ときどき参加	ほとんど不参加	自治会・町内会未加入	サンプル数
18 ～ 29歳	21.1	37.3	28.5	13.2	575
30 ～ 39歳	40.5	45.8	11.8	1.9	1,501
40 ～ 49歳	55.4	36.8	7.1	0.1	1,770
50 ～ 59歳	61.1	31.9	6.1	0.8	1,707
60 ～ 69歳	58.6	30.7	9.0	1.7	850
70歳 ～	51.3	32.5	13.0	3.2	309
合　　計	50.8	36.7	10.2	2.3	6,712

註：当該表は『琵琶湖東北部地域住民意識アンケート調査報告書』（1980年2月）より作成。

2. 自治会・町内会の意味づけ（機能と役割期待）

　最初に，地域住民の側からみた自治会・町内会が果たしている機能と役割期待の地域別特徴について検討してみよう（表 6，表 7 参照）。湖北地域での特徴は次のような点にみられる。①自治会・町内会は現実に多くの役割を遂行し，多目的機能を果たす機関・団体として位置づけられている。②とくに「防犯・防火・衛生など地域に共通する身近な問題を自主的に解決」する〈共通問題解決団体〉としての社会的機能と，「県や市町村と住民との連絡を密にし，行政に住民の意思を反映」させるための政治的・行政的な機能も営んでおり，またそのような〈下情上通機関〉あるいは〈意思伝達機関〉としての役割を積極的に果たす団体としての期待も大きい。③ところが，「スポーツや祭・盆踊りなどの行事，リクリエーションを通じて，地域内の親睦を図る」いわゆる〈親睦団体〉としての役割期待は極めて低く県内最低である。それに対して湖南地域の特徴は次のようである。①自治会・町内会は湖北地域におけるほど多目的な役割を果たしておらず，機能的に限定されている。とりわけ〈親睦団体〉としての機能に重点がおかれ，その役割期待も県内最高である。②それに比して〈下情上通機関〉としての役割遂行や役割期待は

表 6　自治会・町内会が果たしている機能（地域別）　　（複数回答，数字：サンプル＝実数，他は％）

地域＼機能	親睦団体	共通問題解決団体	下情上通機関	福利・厚生団体	文化活動団体	サンプル数
湖北地域	37.0	57.1	*34.5	*21.8	*23.5	238
湖南地域	*46.1	45.5	23.8	12.2	12.8	672
滋賀県	39.4	46.9	24.5	14.7	16.4	1,459

註：① *印は県内最高を意味する。
　　② 当該表は『第10回滋賀県政世論調査』（滋賀県，1977年 8 月）より作成。

表 7　自治会・町内会に対する役割期待（地域別）　　（数字：サンプル＝実数，他は％）

地域＼機能	親睦団体	共通問題解決団体	下情上通機関	福利・厚生団体	文化活動団体(A)	文化活動団体(B)	その他 D.K	サンプル数
湖北地域	‑9.8	18.9	*28.7	*9.8	6.6	14.8	11.4	244
湖南地域	*22.4	15.0	21.6	6.3	6.6	13.1	15.0	732
滋賀県	16.8	15.6	21.4	7.9	7.2	15.4	15.7	1,549

註：① 文化活動団体（A）：講演会・講習会や趣味の集いなどの文化活動に力を入れる。
　　　 文化活動団体（B）：環境美化運動や社会福祉などの文化活動に力を入れる。
　　② *印は県内最高を，‑印は県内最低をそれぞれ意味する。
　　③ 当該表は『第10回滋賀県政世論調査』（滋賀県，1977年 8 月）より作成。

相対的にやや低いといえる。

　両地域のこの差異は，多分に地域特性に基づくものであると思われるが，これについても後ほど両地域の比較分析を行う中で詳しく考察することにして，ここではより一般的な傾向についてみておくことにしよう（データは『第10回滋賀県政世論調査』による）。

　第1に〈親睦団体〉としての意味づけについてであるが，これに関しては次のような特徴がみられる。①市部の方が郡部よりも高い（市部：機能44.5％，役割期待21.5％，郡部：機能34.5％，役割期待12.1％）。②住宅地の方が農村・漁村よりも高い（住宅地：機能45.4％，役割期待21.6％，農村・漁村：機能33.9％，役割期待13.2％）。③年齢別でみれば年齢の低い層ほど〈親睦団体〉としての機能を果たしていると考えている（20歳代52.2％，30歳代46.9％，40歳代38.1％，50歳代36.4％，60歳以上31.7％）。④居住年数では，その役割期待の面では20年未満の方が20年以上よりも高い（20年未満20％以上，20年以上15.9％）。⑤職業別では，機能の面で管理・専門技術・事務職が48.9％で最も高く，次いで主婦が48.0％，商工サービス・自由業が43.2％と高く，逆に農林漁業が29.1％で最も低い。役割期待の面では主婦が最も高い（20.8％）。

　第2に，〈共通問題解決団体〉としての意味づけについては，それほどきわだった特徴はみられないが，機能面においては，①〈積極的参加型〉に属する人びとで高く（中心的役割を果たしている54.4％，毎回参加48.4％，よく参加49.4％，たまに参加38.7％，ほとんど不参加27.5％），②年齢別では50歳代で最も高い（56.5％）。

　第3に〈下情上通機関〉としての機能については，都市的な地域社会と農村的なそれとの間に大きな較差はない。すなわち，①市部27.2％，郡部22.0％，②住宅地24.0％，農村・漁村24.7％，③管理・専門技術・事務職30.4％，農林漁業31.0％である。ところが，役割期待については主婦以外の全ての有職者が，これに最も高い意味づけを付与している。ちなみに，管理・専門技術・事務職が34.9％で最も高く，商工サービス・自由業，農林漁

業，労務職は全て20％強で，主婦は最も低く8.6％である。

　このように一般的な傾向についての特徴は，①自治会・町内会を〈親睦団体〉として意味づけるという点においては，都市的な地域社会の住民の方が農村的なそれに比して高い率を示すが，②〈共通問題解決団体〉および〈下情上通機関〉としての意味づけにおいては両者に大差はない。

　このことを湖北地域および湖南地域のレベルでみると，①湖北地域においては，自治会・町内会は多目的機能を果たしている，あるいは果たす機関（組織）としての意味づけが付与されていることから，人間関係の〈和〉あるいは〈まとまり〉という私的機能と行政に関わりをもつという公的機能とが統合されているが，役割期待に関しては公的機能への傾斜が著しい。②それに対して湖南地域においては，機能面では私的機能に重点が置かれているが，役割期待の面では，湖北地域とは対照的に私的機能と公的機能のバランスがとれているといえる。

3．県に対する苦情・要望等の伝達方法

　そこで焦点を公的機能に限定して検討してみることにする。具体的には県に対する苦情・要望等の伝達方法のあり方，すなわち，住民にとって望ましいとされる〈規範志向ルート〉について，その特徴を3つの角度（地域別，参加形態別，デモグラフィック要因別）からみてみよう。

1）地域別の特徴（表8参照）

　湖南地域の住民の場合には，手紙や電話といった媒体を通じて，個人的・直接的な方法で苦情や要望等を県の行政機関に伝達しようとする傾向が強い。それに対して，湖北地域の住民は，むしろ一段下位レベルの行政機関である基礎自治体を通じて（＝正過程），あるいは基礎自治体を実質的に支え，また自治体の運営に対してさまざまな私的影響力を及ぼすことのできる議員，自治会，地元有力者を通じて（＝副過程），県に苦情・要望等を伝達しようとする傾向が強い。湖北地域住民の志向する伝達方法は，組織あるいは

表8 県に対する苦情・要望等の伝達方法（地域別）　　　　　　　　　（数字＝％）

方法・手段 地域	直接的方法			間接的方法	
	手紙・電話	県主催の懇談会	マスコミに投書	市町村を通じて	議員・自治会・地元有力者を通じて
湖北地域	9.8	2.5	0.8	35.2	*34.4
湖南地域	*17.8	1.9	1.1	30.6	31.1
滋 賀 県	12.7	2.4	1.1	36.2	31.1

註：① *印は県内最高を意味する。
　　② 当該表は『第10回滋賀県政世論調査』（滋賀県，1977年8月）より作成。

権力者・実力者を媒体とした間接的なものであるところに湖南地域住民の志向性との差異がある。

２）自治会・町内会活動への参加形態別の特徴（表9参照）

〈消極的参加型〉，とりわけほとんど不参加の人びとは，手紙・電話で直接県に伝達する志向性が強く，間接的方法による伝達志向は極めて弱い。それに対して，自治会・町内会活動に積極的に参加する人びとほど間接的な伝達方法を志向する傾向が強く，とくに中心的役割を果たしている人びとにおいては8割強を占める。

この両者の差異性はどういう点に求められるであろうか。第1に考えられることは，自治会・町内会活動にほとんど参加しない人びとは，基礎自治体または地方議員，自治会役員，地元有力者との個人的コンタクトがほとんどないか弱いために間接的な伝達方法をとりたくてもそれができないと思っているのか，あるいはそのような方法をとることを最初から考慮していない，つまり，彼らの意識構造の中に圧力政治や陳情請願政治[6]が存在していな

表9 県に対する苦情・要望等の伝達方法（参加形態別）　　　　　　　（数字＝％）

方法・手段 参加形態		直接的方法			間接的方法	
		手紙・電話	県主催の懇談会	マスコミに投書	市町村を通じて	議員・自治会・地元有力者を通じて
積極派	中心的役割	10.2	0.9	―	42.5	39.4
	毎回参加	8.7	3.1	0.9	42.0	30.6
	よく参加	17.5	3.2	2.1	33.7	29.8
消極派	たまに参加	12.7	2.0	2.9	29.4	35.3
	ほとんど不参加	30.8	―	2.2	9.9	24.2

註：当該表は『第10回滋賀県政世論調査』（滋賀県，1977年8月）より作成。

いかのどちらかだと考えられる。第2に，自治会・町内会活動に積極的に参加している人びとは，大旨，基礎自治体や地方議員，自治会役員，地元有力者からの県への働きかけに対して政治的有効性感覚をもっている，すなわち圧力政治や陳情請願政治に対する肯定度や依存度が高いと考えられるし，また，そのような人びととフォーマルあるいはインフォーマルな形で個人的コンタクトを保持し，しかも両者の間に一定の陳情請願ルートが形成されていると思われる[7]。

3）デモグラフィック要因からみた特徴

　第1に居住年数別でみてみよう。大きくわけて居住年数20年未満の住民と20年以上の住民とを比較すると，前者は「手紙・電話」（20％以上，20年以上は9.7％），「マスコミへの投書」（1年未満9.3％，1年〜3年未満5.7％，20年以上は1.3％）といった直接的方法による伝達志向が強い。それに対して後者の場合には，間接的方法による伝達志向が強くみられる。例えば，「市町村を通じて」は前者が10〜20％であるのに対して後者は38.1％，また，「議員・自治会・地元有力者を通じて」は，居住年数の長さと相関関係にあることが指摘できる（1年未満2.3％，1年〜3年未満22.9％，3年〜10年未満28.4％，10年〜20年未満30.3％，20年以上32.5％）。

　第2に，年齢別では年齢の若い層ほど直接的方法による伝達志向が強くなる。例えば，「手紙・電話」では20歳代17.2％，30歳代16.9％に対して60歳代はわずかに4.5％である。また，「県主催の懇談会」では20歳代4.1％に対して他の年代は2％台，「マスコミに投書」は，20歳代が8.1％に対して他の年代は1％前後にすぎない。他方，間接的方法による伝達志向については，「市町村を通じて」と「議員・自治会・地元有力者を通じて」とではいささか趣きを異にする。つまり，前者に関しては40歳代（43.1％），50歳代（39.7％）で強く，20歳代（25.3％），30歳代（33.8％）で弱い。しかし，後者に関しては60歳代が最も高い率を示す（35.1％）が，50歳代から20歳代においては年齢の若い層ほど高い率を示している（20歳代31.7％，30歳代30.3％，40歳代

29.9％，50歳代27.6％）。このように年齢との関係においては，40歳代，50歳代を中心にした中高年層ではより強い間接的方法による伝達志向を示すが，若年層では相対的に直接的方法による伝達意志が強いといえる。ところが，若年層は「議員・自治会・地元有力者を通じて」の伝達志向も強く，明らかに若年層の分極化現象がみられる。この分極化現象の要因が何に求められるかはこの段階で明確にできないが，①地域社会の伝統的価値規範や秩序の否定およびそれからの脱却志向と権利要求志向とに支えられた〈個我〉主張性[8]と，②伝統的な共同体的価値・秩序の肯定あるいは容認を基底とした保守性とのおりなす複合現象であると考えられよう。

　第3に，職業別では，直接的方法による伝達志向が強いのは商工サービス・自由業（「手紙・電話」22.0％），管理・専門技術・事務職（「手紙・電話」14.4％，「県主催の懇談会」5.0％），主婦（「手紙・電話18.8％」）である。それに対して間接的方法による伝達志向が最も強いのは農林漁業従事者で，「市町村を通じて」は44.5％，「議員・自治会・地元有力者を通じて」は34.3％である。

　そして最後に学歴別でみると，直接的方法による伝達志向は高学歴者に強く（「手紙・電話」：初等教育卒8.8％，中等教育卒14.6％，高等教育卒25.9％），間接的方法による伝達志向は低学歴者に強い（「市町村を通じて」：初等教育卒40.1％，中等教育卒34.1％，高等教育卒26.5％，「議員・自治会・地元有力者を通じて」：初等教育卒31.9％，中等教育卒30.3％，高等教育卒28.9％）（なお，これらの数値は全て『第10回滋賀県政世論調査』によるものである）。

　さて，ここで一般的な傾向についてまとめてみると，直接的方法による伝達志向が強いのは，①居住年数が短い，②若年層，③第2次・第3次産業従事者，主婦，④高学歴者で，⑤しかも自治会・町内会活動に対して消極的な人びとである。逆に，間接的方法による伝達志向が強いのは，①居住年数が長い，②中高年層，③第1次産業従事者，④低学歴者で，⑤しかも自治会・町内会活動に対して積極的な人びとであるといえる。これを地域社会レベルを考慮に入れて整理すると，直接的方法による伝達志向は，都市的あるいは

都市化過程にある地域社会の住民層に顕著にみられ，間接的方法による伝達志向は，むしろ農村的な地域社会の住民層に著しいといえよう。

4．地域の政治・行政への関心度

いまひとつ，地域の政治・行政への関心度を地域別，職業別，年齢別に検討してみよう。表10から理解できるように，地域別でみれば都市部（彦根市）よりも農村部（湖北地域）の方が，地域の政治・行政への関心度ははるかに高い。これは一般的な傾向として把握できる。例えば，『全国県民意識調査』（NHK放送世論調査所編，1979年）では，湖北地域住民が最も関心をもっている政治は市町村レベルであり（41.6％，大津市23.0％），それに対して国の政治への関心は25.4％（大津市45.2％）にとどまるという結果になっている。なぜ農村的な地域社会では，住民は地域の政治・行政を最も身近な存在としてとらえ，また，それに高い関心を示すのか結論的なことはいえないが，村田廸雄の次の指摘はこのことを解明するうえで示唆に富んでいるように思われる。村田は，一般に〈ムラ〉に存在する思想として，①共同体への埋没の思想，②〈反〉の思想の欠如，③唯物主義（タダモノ主義），④知的・倫理的怠惰，⑤知的貧困，⑥即自性，⑦短絡的現実主義，⑧知性の欠如，⑨方法の単数性，⑩内面性の欠如，⑪自我のひ弱さ，⑫抽象への弱さ等をあげている[9]が，これらの要因のいくつかが（あるいは全てが）相互に結びついた形で地域の政治・行政への関心を高めていると考えられる。しかし，その実態や意味内容は地域によって異なるのであり，その意味から，湖北地域の実

表10　地域の政治・行政への関心度（地域別）　　（数字：サンプル＝実数，他は％）

関心度 地域	非常に関心を もっている	かなり関心を もっている	あまり関心を もっていない	全く関心を もっていない	D.K, N.A	サンプル数
長浜市	23.1	54.4	18.8	0.7	3.0	1,132
坂田郡	25.7	50.3	19.7	0.6	3.7	867
東浅井郡	24.7	50.2	20.9	0.7	3.6	757
伊香郡	28.0	46.1	21.0	1.6	3.4	762
湖北地域	25.2	50.7	20.0	0.9	3.4	3,518
彦根市	16.5	43.7	31.2	4.1	4.4	2,008

註：当該表は『琵琶湖東北部地域住民意識アンケート調査報告書』（1980年2月）より作成。

態を解明するためには、湖北農村の特質、農民の意識や行動について具体的な分析を行う必要性がでてくる。

次に、これを職業別でみれば、農林水産業従事者や公務員は関心が高いが、サラリーマンや主婦の関心度はかなり低い（表11参照）。一般的に農林水産業従事者は職場と住居の場所が地域社会の中に存在することと、職業そのものが、直接政治や行政と深い関わりをもつところから関心度が高いと考えられる。とくに農業の場合には米価や土地改良事業など補助金行政との緊密な関係から政治や行政への関心が高くなっていると考えられる。また、公務員の場合には、彼らが所属する地方自治体等が直接地域の行政サービスに携わっていることや、すでにみたように地域住民がより上級の行政機関や中央政府に陳情や請願または要求をする際の窓口になったり、また、地域住民の行政参加の促進と参加機会の提供に携わったり、上意下達機関としての機能を遂行することなどによって関心が高くなっていると考えられる。それに対して大半のサラリーマンは、職業あるいは職場と地域の政治・行政との間に前者の場合ほど深いかかわりがない。ただ〈土地もち労働者〉の場合には、多少なりとも農業との関わりをもつことから、都市型労働者よりはその関心が高いかもしれないが、ここでは断定できない。主婦の場合には、政治教育を受ける機会に乏しく、政治的社会化も未発達であるということなどによって地域の政治や行政に関心が低くなっていると考えられるが、これも検証を要することである。

さらに年齢別でみれば、50歳以上の年齢層の関心度の高さ、それに対する

表11　地域の政治・行政への関心度（職業別）　　　　　（数字：サンプル＝実数、他は%）

職業＼関心度	非常に関心をもっている	かなり関心をもっている	あまり関心をもっていない	全く関心をもっていない	その他	サンプル数
農林水産	35.4	48.0	15.0	0.6	0.9	962
自　　営	23.5	51.2	22.2	1.3	1.8	1,371
サラリーマン	17.0	47.7	30.0	3.1	2.3	2,383
公　務　員	31.9	52.1	14.4	0.6	1.0	1,075
主婦・その他	9.6	41.3	37.4	3.1	8.6	709

註：当該表は『琵琶湖東北部地域住民意識アンケート調査報告書』（1980年2月）より作成。

表12 地域の政治・行政への関心度（年齢別）　　　（数字：サンプル＝実数，他は％）

年齢＼関心度	非常に関心をもっている	かなり関心をもっている	あまり関心をもっていない	全く関心をもっていない	その他	サンプル数
18〜29歳	9.2	28.4	48.3	7.8	6.3	575
30〜39歳	13.7	50.4	32.0	1.7	1.9	1,501
40〜49歳	22.5	53.4	21.5	0.7	1.9	1,770
50〜59歳	29.7	50.5	17.3	0.8	1.8	1,707
60〜69歳	31.5	47.5	17.4	0.8	2.7	850
70歳〜	29.3	43.0	18.2	3.9	5.5	309
合　計	22.7	48.6	24.4	1.8	2.6	6,712

註：①サンプル数合計には年齢不明者54人を含んでいない。
　　②この表には湖東地域住民も含まれている。
　　③当該表は『琵琶湖東北部地域住民意識アンケート調査報告書』（1980年2月）より作成。

　20歳代・30歳代の関心度の低さが目につく（表12参照）。若年層の関心度の低さは，主として政治や行政そのものに対する無関心（＝現代型無関心）やシラケ，あるいはそれへの不信にもとづくものと思われる。また，壮年層・高齢者層の関心度の高さは，自治会・町内会活動への参加度の高さとほぼ相関関係にあることから，それとの関わりによるところが大きいといえよう。

　ここで自治会・町内会活動への参加志向と地域の政治・行政への関心度との関係について整理をしておくと，参加志向の高さと関心度の高さとの間に正の相関関係が存在することが理解できる。とくに職業別，年齢別においてはその一致度が高い（表3，表5，表11，表12参照）。

　なぜ参加志向の高さと関心度の高さとの間に正の相関関係がみられるのか，それを解明するには湖北地域の地域特性を具体的に検討していく作業が必要であろう。

第3節　湖北農村の特徴

1．産業別・年齢別人口構造の特徴

1）就業者総数

　県都大津市も県全体も1960年以降連続してプラス成長をとげている（1960年を100とした1980年の指数は大津市139.8，県全体121.8。以下，指数は1960

表13　産業別人口の推移

		第 1 次 産 業				第 2 次 産 業		
		1960年	1970年	1980年	指数	1960年	1970年	1980年
滋 賀 県	人　口	186,022	134,076	60,961	32.8	109,586	171,011	208,216
	構成比	43.6	27.6	11.7		25.7	35.2	40.0
大 津 市	人　口	11,110	7,530	3,427	30.8	27,395	33,073	33,639
	構成比	15.8	8.6	3.5		39.1	38.0	34.3
湖北地域	人　口	39,344	27,906	12,671	32.2	22,880	30,337	32,254
	構成比	46.5	32.4	16.1		27.0	35.3	41.1
長 浜 市	人　口	5,914	4,539	2,172	36.7	10,057	11,708	10,937
	構成比	24.0	16.8	8.4		40.8	43.4	42.5
坂 田 郡	人　口	10,946	8,314	4,065	37.1	5,276	6,391	7,533
	構成比	48.6	37.1	19.9		23.4	28.5	36.8
東浅井郡	人　口	11,957	8,146	3,338	27.9	4,164	6,270	7,423
	構成比	60.2	42.2	19.7		20.9	32.5	43.7
伊 香 郡	人　口	10,527	6,907	3,096	29.4	3,383	5,968	6,361
	構成比	59.6	39.9	20.3		19.1	34.4	41.6

註：① 構成比は就業者総数に対する各次産業就業者数の比率。
　　② 指数 = $\frac{1980年の就業者数}{1960年の就業者数} \times 100$
　　③ 当該表は『滋賀県統計10年報』(滋賀県総務部統計課，1972年)，『昭和55年度滋賀県統計書』(滋賀県

年を100として算出)。ところが，湖北地域においては長浜市を除く3郡で連続マイナス成長となり，湖北地域全体としても1970年を境にプラス成長からマイナス成長に転化している。つまり，これは高度経済成長期以降，労働人口が湖北地域から他地域あるいは県外へ流出していることを物語っている。

2）産業別人口構造の推移（表13参照）

　第1次産業就業者数は総じて激減している。とくに農業人口の構成比の高い地域ほど減少傾向が著しく，兼業化，兼業深化，離農・脱農化が急速に進行していることがうかがわれる。それに対して，第2次・第3次産業就業者は総じて大幅に増加している。大津市の場合には第2次産業よりも第3次産業に従事している人の増加率が著しく，構成比においても6割強を占めているのに対して，湖北地域の場合には，両者は増加率や構成比においてほぼバランスのとれた形で伸びている。ただ指数の面でみれば，県全体と比べてかなり低いし，また，構成比の面でも湖北1市3郡の間で差異がある。すなわ

指数	第 3 次 産 業			指数	就 業 者 総 数			指数
	1960年	1970年	1980年		1960年	1970年	1980年	
190.0	131,349 30.8	181,085 37.2	250,556 48.2	190.8	427,018	486,220	520,211	121.8
122.8	31,612 45.1	46,522 53.4	60,872 62.1	192.6	70,128	87,135	98,012	139.8
141.0	22,453 26.5	27,747 32.3	33,505 42.7	149.2	84,685	85,998	78,473	92.7
108.8	8,646 35.1	10,729 39.8	12,625 49.1	146.0	24,620	26,978	25,738	104.5
142.8	6,322 28.0	7,699 34.4	8,870 43.3	140.3	22,544	22,407	20,476	90.8
178.3	3,725 18.8	4,872 25.3	6,204 36.5	166.6	19,849	19,289	16,983	85.6
188.0	3,760 21.3	4,447 25.7	5,806 38.0	154.4	17,672	17,324	15,276	86.4

企画部統計課，1982年）より作成。

ち，湖北地域南部（長浜市，坂田郡）では第3次産業の方が，湖北地域北部（東浅井郡，伊香郡）では第2次産業の方がそれぞれ就業者の構成比が高い。

D.ベルが提示した〈脱工業社会〉という概念を基準にとれば，大津市の場合には少なくとも脱工業社会の最初にして最も単純な要件，すなわち経済部門における財貨生産経済からサービス経済への変遷という要件[10]を満たしているということはいえよう。だが，湖北地域の場合には，この要件を満たすにはまだまだ距離があるように思われる。

3）年齢別人口構造の推移

次に年齢別人口構造，とりわけ生産年齢人口（15～64歳）の動態をみてみると次のような特徴を示すことができるだろう。大津市の場合には10歳代はマイナス成長（92.7），20歳代は若干のプラス成長（108.1）といった現象を呈しているが，これは主として県外の大学への進学や就職の影響によるところが大きいと考えられる。しかし，30歳代（184.9）や40歳代（194.5）は急増している。これは主として社会増，すなわち京阪神地域や県内他地域から

の人口流入にともなう増加現象とみなすことができる。また，対県人口構成比（1980年における）においても，40歳代までは20％以上を占めている。他方，湖北地域の場合には，10歳代，20歳代はかなりのマイナス成長である（10歳代76.6，20歳代81.3）。30歳代は連続プラス成長している長浜市（126.7）を除いて，郡部では1975〜80年を境にマイナス成長からプラス成長に転じたが，対県人口構成比においては，20歳代が17.7％（1960年）から12.9％（1980年）へ，30歳代が18.7％から12.7％へと大幅に減少している。また，中高年層（40〜64歳）においては概してプラス成長しているが，対県人口構成比をみると，大津市とは逆に，年代が高くなるにしたがって構成比は高くなっている（40歳代14.8％，50歳代16.8％，60歳代18.1％）し，高齢人口（65歳以上）の総人口に対する比率も大津市よりもはるかに高い（12.3％，大津市8.5％）。

そこで産業別人口構造と年齢別人口構造とを関連づけて，その動態の特徴をみてみよう。大津市の場合は，進出企業の従業員の移住および国鉄東海道沿線のベッドタウン化によって30歳代や40歳代を中心に京阪神地域からの流入人口が大幅に増加し，しかもそれが第3次産業に集中していると考えられる。ところが湖北地域の場合には，とくに青壮年層（15〜39歳）では農業離れにともなって第2次・第3次産業に従事する者の割合が増加しているが，中高年層と比較すれば，地域への定着率は低いと考えられる。ところで，「農村地域における非農家の増大は，農民層分解による兼業化・離農の進行と，都市勤労者の農村地域への流入という二つのチャンネルで進展するが，これらを規定しているのが地域の産業構造の変動と住宅開発である」[11]とすれば，大津市や湖南地域の場合は，主として後者のチャンネルを通じて都市的性格を増幅してきたといえるし，湖北地域の場合には主として前者のチャンネルを通じて脱農村化の方向に進展していると考えられる。

2．湖北農業の特徴

湖北農業の特色をひと言でいえば「米作中心農業」である。『農林水産統

計年報』によれば，1975年の湖北地域の農業粗生産額は164億4,500万円で，そのうち米が82.3%を占めており（他に野菜9.5%，花卉0.1%，畜産5.1%），その割合においては他の地域より群を抜いて高い。しかし，湖北農業は戦後大きく変容してきている。その実態についていろいろな角度からみてみよう。

1）専業・兼業別農家数の推移（表14参照）

まず農家総数においては離農・脱農の逓増をともなう漸減傾向を示してい

表14 専業・兼業別農家数の推移

		専　業		第1種兼業		第2種兼業		総　数
		農家数	構成比	農家数	構成比	農家数	構成比	
滋賀県	1960年	30,222	31.0	29,786	30.5	37,540	38.5	97,548
	1970年	5,183	5.8	28,841	32.3	55,163	61.9	89,187
	1980年	3,014	3.9	6,597	8.6	67,331	87.5	76,942
	指　数	10.0		22.1		179.4		78.9
大津市	1960年	1,115	17.7	2,368	37.7	2,803	44.6	6,286
	1970年	202	3.7	898	16.4	4,390	80.0	5,490
	1980年	138	2.9	244	5.2	4,320	91.9	4,702
	指　数	12.4		10.3		154.1		74.8
湖北地域	1960年	5,690	24.8	5,821	25.4	11,410	49.8	22,921
	1970年	1,391	6.8	5,092	25.0	13,900	68.2	20,383
	1980年	767	4.4	1,484	8.5	15,156	87.1	17,407
	指　数	13.5		25.5		132.8		75.9
長浜市	1960年	1,000	26.0	787	20.4	2,066	53.6	3,853
	1970年	245	7.0	1,022	29.3	2,217	63.7	3,484
	1980年	140	4.7	372	12.6	2,445	82.7	2,957
	指　数	14.0		47.3		118.3		76.7
坂田郡	1960年	1,249	18.7	1,622	24.2	3,818	57.1	6,689
	1970年	366	6.0	877	14.3	4,878	79.7	6,121
	1980年	240	4.4	330	6.1	4,866	89.5	5,436
	指　数	19.2		20.3		127.4		81.3
東浅井郡	1960年	2,242	34.1	1,798	27.4	2,527	38.5	6,567
	1970年	380	6.8	2,018	35.9	3,230	57.4	5,628
	1980年	173	3.7	547	11.7	3,953	84.6	4,673
	指　数	7.7		30.4		156.4		71.2
伊香郡	1960年	1,199	20.6	1,614	27.8	2,999	51.6	5,812
	1970年	400	7.8	1,175	22.8	3,575	69.4	5,150
	1980年	214	4.9	235	5.4	3,892	89.7	4,341
	指　数	17.8		14.6		129.8		74.7

註：① 構成比は農家総数に対する各種農家数の比率。
　　② 指数 = $\frac{1980年の農家数}{1960年の農家数} \times 100$
　　③ 当該表は『滋賀県統計10年報』（滋賀県総務部統計課，1972年），『昭和55年度滋賀県統計書』（滋賀県企画部統計課，1982年）より作成。

表15　経営耕地面積規模別農家数の推移

		総数	0.5ha未満		0.5〜1.0ha		1.0〜1.5ha		1.5〜2.0ha		2.0ha以上	
			農家数	構成比	農家数	構成比	農家数	構成比	農家数	構成比	農家数	構成比
滋賀県	1960年	97,548	34,142	35.0	34,721	35.6	22,029	22.6	5,883	6.0	773	0.8
	1970年	89,187	36,304	40.7	28,771	32.3	16,525	18.5	5,869	6.6	1,658	1.9
	1980年	76,942	33,127	43.1	23,605	30.7	12,411	16.1	4,952	6.4	2,795	3.6
大津市	1960年	6,286	2,322	36.9	2,412	38.4	1,261	20.1	247	3.9	44	0.7
	1970年	5,490	2,729	49.7	1,953	35.6	655	11.9	121	2.2	23	0.4
	1980年	4,702	2,688	57.2	1,545	32.9	371	7.9	69	1.5	19	0.4
湖北地域	1960年	22,921	9,791	42.7	9,070	39.6	3,400	14.8	591	2.6	69	0.3
	1970年	20,383	10,111	49.6	6,442	31.6	2,568	12.6	1,011	5.0	244	1.2
	1980年	17,407	9,103	52.3	4,868	28.0	1,946	11.2	852	4.9	632	3.6
長浜市	1960年	3,853	1,837	47.7	1,303	33.8	600	15.6	107	2.8	6	0.2
	1970年	3,484	1,793	51.5	932	26.8	514	14.8	203	5.8	41	1.2
	1980年	2,957	1,554	52.6	760	25.7	362	12.2	159	5.4	122	4.1
坂田郡	1960年	6,689	3,009	45.0	2,855	42.7	701	10.5	104	1.6	20	0.3
	1970年	6,121	3,365	55.0	2,131	34.8	507	8.3	90	1.5	25	0.4
	1980年	5,436	3,335	61.4	1,618	29.8	334	6.1	94	1.7	50	0.9
東浅井郡	1960年	6,567	2,475	37.8	2,413	36.7	1,355	20.6	291	4.4	33	0.5
	1970年	5,628	2,298	40.8	1,637	29.1	986	17.5	561	10.0	146	2.6
	1980年	4,673	1,827	39.1	1,247	26.7	782	16.7	455	9.7	362	7.7
伊香郡	1960年	5,812	2,470	42.5	2,499	43.0	744	12.8	89	1.5	10	0.2
	1970年	5,150	2,655	51.6	1,742	33.8	561	10.9	157	3.0	32	0.6
	1980年	4,341	2,387	55.0	1,243	28.6	468	10.8	144	3.3	98	2.3

註：当該表は『滋賀県統計10年報』(滋賀県総務部統計課，1972年)，『昭和55年度滋賀県統計書』(滋賀県企画部統計課，1982年) より作成。

る。湖北地域においては南部よりも北部の方が減少率は高い。つまり，農業が主体であった地域ほど離農・脱農化が著しいということである。さらに専業・兼業別でみると，第1種兼業農家数も激減しているが，第2種兼業農家数は県全体（179.8）や大津市（154.1）に比べれば増加率は低い（132.8）。この増加率の相対的な低さは，湖北地域がもともと第2種兼業農家数の割合が高い地域であるということによっている。その理由のひとつとして，一農家当たりの経営耕地面積規模が県内地域と比較して相当に狭いことがあげられる。表15からも理解できるように，湖北地域は現在でも東浅井郡を除いて5〜6割が0.5ha未満で，それを含め8〜9割が1.0ha未満の零細・小規模経営農家である（1960年当時においては0.5ha未満が4割強であるが，1.0ha未満では1980年段階とほぼ同じ割合である）。

これらのことから，とくに高度経済成長期を契機に全般的にオール兼業化

や兼業深化が急速に進行し，減速経済期においてもそれが続いているということが指摘できる。このことをより深く理解するために，専業・兼業別農家の経営耕地面積規模の推移・農家数の世帯数に対する比率の推移についてみておこう。

2）専業・兼業別農家の経営耕地規模の推移（表16参照）

まず，湖北地域における経営規模と第2種兼業農家化（＝兼業深化）との関係についてみれば，1960年から80年までの20年の間に零細・小規模経営層（0.5〜0.7ha）から中規模経営層（1.0〜1.5ha）にまで拡大している。また，専業農家との関係については，経営規模の拡大と現状維持という形での分極化がみられる。すなわち，大規模経営層（2.0ha以上）は資本集約的経営（農業の機械化＝近代化）によって，経営規模を拡大する方向性を示しているが，それは現実に，「反収増を追求する小農技術から，労働生産性を追求する，より高次の生産力水準が形成されつつある」[12]ことを意味しているといえよう。とくに経営規模拡大による専業農家維持志向は東浅井郡に強い。他方，中規模経営層（1.5〜2.0ha）は資本集約的経営によりながらも現状維持志向を示している。

表16 専兼別農家の経営耕地面積規模の推移

(単位：ha)

		第2種兼業	専業
滋賀県	1960年	0.5〜0.7	1.0
	1970年	0.7〜1.0	1.5〜2.0
	1980年	1.5	2.0
大津市	1960年	0.5〜0.7	1.0〜1.5
	1970年	0.7〜1.0	1.0〜1.5
	1980年	1.0	1.0〜1.5
湖北地域	1960年	0.5〜0.7	0.7〜1.0
	1970年	0.7	1.5
	1980年	1.5	1.5〜2.0
長浜市	1960年	0.5〜0.7	0.7〜1.0
	1970年	0.7	1.5
	1980年	1.0〜1.5	2.0
坂田郡	1960年	0.5〜0.7	0.7〜1.0
	1970年	0.7〜1.0	1.0〜1.5
	1980年	1.0	1.0〜1.5
東浅井郡	1960年	0.5	0.7〜1.0
	1970年	0.7	1.5〜2.0
	1980年	1.5	2.5
伊香郡	1960年	0.5〜0.7	0.7〜1.0
	1970年	0.7	1.0〜1.5
	1980年	1.0〜1.5	1.5

註：当該表は『滋賀県統計10年報』（滋賀県総務部統計課，1972年），『昭和55年度滋賀県統計書』（滋賀県企画部統計課，1982年）より作成。

これらを整理してみると，次のようなことがいえるだろう。大津市では農業構造の変容が離農・脱農へ向けてより一方向的であるといえる。とりわけ

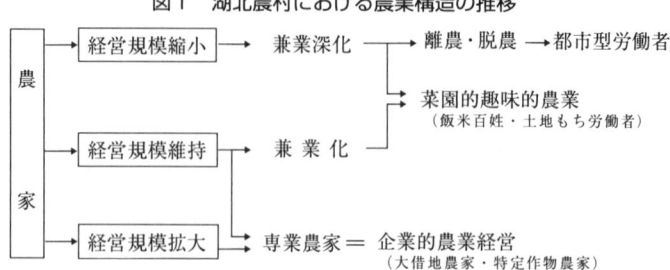

図1　湖北農村における農業構造の推移

```
               ┌→ 経営規模縮小 →  兼業深化 ──→ 離農・脱農 → 都市型労働者
               │                          │
               │                          └→ 菜園的趣味的農業
農家 ──────────┼→ 経営規模維持 →  兼 業 化        （飯米百姓・土地もち労働者）
               │
               └→ 経営規模拡大 → 専業農家＝企業的農業経営
                                       （大借地農家・特定作物農家）
```

兼業深化が著しい。ところが湖北地域においては，それがより多方向的である。それを図式化すれば図1のようになるであろう。

3）農家数の世帯数に対する比率の推移（表17参照）

さらに，これを農家数の世帯数に対する割合との関連でみれば次のようなことがいえるであろう。まず，農家数の総世帯数に対する比率をみてみると，大津市の場合は20.3％から7.9％へと減少している。これは世帯総数の急増（193.2），とりわけ非農家世帯数の急増にともなうもので，農家数の大幅減少にともなうものではない。ちなみに，農家数の指数は74.8である。つまり，内的要因よりも外的要因によるところが大きいわけである。他方，湖北地域の場合には，世帯総数の伸び自体がゆるやかである（113.9）が故に，大津市の場合とは逆に，むしろ内的要因，すなわち外的インパクト（例えば，政府の一連の農政やそれと表裏一体の関係にある日本資本主義の農業再編，掌握など）に対する農村や農民の対応（適応）によるところが大きいと考えら

表17　農家数の世帯数に対する比率の推移　　　　　　　　　　　（単位：％）

		滋賀県	大津市	湖北地域	長浜市	坂田郡	東浅井郡	伊香郡
農家数 総世帯数	1960年	54.5	20.3	64.8	37.0	72.4	80.6	76.9
	1970年	42.4	12.9	54.3	27.7	65.3	69.5	68.8
	1980年	27.7	7.9	43.2	20.5	55.5	55.8	56.7
農家数 持家世帯数	1960年	69.1	33.8	76.5	49.6	81.7	85.4	85.6
	1970年	55.4	22.0	64.1	39.8	72.4	72.6	75.2
	1980年	35.3	11.8	49.9	27.5	60.1	58.6	61.3

註：当該表は『滋賀県統計10年報』（滋賀県総務部統計課，1972年），『昭和55年度滋賀県統計書』（滋賀県企画部統計課，1982年）より作成。

れる。しかし，湖北地域の場合にはその比率が43.2%（とくに郡部では55〜56%）と高く，また持家世帯数に対する比率においても5割を占めている。これらのことから，大津市の場合には大半の世帯が農業との関わりや接触をもたないのであり，したがって，労働者（世帯主）も都市型労働者だといえる。ところが湖北地域の場合には，その多くが〈土地もち労働者〉である。これらのことを基本的に理解したうえで，農業に対する住民意識について次に検討しておこう。

4）農業に対する住民意識

地域住民の農業に対する基本的理解については，「世の中が変化しても農業は国の基本である」との認識において，大津市民と湖北地域住民との間には大きな差異はない（大津市72.2%，湖北地域78.9%，県全体78.3%。『全国県民意識調査』）が，農業の果たす役割についての認識においては大きな差異がある。つまり，大津市を含めた湖南地域の住民は，農業の役割は「国民の食糧を確保する」ことにあると考えている（35.5%，県全体31.0%）が，湖北地域住民のそれに対する認識は相対的にかなり低い（18.9%で県内最低）。むしろ湖北地域住民は，農業というものを「土に生きることによって，心豊かな人間性が養える」もの（30.3%で県内最高，湖南地域17.5%，県全体18.4%），あるいは「農業を職業としている人たちの生活を支える」もの（23.0%で県内最高，湖南地域11.5%，県全体16.4%）ととらえている（以上，『第10回滋賀県政世論調査』より）。いわば湖北地域住民の農業に対する基本的理解は，〈公〉としての農業＝国策としての農業というよりは〈私〉および〈共〉としての農業という点にあるといえる。この〈私〉および〈共〉としての農業という認識は，農業は日常生活を営むための糧（現金収入を含めて）であると同時に土地所有者としての共通項を基底とした共同体的な人間関係を維持・存続させる機能を営む媒体として理解されているということを含意しているといえよう。ただ，この土地所有という場合，土地の所有と耕作との一致を原則とした〈農民的土地所有〉と耕作権を第三者に委託する形

での土地所有という形態上の差異，あるいは土地所有の多寡という差異はあっても，土地との関わりをもつという点では共通項をもつのである。

しかし，農業に対する基本的理解と現実との間には〈市場経済原理〉の農村への浸透と農民の〈非市場経済原理〉的対応という形で典型的にみられるように，大きなギャップがある。〈市場経済〉とは社会関係を埋めこんだ経済であり，〈非市場経済〉とは社会関係に埋めこまれた経済である[13]と基本的に理解したうえで，湖北地域住民とりわけ農業経営者は現在どのような状況に置かれ，また将来の展望においてどのように考えているかということを分析してみよう。

『琵琶湖東北部地域住民意識アンケート調査報告書』によれば，農業経営上現在困っていることは，①「農機具の購入負担が大きい」(35.9%)，②「農産物の価格安定」(21.9%)，③「土地改良の遅れ」(13.2%)，④「後継者がいない」(11.5%) などである。このような現状の中で，農業経営の将来的展望においては，「現状維持」が25.3%，「農地拡大」が4.0%であるのに対して「離農」を考えているのはわずか1.2%にすぎない。しかし，「今のところ何も言えない」(16.1%)，「不明」(44.1%) と答えたものが60.2%もおり，将来の展望において暗中模索の状態にあることがうかがわれる。

ここで整理の意味も含めて，土地に関する観念の差異性についてふれておこう。一般に土地を近代法的意味において解釈すれば不動産（＝貨幣換算をした「資産価値」という意味を含む限りで一種の「金融資産」）としてとらえられるが，農民にとって土地とは，むしろ"先祖から引き継いだ預り物"であって，その意味では"個人の所有物であっても個人の財産ではない"という観念が強い。つまり，農民にとって土地はイエの共有財産であるという「家産制」的性格を強くもっているのである。また，土地にしがみついていれば何とかなるという生活の安定感をもつことができるし，労働者化が進んでも一国一城の城主的生活感覚をもち続けることができる[14]という認識がある。そういう意味で，土地は家族の生計を支える物質的基盤や心の豊かな人間性を涵養する精神的基盤となりうるのである。それ故，経営上の困難が

多くても離農・脱農はしない，つまり土地を手放さないということになるのであると考えられる。

　また他方において，その背景に〈祖先信仰〉が深く関わっていることが読みとれる。NHKの『全国県民意識調査』によれば，「家の祖先には強い心のつながりを感じる」と答えたのは，職業別では農業従事者が96.2％で最高，事務技術職は50.4％とかなり低い。年齢別でみれば年齢が高くなるほどパーセンテージは高くなる（16～25歳25.2％，26～35歳48.0％，36～45歳72.5％，46～55歳83.9％，56歳以上91.6％）。性別でみれば男女差はほとんどなく，相対的に高い（男62.9％，女63.7％）。また，地域別でみれば，湖北地域は62.2％であるが，大津市は54.0％で県内最低である（県全体は63.2％）。この調査結果をみると，農民の土地への愛着は一種の信仰であり，また，土地はイエの共有財産であるばかりでなく，ムラあるいは地域の「共有財産」としての観念も強いように思われる。それは結局，ムラや地域のあり方がイエやその構成員個々人のあり方を規定する，あるいはそれに大きな影響を与える基底的な要因として横たわっているのであり，とりわけ湖北地域においてはその伝統主義的傾向が強いと考えられる。

　いまひとつ検討しておかなければならないのは，自民党政府の一連の農業政策（＝農村政治）と日本資本主義の農業再編および掌握過程における農村・農民の対応（適応）過程との関係についてである。これは戦後保守政治を底辺において支えてきた農村・農民のあり方とも深い関わりをもつし[15]，また，この章の目的でもある農村社会における自治会・町内会の政治的機能の発現形態とその保守性を解明する大きな手がかりを提供してくれるであろう。

　この課題については，既に前章で考察している。

註
1）例えば，拙稿「農村社会の政治風土(1)―滋賀県湖北地域の地元意識と政治的保守」佛教大学社会学研究会『佛大社会学』第7号，1982年3月，「生活文化と政治文化の接合

点を求めて—滋賀県湖北地域での予備的考察」水谷幸正編集代表『社会学の現代的課題』(筆谷稔博士追悼論文集)、法律文化社、1983年を参照。また、学会・研究会報告としては、「農村社会における政治文化の変容—滋賀県湖北地域の事例」(第33回関西社会学会大会、1982年5月30日、於：愛知大学)、「滋賀の政治文化—大津市と湖北地域の比較分析」(第7回政治社会学研究会、1982年9月25日、於：佛教大学)、「湖北地域の政治風土—住民の意識と行動様式に見る政治的保守主義を中心に」(滋賀県近代史研究会8月例会、1983年8月20日、於：大津市立図書館)がある。

2) 居安正「地域組織と選挙」間場壽一編『地域政治の社会学』世界思想社、1983年、p.61。
3) 居安正「前掲論文」、p.62。
4) 間場壽一「地域社会と政治」間場壽一編『前掲書』p.11。
5) 髙橋明善「自民党の農村支配」白鳥令編『保守体制』(上)東洋経済新報社、1977年、p.136。
6) 髙橋明善は日本型の陳情請願政治の特徴を次のように指摘している。「第1にそれは農民の権利意識に支えられない、お上にお願いする形の文字通りの『陳情』『請願』型のものである。第2にむき出しの部落の地域エゴイズム追求型のものである。第3には公行政の公的機能への要求ではなく、特別のはからいを求めるぬけがけ的なものであるため、公的機構に特別の私的影響力をもつ有力者を媒介とする裏口型陳情請願である」。つまり陳情請願政治は農村社会の利益追求型の政治的権力機構の産物であり、それは「中央権力を志向し、また、中央、地方の権力を掌握する保守政党志向のものとなる」(「前掲論文」p.140)可能性を多分に含んだものであることは否定できない。
7) 京極純一は、「戦後における圧力政治は、一方では、行動様式の面における発展を示すとともに、他方では、陳情と連続する面をもっている」(『政治意識の分析』東京大学出版会、1968年、p.142)と指摘しているが、このような状況は地方自治体と住民との間に介在する政治状況にも当てはまるであろう。
8) この〈個我〉主張性は、基本的に「この土地に生活することになった以上、自分の生活上の不満や要求をできるだけ市政その他に反映していくのは、市民としての権利である」(奥田道大「コミュニティ形成の論理と住民意識」磯村英一・鵜飼信成・川野重任編『都市形成の論理と住民』東京大学出版会、1971年、p.141)という意識に発している。
9) 村田迪雄『ムラは亡ぶ』日本経済評論社、1978年、pp.67-105。
10) D. Bell, *The Coming of Post-Industrial Society*, Basic Books, Inc.1973. (内田忠夫・嘉治元郎・城塚登・馬場修一・村上泰亮・谷嶋喬四郎訳『脱工業社会の到来』(上)ダイヤモンド社、1975年、p.25)。
11) 浜岡政好「地域生活の変化と生活構造—広域市町村圏の住民生活」山岡栄市・浜岡政好編『広域生活圏と地域づくり—滋賀県中部広域市町村圏の社会学的研究』法律文化社、1982年、p.30。
12) 細谷昂「農民意識と農村社会の変革」福武直監修、蓮見音彦編『社会学講座4 農村社会』東京大学出版会、1973年、p.215。
13) 玉城哲『日本の社会システム—むらと水からの再構成』農山漁村文化協会、1982年、p.111。
14) 髙橋明善「前掲論文」p.156。
15) 白鳥令は、自民党の(あるいは保守の)絶対過半数長期政権を支えてきた基本的支柱を3つ指摘している。第1の支柱は、具体的かつ直接的な利益の配分によって裏打ちさ

れ，同時に人間関係を中心とした非イデオロギー的（非政治的）連鎖を基盤とした農村における農民の執拗なまでの保守支持の態度。第2の支柱は，池田内閣の所得倍増政策および田中内閣の「列島改造論」に象徴される高度経済成長。第3の支柱は，冷戦下の二極構造を出発点とする戦後国際政治の状況＝日米安保体制。その中で白鳥は第1の支柱が最大のものであるとしている（「崩壊する自民党単独政権の論理と構造」白鳥令編『保守体制』（下）東洋経済新報社，1977年，pp.249-259）。

第3章
農村社会における政治の論理

第1節　日本の保守政治の構造

　これまで一般に農村部は保守政党の「金城湯地」として位置づけられてきた。実際，農村部選挙区の配分議席に対する自民党の議席占有率は極めて高いし，また，自民党の全議席数に対する農村部選挙区選出議員の占有率も他党に比べて高い。例えば，1986年6月の衆参同日選挙後の自民党衆議院議員の類型別分布状況をみてみると，表1からも理解できるように，農村型選挙区（農村型＋準農村型）の配分議席186に対する自民党の獲得議席は139で，実に占有率74.7%を示している。また，自民党の全議席数に対する農村型選挙区選出議員の占有率も44.7%に達し，都市型選挙区（大都市型＋都市型）選出の占有率29.9%を大きく上回っている。もちろん，これらの数字は「自民党圧勝」という特殊事情を背景にしたものであるから，この一事をもって判断を下すのは賢明でないかもしれないが，特性の一定部分を説明しうる材料にはなるであろう。

　また，この現象が，定数配分の不均衡による農村部の過重代表と，都市部の過小代表の結果生じたものであることも明らかである。したがって，一票の価値が平準化の方向で是正されれば，政治状況としての自民党の一党優位体制や自民党内部における農村部優位の図式も相当様変わりするであろうこ

表1　選挙区類型別衆議院議員の分布

選挙区分布類型	実数	議席分布実数(%)	人口分布単位千人(%)	自民議員分布実数(%)	(大臣経験別内訳)				有力議員分布実数(%)
					5期以上	2～4期	1期	未経験	
A	23	98 (19.1)	28,088 (23.2)	36 (11.6)	0	3	7	26	3 (5.9)
B	27	105 (20.5)	33,890 (28.0)	57 (18.3)	3	5	13	36	8 (15.7)
C	31	123 (24.0)	25,459 (21.0)	79 (25.4)	3	8	21	47	11 (21.6)
D	25	107 (20.9)	20,234 (16.7)	79 (25.4)	10	5	9	55	15 (29.4)
E	24	79 (15.4)	13,379 (11.1)	60 (19.3)	8	6	12	34	14 (27.5)
合計	130	512	121,050	311	24	27	62	198	51

註：①　自民党議員には，田川誠一以外の旧新自由クラブ議員，無所属の田中角栄，佐藤孝行，原健三郎および当選後死亡の湯川宏が含まれている。
　　②　A：大都市型，B：都市型，C：中間型，D：準農村型，E：農村型。
出所：松崎哲久「自民党に『コメ改革』はできるか」『諸君』1987年2月号，p.78。

とが予測される。しかしながら,現実問題として自民党が結党以来30余年間,農村部の強力な支持基盤を背景に政権の座にありつづけてきているという「事実」が,有権者数に比例して農村部の議席を減らし,都市部の議席を増やすという形での定数配分の不均衡是正の手かせ足かせになっていることを鑑みれば,大きな構造的変動の起こる可能性は小さいとみなければならない。とりわけ「有力議員」(2期以上の大臣経験がある議員),「主要議員」(5期以上の大臣経験がある議員)[1]の多くが農村部出身者であること,とくに首相経験者全員がそうであることは,自民党の政治指導が過去において著しく農村部に有利に働いてきたことや,また,現在においても往時ほどではないにしてもまだまだ有利に働いていることを推測させうるに十分である[2]。既にみたように,米価,土地改良事業,あるいは農村整備事業という形での総花的補助金政治の実態が,このことの一端を如実に物語っている。こうした自民党の草の根保守主義的な「政治技術」の精華が農村部との絆を強めている。少なくとも「望ましい」関係を維持しうるような形で機能していることは確かである。自民党が政権党の立場を利用して,巧みに農村部における支持をつなぎ止めておくうえにおいて,戦略的に重要な位置づけをしているもののひとつが地域社会の包括的代表機関である自治会・町内会であり,また,これらと緊密な関わりをもつ地域の有力者・実力者あるいは地域代表としての性格を濃厚にもつ地方議員であることは,これまでの先行研究からも明らかである。

　さて,わが国の政治構造は国政レベルにおける政党政治と地方レベルにおける無所属政治の二元構造に特徴があるとよく指摘される。いわゆる政党化の逆ピラミッド現象である。この現象は組織政党にはみられず,議員政党特有のものであり,とりわけ自民党に著しい(表2参照)。自民党の場合,その組織化は国会議員(代議士)―都道府県議―市区町村議―地域の末端運動員という形でなされている。つまり,国会議員とりわけ代議士を頂点とする人的繋がりに重点を置いた形でタテの系列化によって,自民党の地方組織は形成されているのである。

表2 各党別地方議員数の推移表

	道府県議会議員			市区議会議員		
	1967年	1985年	増減	1967年	1985年	増減
社会党	594	390	−204	2,101	2,040	−61
公明党	107	218	111	1,312	2,039	727
共産党	46	110	67	616	1,733	1,117
民社党	103	100	−3	486	759	273
自民党	1,645	1,596	−49	3,312	2,860	−452
無所属	199	365	166	11,532	11,196	−336
	町村議会議員			合計		
	1967年	1985年	増減	1967年	1985年	増減
社会党	1,175	1,004	−171	3,780	3,434	−386
公明党	96	1,179	1,083	1,515	3,436	1,921
共産党	790	1,743	953	1,452	3,586	2,137
民社党	102	123	21	691	982	291
自民党	1,581	521	−1,060	6,538	4,977	−1,561
無所属	50,383	40,692	−9,696	62,138	52,253	−9,866

出所：中原博次「自治体議員数の推移と党勢」『月刊社会党』1987年1月号，pp.96-97。

　したがって，日本の保守政治を構造的に解明するには，間場壽一が指摘するように，町村レベルにおける町村議会議員や末端運動員の役割行動を政治的系列の脈絡で検討する必要があろうし，また，無所属政治のパターンが「地域社会における日常の社会的諸関係を直截に反映し，……，機能的にはこの日常的諸関係が，ほんらい保守政党の下部組織が果たすべき政治的機能を代替している関係にある」とするならば，「この機能的代替関係の過程で，転轍手の役割を果たしている様々なアクターの行為と，アクター間の行為のネットワークを明らかにすること」[3]も必要である。

　これまでの考察から，社会的なものを政治的なものに置き換える転轍手の役割を果たしてきたのは，主として地域社会の有力者，自治会役員，地方議員（とりわけ自治会の推薦を受けた自民党系無所属議員）であった。視点を変えてみれば，保守政党としての自民党がなぜ過去30年間の長きにわたって政権党としての地位を保持しつづけることができたのか，その政治力の源泉を解明する糸口をこれらの人びとは有している。それはすぐれて政治文化の領域に関わるものである。

以下で，両者の関係に焦点を絞って，生活文化との相互規定性の視座から政治文化としての草の根保守主義の構造的解明に斬り込んでいくことにしたい。

第2節　地元民主主義と利益誘導型政治

　まず，自民党の組織原理（体質）からみていこう。中曽根総理のブレーンの1人である香山健一は，自民党の政治的活力の源泉を次の3点に見出している。第1点は，特定のイデオロギーに固執したり，束縛されたりしない。プラグマティックな「非イデオロギー的性格」あるいは「脱イデオロギー的性格」である。香山によれば，この非イデオロギー的性格は，日本の政治文化の伝統と歴史的な背景をもつ普遍性に根ざすものであると同時に，脱工業化社会，高度情報社会にむかう西側工業先進国全体に共通する脱イデオロギー化，非イデオロギー化の長期的趨勢とも合致するものであるとしている。そして，とくにこの日本の政治文化の源を原理・原則にこだわらない，寛容性を特徴とする日本の宗教的風土に求めている。

　第2点は，自民党がイデオロギーや理論，政策を主軸にした政党であるというよりも，何よりも人間関係を主軸にした政党だという点である[4]。それはイデオロギーよりも人と人との間柄や縁というものをより重要視する日本の政治文化と合致するという。そして，より具体的に，「自由民主党は末端組織においては各級議員中心の個人後援会組織の一大連合組織であり，全国的に見れば，各級議員がタテ軸では派閥という名の政派のゆるやかな連合，ヨコ軸では各都道府県別組織にゆるやかな地域連合の性格を帯びている。さらに詳細に見れば自由民主党の各級議員は地縁，血縁，派閥縁のみならず，出身校別，出身職業別，支持団体別，趣味別，専門別，……の多種多様な人間関係の複雑な網の目によって重層的に入り込んだ形で結びつけられており，その配線図の複雑さは表面から簡単に見通すことのできないものである。そして実はこの高度に発達した複雑な人間関係のネットワークこそが，政権

政党としての自由民主党に不可欠な妥協能力，総合調整能力，問題解決能力とも不可欠に結びついているのである」と指摘している。

第3点は，複雑多様な，相矛盾する側面をもつ民意を調整し，状況に機動的に対応できる「多元的性格」をもっていることである。この「多元的性格」は，第1の「非イデオロギー的性格」，第2の「人間関係中心の性格」と密接に結びついているとする[5]。香山によれば，いずれの点においても，それは日本の政治文化の特質に深く根ざしているという理解に行きつくことになる。

この香山の見解を肯定するにしろ，否定するにしろ，保守的な政権党である自民党の組織原理を日本の政治文化との関わりで提示している以上，それを検証する意味においても，次にこの日本の政治文化の特質なるものを検討しておく必要があるであろう。

日本の政治文化の底流に横たわっている特質を端的に表現すれば「地元民主主義」ということになろうか。佐々木毅は，この地元民主主義を，議員を建前とし選挙民に隷従化し，政党を断片化し，グローバルな政策への意欲と関心を妨げるものであり，また，それは中央への寄りかかりと相互の妬みや羨望によって裏打ちされており，他律的・依存的であるとともに分断的であると断じている。そして，それは議員レベルでは「選挙至上主義」として，また党レベルでは「政権至上主義」として現れているとする[6]。

日本の政治の特質としての，より狭義的にみれば日本の保守政治の特質としての利益誘導型政治は，このような地元民主主義の「理念」によって支えられているとみてよいであろう。この利益誘導型政治は具体的にさまざまな形となってわれわれの眼前に展開されている。その典型的なもののひとつとして，議員は「国民の代表」であるというよりも，「地元の代表」であり，それはすなわち徹底して地元の意見・要請を聞き，関係者や関係機関に働きかけを行うパイプ役としての存在として自ら認識し，かつ地元民によって認識されているということを挙げることができるであろう。とりわけ地方議員（その中でもとくに基礎自治体の無所属保守系市町村議）にその傾向が強い

といえる。

　宮本憲一は，これら無所属保守派の論理を次のように指摘している。①彼らは自治体のなかには，政党の政争は必要でなく，地域の利害は共同だという意識をもっている（政党に属さない理由）。②自分の地域主義を満足させるために，「是々非々主義」と称して，強い政派に（あるいは官僚に）荷担し，オール与党となる（地域主義＝部落根性）。③中央官庁や中央政党の命令には，おそろしく弱い（中央依存主義）[7]。

　このような論理を背景に，彼らはその本来の役割である議会活動よりも，世話役活動を主体とした議員活動に専念していく。公共事業の地元への誘致，交通事故のもみ消し，冠婚葬祭，入学・就職の斡旋など，およそありとあらゆる世話役活動が彼らによって展開されていく。それは結局のところ，議員にとっては次の選挙に勝つための有効な保身的手段となる。世話役活動は議員にとって一種の保険的効力をもつのである。また，地域住民の側においても，このような活動を議員の「あるべき」姿と認識している。大所高所から天下国家を論じ，グローバルな政策を政治社会全体の立場から云々する議員であるよりも，より身近な「地元」に，あるいは「地元」にのみ視点をすえて，脱政策的に個別的・地元的利益のために貢献する議員であることを彼らは期待する。この期待はスケールの大小の違いはあっても，各級レベルの議員を貫いている。とりわけ，基礎自治体レベルの議員に対してはそれが強い[8]。

　そのことは，地域住民がどのレベルの政治により強く関心をもつかということとも関わっている。いくつかの先行調査によれば，一般的な傾向として都市部よりも農村部の方が地域レベルの政治により強い関心を示していることが認められている。『琵琶湖東北部地域住民意識アンケート調査報告書』においてもそのことは検証されているし，また，職業別では農林水産業従事者，公務員，年齢別では40歳代以上，あるいは自治会・町内会活動への参加が積極的であるような人びとでその傾向が著しいことも示されている[9]。

　ここに地元選出議員と地域住民との間に「政治理念」の一致をみるわけであるが，このことは，角度を変えてみれば佐々木のいう〈政治的意味空間〉

の解体に関わってくるものである。佐々木は，〈政治的意味空間〉を政治家を含め国民が多かれ少なかれ共有する，政治や政策の基本原則や理念，イデオロギーなどから成る意味空間ととらえ，地元民主主義と利益政治の伸長が〈政治的意味空間〉における政策的理念やイデオロギーの弱体化，衰退をもたらすと理解している[10]。いいかえれば〈政治的意味空間〉の否定を基底に日本の政治文化が形成されているということである。とりわけこの傾向は高度経済成長を通して著しくなったとの一般的認識がある。すなわち，「経済の高度成長は，一般に農村社会の伝統的秩序を解体させ，地方の名望家あるいは有力者の集票能力を低下させた。この事態に対して自民党の国会議員たちは，有権者を後援会に組織し，冠婚葬祭あるいは入学や就職など，あらゆる機会をとらえて有権者にサービスを提供し，あるいは自己の地元への利益誘導を誇示することによって地盤の再構築をはかった」[11]のである。ここに国会議員を頂点にした政治的系列化が，地元民主主義・利益誘導型政治を媒体として構築されていくのであり，また，それが今日の政治文化の主潮流となっているのである。

第3節　地域住民の生活空間理解

　しからば，このような政治文化を根底あるいは深層部において支えてきたものは何か。端的にいえば，それは生活保守主義を基底とした生活文化であり，その保守主義の根幹をなすものが自治会・町内会である。すでに言及してきたが，自治会・町内会は「最大多数の加入と統合とを目指す集団」であり，しかも，その結合形態は意思ではなく，場を機縁とするところに特徴があった[12]。それは1947年に禁止されてから現在まで法的には公的組織としては認められてはいない，いわば任意加入の組織であるが，その実態はほとんど全戸加入であり，会則をもち，ときには会員の思考様式や行動様式あるいは生活様式までをも律する「強制執行権」をもつ。自治会・町内会が地域社会の包括的代表機関として位置づけられるゆえんでもある。

ところで，ムラ共同体優位の自治会・町内会においては，多分に「農業の論理」が支配的であるが，それは混住化の進行とともに逓減しているように思われる。農業の論理が後退して，他の論理が，それに並行する形においてかあるいは突出する形においてか，とにかく前面に出てきていることは容易に予想される[13]。そのことの一端は，自治会・町内会の役割機能・役割期待における両者の差異からも指摘できる。すでに考察した滋賀県の湖北地域（農村部）と大津市・湖南地域（都市部）との比較分析から，それをみておくことにしよう。まず一般的な傾向については，自治会・町内会を〈親睦団体〉として意味づけるという点においては，都市的な地域社会の住民の方が農村的なそれに比して高い率を示すが，〈共通問題解決団体〉および〈下情上通機関〉あるいは〈意思伝達機関〉としての意味づけにおいては両者に大差はない。このことをより具体的に湖北地域および湖南地域のレベルでみると，湖北地域においては，自治会・町内会は多目的機能を果たしている，あるいは果たす機関（組織）として意味づけがなされていることから，人間関係の〈和〉あるいは〈まとまり〉という私的機能（共的機能といった方がより精確を得ているかもしれない）と，行政に関わりをもつという公的機能とが統合されているが，役割期待に関しては公的機能への傾斜が著しい。それに対して湖南地域においては，機能面では私的（共的）機能に重点が置かれているが，役割期待の面では，湖北地域とは対照的に私的（共的）機能と公的機能とのバランスがとれているという特徴を示している[14]。

このように農村部と都市部とでは一定の差異性が認められるのであるが，ここではとくに前者に照準を当てて，さらに検討していくことにしたい。そこで，まず農村部における政治文化と生活文化の相互規定性を考察する場合に欠かすことができないと思われる視点を提示しておきたい。それは農村社会に実際に生活する地域住民の立場に立つという視点である。彼らが住む社会には歴史があり，伝統がある。それは，その社会固有の個別的な歴史であり，伝統である。また，そこには住む人びとの生活も歴史的に積み重ねられてきた生き方の知恵[15]によって支えられている。ものごとの判断は，科学

的理論によってではなしに，日常的な生活感覚によってなされる。したがって，ここにおいて大事なことは鳥越皓之が指摘するように，立場における主観性と事実認識における主観性とを積極的に評価[16]する視点をもつことである。これは丸山真男のいう方法論における〈個体性〉の問題にも関わっている[17]。いまひとつの視点は，すでに述べたことと大いに関わりをもつが，農業の論理＝農民の論理を基底に置くことである。いいかえれば，そのことは集団主義的な視点においてリアリティを判断するということである。

　このような視点に基づいて以下で論を進めていこう。最初に地域住民の生活空間の理解からみておこう。彼らの伝統に根ざした生活意識によれば，生活空間は「世間」である。

　「世間」という言葉のもつ意味は多義的であるが，それを端的に解釈すれば，「ソサイティ」の訳語としての「社会」と，人間関係の総体としての「世の中」との両義性をもつといえよう。小田実流にいえば，人間のくらしのふりはばの大きさは，ちょうど「世の中」のふりはばに見合っている。くらしは「いのち」「しごと」「あそび」の3つの要素があるが，「社会」に直接対応するものは「しごと」だけであって，「いのち」と「あそび」はそこからはみ出してしまっている。「世の中」は，この3つの要素を内包し，くらし全体に対応するという意味で「社会」よりも幅が広いし，融通無碍的である。「社会」という言葉では人間の姿形，少なくとも生身の人間の姿形はあまりみえてこないが，「世の中」ではそれがよくみえてくるということになる[18]。

　では，その具体的内実は何か。それは第1に，法律の枠を超越した〈しきたり〉が住民の行動の基準（行動原理）になっているということである。しきたりは，法律と違って曖昧さをその属性とするため，臨機応変な措置を執ることができるというメリットをもっている[19]。だが反面，それは原則として「新しいことはしない」という守旧的な性格も併せもつ。つまり，その地域に生活している人びとのくらしにとって基礎的に必要なことを守ることが第一義であるという属性をそれはもつ。第2に，「和の論理」「我慢の論理」

「抜け駆け厳禁の論理」を内側の論理として，また，「戦いの論理」を外側の論理としてもつということである。これは，M.ウェーバーのいう対内道徳・対外道徳（Binnemoral-Außenmoral）と同じ意味合いをもつものである。このような論理は「定着性」におけるつき合い方の所産であるといえようか[20]。第3に，集団における意思決定は全会一致＝満場一致方式[21]でなければならないということである。村内で事を決めるには表向き1人（1戸）の反対者があってもならないし，また，それゆえ，全員（全戸）の賛同を得られる，少なくとも反対が表面化することがないような事項についてのみ意思決定がなされる。これは「和の論理」「我慢の論理」などとも深く関わることである。損得のないところで物事が決められる。したがって，全会一致の決議は実行の決議となる。構成員すべてが決議事項を実行しなければならないのである[22]。第4に，平等・公平が第一義であるということである。そこでは能率や合理性は二の次となる。つまり，ここにいう平等・公平とは合理性に裏付けられた実質的なものではなく，意識の上での平等・公平である[23]。

このように，「世間」は，煎じ詰めれば「極端を嫌う」という点に特徴をもっている[24]ように思われるし，また，地域住民はそれらを生活倫理の最高規範として内面化しているようにも思われる[25]。しかも，この内面化および再生産は，とりわけ地域社会の包括的代表機関としての自治会・町内会を主要な媒体としてなされていると思われるのである。

第4節　地方選挙における「ムラぐるみ選挙」

そこで次に，いま一度「世間」の中核部分をなすと思われる自治会・町内会に照準を戻し，社会的なものを政治的なものに置き換える代替機能に注目しながら，日本の政治文化のコアに当たる部分をえぐり出してみることにしたい。その際，とくに注視しなければならないのが，地方選挙における地区推薦（自治会推薦）に基づく「ムラぐるみ選挙」である。基礎自治体レベルの選挙において地区推薦は今日一般化しており，その政治的有効性感覚にお

いては市部よりも郡部を選挙区とする議員において高い。居安正らの鳥取県での調査研究によってもそのことは明らかにされている。また，地区推薦を是とする意識もまだ根強い。その理由として「地区の利益代表を選出できる」「議員にふさわしい人を選べる」「地区の平和が保たれる」という点があげられている。逆に，非とする理由としては，「地区だけの利益を考えやすい」「投票の自由が妨げられる」「出たいと思う人が立候補できない」という点が指摘されている[26]。とくに地区推薦を是とする意識構造に注目すると，その規定には，地区推薦というのは「すばらしい人を出すシステムではないが，大変悪い人を出さないし，また議員としての活動でも，あまり変なことはさせないシステムである，……。最善ではないが次善であり，そして最悪は避けることができるシステムだ」[27]という考えが優先し，地域住民の生活の知恵が政治感覚の面で遺憾なく発揮されているといえる。

では，どういう人間が地区推薦を受けるに足る条件をもっているのか。これまでの分析結果から農村部においては，①農業を職歴とする議員の比率が高い，②しかも彼らの多くは自治会をはじめ，農協，青年団，消防団，土地改良，農業実行組合，農業委員などの地域的諸団体の役職を経験している，③年齢構成的には50歳代を頂点としたピラミッド型になっている，④居住年数もきわめて長い（土着性），といった点に議員の特質を見出せた[28]。また，地域の政治・行政への関心度の高さと自治会・町内会活動への参加志向との間に正の相関関係が認められたことはすでに指摘した。これらを総合すると，「地区の利益を代弁し，地区の平和を保つにふさわしい」人間とは，自治会・町内会への参加態度が積極的で，地域の政治・行政への関心が高く，また，人間関係の幅も広く（「つき合い」が広い），とりわけ種々の役職を媒介にして行政機関や各級議員・首長とのパイプも太く（いわゆる「顔が広い」「顔が利く」），地域社会の情勢にも明るく，世話好きな人柄を有した者，すなわち農村の指導的立場にあるような人（＝有力者・実力者）ということになろう。それが地区推薦の「世間」的基準であろう。

このような基準に基づいて地区推薦がなされると考えられるが故に，彼ら

は「最大多数の最大公約」をより効率的・効果的に遂行するために自らを最大公約数的な立場に位置づける。それが「無所属」の立場であり、しかも通常それは政権党である自民党とのつながりをもった形での「無所属」である。事実、保守系無所属議員の多くは、自民党国会議員の後援会の地域的主要メンバーであったり、自民党の支部役員経験者であったりする。彼らは選挙時には自民党の党籍証明書を交付されるし、議会活動や議員活動を行う場合には、自らの保身ともからめて、より上級の議員の系列化に身をゆだねて、自民党の方針に沿う形で、あるいはそれに最大限の協力姿勢を示す形で行動する。彼らの行動は表向き「地元の利益」を大義名分として行われるが、それが錦の御旗として掲げられる背景には、利益配分における他地域との対抗を正当化する考え方や、「村や部落の成員が等質的なものとして共通の利益を持つ」[29]という考え方が、ムラの構成員に共有されているからであるといえよう。

　このように彼らの政治行動は、農村社会の生活文化にその多くを規定づけられている。つまり、農村部においては政治の論理は独立して存在するのではなく、常に生活の論理（くらしの論理）に規定された形で存在する。会田彰の理解を援用すれば、「日常生活世界を構成している対他関係、行動様式、心理慣性、状況定義のしかたが無意識のうちに政治過程に浸透する社会」の原型をなすのが農村社会であり、その社会に固有なのが「浸透型」政治システム（政治文化）ということになる[30]。

　すでに言及したが、香山が指摘した自民党の組織原理（体質）は、どうも日本の政治文化、とりわけ農村社会の政治文化に符合しているように思われる。つまり、自民党は「世間」という生活空間を貫いて存在する「極端をきらう原理」を政治的原理に転換し、それを組織原理として内面化していると考えられる。それが「非イデオロギー的性格」であり、「人間関係中心の性格」であり、「多元的性格」であるということになる。

　また他方で、自民党は、「地元の利益」を代弁するという地域住民の共通理解のもとに選出された基礎自治体議員（無所属議員）を政権党の立場を巧

みに利用することによって玉虫色的に丸抱えし，彼らを核に，自治会・町内会を媒体にして，一見「非政治的」とみえるような社会的機能を住民要求に沿う形で遂行させ，そのことによって逆に住民意識を自治会・町内会の意向に沿うような形で政治的に方向づけ，さらに彼らの行動の準拠枠をも特定化していく，という政治技術を体質として内面化しているといえる。

であるとするならば，政治文化としての自民党の「ムラ的体質」およびムラの「自民党的体質」は，今後においても容易に払拭されないと予測される。だがしかし，今日，日本の農政をとりまく情勢は厳しいものがある。国際的には米をはじめとする農作物の輸入自由化の問題，また，国内においては食糧管理制度や各種補助金制度の見直しといった問題がクローズアップされ，日本の農政はその根幹の部分において内外から集中砲火をあびている。政府自民党のさじ加減ひとつで今後の農政の方向づけは大きく変わる。農政の方向転換は，結果として農民のみならず，彼らを内包する農村社会全体にインパクトを与える。農村社会の生活条件の変化は人びとの伝統に根ざした生活意識をも変える。生活意識の変化は，そのまま関心レベルにおける政治意識の変化に連動する可能性を内包している。さらにそれは，〈生活組織〉[31]の機能如何によって方向レベルでの政治意識の変化や政治行動の次元での変化をももたらす可能性をもっている。ともかく，今後の農村社会のあり方は大きく変わっていくことが予測される。この変動過程に対応して生活文化や政治文化が，どういう方向にどのくらいの規模で変容していくか，〈ゴム鞠原理〉[32]は有効に働くか，それは今度の実証的研究の積み重ねによって検証していかなければならない大きな課題である。

註
1) この類別は佐藤誠三郎および松崎哲久による。佐藤誠三郎・松崎哲久『自民党政権』中央公論社，1986年，pp.48-51。
2) 例えば，「定数抜本改革によって自民党政権の政策形成に直接的変化を生じさせるのは，百年河清を待つとは言わずとも，10年単位の期間が必要とされよう。農村部の議席分布率が下がり，それに自民党議員分布率が連動したとしても，有力議員分布率は決し

て大きく動かない。定数減になっても，選挙地盤が強力に維持されている有力議員は，現職に残る可能性が高いからである。同様に都市部においても，有力議員は即成されない。有力議員が都市よりは農村に偏在する状況は，90年代までは持続する傾向なのである」とする松崎の指摘は示唆に富む（松崎哲久「自民党に『コメ改革』はできるか」『諸君』1987年2月号，pp.81-82)。

3）間場壽一「地域社会と政治」間場壽一編『地域政治の社会学』世界思想社，1983年，p.11。

4）保利茂も自民党を次のように評したことがある。「保守党はイデオロギーや理屈で寄り合っている政党ではない。人間的な触れ合い，党への愛情，そういうものが基盤になっている」（『朝日ジャーナル』1976年9月17日号）。

5）香山健一「自民党の活力―三つの源泉」自由民主党編『月刊自由民主』1985年12月号，pp.144-153。なお香山は別の論文で，「自由民主党の支持基盤は，如何なる職業，地域，年齢，所得階層等々で見ても満遍なく，断然他の政党に優越している」という意味において，自民党は現在の日本において唯一の国民政党だと位置づけている（香山健一「自民党改革への提言」自由民主党編『月刊自由民主』1984年4月号，p.51)。

6）佐々木毅『保守化と政治的意味空間―日本とアメリカを考える』岩波書店，1986年，pp.12-14。

7）宮本憲一「草の根保守主義」朝日ジャーナル編集部編『まちの政治むらの政治』勁草書房，1965年，p.364。

8）例えば，これらの点については居安正『ある保守政治家―古井喜実の軌跡』（御茶の水書房，1987年，pp.199-203）に，その事例が詳しく紹介されている。

9）拙稿「農村社会の政治風土(2)―自治会・町内会の機能的多元性と政治的保守性を中心に(I)」『佛大社会学』第9号（佛教大学社会学研究会，1984年3月，pp.11-13）参照。

10）佐々木毅『前掲書』pp.28-30。

11）居安正『前掲書』pp.199-200。

12）中川剛『町内会―日本人の自治感覚』中央公論社，1980年，pp.134-135。

13）玉城哲は農村社会の変質（＝混住社会化）を，「一言で，"農村の退場，市民の登場"という表現で言い表すことができるように思う」と述べている（玉城哲『稲作文化と日本人』現代評論社，1977年，p.228)。

14）拙稿「農村社会の政治風土（2）」p.7。

15）鳥越皓之は，このような概念を「過去の知の累積」の結果という意味合いにおいて「日常的な知」という用語で表現している。またそれは，「科学的な知」に対置される関係にあるものと理解されている（鳥越皓之「方法としての環境史」鳥越皓之・嘉田由紀子編『水と人との環境史―琵琶湖報告書』御茶の水書房，1984年，p.327)。

16）鳥越皓之「方法としての環境史」p.339。

17）丸山真男は，「個体性」は「特殊性」と区別するための概念であるとする。つまり，「特殊性」という概念はそれ自体「普遍性」の下位のカテゴリーであるにすぎないが，「個体性」は全体構造としてとらえられるものであるということである（丸山真男「原型・古層・執拗低音―日本思想史方法論についての私の歩み」加藤周一・木下順二・丸山真男・武田清子編著『日本文化のかくれた形』岩波書店，1984年，pp.125-129)。

18）小田実『世直しの倫理と論理』（上)，岩波書店，1972年，pp.185-194。

19）このことを角度を変えてみれば，G.クラークが指摘するように農村社会を〈エモーショナルemotional〉社会と理解することも可能である。クラークは，この概念をインテ

レクチャル（原則・原理・宗教，すなわちイデオロギー）よりもエモーション（心）が優先する社会という意味で用いている（G.クラーク「日本人の意識構造」地方自治研究資料センター編『地方自治の日本的風土』第一法規，1979年，pp.40-42）。

20）玉城哲は，これを村落におけるタブーの存在に注目して次のように述べている。「部落は，個々の農民の私的な利害の葛藤を内包しながら，部落の平和のためにこれを抑制する装置として働いているのである。個々の農民の私的な利害に対して，部落という集団の存続の方が優越しているといいかえてもよいかもしれない。部落は異質な原理を内包した共同体的な地縁集団なのである」（玉城哲『むら社会と現代』毎日新聞社，1978年，p.42）。

21）篠原一は，それを「村落的全員一致主義」と呼んでいる（篠原一『日本の政治風土』岩波書店，1968年，p.87）。

22）守田志郎『日本の村』朝日新聞社，1978年，p.123。また，守田志郎は，このことについて次のように述べている。「我慢のしかたなさを含めて部落の全会一致の議決論理が成り立つ」「のは，あるいはそういう論理が必然的に形成されているのは，ほかならぬ生活とそのための生産をそこで行っている家々によって部落が構成されているからにほかならない。そして，このような，多数決論理が通用しないような家と家，家を通じての人と人との間柄の中に，部落が持つ家・人・つまりは小農的生活の人間生活における本源性の一つの側面がこの上なくよく現れている，そう感じる」（守田志郎『前掲書』，p.124）。鳥越は，「日本の村落などにみられる全員一致制は，本来相対的な現状を，一対一の話し合いの過程を経て，個別に意を通じ，採択の時点では互いに絶対的な事象であると納得出来るようにするための制度である」としている（鳥越皓之『家と村の社会学』世界思想社，1985年，p.114）。さらに，これを文化的な視点で捉えれば，「農村文化は集団文化」であり，「個々人の側からみれば孤立を恐れる文化」（高橋明善「自民党の農村支配」白鳥令編『保守体制』（上）東洋経済新報社，1977年，p.146）であると理解することも可能であろう。

23）このことについての堀越久甫の指摘は示唆に富む。「肝心なことは，集落を構成しているおのおのの人，それぞれの家では，『集落のことについては各人の権利・義務がすべて平等だ』と信じていることです。ここです。みんなが平等なんだと信じていれば平等なのです」（堀越久甫『むらの役員心得帳―日本的和の論理の実際』農山漁村文化協会，1983年，p.88）。

24）井上忠司『「世間体」の構造―社会心理史への試み』日本放送出版協会，1977年，p.30。

25）福武直は「農村的パーソナリティは，分に甘んじることによって集団の和を保持するような性格として形成された。農民の生活態度は，一言にして言えば，慣習を重んじ権威に服従することをもって特質としたのである。すなわち，和の雰囲気をこわすまいとする心理は，大勢順応主義になる。踏みならされた旧来からの慣習的行動様式に多くの人々と同調することが，最も安全だと考えられたのである。世間体的な保守的性格を形成したのであった。そして，分を守ろうとする心理は，権威主義的性格を作りあげる。長い世代の経過のうちに作りあげられた身分階層的秩序の中で，上層の権威に恭順し，そこに生まれる劣等感を，より下層に対する優越感によって補償しながら，分相応に出処進退を誤らないように行動すること」，これが原型としての農民の社会的性格であると述べるとともに，そのような性格は今日においても払拭されずに，その痕跡をとどめている。つまり，「自主的な行動基準によって合理的な行動をする個人主義的性格，その個人の自主性を相互に尊重しながら合理的に協力し合う民主主義的性格は，まだ農民

の身についてはいない」と指摘している（福武直『福武直著作集』第8巻，東京大学出版会，1976年，pp.254-257）。
26) 居安正・依田博・春日雅司・北野雄士『鳥取県の地方議員』（昭和58，59年度文部省科学研究補助金〈一般研究C，課題番号58510081〉による研究成果報告書）1985年，pp.50-54。
27) 堀越久甫『前掲書』pp.250-251。
28) このことの詳細については拙稿「農村社会の政治風土(4)―地方議員の比較分析」『佛大社会学』第11号（佛教大学社会学研究会，1986年3月）を参照されたい。
29) 石田雄『現代政治の組織と象徴―戦後史への政治学的接近』みすず書房，1978年，pp.166-167。
30) 会田彰「生活意識と政治意識」間場壽一編『前掲書』p.34。
31) 鳥越は，人びとが生活意識（伝統）に基づいて決断していくうえにおいて，それをうまく遂行していく装置として生活組織を位置づけている（鳥越皓之「地域生活の再編と再生」松本通晴編『地域生活の社会学』世界思想社，1983年）。
32) これは桜井徳太郎の用いた概念である。桜井によれば，それは「外部からの圧力が加わると，民衆はそれに抵抗する無駄を省いて，自分のほうで凹んでしまう。外部からの圧迫は決して永続的ではないから，やがてリタイヤする。だから外圧期間中は反抗したり積極的に攻めたてることはしない。しばらくして外圧が引っ込むと，その機を見てとって，再びもとのごとく表へ出て行きフルに機能する。無理をしないのであるから，毬の生命力は長続きする。結局は民衆の側，共同体の部落・村落側が勝利を収めることになる」というものである（桜井徳太郎『結衆の原点―共同体の崩壊と再生』弘文堂，1985年，pp.5-6)。

第4章
地方議員にみる地域特性

第1節　問題の所在

　〈草の根保守主義〉を構造的に理解しようとするためには，地方議員，とりわけ基礎自治体レベルの議員（市町村議）の属性と社会的背景を分析しておくことが要求されるであろう。すでに言及してきたことであるが，〈草の根保守主義〉は，政権党たる保守政党（自民党）の戦後農政における総花的補助金政治と，それを末端において遂行してきた，あるいは，より消極的な意味で遂行させられてきたムラの包括的代表機関である自治会・町内会，およびムラの中に存在する特定の職能集団との絶えざる相互作用によって結果されたものであるといえよう。つまり，「具体的かつ直接的な利益の配分」と，その見返りとしての自民党への支持，選挙時における自民党および自民党系無所属候補への投票といった両者の「現世利益」的な政治的関係が構造化されてきたことの結果であるともいえる。

　そこには，自民党の農村住民に対する〈政府信用感覚〉を維持し高めるためのさまざまな施策が，ムラ否定政策を背後にひそませながら展開されてきているという実態に対して，より局地的な観点から状況適応的に対処しようとする農村住民の処世的〈平衡感覚〉が働いて，両者の関係が多少のブレを生じながらも維持されてきているという「現実」が横たわっている。ただ，この両者は無媒介的に直接的関係をもっているというのではなく，両者の間には，それを維持させる媒介的な中間項が存在している。その代表的なものが地方議員であろう。もちろん，中間項といってもそれは構造的に重層性をもつものである。ここでは中間集団（intermediate group）としてのムラの包括的代表機関である自治会・町内会，あるいは地域の職能集団に対して日常的に直接コミットできる位置にあり，実際，さまざまな機会を通してそれらとの接触を図っている市議，町議をその具体的な対象として設定している。

　以下，主として『滋賀年鑑』（1984年版）および『滋賀年鑑別冊　滋賀県議員録』（京都新聞社，1983年）に依拠しながら，さまざまな角度から市議，町議の属性と社会的背景を比較分析し，農村社会における草の根保守主義の

構造的理解をより深めていくための資料となるものを掘りおこしていこうと思う。

第2節　年齢構成

　まず，湖北地域と大津市における年齢構成上の共通点と相違点についてみておこう（表1参照）。第1に，両地域に共通していることは，議員の過半が50歳代であるということである（湖北地域51.6％，大津市52.5％）。しかし，その構成をみてみると，湖北地域の場合には50歳代を頂点として，40歳代および60歳代議員が同じ割合（22.8％）で存在している（正規分布）のに対して，大津市の場合は，40歳代により偏在している。それだけ年齢構成が若いといえる。

　第2に，政党化の傾向は，既に各調査結果でも明らかにされているように，市部の方が郡部よりも著しく（長浜市25.0％，郡部4.5％），とくに県都大津市の場合は47.5％と高い率を示している（ちなみに長浜市の場合は，民社党2人，共産党2人，公明党2人，新自由クラブ1人，郡部の場合は，共産党8人，社会党3人となっている）。それを年齢との関連でみてみると，党公認の方が無所属よりも年齢構成が若い。

　さらに，大津市を例にとってそれを政党別にみてみると，公明党，共産党といった組織政党の年齢構成が最も若く，両党ともに40歳代が中心である（それぞれ75.0％）。それに対して，議員政党である自民党が最も高く，全て50歳代である。その中間に，民社党や社会党が位置している。また，無所属は，その大半が自民党系あるいは保守系であり，年齢構成も50歳代が中心である（52.4％）。

第3節　学歴構成

　次に学歴構成についてみてみよう（表2参照）。湖北地域と大津市とでは

表1　年齢構成
(1983年12月末現在)

	長浜市(24)		坂田郡(66)		東浅井郡(61)		伊香郡(64)		湖北地域(215)			大津市(40)							
	無所属	公認	無所属	公認	無所属	公認	無所属	公認	無所属	公認	構成比	自民党	民社党	公明党	社会党	共産党	無所属	合計	構成比
20歳代									1		0.5								
30歳代			1	1					3	1	1.9								
40歳代	3		11		14	5	12	1	40	9	22.8		2	3		1	6	15	37.5
50歳代	12	2	30	2	32		32	1	106	5	51.6	4	2	1	2	1	11	21	52.5
60歳代	3	1	19		10		16		48	1	22.8						4	4	10.0
70歳代			1						1		0.5								
合計	18	6	62	4	56	5	62	2	198	17	100.0	4	4	4	3	4	21	40	100.0

註：①市、郡欄の（）内は議員定数を示す（郡部は各町の町議会議員の定数の総計）。
②当該表は、京都新聞滋賀本社編『滋賀県議員録』(京都新聞社、1983年) より作成。

表2　学歴構成
(1983年12月末現在)

	長浜市(24)		坂田郡(66)		東浅井郡(61)		伊香郡(64)		湖北地域(215)			大津市(40)							
	無所属	公認	無所属	公認	無所属	公認	無所属	公認	無所属	公認	構成比	自民党	民社党	公明党	社会党	共産党	無所属	合計	構成比
大学	1	1	4	1	3	1	2	1	8	1	4.2	2		2		2	1	10	25.0
旧高等学校・旧高専・新短大・師範学校	1		4		3		3	1	11	1	5.6			2			2	4	10.0
旧中学・新高等学校	6	2	23		19	4	27		75	6	37.7	2		1			2	5	12.5
青年学校・実業学校・教習所	4	2	3		1		1		9	2	5.1	2			2	1	7	11	27.5
新旧小学校・旧高小・新中学	6	2	28	3	32	1	29	1	95	7	47.4	2		1	1		3	10	25.0
合計	18	6	62	4	56	5	62	2	198	17	100.0	4	4	4	3	4	21	40	100.0

註：①市、郡欄の（）内は議員定数を示す（郡部は各町の町議会議員の定数の総計）。
②当該表は、京都新聞滋賀本社編『滋賀県議員録』(京都新聞社、1983年) より作成。

大きな差異がある。湖北地域では高等教育[1]の学歴をもつ者は9.8%,中等教育は42.8%,初等教育は47.4%となっている。それに対して大津市では,それぞれ35.0%,40.0%,25.0%となっており,明らかに都市化の進展にともなう高学歴化の傾向が読みとれる。

さらに,学歴を党派別にみると,高学歴者は党公認よりも無所属の方が多く,湖北地域では党公認2人(9.5%)に対して,無所属19人(90.5%),大津市では前者が5人(35.7%),後者が9人(64.3%)となっている。より具体的にみれば,湖北地域では党公認の高学歴者の2人は共産党であり,大津市では社会党2人,公明党2人,共産党1人となっている。他方,初等教育の学歴者をみると,湖北地域では社会党3人,共産党3人,公明党1人がそれに該当し,大津市では共産党3人,民社党2人,社会党1人,公明党1人となっている。このことから党公認議員の場合には,次のような特徴を指摘することができるだろう。すなわち,自民党,民社党,新自由クラブの場合には中等・初等教育の学歴者で構成され,社会党,公明党は高等教育と初等教育の学歴者に分化し,共産党は高等・中等・初等のバランスがとれた形で構成されているといえるだろう。ただ無所属の場合は,その大半は自民党系・保守系であるが,都市化の進展した大津市での高学歴者の割合は湖北地域でのそれと比較してはるかに高い(大津市42.9%,湖北地域9.6%)。

このことは,都市部における自民党系・保守系無所属議員の場合には,地盤や知名度とともに学歴もかなりの程度の重要性をもっていると思われる。それに対して,農村部においては学歴よりもむしろ地域社会での知名度や活動歴(役職歴)などがより重要性をもっているように思われる[2]。

第4節　職歴構成

市町議のリクルートメントに際して,その主たる要件のひとつとして考えられている職歴について,湖北地域と大津市における職歴構成を比較考察してみよう。表3は両地域の職歴構成を示したものであるが,これによると湖

表3 職歴構成

	長浜市 (24)		坂田郡 (66)		東浅井郡 (61)		伊香郡 (64)	
	無所属	公認	無所属	公認	無所属	公認	無所属	公認
農　　　　業	7		20		28	1	29	1
自 営 業 主	7	1	23		19		18	
給 与 所 得 者	1		13	2	8	4	11	1
政 党 役 員		4						
労 組 役 員	1	1		1				
各種団体役員	2		1				4	
そ の 他			2					
無　　　　職			3	1	1			
合　　　計	18	6	62	4	56	5	62	2

註：① 市，郡欄の（　）内は議員定数を示す（郡部は各町の町議会議員の定数の総計）。
② 自営業主には中小企業経営者（会社役員）を含む。
③ その他は，僧侶，神職，県婦人アドバイザーを含む。
④ 職歴が重複しているものについては，職歴欄の最初に記載しているものを採用した（例：会社員・党地区役員→給与所得者）。
⑤ 当該表は，京都新聞滋賀本社編『滋賀年鑑別冊　滋賀県議員録』（京都新聞社，1983年）より作成。

　北地域の場合には，農業従事者（40.0%），自営業主（31.6%），給与所得者（18.6%）の順に構成比が高く，この3者で90%以上を占める（ただし，長浜市の場合は66.7%。政党役員は16.7%）。これらの議員の大半は，ノーマルな状態では，経済的な側面において政治から得られる収入（＝議員報酬）に依存しないですむだけの資産や恒産あるいは私生活の面で十分な収入が得られるような地位にあると考えられる。つまり，M. ウェーバーのいう「副業的」あるいは「臨時的」政治家タイプである[3]。

　他方，大津市の場合には，農業従事者（15.0%），自営業主（37.5%），給与所得者（12.5%）の3者が占める割合は，湖北地域と比較すれば相当低い（65.0%）。それに対して，政党役員の構成比が高く（17.5%），都市化にともなう議員の専業化傾向が読みとれる[4]。

　ただ，ここで注意しておかなければならないのは，議員の専業化あるいは本職化と議員報酬額とは密接な関わりをもつということである。議員活動や議会活動に専念するには，経済的基盤である議員報酬が生計をまかなうに十分であることが必要である。ちなみに，いま対象としている基礎自治体の議員報酬（月額）をみてみると，大津市39万円，長浜市21万5,000円，伊吹町，米原町，木之本町が各11万円，山東町，高月町が各9万5,000円，近江町，

(1983年12月末現在)

湖北地域 (215)			大津市 (40)							
無所属	公認	構成比	自民党	民社党	公明党	社会党	共産党	無所属	合計	構成比
84	2	40.0	1				1	4	6	15.0
67	1	31.6	2					13	15	37.5
33	7	18.6			3		1	1	5	12.5
	4	1.9				4	3		7	17.5
1	2	1.4	1						1	2.5
7		3.3				2		1	3	7.5
2		0.9	1					1	2	5.0
4	1	2.3						1	1	2.5
198	17	100.0	4	4	4	3	4	21	40	100.0

浅井町,湖北町,余呉町,西浅井町が各9万円,びわ町8万5,000円,虎姫町6万5,000円となっている[5]。この結果からしても,農村地域の議員(町議)が「本職」の政治家となるには,その経済的裏づけが極めて不十分であることが理解できるし,逆に,都市化に対応する形で政党化や議員の専業化が進展する可能性の高いことが理解できる。

　また,他の特徴として次のようなことをあげることができる。①党公認議員は給与所得者に多く,その割合(政党役員は除く)は湖北地域で53.8%(13人中7人),大津市で33.3%(12人中4人)である。しかし,自民党議員は皆無である。②それに比して,農業従事者や自営業主はほとんどが無所属議員である。これらの特徴について考えられることは,農業従事者や自営業主は,給与所得者に比して,彼らが主として生計を営む場としての地域社会における生活倫理や生活規範,あるいは生活文化や日常の人間関係といったようなものにより緊密な関わりをもっているがために,また,もちつづけなければならないがために,選挙時における集票効果ともからませて,自らを最大公約数的な立場に位置づけているということであろう。

第5節　活動歴（役職歴）構成

　それでは次に，地方議員たちが地域社会においてどのような役職を経験してきたか，あるいは経験しているかみておこう。若田恭二が指摘しているように，各種の役職経験は，次のような意味で地方議員のリクルートメント・プロセスにおける最も重要かつ最終的なステップであるといえよう。その第1は，地域社会でリーダーシップの役割を経験することによって地方政治家になろうとする動議づけがなされ，それが強化される。第2に，各種の役職を経験することによって知名度を高めたり，選挙に必要な支持の基盤，すなわち，人的交流のネットワークや組織としての支持などを獲得することができる。つまり，各種の役職を経験することによって，地方議会選挙に出馬し，地方政治家となるために必要な外的条件が多分に形成されるということである[6]。

　ここでは地域社会に存在する各種の役職をカテゴライズするとともに，農村地域と都市部での特徴を主として年代別・地域別および職業別にみていくことにしたい[7]。まず，前者からみていこう。年代別にみた場合の当該年代の役職合計に対する割合の特徴は次のような点にみられる。湖北地域においては，40歳代，50歳代ともに上位にランクされている役職は，「自治会などの役員」（以下「自治会」とする。40歳代22.9%，50歳代28.2%），「PTAなどの役員」（以下「PTA」とする。22.9%，15.8%），「農協などの役員」（以下「農協」とする。19.3%，20.3%），「商工会などの役員」（以下「商工会」とする。12.0%，9.9%）となっている。しかし，60歳代は，「農協」（29.0%），「自治会」（17.2%）に次いで「民生委員など」（以下「民生委員」とする。10.8%），「福祉団体などの役員」（以下「福祉団体」とする。9.7%）[8]といった，いわば地方議員への要件としてはそれほど重要な意味をもつとは思われていない役職がランクされている。

　また，大津市においては，40歳代はトップを「政党役員」（26.9%）が占め，以下，「PTA」（19.2%），「自治会」および「商工会」（いずれも15.4%）

の順となっている。50歳代は「PTA」(20.1%),「農協」(13.6%),「自治会」,「商工会」および「各種団体役員」(いずれも11.4%)となっている。そして,60歳代は「自治会」(50.0%)がトップを占めている。

このことから,年代別にみた場合,湖北地域においては年代により多少の差異はあるが,概して居住区とその周辺に支持・集票基盤を形成するのに重要かつ不可欠な役職を経験していると思われるのに対して,大津市では,40歳代議員は居住区よりもむしろその外側に,50歳代議員は居住区とその周辺に,そして60歳代議員は居住区に役職をもつことによって,一定の支持・集票基盤を形成し,それを維持・強化していると考えられる。

次に役職の現職占有率に関する特徴についてみてみよう。役職が現在のものであるかそれとも過去のものであるかということは,地方議員への要件のひとつとしてカウントされうるであろう。とりわけ地域の世話人としての役割を足場にして地方議会に進出しようとする場合,現役である方がさまざまな面において,より高い効果をもたらすであろうことが予測される。つまり,世話役としての機能を遂行していくことによって地域での知名度を高め,地域住民との間に緊密な交際の輪を広げて人的つながりのネットワークを形成し,それを支持および集票基盤として構造化していくことが,退役者よりもより効果的に行われるであろうということである。

そのような想定のもとで,役職総計に対する各役職カテゴリーの現職占有率の地域別特徴についてみておこう。役職カテゴリーごとの現職占有率は次のようになっている(括弧内前者は湖北地域,後者は大津市)。「自治会」(21.3%, 50.0%),「PTA」(20.7%, 42.9%),「農協」(45.9%, 71.4%),「商工会」(61.1%, 70.0%),「民生委員」(56.5%, 25.0%),「農業委員」(18.2%, 25.0%),「福祉団体」(76.5%, 100%),「労組役員」(33.3%, 25.0%),「各種団体役員」(60.0%, 85.7%)。これらのことから,「商工会」,「福祉団体」,「政党役員」,「各種団体役員」の場合は,両地域とも現職占有率が相当高くなっているが,「自治会」,「PTA」,「農協」の場合は,大津市の方がはるかに現職占有率が高くなっていることが指摘できる。つまり,農村地域におい

ては，伝統的な村落コミュニティを枠組として制度化された組織の役職を過去において経験したことがあるという既成事実が満たされていれば，ほぼそれで十分であり，必ずしも現職でいることを要求されない。それに対して，相対的ではあるが，地方中心都市の場合には，農村地域に比べて現職であることが地方議員への要件としてより強く要求されていると考えられる。

　次に，各役職カテゴリーにみる年代別・地域別特徴を，各役職合計に対する割合と現職占有率との関連においてみておこう（括弧内前者は各役職合計に対する割合，後者は現職占有率を示す）。「自治会」については，両地域とも50歳代が中心である（湖北地域60.6％，70.0％，大津市41.7％，66.7％）。次いで40歳代が高くなっている（湖北地域20.2％，25.0％，大津市33.3％，33.3％）。「PTA」については，湖北地域では50歳代が最も高く（55.2％，50.0％），次いで40歳代となっている（32.8％，33.3％）が，大津市では，役職合計に対する割合では50歳代が高く（64.3％，33.3％），現職占有率では40歳代の方が高くなっている（35.7％，66.7％）。「農協」および「商工会」については，両地域とも50歳で最も高く（湖北地域：「農協」48.2％，41.0％，「商工会」55.6％，59.1％，大津市：「農協」85.7％，80.0％，「商工会」50.0％，57.1％），次いで60歳代となっている（湖北地域：「農協」31.8％，35.9％，「商工会」27.8％，31.8％，大津市：「農協」14.3％，20.0％，「商工会」40.0％，28.6％）。「民生委員」および「福祉団体」については，湖北地域では60歳代で最も高く（「民生委員」43.5％，46.2％，「福祉団体」52.9％，53.8％），次いで50歳代となっている（「民生委員」47.8％，38.5％，「福祉団体」47.1％，46.2％）。「農業委員」については，湖北地域では，役職合計に対する割合においては50歳代が最も高く（54.5％，16.7％），現職占有率においては40歳代が最も高くなっている（18.2％，66.7％）。

　これらのことから両地域にほぼ共通してみられる点は，「農協」，「民生委員」，「福祉団体」は50歳代および60歳代が中心で現職占有率も高い。それに対し，「自治会」，「PTA」，「商工会」，「農業委員」，「政党役員」，「労組役員」は40歳代および50歳代が中心で，現職占有率も高いということである。

いまひとつ，表4によりながら職業別・地域別活動歴（役職歴）構成について検討を加えておこう。ただ，ここでは主として農業従事者，自営業主，給与所得者に焦点を絞って考察する。

まず，職業別にみた各役職数の役職合計に対する割合からみていくと，農業従事者および自営業主の場合，上位にランクされている役職は，順位は多少異なるが両地域ともほぼ同じである。すなわち，農業従事者では両地域とも「農協」が第1位で，湖北地域29.2％，大津市40.0％となっている。以下，湖北地域においては「自治会」（27.3％），「PTA」および「農業委員」（いずれも13.0％），大津市においては「自治会」および「農業委員」（いずれも20.0％）の順となっている。自営業主では，湖北地域が「商工会」（28.8％），「自治会」（19.8％），「農協」（10.8％）の順となっているのに対し，大津市においては「PTA」（28.0％），「商工会」（24.0％），「自治会」（16.0％），「農協」（12.0％）の順となっている。それに対して給与所得者の場合は，湖北地域が「自治会」（31.2％），「農協」（22.1％），「PTA」（15.6％），「農業委員」（9.1％），大津市が「自治会」，「PTA」，「商工会」，「政党役員」，「労組役員」（いずれも20.0％）となっており，両地域にかなりの差異がみられる。すなわち，湖北地域における給与所得者は，より強く居住区に支持・集票基盤の照準をあわせていると思われるような役職を経験しているのに対して，大津市の場合には，むしろその周辺および外側に依拠しようとしているように思われる。

次に，役職の現職占有率に関する特徴についてみてみよう。各職業の役職合計にみる現職占有率の地域別特徴からみていくと，湖北地域では農業従事者38.5％（62人），自営業主40.5％（45人），給与所得者26.0％（20人），3者全体36.4％（127人）となっており，給与所得者での落ち込みが目立つ。他方，大津市ではそれぞれ50.0％（5人），52.0％（13人），60.0％（6人），53.3％（24人）となっており，湖北地域におけるよりもはるかに現職占有率が高く，とりわけ給与所得者の場合にはその較差が大きい。

さらに役職カテゴリーごとの特徴を，各役職合計に対する割合と現職占有率との関連においてみておこう（括弧内前者は各役職合計に対する割合，後

表4　職業別・地域別活動歴（役職歴）構成

		自治会などの役員			PTAなどの役員			農協などの役員			商工会などの役員			民生委員など			農業委員			福祉団体などの役員			政党役員			労組役員			各種団体役員			なし	合計		
		現職		元職	現職		元職	現職		元職	現職		元職	現職		元職	現職		元職	現職		元職	現職		元職	現職		元職	現職		元職		現職		元職
																																		構成比	
農業	長浜市	1		1			3	2		3																					2	1	3	12	9
	坂田郡	3		6	3		6	4		7	1		1	2					2	1													14	36	22
	東浅井郡	5		11	1		3	5		7	1			1		2	1		7	1		1			1				1			4	16	48	32
	伊香郡	5		12	1		4	10		9				1		2	2		9	5									5			4	29	65	36
	湖北地域	14	44	30	5	21	16	21	47	26	2	3	1	4	8	4	3	21	18	7	8	1		1	1		－		6	8	2	9	62	161	99
	構成比	46.8		27.3	36.2		13.0	55.3		29.2	8.3		1.9	34.8		5.0	63.6		13.0	47.1		5.0	10.0		0.6				40.0		5.0			41.8	
	大津市		2	2		1	1	3	4	1		－			－		1	2	1		－		1	1			－			－			5	10	5
	構成比	16.7		20.0	7.1		10.0	57.1		40.0							50.0		20.0				9.1		10.0									13.2	
自営業主	長浜市			2	2		2	2		2	2		1	1		1	1		1						2				2				10	21	11
	坂田郡			6	2		3	3		2	6		2	3		1				1					1				1			2	16	31	15
	東浅井郡	1		4			7				6		4	2		1						1									1		9	27	18
	伊香郡	1		8	2		3	1		2	5		6			2			1	1													10	32	22
	湖北地域	2	22	20	6	21	15	6	12	6	19	32	13	6	11	5	1	3	2	2	3	1		3	3		－		3	4	1	2	45	111	66
	構成比	23.4		19.8	36.2		18.9	14.1		10.8	88.9		28.8	47.8		9.9	9.1		2.7	17.6		2.7	30.0		2.7				20.0		3.6			28.8	
	大津市	2	4	2	2	7	5	2	3	1	5	6	1	1	1			2	2	1	1			－			－			1	1		13	25	12
	構成比	33.3		16.0	50.0		28.0	42.9		12.0	60.0		24.0	25.0		4.0	50.0		8.0	33.3		4.0							14.3		4.0			32.9	
給与所得者	長浜市						1																											1	1
	坂田郡	3		8			4	3		5	1			1			1		1	1		1	1					1					11	31	20
	東浅井郡			6	1		2	1		2									2	1								1				3	3	16	13
	伊香郡			7			4	3		3				1		1	1		2	1		1						3			2	4	6	29	23
	湖北地域	3	24	21	1	12	11	7	17	10	1	1		2	3	1	2	7	5	3	5	2	1	1			5	5		2	2	7	20	77	57
	構成比	25.5		31.2	20.7		15.6	20.0		22.1	2.8		1.3	14.5		3.9	21.2		9.1	29.4		6.5	10.0		1.3	55.6		6.5	10.0		2.6			20.0	
	大津市	2	2		1	2	1		－		1	2	1		－			－			－		2	2			2	2		－			6	10	4
	構成比	16.7		20.0	14.3		20.0				20.0		20.0										18.2		20.0	50.0		20.0						13.2	
その他	湖北地域	1	4	3		4	4	5	9	4		－		2	2			2	2	1	1		5	5		3	4	1	3	6	3	3	20	37	17
	構成比		4.3			6.9			10.6						8.7			6.1			5.9			50.0			44.4			30.0				9.6	
	大津市	2	4	2	3	4	1		－		1	2	1		3	3		－		2	2		8	8		1	2	1	6	6			23	31	8
	構成比		33.3			28.6						20.0			75.0						66.7			72.7			50.0			85.7				40.8	
合計	湖北地域	20	94	74	12	58	46	39	85	46	22	36	14	13	23	10	6	33	27	13	17	4	6	10	4	3	9	6	12	20	8	21	146	385	239
	大津市	6	12	6	6	14	8	5	7	2	7	10	3	1	4	3	1	4	3	3	3		11	11		1	4	3	6	7	1		47	76	29

註：① □内の数字は，現職と元職を合計したもの。
② その他には，政党役員，労組役員，各種団体役員，僧侶，神職，無職等を含む。
③ 行の職業欄の湖北地域および大津市の構成比は，左部が各々の役職合計に対する割合を示し，右部がそれぞれ各職業の役職合計に対する割合を示す。
④ 列の合計欄の構成比は，それぞれ湖北地域および大津市の役職総計に対する割合を示す。
⑤ 当該表は，京都新聞滋賀本社編『滋賀年鑑'84』および『滋賀年鑑別冊　滋賀県議員録』（京都新聞社，1983年）より作成。

者は現職占有率を示す)。「自治会」については，湖北地域では農業従事者が最も高く，現職占有率においては自営業主，給与所得者のそれをはるかに上回っている（農業従事者46.8%，70.0%，自営業主23.4%，10.0%，給与所得者25.5%，20.0%)。「PTA」については，農業従事者，自営業主が拮抗している（農業従事者36.2%，41.7%，自営業主36.2%，50.0%)。「農協」については，両地域とも農業従事者で高くなっている（湖北地域55.3%，53.8%，大津市57.1%，60.0%)。しかし，湖北地域では給与所得者もかなりの率を占めている（20.0%，17.9%。大津市は両者とも0％)。「商工会」については，両地域とも自営業主が圧倒的に高くなっている（湖北地域88.9%，86.4%，大津市60.0%，71.4%)。「民生委員」については，湖北地域では自営業主が最も高く（47.8%，46.2%)，次いで農業従事者となっている（34.8%，30.8%)。「農業委員」については，両地域とも農業従事者で高くなっている（湖北地域63.6%，50.0%，大津市50.0%，100%）が，湖北地域では，それに次いで給与所得者が高くなっている（21.2%，33.3%)。「福祉団体」については，湖北地域では農業従事者（47.1%，53.8%)，給与所得者（29.4%，23.6%)，自営業主（17.6%，15.4%）の順となっている。これらの結果を整理してみると次のようなことがいえるだろう。

　第1に，農業を職歴とする市町議の多くは，「自治会」，「農協」，「青年団」，「消防団」，「土地改良」，「農業実行組合」，「農業委員」などの地域的諸団体の役職を経験して地方議会に出馬し，あるいは地方議員としての地位の確保を図っているものと思われる。彼らの多くは，これらの役職を通じて地域社会での活動を積み重ねながら，地域社会においてリーダーシップを発揮するのに必要な住民との幅広い密接な人間関係（人的ネットワーク）を形成し，村落コミュニティのエリート的存在としての地位を固め，しかも，地方議員のリクルートメントのルートを伝統的枠組の中で維持しようとしているように思われる。

　いまひとつ留意しておかなければならない点は，若田の指摘にもあるように，「農家の主人が，伝統的なムラ共同体のエリート・リクルートメントの

パターンにもとづいて市町議会へ出てきた場合，彼らはほとんど自民党か，あるいは保守系無所属（彼らの多くは，選挙では無所属を名乗るが，自民党の党籍を持つか，自民党国会議員の後援会に所属している場合が多い）という党派的立場をとっている」[9]ということである。そのことは今回の分析によっても明らかにされている（ちなみに東浅井郡の党公認は社会党，伊香郡は共産党，大津市の1人は共産党となっている）。

第2に，小規模または零細な企業を営む小規模自営業主の職歴をもつ市町議の多くは，主として「商工会議所」，「青年会議所」，「商店会」，「同業組合」などの役員，あるいは，「PTA」，「スポーツ団体」，「体育協会」などの教育的・親睦的団体の役員を経験して市町議のポストを獲得し，維持していると考えられる。もちろん，自営業主にとっても「自治会」や「農協」，「農業委員」での活動歴はそれなりの重要性をもつわけであるが，しかし，給与所得者の場合と比較すれば，その比重は軽いといえるだろう。また，彼らのほとんどが党派的に自民党もしくは保守系無所属という立場をとっている。

第3に，給与所得者の職歴をもつ市町議の場合，農業や自営業主を職歴とする地方議員の多くが党派的には保守的立場をとっていたのとは対照的に，

表5　大津市における党派別活動歴（役職歴）構成

	自治会などの役員		PTAなどの役員		農協などの役員		商工会などの役員		民生委員など	
	現職	元職	現職	元職	現職	元職	現職	元職	現職	元職
自 民 党		1	1	4	1		1	1		
民 社 党	1			1						1
公 明 党	1		1							
社 会 党	1									
共 産 党		1			1	1				
党 公 認	3 [5] 2		2 [7] 5		2 [3] 1		1 [2] 1		[1] 1	
構 成 比	45.5	12.5	50.0	17.5	37.5	7.5	20.0	5.0	25.0	2.5
無 所 属	3 [6] 3		4 [7] 3		3 [5] 2		6 [8] 2		1 [3] 2	
構 成 比	54.5	16.7	50.0	19.4	62.5	13.9	80.0	22.2	75.0	8.3
合 計	6 [11] 5		6 [14] 8		5 [8] 3		7 [10] 3		1 [4] 3	

註：① □内の数字は，現職と元職を合計したもの。
　　② 行の党公認および無所属の構成比は，左部が各々の役職合計に対する割合を示し，右部がそれぞれ党
　　③ 列の構成比は，それぞれ党公認および無所属の役職総計に対する割合を示す。
　　④ 当該表は1983年4月24日（選挙執行日）現在のものである。
　　⑤ 当該表は，京都新聞滋賀本社編『滋賀年鑑'84』および『滋賀年鑑別冊　滋賀県議員録』（京都新聞社，

非保守・反保守の立場をとっている議員が相当数存在しているということである。事実，湖北地域においても大津市においても自民党公認は1人も存在せず，党公認は全て非保守・反保守系である（湖北地域の場合は7人全員が共産党，大津市の場合は民社党1人となっている）。無所属の場合でも湖北地域で4人，大津市で1人が労組役員経験者である。

第6節　政党役員・労組役員の経歴をもつ地方議員

さらに，職歴でもあり，かつ活動歴（役職歴）でもある政党役員や労組役員の経歴をもつ地方議員について検討しておこう。政党の地方組織（下部組織）の役員を経験して地方議会に進出するというケースは，地方議員のリクルートメントのひとつのパターンとして，今日一般に認められているといえる。とりわけ政党化の進展している都市部においては，その傾向が著しいと考えられる。表5に示されているように，大津市においては，自民党以外の政党には政党役員の経歴をもつ議員がいる。とりわけ公明党や共産党といった組織政党の場合は，市議すべてが現職の政党役員である（その他，民社党

農業委員		福祉団体などの役員		政党役員		労組役員		各種団体役員		合　　計		
現職	元職	現職	元職	現職	元職	現職	元職	現職	元職	現職	元職	構成比
		2						1	1	6	13	7
				2		1		1		4	7	3
				4						6	6	
				1				3		5	5	
1				4			1			6	9	3
1		2	2	11	11	1	3	2	4	5	1	27	40	13
25.0	2.5	66.7	5.0	100.0	27.5	75.0	7.5	71.4	12.5	52.6		
	3	3	1				—		1	1	2	2	20	36	16
75.0	8.3	33.3	2.7	0	0	25.0	2.7	28.6	5.6	47.4		
1	4	3	3	3	11	11	1	4	3	6	7	1	47	76	29

公認および無所属の役職合計に対する割合を示す。

1983年）より作成。

2人,社会党1人が現職の政党役員である)。同様の傾向は長浜市においてもみられる。すなわち,7人の党公認議員のうち民社党の1人だけが政党役員未経験者である以外は全て政党役員の経験者である。ちなみに政党役員経験者は,共産党2人(現職),民社党1人(現職),公明党1人,新自由クラブ1人(現職)である。湖北地域の郡部においては,社会党議員の3人中2人が政党役員経験者(うち現職は1人)であるが,共産党にいたっては,政党役員経験者は8人中わずか1人(現職)である。都市部における共産党議員の全てが現職の政党役員であるのと全く対照的である。このことは何を意味しているのであろうか。若田の指摘によれば,「共産党の場合には,党役員以外の者が地方議員にリクルートされる余地が,充分ある」のであって,例えば党の若手活動家,女性党員,あるいは党組織の外で地域的知名度の高い者などが,党の候補者として推薦されるケースが考えられる[10]。

　また,政党役員を経験しながら無所属で立候補し,当選後も無所属議員としての立場をとっているケースがある。このケースは長浜市と近江町(坂田郡)でそれぞれ1人ずつみられたが,いずれも自民党の支部役員を経験している。政党に所属していながら選挙では政党名を名乗らない理由として,森脇俊雅の指摘にもあるように,①自民党を名乗ると地区の一致した推薦を得にくい,②自民党の評判のよくないときには,自民党を名乗るのは不利である,③公認料や党からの選挙応援の面でメリットがない,といったことが考えられる[11]。これらの理由は,見方を変えれば,自民党のもつ名望家的・議員政党的体質がもたらす結果であるともいえよう。

　いまひとつ指摘しておきたいことは,党公認議員の中には政党役員以外に他の地域団体や組織の役員を経験している者もいるということである。とりわけ「PTA」,「自治会」,「各種団体」の役員経験者が多い。これらの役員の肩書きの多くは地方議員となったのちに獲得されたものと考えられるが,それらは支持基盤のすそ野を広げ,議員としての地位を確保していくために不可欠の要件と認められる。その肩書きが現職であれば,より効果は高くなると考えられる。

次に，労組役員の職歴・活動歴（役職歴）をもつ地方議員についても若干言及しておこう。まず，党公認議員で労組役員の経験をもつ者は，大津市で民社党2人（うち現職1人），共産党1人，湖北地域で共産党2人，社会党1人（現職），民社党1人（現職）である。労働組合における活動と役職を経て地方議員となるケースは党派的にかたよっている。すなわち，労組役員出身者は民社党，社会党，共産党の議員にみられる。ただ，ここで特徴的なことは，民社党および社会党議員の場合は現職の労組役員であるが，共産党議員にはそれが1人もいないことと，共産党の1人および民社党の1人を除いて，政党役員と役職が重複していないということである。その他に労組役員経験者で無所属議員となっている者が若干名存在する。ちなみに，長浜市1人（現職），坂田郡1人，東浅井郡1人，伊香郡2人である。

また，労組役員経験者の中には，「自治会」，「PTA」，「農協」，「民生委員」，「農業委員」，「各種団体」の役職経験をもっている者がいるが，彼らは職場からリクルートされて地方議会に進出しながらも，同時に，地域団体や組織においてリーダーシップを発揮することによってその地位を確保してきたと考えられる。

第7節　公務員出身議員・初当選議員について

最後に次の2点について順次検討しておこう。第1は，公務員出身議員についてであり，第2は，市部における初当選議員についてである。

まず，公務員出身議員について検討してみよう（表6参照）。公務員出身者（経験者）は全体としてみればそれほど多くはない（湖北地域17人，7.9％，大津市2人，5.0％）が，相対的に郡部に多い。とくに，農村的色彩を色濃く残している東浅井郡，伊香郡はそれぞれ7人いる（坂田郡は2人）。公務員の内訳をみてみると教育公務員が7人，地方公務員が8人（うち大津市2人），公社・現業関係4人（国鉄3人，郵政1人）となっている。そのうち管理職経験者は教育公務員4人（校長3人，教頭1人），地方公務員6

表6 公務員等経験者の職業経歴・所属党派・活動歴(役職歴)

	長 浜 市	坂 田 郡
教 育 公 務 員		公立学校教員→大学職員(無) ⟨町社協理事⟩
地 方 公 務 員	市建設部長→農業(無) ⟨無⟩	
公 社 ・ 現 業		国鉄(社) ⟨労組役員 団体役員⟩

註:① ( )内は所属党派を示す。社=社会党,共=共産党,無=無所属。
　　② ○内は役職名を示す。ただし,㊫は役職経験なしを意味する。
　　③ 当該表は,京都新聞滋賀本社編『滋賀年鑑'84』および『滋賀年鑑別冊　滋賀県議員録』(京都新聞社,
　　　 1983年)より作成。

人(県議会事務局次長,県土木事務所河川課長,市建設部長,市経済部長,町助役,町同対室局長)である。そして一部の議員(国鉄職員2人)を除いて,他は全て退職者であり,しかもその大半が現在の職業が農業であり,無所属議員である。わずかに1人が共産党議員であるにすぎない。大津市においては2人とも無所属議員で,役職経験もそれぞれ2度ずつある。ところが,湖北地域の場合には,役職経験者は半数以下の6人(現職公務員を含めれば7人)であり,そのうち5人が役職経験1回である。この事実は次のようなことを意味しているのではないだろうか。すなわち,農村地域における公務員出身議員は,その職業威信の高さ,つまり職業エリートとしての地域住民の評定(教員や地方公務員,とりわけその中でも管理職経験者に対する地域住民の評定は一般に高いと考えられる)と,それに付随して付加される人格的評定の高さ(人格者としての信頼度の高さ)とを,既にその在職中に獲得しており,あえて他の役職に就かずとも十分に選挙に対応できる素地をもっていると考えられるということである。さらにその上に役職を経験すれば,

東　浅　井　郡	伊　香　郡	大　津　市
中学校長→農業(無)　(無) 小学校長→農業(無)　(区長) 中学校教諭→農業(無)　(無)	高等学校長→農業(無)　(無) 中学校教頭→団体職員(無) 　　(漁協参事 　　各種団体役員) 中学校教諭→農業(共) 　　(自治会役員)	
町助役→農業(無) 　　(各種団体役員) 県支庁河川課長→農業(無) 　　(無) 町同対室局長→農業(無)(無)	村役場主事→農業(無) 　　(町交通安全協会会長) 町役場職員→農業(無)(無)	県議会事務局次長→行政書士 　　(無) 　　(保護司 　　市子連会長) 市経済部長→農業(無) 　　(自治会長 　　農協理事)
国鉄（無）(無)	郵政→農業(無)(無) 国鉄→農業(無)(無)	

それだけ支持・集票基盤が固められるということである。

　次に，都市部（大津市，長浜市）における初当選議員の学歴，職歴，活動歴（役職歴）を検討してみよう（表7参照）。1983年4月24日に執行された統一地方選挙の際に初当選した市議は大津市で12人（定数40人，30.0%），長浜市で8人（定数24人，33.3%）であった。彼らの当選順位をみると，大津市では中位以下の当選者が7人（初当選議員に対する割合は58.3%）もいるのに対し，長浜市ではそれはわずかに1人（12.5%）だけである。所属党派については，大津市で3人が党公認議員である（社会党，民社党，共産党）のに対し，長浜市では民社党の1人だけである。年齢面では，両市とも全て40歳代，50歳代（大津市：40歳代7人，50歳代5人，長浜市：40歳代5人，50歳代3人）で，平均年齢も大津市48.8歳，長浜市50.0歳で，ほとんど差異はみられない。学歴の面では，大津市の方が圧倒的に高等教育学歴者の割合が高く（大津市7人，58.3%，長浜市2人，25.0%），逆に，初等教育学歴者は長浜市の方が高い（大津市1人，8.3%，長浜市3人，37.5%）。職歴では，

表7　初当選市議の学歴・職歴・活動歴（役職歴）　　　　　　（1983年4月24日現在）

	当選順位	所属政党	年齢	学　歴	職　歴	活　動　歴（役職歴）
大津市 12人 (30.0%)	2	無所属	44	大　　学	会社役員	＊体育振興会会長
	9	社会党	40	大　　学	団体職員	＊各種団体役員
	10	無所属	52	新高等学校	新聞販売	＊商工会副会長
	16	無所属	40	大　　学	会社役員	青年会議所理事長
	18	無所属	57	商業学校	無　　職	＊自治連協副会長
	24	無所属	55	高　　商	団体役員	＊社会福祉協議会理事，児童委員，県民生委員
	26	無所属	42	大　　学	僧　侶	＊PTA連合会会長
	32	無所属	59	大　　学	行政書士	＊保護司，市子供連合会長
	34	無所属	59	青年学校	理容業	＊同業組合支部役員
	37	民社党	48	新中学校	労組役員	＊自治会長，市少年センター補導委員
	39	無所属	47	青年学校	農　業	自治連会長
	40	共産党	43	大　　学	政党役員	＊政党役員
長浜市 8人 (33.3%)	2	無所属	46	新高等学校	農　業	青年会長，中学同窓会長
	6	無所属	56	農　専	農　業	
	7	無所属	49	新中学校	農　業	＊自治会長，PTA会長，華道協会幹事
	9	無所属	56	鉄道教習所	自営業	＊商店会副会長
	10	民社党	47	新高等学校	労組役員	地区同盟事務局長
	11	無所属	40	大　　学	会社役員	＊市スポーツ少年団指導員，自民党支部青年局政策委員長
	12	無所属	57	技能養成所中退	会社役員	＊県同業組合専務理事，自治会長，近畿地区同業組合副会長
	24	無所属	49	新中学校	農　業	＊土地改良区総代，連合自治会理事，ほ場整備委員長

註：① 市名欄の（　）内の数字は，議員定数に対する初当選議員の割合を示す。
　　② 活動歴（役職歴）欄の＊印は現職を意味する。
　　③ 当該表は，京都新聞滋賀本社編『滋賀年鑑'84』および『滋賀年鑑別冊　滋賀県議員録』（京都新聞社，1983年）より作成。

大津市の方が多種多様であるのに対し，長浜市では農業従事者が半数（4人）を占めている。活動歴（役職歴）については，大津市の方がその回数の少ない議員が多い（役職経験1回の議員は9人，75.0％）。

　以上のことから，都市部でも地方中心都市（県都）と農村地域の中核都市とでは，ある面（年齢，役職の現役率）で共通性をもっているが，他の面では大きな差異のあることが一定明らかにされたと思われる。とりわけ，前者の場合には政党化，高学歴化，職歴・活動歴（役職歴）の多様化が進展しているのに比べ，後者の場合には，まだまだそのような状況にいたるには大きな距離があるように思われる。であるが故に，後者の方がより高位で初当選

を飾ることができるのかもしれない。そこには円満な形での議員の交代といった政治風土が根強く残存しているからであるともいえよう。

ここでは，地方議員にスポットを当てて，地域特性の比較分析を試みた。この作業は草の根保守主義，あるいはそれに付随する無所属政治の構造的解明のための資料を析出することを主たる目的としたものであることを記しておきたい。

註
1) 文部省学校基本調査で規定されている高等教育機関とは，戦前では，高等学校，専門学校，実業専門学校，大学予科，大学専門部，大学，高等師範学校，師範学校，青年師範学校，臨時教員養成所，実業学校教員養成所，戦後は，大学，短期大学，高等専門学校，大学院，国立工業教員養成所，国立養護教諭養成所である。
2) 若田恭二は，自らの調査結果に基づいて次のように指摘している。「日本人一般の学歴構成と比較すると，市町議の学歴は相対的に高い。したがって，市町議のリクルートメントにおいても，学歴は一つの要件としてある程度の意味を持っていることは明らかである。ただ，市町議がリクルートされる過程においては，学歴の持つ意義はそれほど大きくはなく，学歴以外の各種の要因がより強く感じられる。市町議会議員のリクルートメント・プロセスをながめると，彼らの多くが学歴的要因よりもむしろ出身家庭や職歴および地域活動の経歴を主たる要因として，市町議会議員へとリクルートされて行く，ということがわかる」（若田恭二『現代日本の政治と風土』ミネルヴァ書房，1981年，p.53)。
3) M．ウェーバーは，「副業的」政治家を「政治団体の世話役や幹事などによく見られるタイプで，一般にやむをえない場合にだけ政治活動をするが，物質的にも精神的にも，政治を第一義として『政治で生きている』とはいえない人のことである」と定義している（M.Weber, *Politik Als Beruf*, 1919. 脇圭平訳『職業としての政治』岩波書店，1980年，p.20)。
4) 都市化度と議員の専業化傾向については，すでに村松岐夫が次のように指摘している。「自治体の規模が大きくなるにつれて，議員が専業的性格を強めていく」（村松岐夫「地方議員と地域社会の性格」『自治研修』1990年11月号，p.27)。また，ウェーバーは「本職」の政治家を，「政治を恒常的な収入源にしようとする者」，すなわち，「政治『によって』生きる者」と規定している（M．ウェーバー『前掲訳書』p.22)。
5) 調査時点は市関係1983年1月1日，町関係1982年7月1日。『全国議員報酬総覧―昭和58年度』産業労働調査所，1983年。
6) 若田恭二「地方議員の社会的背景」黒田展之編『現代日本の地方政治家―地方議員の背景と行動』法律文化社，1984年，p.25。
7) ただし，ここでデータソースとして用いる『滋賀年鑑別冊 滋賀県議員録』には，議員が経験した役職が全て記載されているわけではなく，代表的な役職だけが記載されて

いる。その意味ではデータとして決して十分なものとはいえないが，これによって一定の傾向性を把握することは可能であろう。
8)「自治会などの役員」：自治会，町内会，区会，子供会，婦人会，老人会の役員，「PTAなどの役員」：PTA，保護者会，後援会，同窓会，スポーツ団体，体育協会の役員，「農協などの役員」：農協理事長・理事・監事，農協参事，漁連理事，漁協参事，農協婦人部長，連合青年会・青年団の役員，消防団の役員，土地改良区理事・総代，区画整理組合役員，農業実行組合役員，農業共済組合理事，農林組合理事・組合長など，「商工会などの役員」：商工会議所の役員，青年会議所の役員，商店会の役員，同業組合の役員，「民生委員など」：民生委員，保護司，少年補導委員，人権擁護委員，「福祉団体などの役員」：社会福祉協議会の役員，交通安全協会の役員，「各種団体役員」：解放同盟支部役員，同和促進（推進）協議会役員，遺族会役員など。
9) 若田恭二『前掲書』p.58。
10) 若田恭二「前掲論文」pp.27-28。
11) 森脇俊雅「地方議員と選挙」黒田展之編『前掲書』pp.79-80。

第5章
農村社会の政治風土
―滋賀県湖北地域の地元意識と政治的保守―

第1節　問題の所在

「日本の政治風土の中には，依然として『動』のない部分が多い。しかし日本の近代化は，これまでもはげしい外からのイムパクトをうけながらも，それが社会の解体を導かず，伝統的様式を維持しながら，『動』を吸収して徐々に変容し，状況適応をとげたところに特色がある」[1]と篠原一は日本の政治風土の特徴をこのように指摘する。そこで篠原は，日本の政治風土を論ずる場合には，国民のカルチャーを問題にしなければならないとし，まず第1に，権力ないし「公」に対する国民の態度を問題として取り上げる。この問題に対して篠原は，日本国民の政治風土は権威主義的であると結論づけている。ここでの権威主義は2つの意味内容をもっている。ひとつは，いまなお国民の中に根強く残存している伝統的権威主義であり，いまひとつは，新しい社会関係の成立した結果として生じてきた変形的な権威主義である。とくに後者は，消費的大衆社会の出現によって強化された私的合理主義と巨大社会のおりなす力学の結果生じたもので，その特徴は，私的利益と抵触する権威ないし権力に対しては人びとは鋭く反抗するが，しかし，権威が自己の身辺から遠ざかるにつれ，それに対する感度は鈍化するというところにある，と指摘する[2]。

第2に，日本人の政治に対する態度を規定しているものとして，国民の状況に対する姿勢の問題を取り上げる。これについては，篠原は，日本では「する」の論理ではなく，「なる」の論理が支配的であると指摘する。このことは，日本人は政治に対して現世主義的であると同時に，危機がヴィジブルにならない限り，状況に対して極めて楽観主義的であり，全てがより予定調和的であることを意味し，それらは日本人の政治に対する寡欲さが大きな原因になっているという[3]。

そして，現代の日本国民の政治風土，言葉をかえていえば，デモクラシーに対する国民の基本的態度が，類型的に「義務型」を基調としながら「参加型」「抵抗型」がやや不分明な形で混合している形態へ移行している，とと

らえている。つまり，都市部では「抵抗型」や「参加型」が台頭してきているにもかかわらず，農村部では依然として受け身の「義務型」が根強く残存しているということである。しかし，それらは基本的に固定したものではなく，状況によっては変容する流動的なものとしてとらえられる[4]。

このような篠原の見解をベースにして，ここでは日本の政治風土の基底的要素を濃厚に内包していると思われる農村社会の政治風土に考察の焦点をしぼり，個別具体的に滋賀県の湖北地域の現状を分析することによって，前述の諸特徴を検証してみることに主要目的を限定しようと思う。ただ，ここでいう政治風土を一般的概念としてどのようにとらえられるかという問題が出てくるが，ここでは政治文化（political culture）とほぼ同義的なものとして理解しておこうと思う[5]。

そこで次に，政治文化とは何かという概念規定の問題が出てくるが，現在のところ政治文化の定義は，学者によってさまざまであるというのが現状である。その意味では多元的な概念であるが，ここではさしずめ，G.アーモンドの定義をあげておこう。彼は，「国民の政治文化とは，その国民の中で特殊に配分されている政治的対象に対する指向のパターンのことである」[6]と規定する。そして，政治文化という言葉を，何よりも政治的な指向（orientation）—政治システムとそのさまざまな部分に向う態度，ならびにそのシステムにおける自己の役割に向う態度—に関わっているものと理解している。また，彼がいう「指向」とは，対象と関係との内面化された局面に関わっているもので，それは，認知的（cognitive）指向（政治システム，その諸役割およびそれを占有する者，そのインプット，アウトプットについての知識と信条を含む），感情的（affective）指向（政治システムやその役割，人員，パフォーマンスについての感情），評価的（evaluational）指向（政治的対象についての判断と意見）を意味内容として含んでいる[7]。このように政治文化を定義づけても，それはひとつの全体社会のより大きな文化の一部をなすにとどまるものであり，その意味では，政治文化は，一般的な文化に影響されるひとつの下位文化（subculture）として位置づけられる[8]。

と同時に，政治文化は，政治システムの性格と作動能力との関連で当該社会の文化（上位文化）に一定の影響を及ぼす相互作用的なものであるともいえよう。

ところで，D.カヴァナーは，政治文化を分析上の抽象概念，すなわち，何か決定的要因というよりは，むしろ間接的に影響力をもつ一要因として理解した上で，政治文化アプローチの有効性を次のように説明する。その第1は，「一定の政治システムに対する市民の態度は，その政治システムに対してなされる種々の要求，それらの要求が表出される方法，それに対するエリート達の反応，一般の人々からのシステム支持の確保—要するに政治システムの作動を条件づける諸々の指向に明らかに影響を及ぼす」と考えられるがゆえに，「政治文化アプローチは，政治システムと文化との相互作用を論述なり分析する能力を高め，またわれわれは行動と態度とを区別することによって，諸々の政治システムなり政治構造が作用する際に現われる諸々の相違点を文化概念によって解明することが可能となる」。第2に，「政治文化と政治システムの作用との関係の本質を理解することにより，漸進的な政治変動をもたらす手段をよりよく識別することができる」[9]。

確かに，政治文化はその性格上，基本的に秩序志向を傾向性としてもつが，それはまた，政治教育という過程を通じて変容し，新たに創造されるのであって，その変化は，政治変動と深く結びついているといえる[10]。そこで重要なことは，石田雄が指摘するように，歴史の発展の中で，どの点に連続性を見出し，どの点にどのような形での変化を見出すかということである。つまり，「歴史に絶対的断絶がありえない以上，一見極端な断絶とみられる変化の中にも連続性を見出さなければならない」[11]ということである。

そこで，考察を進めるに当たっては，農村社会の政治風土（より限定的には地元意識と政治的保守）の変容過程を政治的近代化の過程として，歴史的連続性の中でとらえるという方法を採ることにしたい。もとより，当該社会における政治システムは，国家レベルの政治システムのひとつの下位システムとして位置づけられるものであるから，その限りでは，両者の関係は相互

連関的である。だが，その社会がそれを包摂する全体社会からの影響を受けながらも，相対的にではあるが，その社会独自の地域特性を具備し，多少の変化をともないながらも，その特性を維持・存続させてきているということを社会的事実として認識しなければならない。したがって，そのような社会に位置づけられる政治システム（基礎自治体レベルおよびそれと広域自治体レベルとの中間に位置づけられる地域社会レベルの政治システム）も相対的独自性をもつものとして理解することも可能である。ただ，本来のそこでの政治主体は，当該社会に居住する地域住民，とりわけ有権者であるが，彼らの政治に対する認識や態度や行動の態様如何が，政治風土の具体的内容を本質的に決定するといってもいいすぎではないであろう。そのように理解すれば，一農村社会としての湖北地域の社会構造，経済構造，文化構造および湖北地域住民の意識構造等との関連で，多様な視角から政治現象を分析することが要請されるわけであるが，ここではそれへの前段作業として，まず，1980年6月に執行された衆参同日選挙における湖北地域の政治動態と，湖北票の構造的変容過程を若干考察することにしたい。

第2節　衆参同日選挙にみる湖北地域の政治図式

1．同日選挙における湖北地域での焦点と問題点

　湖北地域における今次同日選挙での主要な関心は，自民党が衆議院で3議席を獲得して湖国での〈革保逆転〉を実現する→その勢いを参議院地方区に連動させて現職の望月邦夫候補を勝利させる→そのために，国会議員の空白地帯である湖北地域から第3の公認候補を立てる，という戦略戦術をとったことに対して，湖北地域の有権者がどのような対応を示すか，ということにあった。自民党のこのような戦略戦術は，中道・革新勢力の参議院地方区における選挙協力体制への対応策としてとられたものであるといえる。

　結果的には，自民党は，元新自由クラブ県連代表の桐畑好春を第3の公認候補として立てて選挙戦を展開したのであるが，最下位当選の瀬崎博義（共

産党)に1万4,259票の大差をつけられて次点で落選した。また,参議院の望月候補も湖北地域での優勢を生かしきれず,中道・革新連合勢力(社会党,公明党,民社党,社会民主連合等)が擁立する前大津市長の山田耕三郎候補に小差で敗れたのである。望月候補のこのような形での敗北は,自民党や自民党支持者あるいは自民党系保守の人びとの全く予期せざるところであったが,桐畑候補の結果に対する見方はそれとはかなり異なっていた。つまり,桐畑候補の落選は,むしろ当然の結果であるという受けとめ方が支配的であったのである。なぜ,そのように受けとめられたのか。その主要な要因を探ってみよう。

　湖北地域には,いまなお政治に関する「伝説」ないし「風説」が根強く残存している。その一例として,「湖北の保守には仲間同士が競り合えば競り合うほど票を集める」という選挙力学や,「湖北の保守票田は,地元意識が強く燃えれば一丸となる」といったものをあげることができる。前者は,〈競争の原理〉が主体であり,後者は〈同調の原理〉が主体となっている。この両者が特殊な形で結合することによって,相互に強めあうところに湖北地域の政治的保守の特殊性がみられるというわけである。したがって,ここでは集団(組織)間の競争と集団(組織)内の同調との結びつきを,それらを包摂するより大きな集団(組織)内の競争と同調との結びつきとの関連で問題とするわけであるが,以下で,それについて若干言及してみよう。

　いまゲームの場を湖北1市3郡(長浜市,坂田郡,東浅井郡,伊香郡)に限定し,そこでのゲームの態様を自民党滋賀県支部連合会(以下県支部連合会とする),有力2候補(田中派の山下元利,中曽根派の宇野宗佑)の後援会,桐畑陣営の3つの組織集団間(しかし,これらの組織は全国組織としての自民党の一構成単位であるから,その意味では組織内での競争と同調ということになる)についてみてみることにする。

　県支部連合会は,組織目標として,①衆議院での革保逆転,②参議院地方区での議席死守の2つを挙げた。だが,前者の組織目標は至上命令的なものではなく,むしろ「期待する」という程度のものであった。これには複雑な

内部事情が絡っているのである。湖北地域は，行政的に「南厚北薄」といわれるように，概して恵まれておらず，それに対する潜在的不満が湖北地域住民の深層部に蓄積しており，それが「保守票27,8万票といわれながら，3人当選を目指さないのは両大物の県連私物化」という批判となって噴出し，それを県支部連合会が湖北地域から第3の公認候補を擁立するということで抑えたのである。しかし，県支部連合会の本心は，衆議院が無風選挙になれば参議院選挙に不利であるから，公認候補を3人立てることによって，保守同士を競合させ，それによって湖北地域の保守票を掘りおこし，それを参議院地方区に連動させるというところにあったと思われる。

そのように理解すれば，桐畑陣営と有力2候補との間で結ばれた〈湖北協定〉，すなわち，①前職2候補は，湖北での後援会活動を凍結・停止する，②選挙カーの乗り入れは，立候補のごあいさつと最後のお願いだけに限定する，③立会演説会は代理弁士が行う，④個人演説会は行わない，⑤移動事務所は置かない，という5項目からなる協定をどのように位置づけたらよいのであろうか。これを一般的にみればデモクラシーの基本原理である競争性に対する意識の欠落の産物といえよう[12]。しかし，この社会的事実を，湖北有権者（特に保守系の人びと）の論理あるいは発想に理解を示しながら，同時に，これを比較可能な形で普遍的な基準のうえで分析すれば，〈湖北協定〉に対する見方も変わってくる[13]。つまり，湖北地域の保守層の論理あるいは発想は，国会議員の空白地帯である湖北地域から当選者を出すことによって行政の不公平を是正する，ということを大前提としているのであり，そのためには，県内の保守票を3等分して，各候補がほぼ均等に得票できるように調整する。しかし，新人の桐畑候補と他の有力2候補との力量差は歴然としているので，保守間の競争が実質的に対等な形で行われるには，有力2候補に一定のハンディを付して，派閥次元でのトップ当選争いに歯止めをかける必要がある。だが，このハンディは強制できるものではなく，「きわめて消極的な協力」あるいは「節度ある協力」という形での「同意」に基づいて設定されざるをえない。そこで，一般的にみれば競争性を排除したような内容

を盛り込んだ〈湖北協定〉が結ばれたのであるが，それは，湖北地域の保守層にとっては，むしろ「競争の機会均等」を実質的に保障するひとつの重要な要素として受けとられている。つまり，彼らにとって〈湖北協定〉は「デモクラシーそのもの」であったのである。言葉をかえていえば，湖北地域の保守層はゼロ－サム的な競争を排除し，非ゼロ－サム的な競争をすることを主張したのであるといえる。

　この〈湖北協定〉が成立したことによって，湖北1市3郡の保守系地方議員約180人で構成している市町議会議員連絡協議会（湖北議連）が桐畑支持を機関決定したのであるが，現実は厳しいものがあった。このことは，湖北地域の自民党系保守の人びとの次のようなことばである程度裏づけられている。①「湖北の保守票田は空白というが，それはウソ。地元選出の代議士がいないだけで，地図は色分けされた」，②「底流で湖北が一本となったのは昔。湖北1市12町がそれぞれ利害対立しているうえに，県議・市議の支持者たちは，宇野・山下両後援会と重複。参院選候補とアベックだからとの大義名分で，みんな顔を連ねているが互いに腹のさぐり合い」（宇野系長浜市議），③「党員の立場からすれば3人当選を大切に考えねばならないが，後援会員としては，まずウチの先生ということになる。まあ"節度ある"後援会活動ということになりますかね」（安元満・山下後援会木之本支部長）[14]。

　この一例からのみ解釈すれば，深層部においては，ゼロ－サム的な競争が行われていたと理解されかねない。確かに桐畑候補の落選は，本来非ゼロ－サム的な競争が行われるべき状況において，結果的にゼロ－サム的な競争が行われたことに原因を見出すことができるのだが，しかしそれは，湖北地域におけるよりもむしろ湖北以外の地域におけるゼロ－サム的な競争の熾烈さが主要な原因になっていると思われる。そのことを具体的なデータを分析することによって究明しなければならない。それは同時に，地域住民の意識構造の変容過程，とりわけ〈地元意識〉の変容過程の分析をともなうことになる。そこで，ここでいう地元意識を富田信男の類型化に依拠して，①地元利益を願って形成される意識，②もっとダイレクトに個人的な恩恵授受やパー

ソナルな付き合いを通じて形成される地元候補としての有権者の側の意識，③いわゆる"身内意識"に由来する地元意識[15]と一応理解しておこう。そのうえで，地元票の具体的な流れを分析することによって，地元意識と政治的保守との関連を解明していく作業を進めることにしよう。

2．各党派・勢力の選挙別得票状況

表1は，自民党の選挙別得票数・得票率を示したものである。これによれば，自民党の各選挙における県全体の得票数に対する湖北地域での得票数の比率は，衆議院18.7％，参議院全国区17.7％，参議院地方区17.5％となり，県全体の有権者に対する湖北地域有権者の比率（15.3％）からみれば，自民党の湖北地域での得票率は相当高いといえる。その意味では，湖北地域の有権者は概して政治的保守であるといえるし，湖北地域は保守地盤として位置づけられうる。しかし，有権者の衆議院と参議院地方区に対する対応の仕方に

表1　湖北地域における自由民主党の選挙別得票数・得票率

	衆議院			参議院全国区			参議院地方区		
	得票数	相対	絶対	得票数	相対	絶対	得票数	相対	絶対
長浜市	15,904	59.8	43.1	11,132	46.4	30.2	10,903	43.9	29.6
山東町	3,576	50.0	40.4	3,225	47.5	36.4	3,083	43.9	34.8
伊吹町	2,575	66.2	55.2	1,862	54.1	39.9	1,946	54.9	41.7
米原町	3,231	47.7	35.4	2,632	40.8	28.9	2,428	36.1	26.6
近江町	2,312	47.5	39.7	1,871	43.3	32.1	1,595	36.4	27.4
坂田郡	11,694	51.5	41.1	9,591	45.7	33.7	9,052	41.8	31.8
浅井町	5,124	71.0	59.7	4,350	63.8	50.7	3,986	55.6	46.4
虎姫町	2,082	64.9	46.5	1,546	51.4	34.5	1,430	45.4	31.9
湖北町	3,716	69.4	58.2	2,634	56.7	41.3	2,471	51.5	38.7
びわ町	3,258	68.8	58.3	2,553	57.4	45.7	2,408	51.3	43.1
東浅井郡	14,180	69.1	56.6	11,083	58.6	44.3	10,295	52.0	41.1
高月町	4,312	74.6	63.3	2,695	54.2	39.6	2,692	49.8	39.5
木之本町	4,931	80.3	64.4	2,787	53.4	36.4	3,280	58.4	42.8
余呉町	2,918	85.5	77.2	1,611	56.5	42.6	1,831	58.5	48.4
西浅井町	2,419	73.7	63.8	1,704	57.2	44.9	1,850	58.4	48.8
伊香郡	14,577	78.3	66.1	8,797	54.9	39.9	9,653	55.7	43.8
1市3郡	56,355	63.8	50.1	40,603	50.8	36.1	39,903	47.7	35.5
滋賀県	302,081	54.5	41.1	228,777	44.7	31.1	228,559	42.5	31.1

註：① 当該表は1980年6月22日執行の衆参同日選挙のものである。
　　② 相対＝相対得票率，絶対＝絶対得票率。
　　③ 当該表は『選挙の記録』（滋賀県選挙管理委員会，1980年）により作成。

は，大きな差異が存在したことを看過してはならない。基礎票（参議院全国区票）の指数を100とすれば，衆議院は138.8となるが，参議院地方区は98.3となる。この結果から，次のような特徴を指摘することができるだろう。①衆議院での相対得票率が63.8％，絶対得票率が50.1％という高い得票率は，湖北地域から公認候補を立てたことに対する地元有権者の「期待感」をともなった好意的認識が，投票行動に大きく反映されたとみることができる。②だが，参議院地方区の望月候補は，一部の地域（伊吹町，木之本町，余呉町，西浅井町）を除いて基礎票を下回る得票しかできず，衆議院票の望月候補への連動率は，1市3郡70.8％，長浜市68.6％，坂田郡77.4％，東浅井郡72.6％，伊香郡66.2％で，県全体の75.7％，湖北以外の地域の76.8％と比較すれば，坂田郡を除いて相当低いことがわかる。一方，衆議院での自民党得票数に占める桐畑票の割合をみてみると，1市3郡70.0％（3万9,445票），長浜市72.4％（1万1,508票），坂田郡46.7％（5,456票），東浅井郡75.1％（1万654票），伊香郡81.1％（1万1,827票）となり，坂田郡以外では望月候補の得票を上回る結果となっている。このことは，衆議院で自民党候補に投ぜられた地元票の7割が桐畑票であるが，その票の構造は，湖北地域での投票率の高さ（80.3％，県全体は76.8％）をも考慮にいれると，保守票（構造的保守票，保守浮動票等）を主体として，それに流動的な非保守・反保守票がプラスされたものと考えられる。とすれば，望月候補へ連動した票は，主として構造的保守票であると考えられる。

　このことをさらに，中道・革新勢力や共産党の得票状況を分析することによって解明していこう。表2は，中道・革新勢力の選挙別得票数・得票率を示したものである。この表からは，次のようなことが指摘できるだろう。第1に，衆議院では伊香郡（4町），虎姫町を除く各市町で，参議院地方区では全市町で基礎票を上回る得票をしていることである。ちなみに，基礎票を100とする衆議院の指数は104.8（伊香郡は67.0）で，参議院地方区は142.4となる。第2に，中道・革新統一候補の山田耕三郎が，全市町で基礎票並びに衆議院票を上回る得票をしたということは，衆議院で自民党の桐畑候補に流

第5章 農村社会の政治風土 —— 121

表2 湖北地域における中道・革新勢力の選挙別得票数・得票率

	衆議院			参議院全国区			参議院地方区		
	得票数	相対	絶対	得票数	相対	絶対	得票数	相対	絶対
長浜市	8,152	30.7	22.1	7,203	30.0	19.5	10,728	43.1	29.1
山東町	3,181	44.5	36.0	2,599	38.3	29.4	3,359	47.8	38.0
伊吹町	1,138	29.3	24.4	1,054	30.6	22.6	1,281	36.1	27.5
米原町	2,938	43.4	32.2	2,608	40.5	28.6	3,487	51.9	38.2
近江町	2,219	45.5	38.1	1,754	40.6	30.1	2,410	55.1	41.4
坂田郡	9,473	41.8	33.3	8,015	38.2	28.2	10,537	48.6	37.0
浅井町	1,506	20.9	17.5	1,280	22.7	14.9	2,293	32.0	26.7
虎姫町	773	24.1	17.3	876	29.1	19.6	1,263	40.1	28.2
湖北町	1,148	21.4	18.0	1,094	23.5	17.1	1,637	34.2	25.6
びわ町	982	20.8	17.6	920	20.7	16.5	1,564	33.3	28.0
東浅井郡	4,409	21.5	17.6	4,170	22.0	16.7	6,757	34.1	27.0
高月町	1,038	18.0	15.2	1,281	25.7	18.8	1,999	37.0	29.4
木之本町	905	14.7	11.8	1,562	29.9	20.4	1,866	33.2	24.4
余呉町	373	10.9	9.9	830	29.1	22.0	1,082	34.5	28.6
西浅井町	736	22.4	19.4	883	29.7	23.3	1,123	35.4	29.6
伊香郡	3,052	16.4	13.8	4,556	28.4	20.7	6,070	35.0	27.5
1市3郡	25,082	28.4	22.3	23,944	29.9	21.3	34,092	40.8	30.3
滋賀県	180,911	32.6	24.6	157,594	30.8	21.4	237,346	44.2	32.3

註：① 当該表は1980年6月22日執行の衆参同日選挙のものである。
② 中道・革新勢力とは社会党，公明党，民社党，社会民主連合を指す。
③ 相対＝相対得票率，絶対＝絶対得票率。
④ 当該表は『選挙の記録』（滋賀県選挙管理委員会，1980年）により作成。

れた中道・革新票を還流させたうえ，さらに保守票の一部をも同時に吸収していったことを意味する。第3に，山田候補は，坂田郡では相対得票率で半数近い票を獲得し，とくに米原町と近江町では過半数に達している。その一因は，米原町が米原駅を中心に新幹線，東海道本線，北陸本線，近江鉄道が分岐する鉄道の要所であり，そこには多くの組織労働者が就労しており，これらの労働組合員が隣接する近江町，山東町の集落の末端まで選挙活動を浸透させ，それが一定の効果をあげたことに求められよう[16]。

次に，表3は，共産党の選挙別得票数・得票率を示したものである。共産党の場合は，衆議院，参議院地方区ともに全市町で基礎票を大幅に上回っている。基礎票を100とする衆議院の指数は，1市3郡186.3（3,215票増），長浜市186.4（1,166票増），坂田郡186.4（703票増），東浅井郡192.6（924票増），伊香郡175.0（422票増）であり，参議院地方区は，1市3郡259.4（5,936票増），

表3　湖北地域における日本共産党の選挙別得票数・得票率

	衆議院			参議院全国区			参議院地方区		
	得票数	相対	絶対	得票数	相対	絶対	得票数	相対	絶対
長浜市	2,516	9.5	6.8	1,350	5.6	3.7	3,224	13.0	8.7
山東町	393	5.5	4.4	189	2.8	2.1	579	8.3	6.5
伊吹町	175	4.5	3.8	93	2.7	2.0	318	9.0	6.8
米原町	607	8.9	6.7	333	5.2	3.7	811	12.0	8.9
近江町	342	7.0	5.9	199	4.6	3.4	373	8.5	6.4
坂田郡	1,517	6.7	5.3	814	3.9	2.9	2,081	9.6	7.3
浅井町	587	8.1	6.8	302	4.4	3.5	888	12.4	10.3
虎姫町	351	11.0	7.8	149	5.0	3.3	456	14.5	10.2
湖北町	490	9.2	7.7	276	5.9	4.3	687	14.3	10.8
びわ町	494	10.4	8.8	271	6.1	4.8	722	15.4	12.9
東浅井郡	1,922	9.4	7.7	998	5.3	4.0	2,753	13.9	11.0
高月町	432	7.4	6.3	233	4.7	3.4	715	13.2	10.5
木之本町	306	5.0	4.0	152	2.9	2.0	472	8.4	6.2
余呉町	121	3.6	3.2	110	3.9	2.9	220	7.0	5.8
西浅井町	126	3.9	3.3	68	2.3	1.8	196	6.2	5.2
伊香郡	985	5.3	4.5	563	3.5	2.6	1,603	9.3	7.3
1市3郡	6,940	7.8	6.2	3,725	4.7	3.3	9,661	11.5	8.6
滋賀県	71,320	12.9	9.7	38,864	7.6	5.3	71,240	13.3	9.7

註：① 当該表は1980年6月22日執行の衆参同日選挙のものである。
　　② 相対＝相対得票率，絶対＝絶対得票率。
　　③ 当該表は『選挙の記録』(滋賀県選挙管理委員会, 1980年) により作成。

長浜市238.8（1,874票増），坂田郡255.7（1,267票増），東浅井郡275.9（1,755票増），伊香郡284.7（1,040票増）となる。

　以上のことから，今次同日選挙における湖北票の主要な流れを図式化すれば図1のようになろう。この図からさらに，衆議院での自民党票というよりむしろ，桐畑票の内容的複雑性が浮きぼりにされると同時に，湖北地域の構造的保守は3分の1強にすぎないことが指摘できる。したがって，現在の湖北地域は，強固な保守地盤であるというよりもむしろ状況に左右される柔構造的な保守地盤であるといえよう。このことをさらに明確にするために，次に，地元票の構造の推移を若干分析してみよう。

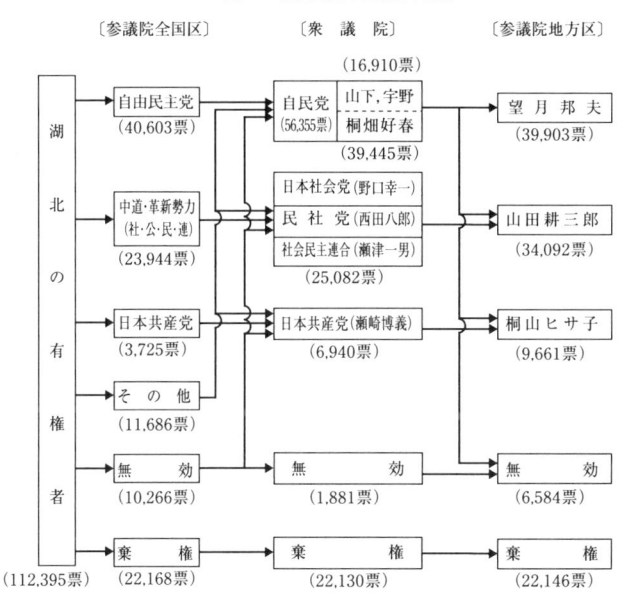

図1　湖北票の主要な流れ

〔参議院全国区〕　　〔衆　議　院〕　　〔参議院地方区〕

湖北の有権者 (112,395票)

- 自由民主党 (40,603票) → 自民党 (56,355票) / 山下,宇野 桐畑好春 (16,910票) (39,445票) → 望月邦夫 (39,903票)
- 中道・革新勢力 (社・公・民・連) (23,944票) → 日本社会党(野口幸一) 民社党(西田八郎) 社会民主連合(瀬津一男) (25,082票) → 山田耕三郎 (34,092票)
- 日本共産党 (3,725票) → 日本共産党(瀬崎博義) (6,940票) → 桐山ヒサ子 (9,661票)
- その他 (11,686票)
- 無効 (10,266票) → 無効 (1,881票) → 無効 (6,584票)
- 棄権 (22,168票) → 棄権 (22,130票) → 棄権 (22,146票)

第3節　地元票の構造の推移

1．地元選出候補・議員の推移

　表4は，保守合同および左右両派社会党統一が行われた，いわゆる「55年体制」以降に執行された国政選挙における湖北地域出身の候補者・当選者数の推移を示したものである。この表からもわかるように，衆議院においては，過去9回の選挙のうち1963年次（第30回）選挙，1980年次（第36回）選挙以外は複数の候補が出馬しており，そのうち与野党双方から候補者が出たのは6回を数える。また，当選者数をみてみると，1958年次（第28回）選挙から1963年次選挙までは各1人（社会党1人，自民党2人），1967年次（第31回）選挙から1972年次（第33回）選挙までは各2人（社会党2人，自民党4人）の当選者（括弧内は延べ人数）を出したが，1976年次（第34回）選挙以降は1人の当選者も出していない。その意味では，まさに湖北地域は，現在，国

表4　湖北地域出身の候補者・当選者数の推移

		衆				議						
		1958年		1960年		1963年		1967年		1969年		1972年	
		自	野	自	野	自	野	自	野	自	野	自	野
候補者	出　生　地		1		1								
	居　住　地									1		1	1
	出生・居住	1		1		1		1		1		2	
	計	2		2		1		2		2		3	
当選者	出　生　地		1		0								
	居　住　地									1		1	0
	出生・居住	0		1		1		1		1		2	
	計	1		1		1		2		2		2	

註：① 自＝自民党＋自民党系無所属，野＝非自民・反自民政治勢力（具体的には社会党，民社党，新自由ク
　　② 当該表は『衆議院議員総選挙の記録』『参議院議員通常選挙の記録』（滋賀県選挙管理委員会）より作

会議員の空白地帯なのである。

　次に，候補者を個別的に検討してみよう。過去9回の総選挙で6人（延べ人数では17人）が出馬したが，そのうち自民党・自民党系から4人，野党から3人立候補した（内1人は両方から立候補している）。まず，保守の方からみていこう。

① 草野一郎平：1958年（落選），1960年，63年，67年，69年，72年（いずれも当選）——1958年以降はいずれも自民党（大平派）から出馬。それ以前は1946年および52年に無所属で出馬し落選，1955年には民主党で出馬し当選。
② 上田茂行（自民党田中派）：1972年（当選），1976年（落選）。
③ 黒田春海（自民党系福田派）：1979年（落選）。
④ 桐畑好春：1976年（新自由クラブ，落選），1979年（無所属，落選），1980年（自民党中川系，落選）。

続いて野党の側をみてみよう。
① 堤ツルヨ：1958年（社会党，当選），1960年（民社党，落選）。
② 後藤俊男（社会党）：1967年，69年（いずれも当選），1972年（落選）。

　また，参議院では，①村上義一：1959年（緑風会，当選）——1955年以前では，1947年（無所属，当選），1953年（緑風会，当選），②後藤俊男（社会党）：1974年（落選）となっている。

　さらに，これらの候補者・当選者を出生地・居住地別に分類してみよう。

衆議院								参議院							総計	
1976年		1979年		1980年		小計		1959年		1974年		小計				
自	野	自	野	自	野	自	野	自	野	自	野	自	野	自	野
			1			1	2		1				1	1	3
							3				1		1		4
1	1	1		1		10	1							10	1
		2		2		1		17	1		1		2	19	
		0				0	1	1				1		0	2
							2			0		0			2
0	0	0		0		6	0							6	0
		0		0		0		9	1		0		1	10	

ラブ，緑風会を指す）。
成。

ⓐ出生地・居住地とも湖北地域出身者は，草野一郎平（出生地は東浅井郡浅井町，居住地は長浜市），上田茂行（出生地・居住地とも長浜市），桐畑好春（出生地・居住地とも伊香郡余呉町）の3人である。ⓑ出生地のみの湖北地域出身者は，堤ツルヨ（長浜市），黒田春海（坂田郡山東町），村上義一（東浅井郡虎姫町）の3人である。ⓒ居住地のみの湖北地域出身者は後藤俊男（長浜市）1人である。

以上のことから，次のことが指摘できよう。第1に，衆議院においては，長浜市出身者（草野，上田，堤，後藤）は，党派の別や，出生地・居住地とも地元か，それとも出生地のみ地元か，あるいは居住地のみ地元かということにかかわりなく全員当選経験をもっているが，郡部出身者（桐畑，黒田）は全く当選経験がない。第2に，当選経験者は，長浜市出身者であると同時に党の公認，しかも自民党や社会党といった大政党の公認を受けていることである。第3に，自民党当選者は，出生地・居住地とも長浜市出身者であり，社会党当選者は，出生地もしくは居住地のみ長浜市出身者である。このような諸特徴は，何が要因となって現出しているのかということを地元候補の得票構造を分析していく中で探索してみよう。

2．地元候補の得票構造の推移

表5は，地元候補の得票構造の推移を示したものであるが，ここでは地元

表5　地元候補の得票構造の推移

			衆			議	
		1958年	1960年	1963年	1967年	1969年
出生地	得票数	50,222	40,646	-	-	-
	地元票	10,157	5,982	-	-	-
	占有率	20.2	14.7	-	-	-
居住地	得票数	-	-	-	50,946	49,590
	地元票	-	-	-	20,663	19,545
	占有率	-	-	-	40.6	39.4
出生地居住地	得票数	46,648	54,406	61,740	61,107	64,883
	地元票	32,757	40,018	41,771	36,809	39,031
	占有率	70.2	73.6	67.7	60.2	60.2
地元票	総数	42,914	46,000	41,771	57,472	58,576
	歩留率	43.3	46.0	40.7	57.0	55.6
有権者数(湖北)		99,113	100,106	102,735	100,909	105,323
構成比(対県)		19.2	19.2	19.0	18.5	17.7
投票率(湖北)		79.6	79.6	76.7	78.1	77.0
投票率(県)		78.5	77.1	74.2	73.8	70.4

註：① 地元票歩留率は湖北地域の有権者数に対する地元候補の湖北地域での得票数（地元票）の割合を指す。
　　② 当該表は『衆議院議員総選挙の記録』『参議院議員通常選挙の記録』(滋賀県選挙管理委員会)より作成。

票の歩留率を中心に考察を進めていこう。まず最初に，投票率の推移を県全体のそれとの比較でみてみよう。湖北地域の投票率は，全選挙を通じて県全体のそれよりもかなり高く，近年その隔差は大きくなってきている。とくに1972年次，76年次，80年次選挙では80％台である。しかし，投票率の高さは必ずしも政治的関心の高さと対応している訳ではない。このことは，これまでの調査結果で明らかにされてきている[17]。

湖北地域においても，有権者数の推移をみてみると，1958年を100とした1980年の指数は113.4で，県全体の指数142.5と比較すれば，きわめて増加率が低いことが指摘できるし，また，県全体の有権者数に対する湖北地域有権者数の構成比は減少（19.2％→15.3％）している。以上のことから，湖北地域有権者の年齢構成は，かなり高齢化してきていることが推定され，その意味では，投票率の高さと政治的関心度との間にどれだけの相関関係がみられるかということを解明するには，さらに多様な角度からの詳細な分析が必要となる。

そこで次に，歩留率と投票率との関係をみていこう。表5からもわかるよ

	院			参 議 院	
1972年	1976年	1979年	1980年	1959年	1974年
-	-	15,954	-	178,098	-
-	-	7,917	-	48,577	-
-	-	49.6	-	27.3	-
47,957	-	-	-	-	143,522
17,072	-	-	-	-	38,201
35.6	-	-	-	-	26.6
111,804	106,711	24,233	57,061	-	-
50,219	46,109	17,427	39,445	-	-
44.9	43.2	71.9	69.1	-	-
67,291	46,109	25,344	39,445	48,577	38,201
62.3	41.8	22.6	35.1	49.1	35.1
107,984	110,316	111,971	112,395	98,921	108,902
16.9	16.0	15.4	15.3	19.2	16.7
83.7	84.4	76.4	80.3	66.0	79.5
75.7	79.1	69.3	76.8	58.9	76.3

うに，歩留率は一定の周期をともなって推移している。つまり，1958年次選挙から1963年次選挙までは40％台，1967年次選挙から1972年次選挙までは60％前後，1979年次選挙，80年次選挙は20～30％台というようにかなり大きな周期がみられる。これをさらに個別的に検討してみよう。

① 1958年次選挙から1963年次選挙は草野に集中している。草野の全得票数の7割前後が地元票である。この間の投票率の県全体との隔差は小さい。

② 1967年次選挙は投票率と歩留率とが正の相関関係にある。つまり，前回選挙に比べて投票率で1.4ポイント増，歩留率で16.3ポイント増となっている。投票率の県全体との隔差も4.3ポイントとかなり大きくなっている。これは，自民（草野）・社会（後藤）両党から候補者が出て，自社の競合作用が有効に機能して，歩留率の大幅増につながったものと思われる。とくに，社会党の後藤が湖北地域の革新票をよびもどし，さらに草野票の一部をも吸収していったことが特徴としてあげられる。

③ 1969年次選挙も前回選挙とほぼ同様の推移を示すが，1972年次選挙は公認候補が3人（自民党からは草野，上田，社会党からは後藤）出馬して激

戦となった。とくに自民党の上田候補は，田中角栄（当時内閣総理大臣）秘書という肩書と，25歳という若さを前面に押し出して，田中旋風に乗じて積極的な活動を展開したことが大きな要因となって，投票率においては対前回選挙比6.7ポイント増，歩留率6.7ポイント増という結果をもたらした。このことは，上田候補の全得票数 5 万6,702票のうち 2 万450票（36.1%）が地元票であり，これらの地元票は，革新票（後藤票）および草野票の一部だけでなく，新たに掘りおこされた保守票から構成されているということからも，状況の変化を説明することができる。

④ ところが，1976年次選挙では投票率と歩留率は逆比例の関係を示した。つまり，投票率は対前回選挙比0.7ポイント増であったにもかかわらず，歩留率は逆に20.5ポイントも大幅に減ってしまったのである。この現象は，どのように説明がつくだろうか。まず，投票率の高さは，次のような要因が大きく作用しているものと思われる。当時滋賀県では，いわゆる上田金脈事件（県土地開発公社乱脈事件）が県民の間で大きな話題となり，金権政治への批判が高まっていた。そこへ中央では田中金脈問題・ロッキード事件を契機として，浄財政治を旗印に河野洋平以下 6 人の自民党議員が離党し，新自由クラブを結成したのである（1976年 6 月25日）。滋賀県でも新自由クラブが結成されて，県連代表の桐畑（当時33歳）が故草野一郎平，故村上義一の政治姿勢の継承を旗印に，金権政治・派閥政治の打破を訴えて，金権政治の象徴的存在であった上田（田中派）に挑戦したのである。このことが地元有権者にアピールして投票率を高め，過去最高の84.4%を記録したといえよう。しかし，歩留率の減少は，上田批判票，故草野票，革新票がそのまま桐畑票とならず，地元以外の候補者に大量に流出したのが原因と考えられる。ちなみに，桐畑の全得票数 4 万8,814票のうち地元票は 2 万881票（全得票数に対する割合は42.8%，湖北有権者に対する割合は18.9%）にすぎない。

⑤ 1979年次選挙は投票率と歩留率は負の相関関係にある（投票率は対前回選挙比8.0ポイント減，歩留率19.2ポイント減）。これは，桐畑候補が新自由クラ

ブを離党し，自民党の公認を得られず無所属で出馬，また，黒田候補もいままでに功績がないということで自民党の公認が得られず，無所属で出馬したことに加えて，選挙結果があらかじめ明確に予想されていたので，このような結果になったものと思われる。ちなみに，桐畑票の推移を前回選挙と比較してみると，全得票数で50.4ポイント減（2万4,581票減）の2万4,233票であり，湖北地域の得票でも長浜市4,502票（23.4ポイント減），坂田郡1,487票（34.3ポイント減），東浅井郡3,863票（11.2ポイント減），伊香郡7,575票（9.7ポイント減），1市3郡1万7,427票（16.5ポイント減）という結果になっている。とくに坂田郡，長浜市での大幅な減少は，黒田候補の地盤と競合したことによるものと考えられるが，しかし，全般的な減少は，自民党の公認が得られなかったことに原因があるのではないだろうか。もしそうだとすれば，党公認は，集票機能においてきわめて重要な要素であるといえる。そのことは，1980年次選挙によってある程度証明されたといってよい。

⑥ 1980年次選挙では桐畑は自民党公認として出馬し，全得票数5万7,061票（対前々回選挙比116.9ポイント増，対前回選挙比235.5ポイント増）のうち69.1％に当たる3万9,445票（188.9ポイント増，226.3ポイント増）を地元票で占めた。その内訳は，長浜市1万1,508票（195.9ポイント増，255.6ポイント増），坂田郡5,456票（241.1ポイント増，366.9ポイント増），東浅井郡1万654票（244.9ポイント増，275.8ポイント増），伊香郡1万1,827票（140.9ポイント増，156.1ポイント増）ということになる。この結果から，さらに次のようなことが指摘できよう。全般的にみれば，政権党の公認を得たことによって地元票を大幅に増加させることができた。しかし，それがとくに効果を発揮したのは，出身地の行政区画よりもむしろその隣接地域であったということである。つまり，そのような地域では，波及効果をともなって潜在的保守票や保守浮動票がさかんに掘りおこされたとみることができる。

さらに角度をかえて，出生地・居住地別得票数の推移の特徴をみてみよう。まず第1に，各候補者の得票数に対する地元票の占める割合は，出生地・居

住地とも湖北地域出身の候補者が最も高く，次いで居住地のみ，出生地のみの順になっている。しかし，出生地・居住地とも湖北地域出身者は全て保守系（自民党，新自由クラブ）である。第2に，出生地・居住地とも湖北地域出身者の得票数に対する地元票の占有率は，1972年次選挙，76年次選挙を除いて60～70％台の高率である。このように地元票の占有率が高いということは，地元有権者には大きな共感と支持あるいは同調が得られているが，他の地域では浸透力がきわめて弱い，つまり，十分な競争力をもっていないがために集票機能が十全に稼働しないということを意味しているといえよう。ということは，このような候補者は，地元以外では有権者を動員するだけの力量（魅力，権力，権威等）をもちあわせていないのであり，その意味では，限定された地域の小さな実力者（有力者）といえよう。次に，歩留率との関連で，湖北票がどこに流れたのかということを検討してみよう。

3. 地元票の流出状況の推移

　表6は，衆議院選挙における湖北票の流出状況を示したものである。まず最初に，流出票数・流出率の推移から検討していこう。表6からもわかるように，地元票の流出状況には一定の周期がみられる。第1の周期は，1958年次選挙から1963年次選挙にかけてみられるが，これは中央での〈自社二大政党時代〉の時期にほぼ該当する。この時期は，流出票数が3万5,000票前後，流出率が35％前後となっているが，そのうちの過半数が社会党候補へ流出している。第2の周期は，1967年次選挙から1972年次選挙にかけてみられる。これは中央での〈野党の多党化時代〉の時期に符合する。この時期の特徴は，流出票数が2万票強，流出率が20％強というように，前の周期と比較すれば，かなり流出に歯止めがかかっていることがわかる。この現象は，地元から社会党公認候補が出馬したことによって他の社会党候補への流出が激減した結果起ったものであるといえる。ただ，自民党の山下候補への流出が4～5％を占め，民社党に次いで高率を示しているが，これは山下の地元が湖北地域に隣接する高島郡マキノ町であるという地勢的要因が大きく作用しているも

表6 衆議院選挙における湖北票の流出状況

		1958年	1960年	1963年	1967年	1969年	1972年	1976年	1979年	1980年
自由民主党	宇野宗佑	1,606	2,522	2,249	1,527	1,483	1,080	4,842	10,486	8,507
		4.5	7.6	6.2	7.3	6.9	4.8	10.5	17.8	17.4
		1.6	2.5	2.2	1.5	1.4	1.0	4.4	9.3	7.6
	山下元利	−	−	−	4,189	4,443	5,471	6,042	17,996	8,403
		−	−	−	20.2	20.5	24.3	13.1	30.6	17.2
		−	−	−	4.2	4.2	5.1	5.5	16.1	7.5
	その他	14,619	8,083	8,424	−	−	−	−	−	−
		41.3	24.4	23.0	−	−	−	−	−	−
		14.8	8.1	8.2	−	−	−	−	−	−
	計	16,225	10,605	10,673	5,716	5,926	6,551	10,884	28,482	16,910
		45.8	32.0	29.2	27.5	27.4	29.1	23.6	47.8	34.6
		16.4	10.6	10.4	5.7	5.6	6.1	9.9	25.4	15.1
民社党		−	−	3,904	5,354	8,439	6,811	10,281	9,364	9,003
		−	−	10.7	25.8	39.0	30.2	22.3	15.7	18.4
		−	−	3.8	5.3	8.0	6.3	9.3	8.4	8.0
日本社会党		17,806	18,293	19,209	7,500	4,016	3,562	15,175	14,029	14,786
		50.3	55.2	52.5	36.1	18.6	15.8	32.9	23.6	30.2
		18.0	18.3	18.7	7.4	3.8	3.3	13.8	12.5	13.2
日本共産党		991	628	1,230	1,797	2,686	4,989	6,118	6,909	6,940
		2.8	1.9	3.4	8.7	12.4	22.1	13.2	11.6	14.2
		1.0	0.6	1.2	1.8	2.5	4.6	5.5	6.2	6.2
その他		392	3,628	1,557	396	573	621	3,701	754	1,297
		1.1	10.9	4.2	1.9	2.6	2.8	8.0	1.3	2.6
		0.4	3.6	1.5	0.4	0.6	0.3	3.3	0.7	1.1
流出票数		35,414	33,154	36,573	20,763	21,640	22,534	46,159	59,538	48,936
流出率		35.7	33.1	35.6	20.6	20.5	20.9	41.8	53.2	43.5

註：① 各党派・候補者の上段は湖北地域出身以外の候補者の湖北地域での得票数を，中段はその流出票数に対する比率を，下段はその湖北地域有権者に対する比率をそれぞれ意味する。
② 宇野宗佑は1960年次選挙では無所属で立候補したが，自民党籍を有しているため自民党の欄に入れた。
③ その他は，具体的には社会党滋賀県本部（1976年次），公明党（1976年次），社会民主連合（1980年次），無所属（1958, 60, 63, 67, 69, 72, 79年次）を意味する。
④ 流出率 = (流出票数 / 湖北地域有権者数) × 100
⑤ 当該表は『衆議院議員総選挙の記録』（滋賀県選挙管理委員会）より作成。

のと思われる。そして，第3の周期が，1976年次選挙から1980年次選挙にかけてみられる。この時期は，まさに中央での〈政党の多党化時代〉を反映して，滋賀県でも多党化現象がみられた。この時期の特徴は，流出票数が4万6,000～6万票，流出率が40～50％ときわめて高いうえに，周期内変動も大きいことである。しかし，その内容を詳細に検討してみると，社会党候補（野口幸一）は13％前後，民社党候補（西田八郎）は8～9％，共産党候補（瀬崎博義）は6％前後ときわめて安定しているのに対し，自民党は10～

25％ときわめて変動幅が大きい。とくに、山下の変動幅の大きさが目立つ。

次に、政党別に流出票数・流出率の推移を検討してみよう。自民党と社会党は先に検討した3つの周期と相関関係にある。また、民社党は鋸歯型の変動を示し、共産党は直線的上昇型の変動を示している。このことを地元有権者の政党支持態度との関連でみれば、共産党支持者は支持態度が固く、状況の変化に左右されないといえるし、民社党支持者は多少状況の変化に左右され、とくに最近での選挙で地元票の占有率が減少傾向にあるという事実は、同党支持者の支持態度が状況適応的になってきたことを示すものといえよう。社会党支持者は漸減傾向を示すが、低いなりに支持態度は安定しているといえよう。しかし、自民党の場合には大きな変化がみられる。とくに宇野は1972年次選挙までは湖北有権者の1～2％の票しか獲得できなかったが、1976年次選挙で4.4％となり、山下とほぼ肩を並べるところまでになった。そして、上田落選後は湖北地域での勢力基盤をほぼ不動のものとしたのである。一方山下は、1976年次選挙までは湖北有権者の4～5％の票を獲得していたが、同じ田中派の上田落選後は、1979年次選挙で一挙に16.1％の票を獲得し、宇野同様、湖北地域での地盤固めに成功した。このように、現在、湖北有権者の6分の1弱が両者の固定的支持基盤を形成し、さらに状況的支持者を含めると4分の1が両者の支持基盤を形成していることになる。したがって、湖北地域の保守系地方議員（市議、町議）が指摘したように、湖北地域の保守層は現在では、実質的に宇野・山下両陣営によって二分され、系列化されているとともに、湖北地域は両者の草刈場となっているともいえる。そのことは、地元意識がかなり変容してきていることを意味するわけであるが、この点についてはさらに多様な視角から分析を重ねることによって解明していく必要がある。

註
1) 篠原一『日本の政治風土』岩波書店、1968年、p.6。

2）篠原一『日本の政治風土』pp.25-29。
3）篠原一『日本の政治風土』pp.34-45。また篠原は，政治に対する寡欲さの特徴を次のように述べている。「寡欲なものは政治的には保守的，現状維持的になりやすい。そして政治はプロとしての政治家にまかされ，ささやかな社会の進歩に眩惑されて，批判力をなくしてしまう。自分で行動することを回避するだけでなく，政治家に対してもまた『する』の論理を要求することができないのである」（p.45）。
4）篠原一『日本の政治風土』pp.53-55。
5）篠原は，「政治風土とは英語まじりでいえば政治的カルチャーである。そして政治的カルチャーとは，平たくいえば，国民の政治に対する感じ方，考え方，評価のし方，行動のし方を総合したものである」（『日本の政治風土』p.205）と述べて，政治風土と政治文化とを同義的概念として理解している。
6）G.A.Almond and S.Verva, *The Civic Culture: Political Attitudes and Democracy in Five Nations*, Princeton University Press, 1963.（石川一雄・片岡寛光・木村修三・深谷満雄他訳『現代市民の政治文化―五ケ国における政治的態度と民主主義』勁草書房，1974年，p.12）。
7）G.A.アーモンド，S.ヴァーバ『前掲訳書』pp.11-12。
8）D.Kavanagh, *Political Culture,* The Macmillan Press, 1972.（寄本勝美・中野実訳『政治文化論』〈現代政治学入門講座8〉早稲田大学出版部，1977年，pp.5-6）。
9）D.カヴァナー『前掲訳書』pp.8-9。
10）濱島朗・竹内郁郎・石川晃弘編『社会学小辞典』有斐閣，1977年，p.226。
11）石田雄『日本の政治文化―同調と競争』東京大学出版会，1970年，p.10。
12）篠原は，「日本のデモクラシーは外から与えられたがゆえに中途半端なのではなく，競争性を欠如しているがゆえに未成熟なのである」（『連合時代の政治理論』現代の理論社，1977年，p.21）と述べているが，このような篠原の理解に基づけば競争性を排除したかに思われる〈湖北協定〉は，デモクラシーの未成熟さを示すものとの位置づけがなされうるであろう。
13）石田は，「政治文化，あるいは文化一般をとりあげる場合に，最も困難な課題は，その文化に固有な論理あるいは発想に内在的な理解を示しながら，同時にこれを比較可能な形で普遍的な基準の上で分析することであろう」と述べ，「日本社会の具体的な状況を，日本人の発想内在的に理解しながら，日本の社会の特質を比較可能な形で示すことによって，現代社会の一般的な問題に迫ろう」とすれば，「政治学や社会学，思想史や宗教学など，さまざまの視角をとりいれなければならなくなる。日本の歴史発展の特質を内在的に理解すると同時に，日本人の思惟構造，態度，意見などの比較文化的・比較社会的・比較政治的考察をしなければならない」と指摘している（『前掲書』pp.13-14）。このような分析視角はこの場合にも妥当するであろう。
14）『京都新聞』1980年6月8日付。
15）富田信男「『地元意識』の分析―都市票と農村票」日本人研究会編『日本人研究№2―特集・支持政党別日本人集団』至誠堂，1976年，pp.217-218。
16）1979年6月30日現在の加盟別組織労働者数は，国労1,297人，動労164人，鉄労85人，全施労17人，近江鉄道労働組合35人となっている（『滋賀県労働組合名簿―昭和54年版』滋賀県商工労働部労政課）。
17）例えば，間場壽一は次のように指摘している。「人口増加率と投票率はほぼ逆比例の関係にあるのだが，国勢調査の結果と突きあわせると，投票率の高い地域ほど20代人口の転出率が高く，投票率の低い地域ほど転入率が高くなる傾向にあることがわかる。この

説明として，転入人口の定住意識，地域生活への関与の低さが指摘されるのだが，この意識や行動の状況と関連させて，都市化・工業化に伴う青年人口の地域的・職業的移動と棄権の関係が検討される必要がある。また，この移動と関連して，青年層を中心とする政治的価値・関心の流動化と多様化が棄権の背景をなす原因の一つとして指摘されている。この価値・関心の態様は，1960年頃から青年層の保守化として一括されてきた。ここでいう保守化とはいわゆる保守回帰ではなく，既存の保守・革新のイデオロギー枠から離脱する態度であって，政党支持態度としては青年層の棄権増加と符合する脱政党化の進行と関係がある」(「投票行動と政治的諸態度」秋元律郎・森博・曽良中清司編『政治社会学入門―市民デモクラシーの条件』有斐閣，1980年，p.174)。

第6章
共闘形態としての〈滋賀方式〉
―組織過程論的視座からの分析―

第1節　問題の所在

　1980年代の日本の政治社会は激動の幕開けではじまった。1980年5月16日、社会党の飛鳥田委員長は、①大平内閣の経済政策の失敗と行き詰まり、②金権腐敗政治についての責任回避、③自主性のない米国追随の外交姿勢と軍事大国化への道を踏み出そうとしていることの3点を理由に、大平内閣不信任案を衆議院本会議に提出、自民党非主流議員の大量欠席の中[1]、全野党と無所属の一部が賛成し、結局、賛成243票、反対187票となり、56票の大差で可決されたのである。

　戦後、内閣不信任案が衆議院で可決されたのは1948年12月23日の第2次吉田内閣、1953年3月14日の第4次吉田内閣に続いて3度目であるが、1955年の保守合同による自民党単独政権下では初めてのことである。この内閣不信任案可決に対し、大平内閣は内閣総辞職の道をとらず、衆議院解散－総選挙を選択し、吉田首相の〈バカヤロー解散〉(1953年4月) によって行われた衆参同時選挙 (このときは、両選挙の公示が同日で、投票日は5日ずれている) 以来3度目の同時選挙となった (今回は公示日が別々で、投票日が同じ＝同日選挙)。総選挙をあえて選択した理由について大平首相は次のように述べている。「確かに道は、解散、総辞職の2つある。私は総辞職する理由はないし、不信任の3つの理由は承服できないので、これに対しては政府と国会という立場で原点に返って国民の判断を仰ぐのが憲政の常道と、解散を決意した。総辞職すると、当然、野党第一党に任せて選挙管理内閣を作っていかねばならない。それは逆に政局の混迷を倍増していくのではないか。内外の時局が厳しいときにそういう道はとるべきでないと判断し、何らの迷いなく解散の道を選んだ」[2]。

　大平首相のこの解散－総選挙の論理は、自民党総裁としての、かつ内閣総理大臣としての党的リーダーシップおよび政府的・国会的リーダーシップの主体性の欠如を、制度レベル (国会) における主体性の欠如に拡大し、すりかえるという一種の責任回避・居直り論や責任転嫁論の側面を有している。

もちろん，党内分裂→内閣不信任案可決→衆議院解散→総選挙という政治過程が，自民党内非主流派が主張したような大平首相のリーダーシップ喪失のみによって現出したのではなく，自民党の党的体質を構成している矛盾的諸要因が，ある時には遠因となり，またあるときには近因となって複雑に交差し，それらが大平首相のリーダーシップ喪失を〈きっかけ要因〉[3]として顕在化したとみるべきであろう。つまり，上述の政治過程は，日本的民主政体を具現している政権党としての自民党の組織内在的諸矛盾や組織関連的諸矛盾が，個人レベル（大平首相のリーダーシップ），組織レベル（政治組織としての自民党と組織内集団としての派閥），制度レベル（政府・国会－政権党と野党との相互関係）の各レベルにおいて，あるいは各レベルを貫いて，重層的・複合的に相互作用した結果顕現したといえよう。したがって，その意味で大平首相の組織や制度を媒介にした責任回避・居直り・責任転嫁の論理も，自民党内非主流派の一元的総理総裁責任還元論も等しく否定されねばならない。

 このような状況構造の下で同日選挙が展開されたのであるが，選挙結果は表1のようになり，得票率（相対・絶対ともに）では50％を割り込みながらも[4]，議席数のうえでは自民党が衆参両院で「安定過半数」を獲得し，80年代前半は一応安定政権下で国政を運営できる基盤を確立したのである[5]。この相対的な意味における自民党の「勝利」（精確には新自由クラブ，保守系無所属を含めた総保守の「勝利」），それに対する野党の「敗北」（精確には中道・革新両勢力の「敗北」）現象は何に起因するのであろうか。

 結論を先取りしていえば，自民党にとって絶対的な危機的社会状況の中で，党および各公認候補が，他の党構成員（当時登録党員数310万6,000人）や現存の自由主義経済体制の存続を希求する外延勢力としての各種団体との関係を各々の〈絶対的危機意識〉を媒介にして修復・強化しながら，主として〈統制主義〉的組織化原理[6]に基づいて，安定過半数獲得という組織目標達成に向けて個人や組織を動員し，それが潜在的保守票や保守的浮動票の掘り起こしにも極めて有効に作用した結果によるものと思われる。

表1 衆参同日選挙結果（党派別議員数）　　　　　　　　　1980年9月現在

	衆議院	改選		参議院	非改選	計
		全国区	地方区	全国区	地方区	
自民党	286	21	49	19	47	136
新自ク	12	0	0	1	1	2
民社党	33	3	3	3	2	11
公明党	34	9	4	9	5	27
社民連	3	1	0	2	0	3
社会党	106	9	13	9	16	47
共産党	29	3	4	3	2	12
諸派	0	2	1	1	0	4
無所属	8	2	2	2	2	8
計	511	50	76	49①	75①	250②

註：① 衆議院無所属は自民党籍をもつ福田一（議長），田中伊三次（京都1区），社会党籍をもつ岡田春夫（副議長）を含む。
② 衆議院公明党は国民会議を，民社党は国民連合を含む。
③ 参議院自民党は自由国民会議を，公明党は国民会議を，民社党は国民連合をそれぞれ含む。
④ 参議院諸派は二院クラブを指す。
⑤ 参議院無所属は自民党をもつ徳永正利（議長），社会党籍をもつ秋山長造（副議長），革新自由連合代表の中山千夏を含む。
⑥ ○内は欠員数…東京地方区・柿沢弘治（新自ク）衆院選出馬（当選），全国区・中村利次（民社）死亡。
資料：宮川隆義編『政治ハンドブック』（1980年9月版）政治広報センター。その他各種新聞（『朝日新聞』『毎日新聞』『京都新聞』等）。

　他方，野党の側は，1976年12月の第34回総選挙以降の与野党伯仲国会という攻勢的な政治状況を，選挙協力をも含めた選挙体制へ十全に活用しきれなかったことに主要な敗因が存在する。今次同日選挙においても様々なパターンの選挙協力が実現したが，とくに衆目を集めたうちのひとつは参議院選挙における社会，公明，民社，社民連の4党による中道・革新型選挙協力であった。この協力形態が実現した政治的背景には，公明党と民社党の〈中道連合政権構想〉合意（1979年12月6日），社会党と公明党との間に合意をみた共産党排除を前提とした連合政権構想（1980年1月10日）が存在し，それが参議院地方区の5選挙区（岩手，山形，滋賀，徳島，高知）で具体的に機能したのである。この4野党協力の効果は表2のごとくであり，結果的には滋賀地方区のみ議席を獲得したのである。しかし，得票数からみれば，程度に

第6章 共闘形態としての〈滋賀方式〉—— 139

表2 参議院地方区における野党協力の効果

選挙区	選挙	自由民主党 得票数	相対	絶対	野党4党 得票数	相対	絶対	日本共産党 得票数	相対	絶対	有効投票数	有権者数
滋賀	参議院地方区	228,559	42.5	31.1	237,346	44.2	32.3	71,240	13.3	9.7	537,145	735,714
	参議院全国区	228,775	44.7	31.1	157,594	30.8	21.4	38,864	7.6	5.3	511,779	
	衆議院	302,081	54.5	41.1	180,911	32.6	24.6	71,320	12.9	9.7	554,312	
岩手	参議院地方区	370,230	51.8	36.8	282,579	39.6	28.1	61,405	8.6	6.1	714,214	1,007,410
	参議院全国区	343,075	50.1	34.1	214,710	31.3	21.3	46,555	6.8	4.6	685,135	
	衆議院	433,313	58.9	43.0	218,201	29.6	21.7	34,416	4.7	3.4	735,912	
山形	参議院地方区	431,832	60.2	47.5	240,832	33.6	26.5	44,851	6.2	4.9	717,515	909,229
	参議院全国区	345,195	50.8	38.0	205,752	30.3	22.6	29,741	4.4	3.3	678,966	
	衆議院	444,655	60.7	48.9	243,326	33.2	26.8	45,081	6.1	5.0	733,062	
徳島	参議院地方区	203,686	48.6	33.9	192,963	46.0	32.1	22,657	5.4	3.8	419,306	601,648
	参議院全国区	206,177	48.4	34.3	146,404	34.4	24.3	19,883	4.7	8.3	425,993	
	衆議院	313,753	69.8	52.1	121,552	27.0	20.2	13,588	3.0	2.3	449,684	
高知	参議院地方区	219,292	54.4	35.7	127,914	31.7	20.8	56,150	13.9	9.1	403,353	613,843
	参議院全国区	181,593	49.2	29.6	109,303	29.6	17.8	35,255	9.6	5.7	368,712	
	衆議院	208,784	48.9	34.0	131,282	30.7	21.4	66,784	15.6	10.9	427,310	

註：①野党4党とは社会党、民社党、公明党、社会民主連合を指す。
②相対＝相対得票率、絶対＝絶対得票率。
資料：『朝日新聞』1980年6月25日付。

差はあるが，全協力区で基礎票を上回っている[7]。したがって，4野党協力は全的意味において失敗したのではなく，その多くは協力の相乗効果が自民党公認候補の集票力に及ばなかったことに失敗要因を見出しうる。この4野党協力は与野党伯仲という特殊な政治状況を背景に，〈与野党逆転〉という各野党の組織目標を野党間の部分的合意の累積範囲に共闘的組織活動を限定し，目標を同じくする諸労働組合，各種団体，文化人・知識人等の間に合意形成を図りながら，〈規範志向運動〉[8]を展開したのであるが，滋賀以外ではこれが十全に機能しきらなかったのである。

　ではなぜ滋賀では成功したのか。その勝因はどこにあったのか。多次元にわたる勝因の中から，とくに政党と労働組合という，本然的に異なった組織構造と機能を有する2つの組織が，議席獲得に向けてどのように効果的に機能したのかということに限定して，組織過程論および組織運動論の視座から若干分析を試みることにこの章の主要目的が存在する。もちろん，この考察は現行の選挙制度が将来も存続していくという前提の下で，さらに中期的将来において，自民党の〈一党優位政党制〉が崩壊し，自民党自体が組織分裂すれば，何らかの形態の連合政権[9]が主として野党の選挙協力体系を媒介にして樹立され，非自民・反自民政治勢力や労働団体等が，何らかの範囲・程度において主体的に国政運営に携わりうる状況に至るであろうという展望の下になされるものであり，また，その限りにおいて意義をもつものである。そこでは諸組織間の特殊な選挙協力体系としての〈滋賀方式〉，すなわち労働団体主導による共闘形態が社会過程の脈絡の中で把握されていくことになろう。また，方法的には，できる限り具体的現実の分析→理論的抽象化という過程を通して統合的に考察していくことにしたい。

第2節 反自民勢力の組織化と統一候補擁立過程

1. 滋賀県における政治組織と労働組合組織の状況

　まず県政レベルにおける政治組織の現状を概括しておこう。現在，県下には党中央の下部組織として位置づけられ，組織体系の中に組み込まれている主要な政治組織としては自由民主党滋賀県支部連合会（宇野宗佑会長，3万5,000人），新自由クラブ滋賀連合会（中川登美子代表，50人），民社党滋賀県連合会（西田八郎会長，780人），公明党滋賀県本部（中尾辰義本部長，1,026人），滋賀社会民主連合（瀬津一男代表），日本社会党滋賀県本部（野口幸一委員長，230人），日本共産党滋賀県委員会（古武家昇平委員長），滋賀県興農政治連盟[10]（足立友治郎会長）の8政党・政治組織が存在する。その他に県議会会派の〈みんなの革新県政を育てる会〉[11]，〈滋賀県民クラブ〉[12]が存在する。

　次に，労働組織状況をみておこう。県内の年次別労働組合数・組合員数の推移は表3のようになり，組合数においては1976年次に若干の減少はあるが，総じて順調に増加傾向を示している。組合員数においても多少の起伏は存在するものの増加傾向を示している。1979年次では，組合員数で対前年次比22

表3　年次別労働組合数・組合員数の推移　　　　　　　　1979年6月30日現在

年次別	組合数	指数 (1970年=100)	組合員数	指数 (1970年=100)	対前年増減数 組合数	対前年増減数 組合員数	対前年増減率 組合数	対前年増減率 組合員数
			人			人	ポイント	ポイント
1970年	543	100.0	98,268	100.0	31	5,263	6.0	5.6
1971年	578	106.4	99,522	101.3	35	1,254	6.4	1.3
1972年	596	109.8	101,372	103.2	18	1,850	3.1	1.9
1973年	632	116.4	104,760	106.6	36	3,388	6.0	3.3
1974年	669	123.2	109,488	111.4	37	4,728	5.8	4.5
1975年	691	127.3	109,232	111.2	22	△ 256	3.3	△ 0.2
1976年	684	126.0	107,185	109.1	△ 7	△ 2,047	1.0	△ 1.9
1977年	704	130.0	108,289	110.2	20	1,104	2.9	1.0
1978年	714	131.5	106,750	108.6	10	△ 1,539	1.4	△ 1.4
1979年	736	135.5	110,923	112.9	22	4,173	3.0	3.9

資料：『滋賀県商工労働行政の概要―昭和55年度』滋賀県商工労働部。

組合（3.0ポイント）増，組合員数は4,173人（3.9ポイント）増となり，県内雇用労働者総数32万7,552人（1978年事業所統計調査）の中に占める組合員数の割合は33.8％（推定組織率）となっている。また，上部加盟系統別組織状況をみると，日本労働組合総評議会滋賀地方評議会（総評滋賀地評・山元勉議長）が229組合 3万6,196人と県内第1位の座を占め，続いて全日本労働総同盟滋賀地方同盟（滋賀地方同盟・星伸雄会長）が167組合，2万4,311人，滋賀地方中立労働組合協議会（滋賀中立労協・石本武彦議長）が18組合，1万2,316人，全国産別労働組合連合滋賀地方協議会（新産別滋賀地協・小宮繁忠議長）が10組合，1,879人となり，これら労働4団体の全労働組合に占める割合は，組合数で57.6％（424組合），組合員数で67.3％（7万4,702人）となる。これを民間・国公営別でみれば民間ではそれぞれ50.0％（272組合），58.3％（4万7,330人），国公営ではそれぞれ79.6％（152組合），91.9％（2万7,372人）となり，相対的に後者の方が組織系列化が進行しているといえよう（表4参照）。以上の概括をもとに，反自民勢力の組織化と統一候補擁立過程とを考察していくことにする。

表4 労働4団体別加盟状況　　　　　　　　　　　　　　　（ ）内は1978年

団体別	合計 組合数	合計 組合員数	民間 組合数	民間 組合員数	国公 組合数	国公 組合員数
総評滋賀地評	(231) 229	(29.8) 31.1	(33,812) 36,196	(31.7) 32.6	(90) 105	(8,786) 10,299	(123) 124	(25,026) 25,897
滋賀地方同盟	(156) 167	(21.9) 22.7	(21,737) 24,311	(20.4) 21.9	(128) 141	(20,427) 23,000	(28) 26	(1,310) 1,311
滋賀中立労協	(18) 18	(2.5) 2.4	(12,364) 12,316	(11.6) 11.1	(18) 18	(12,364) 12,316	(0) 0	(0) 0
新産別滋賀地協	(10) 10	(1.4) 1.4	(2,053) 1,879	(1.9) 1.7	(8) 8	(1,882) 1,715	(2) 2	(171) 164
その他	(317) 312	(44.4) 42.4	(36,784) 36,221	(34.4) 32.7	(276) 273	(34,054) 33,814	(41) 39	(2,730) 2,407
合計	(714) 736	(100.0) 100.0	(106,750) 110,923	(100.0) 100.0	(520) 545	(77,513) 81,144	(194) 191	(29,237) 29,779

資料：『滋賀県商工労働行政の概要―昭和55年度』滋賀県商工労働部。

2．滋賀労働4団体の結束過程

　一般に労働組合は圧力団体の一構成素として理解されている。すなわち，

「一般社会集団としての利益集団性と，政党と並んで政治集団性とを持つのであるが，……，その利益集団的基礎を重視し，利益集団のうち，政治的な制度や組織，機関等を通じてインタレストを貫徹しようとする政治的利益集団」[13] としての圧力団体の中で第一の圧力団体＝党派的集団（sectional group）として，機能概念のうちに理解されている。また，圧力団体は，「代表民主制を原理とする現代の政治機構において国民代表の役割を営んでいるが，地域代表原理にたつ政党の代表機能では処理しきれない職能代表的機能を担当するものであるから，政党に対しては補完的な国民代表の役割を果たす」[14] 組織として，今日重要な政治的意義を有している。

その中で労働組合のもつ政治機能をほぼ十全に稼働させて，政党の今日的な機能的弱体を補完しているひとつのケースが〈滋賀労働党〉の異名をもつ滋賀労働4団体[15] なのである。形態的には，タテの関係において，この4団体はともに上部団体であるそれぞれのナショナルセンターを構成する下部団体として位置づけられている。「より小さな内包を持つ組織目的による組織が，この内包を含んだより大きな内包を持つ組織目的によって結集した諸組織を，その小さい方の内包に関する限りにおいて統一調整するのではなく，自発的にある組織目的によって結集した組織を，他の組織に従属させ，乃至はその一部とする場合を系列化とよぶ」[16] ならば，両者の相互関係は上位・下位関係にあるといえる。しかし，全的関係において上位・下位関係にあって，支配体系の中に組み込まれているわけではなく，各々の下部組織は現実的環境状況の全体との関わりの中で，相対的に独自な組織目標をもち，〈利益の構造化〉や〈象徴の構造化〉[17] の過程を通して，目標達成のための組織活動を展開しているのが現実的様相であろう。そのような意味で，滋賀労働4団体も上部諸団体に対しては相対的独自性・柔軟性をもった下部団体として位置づけられよう。

他方，ヨコの関係においては，各労働団体は労働者の生活を擁護し向上させるという一般的組織目標においては共通性をもっている。しかし，各労働団体はそれ以外に種々の特殊個別的組織目標を有するとともに，それらの達

成を図る方法・手段においてもそれぞれ特殊性を具備している。これらの差異性は，組織的な合意的統合を志向するにはあまりにも格差がありすぎるのが現状であり，今日に至るまでさまざまな形で労働戦線統一の現実化が図られてきたにもかかわらず，いまもってそれが達成されてはいないという客観的事実を考えれば一目瞭然である。

このような一般的社会状況の中で，滋賀労働4団体はヨコの関係において結束を固めていったのである。まず第1に，4者の結束過程を促進し，それを結実させた諸要因を分析してみよう。直接の〈きっかけ要因〉となったのは野崎県政時代（1966～74年）に発生・進展した上田金脈事件（県土地開発公社乱脈事件）である[18]。この要因は，各労働団体にとってはむしろ組織外在的なものである。組織内在的要因としては，①労働4団体の各リーダーの平均年齢が42歳と極めて若いこと，②特定のイデオロギーにとらわれない「柔軟さ」を保持していること，③「中央の論理」「政党の論理」「共産排除の論理」をつとめて排除してきたこと，④当面の目標を掲げて，働く者の再結集を図ることを基本方針としていること，などが主要なものとして指摘できる。さらに組織間的要因としては，①各労働団体の勢力が比較的拮抗しているうえ，総評滋賀地評内部の反主流派（共産党系）勢力が少数であること[19]，②滋賀地方同盟の主力が労働戦線統一に積極的なゼンセン同盟であること，③国公営組合の全逓－全郵政，国労－鉄労の組織間対立が比較的穏やかであること，④反自民政治勢力が組織的に弱体で，労働組合が政治の前面に出ざるをえない状況にあること，などが挙げられる。

第2に，これらの要因が，各個別組織が「それぞれの持っている組織目的の中で，共通する部分だけを抽出して，共通の目的として，相互に連携しあう」[20]自由連合形式を形成していく過程にどのように作用していったかを概括してみよう。それは換言すれば，滋賀労働4団体が地方選挙レベル（その多くは各首長選挙）で，いわゆる「革新自治体」「草の根自治体」を樹立していく原動力としていかに機能したかということに収斂される。具体的に，滋賀労働4団体主導による野党共闘がほぼ十全に機能した例を時系列的に列

挙すれば次のようである。(1)1972年9月…労働4団体，社会党，共産党の推薦を受けた山田耕三郎が大津市長に当選。(2)1974年11月…知事選挙で〈8者共闘〉（労働4団体，社会党，共産党，公明党，民社党）が成立し，この8者共闘に支えられた武村正義前八日市市長が現職の野崎欣一郎（自民党推薦）を破って革新県政・草の根県政が誕生。その際，労働四団体は「金権県政打倒」の一点で全野党を結集させる「にかわ役」を果たした。(3)1974年12月…山田正次郎革新八日市市長誕生。(4)1976年9月…現職の山田耕三郎が，労働4団体，社会党，共産党，民社党，学者，文化人の6団体で構成された確認団体の〈明るい革新大津市政をつくる会〉を選挙母体として大津市長選挙に無投票当選。(5)1977年1月…〈8者共闘〉によって春日昂郎革新草津市政誕生。これらは全て労4共闘が先行して統一候補を擁立し，政党がそのミコシに乗るという独特の選挙共闘方式をとっている。その中でとくに労働4団体主導による全野党共闘が〈滋賀方式〉と呼ばれてきたのである[21]。

　このような歴史的経験を背景に，今次同日選挙において参議院地方区に統一候補を擁立し，結果的には自民党 vs 野党4党 vs 共産党という三つ巴の選挙図式の中で勝利しえたのであるが，以下において，統一候補擁立過程に並行して反自民勢力の組織化が，どのような社会過程のうちに具現していったのかを具体的現実を通して考察してみよう。ここでは便宜的に，労働団体レベル，政党レベル，7者共闘レベルの各々においてまず個別的に検討していくとともに，それらを統合的に考察していくという作業を方法としてとることにしたい。

3．滋賀労働4団体の組織的対応過程

　滋賀労働4団体が統一候補擁立に向けて具体的に行動を展開したのは，すでに自民党公認で現職の望月邦夫国土庁政務次官，共産党公認の桐山ヒサ子元土山町議の両陣営が実質的選挙活動を開始していた自共先行状況の中であった。1979年12月末，県議会会派の〈みんなの革新県政を育てる会〉が滋賀労働4団体に①統一候補の人選，②共闘態勢づくりを要請したのを受けて，

恒例の新年意見交換会（三役12人の合同会議）で「参議院選挙では統一候補を立てて闘う」ことで意見統一を行い，具体的に革新大津市長の山田耕三郎[22]に標的を定めたのである（1980年1月4日）。これに対し，総評滋賀地評傘下の滋賀県教職員組合（県教組・山元勉委員長），滋賀県高等学校教職員組合（滋高教・藤森寛委員長），滋賀県職員組合（県職組・深尾円秀委員長）の地公労三者共闘会議が，①山田擁立は革新自治体を壊す，②労働組合は政党の代役を果たすべきでないとして「第3期革新大津市政継承発展へ協議を」という要請を総評滋賀地評，社会党および共産党に行った（3月12日）。しかし，滋賀労働4団体は三役会議で，今後は4団体が調停役となって社会党，民社党，公明党との話し合いを進める。ただし，共産党を含めた全野党共闘への話し合いの余地を残すことで最終的に意思統一を図り（3月18日），総評滋賀地評評議会（17人構成）では12人が賛成して山田擁立を承認，滋賀地方同盟も第20回定期大会で山田擁立を盛り込んだ運動方針案を採択，組織を挙げて参議院選挙に取り組んでいくことを決定したのである（3月21日）。このような労働団体の組織対応に対して野党はどのような対応を示したのであろうか。

4．野党各党の組織的対応過程

野党の組織的対応のタイプは大別すれば3つに類別できる。すなわち，第1のタイプは労働4団体との連携を強化しながら統一候補擁立を積極的に推進していこうとする社会，公明，民社の3党，第2のタイプは中道・革新統一候補擁立には参加するが，労働4団体との積極的な連携は取らないとする社会民主連合，第3のタイプは中道勢力主導の統一候補擁立に反対し，結果的には独自候補を立てて闘った共産党である。

ここで問題とすべきなのは第1のタイプと第3のタイプとの対応関係である。とりわけ社会党と共産党の関係を統一候補擁立過程と並行して考察してみることに主要課題を設定しよう。もちろん，第1のタイプにおいても内部的に若干ニュアンスの差異が存在する。統一候補擁立過程において共産党排

除を強く主張する公明・民社両党と，極限まで全野党共闘，すなわち厳密な意味における〈滋賀方式〉による革新統一候補擁立の望みを捨てきらなかった社会党との差異である。だが，この部分的差異は中央レベルにおける公明党をブリッジとした社公民合意によって容易に組織的解消が可能な性質のものであった。

　それに比して，社会党と共産党との組織間関係は統一候補予定者をも巻き込んで複雑多岐に交差していったのである。まず社会党の対応であるが，第41回定期大会で山田擁立を明示し（3月16日），その際，沢野邦三選対委員長は「労働4団体と社公民3党が共闘できる地区として滋賀県が注目されている。革新の"切り札"として山田市長が第1候補に挙がっており労働4団体を中心に革新統一候補として擁立実現に向けて全力投球していく。できるなら共産の協力を得て知事選方式で闘いたいが，できない時には新しい確認団体を構築して選挙体制をつくる。当選後の国会では社会党・革新共同，あるいは革新緑風会などの新しい会派を考えている」[23]と述べて，共産党に対して柔軟姿勢を示している。これに対して共産党は，7団体（労働4団体，社会党，公明党，民社党）がトップ会談で「確認団体を結成し，その性格は保革逆転に向けて反自民の立場をとる7者などが推進する」「候補者の位置づけは革新無所属とする」など統一候補擁立5項目で合意し，直ちに山田に立候補表明を要請した（4月4日）のに対応して，出馬要請を受理すべきではないとの見解を発表した（4月5日）。その見解の骨子は次のとおりである。

　①7団体の選挙共闘は中央レベルでの社公・公民合意にその路線，政策を求めているもので，自民党政治補完の反共・反革新の立場に立つ共闘である。②社公合意は，共産党排除だけを明確にしたのであり，7団体がいうような「保革逆転」につながるものではない。③山田市長の推薦母体である〈明るい革新大津市政をつくる会〉を無視し，任期中に参院選に担ぎ出すことは革新市政前進を望む大津市民に対する背信行為である。④山田市長は，自民党政治をたすける反共・反革新の先兵に転落する7団体共闘の参院選出馬要請を受けるべきでない[24]。共産党のこの対応は，要約すれば，これまで革新共

闘のパートナーであった社会党への近親憎悪の論理，共産党＝民主政党・革新政党，反共産勢力＝自民党政治補完勢力とする自己正当化・二分法的論理が，当時の政治状況と複雑に絡み合いながら前面に押し出されている。

　この両者の対応関係が大津市議会や市民団体組織へも深化・拡大していく[25]中で，社会党からの共闘要請を受けた共産党が，政策協定案（革新3目標，20項の政策大綱）容認を前提に党幹部レベルで話し合いを継続することを提示するのであるが，社会党は党中央の意向を受けた形で協議継続を断念し，政党レベルでの社共共闘問題は決裂の形で終止符が打たれたのである。鹿野昭三県本部書記長は，①党中央が全国的に社公民で動いている中では滋賀だけが独自の動きをとることは許されない，②社公民の協力体制が固まってきた中では政策協定を結ぶにしても難しい，③このままいたずらに交渉しても，お互いの選挙体制がマイナスとなるとの理由を挙げている。以後共産党は独自候補の選挙活動と並行して，一方では山田との個別交渉を展開していくことになるのである。

5．7者共闘による反自民勢力結集過程

　社共交渉決裂の後，7者を軸にして政治資金規正法に基づく政治団体〈80年代をみんなでつくる県民連合〉（以下，県民連合とする）が結成され，山田に立候補受諾を要請，山田は7者代表との協議で立候補を受諾するに至った（5月15日）。その後，共産党と山田との間で，単独協力について協議が行われ，共産党は，①革新3目標に基づく政策協定を共産党と市長の間で結ぶ。これと矛盾する協定を各党派，各団体の間で結ばない，②当選後は革新無所属となる，という条件が満たされれば単独推薦をする用意があることを表明し，宮本党中央委員長も「山田氏は共産党県委員会に対し，わが党が唱える革新3目標（反自民・反財界・反安保）を認め，当選後は革新無所属を貫く，の2点を約束した。この約束が守られることがはっきりした段階で，共産党は（独自に予定している候補をおろし）山田氏を推薦する」と表明した。

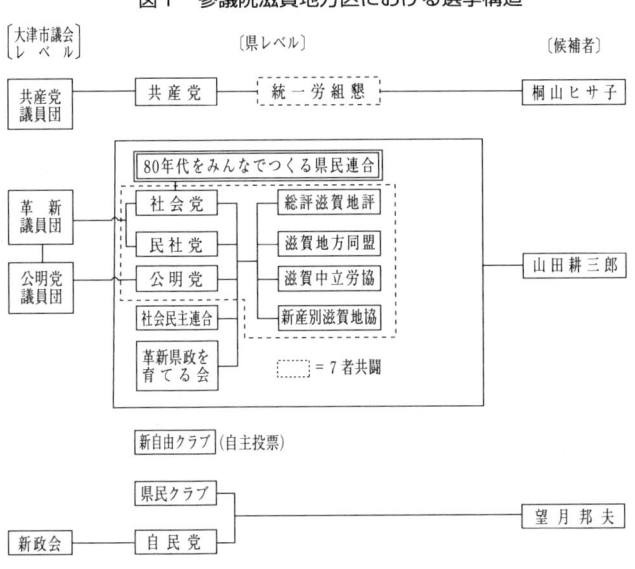

図1　参議院滋賀地方区における選挙構造

```
[大津市議会          [県レベル]                    [候補者]
 レベル]
 共産党 ―― 共産党 ―― 統一労組懇 ―――――― 桐山ヒサ子
 議員団

         ┌─ 80年代をみんなでつくる県民連合 ─┐
         │ ┌ 社会党 ── 総評滋賀地評 ┐       │
 革　新 ─┤ │ 民社党 ── 滋賀地方同盟 │      ├── 山田耕三郎
 議員団   │ │ 公明党 ── 滋賀中立労協 │       │
 公明党 ─┤ │            新産別滋賀地協 │      │
 議員団   │ └─────────────────┘      │
         │  社会民主連合                     │
         │  革新県政を    ┌┈┐             │
         │  育てる会      └┈┘ = 7者共闘    │
         └───────────────────────┘

         新自由クラブ (自主投票)

         県民クラブ ─────────────── 望月邦夫
 新政会 ── 自民党
```

しかし結果的には，共産党の意向に沿わない形で山田と7者との間に，反自民・与野党逆転，平和憲法の擁護，地方自治の確立，国民本位の政治体制の樹立等の基本協定を含む選挙協定が結ばれ，調印されて，共産党を除いた変則的な〈滋賀方式〉が成立し，図1に示すような選挙構造が確立したのである[26]。協定調印に際し，滋賀労働4団体は〈共産排除の論理〉を脱ぎ捨て，共産党が乗りやすいように配慮して，国政選挙では前代未聞の全野党共闘を実現させるべく，社会・公明・民社3党に対し，協定書の主柱である「社公・公民の政権構想合意に基づいて」の一文を削除するよう要請したが，各党とも党中央の統制を強く受けているために許容されず，結局7者の組織化は「条件付きで関連している諸過程にはめ込まれている連結行動によって，実現的環境の中の多義性を除くことから成った」[27]のである。

以上，具体的現実に基づいて反自民勢力の組織化と統一候補擁立過程を同時並行的に考察してきたのであるが，ここで環境状況の全体への適応に関しての労働団体と政党との組織構造の相違を一言で示せば，前者はより柔構造

的であり，後者はより剛構造的であるといえよう。

次に，選挙運動時において果たした組織の役割と機能，すなわち連合組織としての県民連合，並びに，その構成素としての各組織団体の役割と機能について，組織運動論の視角から若干考察しておきたい。

第3節　選挙運動時における諸組織の役割と機能

ここでは5月30日の参議院選挙公示から6月23日の投票までの選挙期間中における諸組織の運動，すなわち，その役割と機能を検討してみることにしたい。各組織は，6月2日に公示された衆議院選挙との兼ね合いで複雑な機能図式を描くのであるが，まず最初に，反自民勢力の連合組織としての県民連合がどのように機能したのかをみていこう。県民連合は組織網の違いを考慮して，組織活動の地域割りを行い，①大津，湖南Ⅰ（草津，栗東），甲賀を7者の連合体，②湖東Ⅰ（近江八幡など），湖南Ⅱ（彦根など）は新産別滋賀地協を除いた6者の連合体，③湖北は前6者に純中立組合が支援する形での連合体，④湖南Ⅱ（守山，野洲），高島は新産別滋賀地協，滋賀中立労協を除いた5者の連合体が，それぞれの地域で，それぞれの役割分担に基づいて活動を展開していったのである。

一例を大津ブロック，湖南Ⅰブロックにとってみよう。大津ブロックにおいては，7者から1人ずつの代表で支部事務局を組織，ブロック総括責任者は総評滋賀地評，事務局長は民社党，街頭宣伝担当は社会党，個人演説担当は公明党というように諸役割の動員配置を行い，組織間の好環境状況を保持しながら，また「対内的には秩序にかかわるものとして，連帯の昂揚と規範の維持」[28]をはかりながら，北・中・南の3つに大別された大津市内の各々において，北は総評滋賀地評が，中は滋賀地方同盟が，南は滋賀中立労協および新産別滋賀地協がそれぞれ主導性をもって，自己に課せられた機能的要請，すなわち機能要件を満たしていったのである。湖南Ⅰブロックにおいては，ブロック総括責任者が民社党，次席が社会党という役割体系のもと

に，草津市北部は滋賀地方同盟，南部は滋賀中立労協，栗東町は総評滋賀地評および新産別滋賀地協がそれぞれイニシアチブをとって機能要件を満たしていったのである。

　次に，ダブル選挙という特異な具体的現実の中で，県民連合の構成メンバーである政党や労働組合が，具体的にどのような形態をとって機能したのか一瞥してみよう。各党とも対応の仕方に多少の差異が存在するが，概略的にいえば，社会・民社両党は衆議院候補者とのアベック選挙を通して，社会民主連合では衆議院候補者は独自の選挙戦を展開する中で，また，衆議院候補者を立てなかった公明党[29]は参議院全国区候補者とのアベック選挙戦術をとることによって，それぞれの組織票や浮動票を掘り起こして固めていくとともに，それを統一候補者に連動させて，本源的保守票までをも集票していったのである。

　この集票過程における成功は，統一候補者の個人的要因（例えば，県都首長としての行政手腕や人柄に対する県民の高い評価，出馬に際して再三再四マスコミに名前が出て，それが県下に浸透していったこと，あるいは市長としての顔や縁故を頼ってこまめに保守層へも浸透を図っていったことなど）が大きく作用した側面もあるが，組織的には，政党レベルではかなりの感情的な対立があった[30]にもかかわらず，それを労働団体，とりわけ東郷栄司選挙事務長（滋賀中立労協幹事）がとりまとめに尽力したことも大きな要因として作用している。こうした社会過程を経て，また，共産党公認候補の予想以上の健闘や新自由クラブの自主投票，武村知事の完全中立宣言[31]といった要因も有効に作用して，中道・革新統一候補は8,787票の僅差で自民党現職を破り，12年ぶりに保守から議席を奪回したのである[32]。

第4節　総括と今後の展望

　「全国的に，投票率がぐんと上がり，それが衆参いずれも，自民党の安定多数を呼ぶ浮動票の積み重ねとなったとみられる中で滋賀の場合は，むしろ

これと逆の現象をみせた。自民党候補に，別に失点があったわけでもないのに，そちらへ行く傾向の票が，かなり逆流したところに，湖国の有権者が，湖国ならではの政治への期待や意識を，象徴的に示すものがあるといっていいだろう。(中略)。自民党が，新人1人を加えて立候補させ参院選への連動も意図したようである。そうして得た30万票が参院選では23万票弱に減っている。保守王国といわれる湖国も，たんに保守党だからということだけで，お家安泰というわけにはいかないことを物語る。有権者の声の中にも，衆院は保守系に入れたが，参院は革新系に投じたというのも，少なくなかった。党も人も見ながら，意中の人を求めた有権者の心理というか，考え方を推察させる。それが，湖国の場合は，そこで生活する環境条件から，例えば漁業者は，琵琶湖の開発と，自分たちのくらしと，そして水質保全といったことを念頭に置きながら，一票を行使したとみることができるだろう」[33)]という社説は，今次選挙における滋賀県の政治状況を的確に表現しているとともに，今後の政治動向をも示唆しているように思われる。

　一般に組織を「所定の社会的効用を産出するという目的によって総括されている」[34)]もの，すなわち「ある目標に向かって諸個人(ないし諸集団)の多様な活動を協働＝統轄する持続的規則的パターンである」[35)]と定義づけることができるとしても，組織は究極的には「可視的なものではなく，人間相互の関係の一つの存在様式にすぎない」[36)]といえる。つまり「組織を構成する要素は複数の人間であり，しかもその人達は，機能的にも心理的にも相互に依存しつつ活動している。組織の生産性や創造性や活力といったもろもろの産出効果，つまり組織の効率は，人と人との結合の態様によって基本的に方向づけられる」[37)]といえよう。

　このように関係概念のうちに組織を理解するとともに，組織を構造と過程のうちに理解する必要があろう。すなわち「組織は進行中の諸過程，つまりその組織化活動によってのみ理解されうるものである」[38)]からである。このことは，組織を「組織されたもの(das Organisierte)」としての〈静的組織〉としてではなく，「組織化(Organisierung)」としての〈動的組織〉と

して理解する必要性を意味する[39]。また、そのように理解することによってのみ、組織は低次－高次間の諸目的（個人的利益・規範・価値等）を達成させるための、また同時に組織に託された組織構成員や組織外の人びとの双方の諸権利要求を満たすための次元性を有した媒介物として存在するものであることが把握できるのである。そうだとすれば組織の形態においても次元性が存在することになるわけであるが、いかなる組織も、あらゆる次元の組織特性を具備しているのであって、それがひとつの形態として現象するのは、ある次元の組織特性が他の次元の組織特性に優位する形で現出するからである。そして、その組織が一般に高次において逆機能を解消しながら機能した場合、高い社会的評価が与えられる。いいかえれば、組織が社会的に責任ある行動をとって「個人および社会に対してある特定の貢献」[40]をした場合、すなわち「自らの特定の仕事に集中することを通じて、社会の必要を満足させ」[41]た場合に当該組織の外部から高い評価が与えられるといえよう。この章で主として対象とした組織は労働団体と政党、およびそれらの連合組織であったが、この連合形態はそういう意味で各界から高い評価を受けたのである。例えば、「滋賀県で労働4団体が国政選挙の前面に立ち、革新候補の当選に大きな役割を果たしたのは、革新政党が真剣に考えねばならない問題を提起している。選挙の主人公である政党は、勤労者・大衆の要求や願いをくみ上げ、体系的な政策として有効に打ち出すのが本来的役割であるが、その機能が十分に発揮されていないため、労働団体がイニシアチブをとらざる得なかったのではないか。そのうえ、労働組合の連合・結集は"人間"の連合であって、議員の仲良しクラブや言葉だけに終わりがちな政党の連合と違って力を持っている」（岡本清一・京都精華大学教授）という知識人からの評価や、「山形など4社公民共闘区が政党の不協和音でつぶれたのに比べ、滋賀は労働団体と社公民三党が緊密に強調、まさに模範的な戦いだった。滋賀の状況を全国で作り出せていたら連合を願う国民の期待に応えられていただろう。今後、国会の院内協力、労働4団体中央の共闘の"教科書"になるだろう。総評は選挙闘争の総括の中で、滋賀の教訓を論議し、全国に波及させて

いきたい」(槇枝元文・総評議長) という労働組合からの評価などである[42]。

このように共闘形態としての〈滋賀方式〉が成功し，高い評価を得られたのはもろもろの要因が効果的に相互作用したからであり，そのことについては既に随所で具体的に明らかにしてきたつもりである。ここでは総括的な意味において，労働団体主導の共闘形態が十全に機能し得た諸条件を一般化のレベルで抽出してみたい。もちろん，現実の社会システムを開放的・可変的なものとして認識するとともに，組織をその中で規範志向的運動，すなわち改良運動・改革運動を手段としてであれ目的としてであれ志向し，展開するシステムを有したものとして位置づけることを前提としておく必要がある。

ここではとくに「みずからを個的総体として，すなわちみずからが顕現し表象する歴史主体とのつながりによって捉えられる」[43] 組織としてのリーダーシップ集団の〈主導性〉，とりわけ組織指導者達のリーダーシップに焦点を当てて論ずることが至当と思われる。組織指導者達は第1に，的確に社会状況を把握し，変化を先駆ける能力，すなわちイノベーションの能力を保持することによって，「自らのエネルギーと資源を新しくより生産的な課題へ動員」[44] できたこと。第2に，組織目標遂行のために〈何をすべきか〉ということよりも〈何をなさないでおくべきか〉を優先しながら，一方では「対外的には目標の追求に関わるものとして，諸役割の動員配置と好環境状況の保持を，対外的には秩序に関わるものとして，連帯の昂揚と規範の維持をはか」[45] り，他方では「人間が組織を作りあげているという原点に立ち返って，人間同士の徹底した意見交換と人間的交わりの中に組織の与える緊張感を解き」[46] ほぐしながら，連帯感情を維持してきたこと。第3に，それぞれ主体的な意思決定の権限を確立すること，すなわち機能的自立性をもつことによって，社会統制を克服し，R.ミヘルスの命題，すなわち「組織について語ることは寡頭制への傾向について語ることだ。組織の本質のうちには，根深い少数者支配への傾向がある。組織のメカニズムは，堅固な構造を生み出すことによって，組織された大衆のうちに重大な変化をもたらし，指導者と大衆の関係を逆転させる。組織は，すべての党または労働組合を，指

導する少数者と指導される多数者との2つの部分に決定的に分割する」[47] ことを，組織の協力体系の側面を前面に押し出すことによって解決したこと。第4に，その協力体系を組織の〈象徴過程の常時化〉[48] を図ることによって再生産的に自己変革させていったこと。それによって第5に，「期待された利益が，象徴として表現され，表現された象徴が，期待された利益を割り戻す」という〈利益と象徴との往復作用〉[49] を，組合構成員，非組合員双方の間に約束させることに成功し，可能的最大限の外延性を有した形で協力体制を確立し，体制内変動を促進する共同行動を可能にしたこと，などを最大公約数的なものとして指摘することができよう。したがって，労働組合をリーダーシップ集団として認識する限り，労働組合の「政治闘争は政党の指導・協力があってはじめて効果的に闘われるのであるし，労働組合はあくまでも経済闘争に重点を置いて活動するのである」[50] との単眼的な規定は否定されることになる。

　現在の政局はいろいろな意味で〈浮動型の安定〉を保っているにすぎず，中期的展望において何らかの形態の連合政権時代が到来するであろうことが予想される。もっとも現実的な形態としては自民・新自由クラブ・民社3党の〈保守・中道連合政権〉，あるいはそれに公明党（最大限に拡大すれば社会民主連合，社会党右派）を加えた，いわゆる〈保革大連合政権〉が一応考えられる。しかし，いかなる形態の連合政権を樹立するにも，その前提条件として自民党・自民党系無所属の議席数を半数以下におさえることが必要であり，そのためには何らかの形態の野党勢力の選挙協力（共闘）が必然的な課題となってくる。可変性を有した種々の選挙協力を成功に導くひとつの羅針盤が〈滋賀方式〉であるといえる。もちろん，この〈滋賀方式〉が適用されうる範囲は種々の政治的社会状況構造によって限定されるであろう。例えば第1に，選挙区としての滋賀は，人口集中度を指標にした地域分類では〈分散地域〉[51] に該当する。この地域は一般に自民党に有利な〈農村型選挙区〉である。第2に，この方式が他の〈高集中地域〉〈集中地域〉や〈平準地域〉にどれだけ適用できるかが予測困難である。第3に，統一候補自身の

個人的要因の問題。第4に，政党と労働団体の力関係・協力関係や組織的規模の問題。第5に，参議院選挙と衆議院選挙との選挙パターンの相違などの制約が考えられる。しかし，少なくとも〈滋賀方式〉は従来の政党主体の選挙方式観を打破した点で特筆されるべきひとつの共闘形態であることに違いないのである。

註
1）欠席した議員の内訳は，自民党内批判グループの急先鋒である党刷新連盟（赤城宗徳代表世話人＝三木派）をはじめ，非主流派の福田派34人，三木派25人，中川系8人と最終的には主流派についた中曽根派2人の69人である。その他4人が病気で欠席。
2）『朝日新聞』1980年5月20日付。
3）〈きっかけ要因〉とは，N.J.スメルサーが『集合行動の理論』（会田彰・木原孝訳，誠信書房，1973年）の中で展開した「付加価値の論理」を構成する6つの必要条件のうちのひとつで，「一般化された信念を特定的信念に変形するもの」と定義づけられている(p.269)。そしてそれは，彼においては，過渡的組織の形成に必要な一条件として，すなわち集合行動を生起させる最も一般的な基底要因としての〈構造的誘発性〉，これに条件づけられて機能する刺激状況としての〈構造的緊張〉，さらにこの構造的緊張によって起こされた状況を再構成するために，集合行動がうみだされるのに先行して結晶化される〈一般化された信念の成長と拡大〉が，付加的に累積されてきた過程に付与されて，一般化された信念に具体的で直接の実体を与え，具体的な運動の舞台を用意するものとして位置づけられている（秋元律郎『政治社会学序説―現代社会における権力と参加』早稲田大学出版部，1974年，pp.186-187。G.E.スワンソン著，浜口晴彦監訳『社会変動の組織化』早稲田大学出版部，1979年，p.93）。
4）相対得票率では衆議院47.9%，参議院全国区42.5%，参議院地方区43.3%，絶対得票率ではそれぞれ34.9%，29.4%，30.3%である。
5）しかし，自民党の勝因には，参議院での野党協力の無力化をねらって衆参同日投票を設定したことが成功し，さらに大平首相の死が自民党支持率を上向きにさせて，保守的浮動票をも掌握したというように，総じて今回の自民党の安定多数は底堅いというより，条件に恵まれた〈浮動型安定〉とでもいうべきものである（『朝日新聞』1980年6月25日付）。
6）塩原勉によれば，「統制主義」は，組織過程において，「組織目標へむかって全体を動員統括し，一糸乱れざる同調行動を全面的に強要するような組織化の機能原理」として定義づけられ，それは「組織に託される多様な諸要求を調整し，それぞれを満足せしめるために，必然的に部分化する合意範囲に組織活動をしぼらざるをえないような組織化の機能原理」としての「合意主義」と根本的に対立する機能原理として弁証法的に理解されている（塩原勉『組織と運動の理論』新曜社，1976年，p.3，pp.15-16）。
7）基礎票とは，各党の影響力が比較的ストレートに反映されている全国区の票をいう。ちなみに基礎票に対する得票数の倍率は，滋賀1.51倍，徳島および岩手1.32倍，山形お

よび高知1.17倍である。
8) スメルサーによれば，「規範志向運動とは，一般化された信念の名において，規範を復興し，防衛し，変革し，あるいは創造しようとする試みである」と定義づけられている（N.J.スメルサー『前掲訳書』p.365）。
9) この連合政権は，一部野党の閣外協力という形での部分連合および野党議員が入閣する全面連合の両義を含む。
10) 同連盟は全国農民総連盟にも加入し，米および主要農畜産物価格対策，食糧の長期自給安定対策，関西電力の高圧線，線下補償問題，国鉄・私鉄の鉄道用地雑草除去対策など，全国段階から市町村段階にいたるまで，農民の中から生じてくる諸要求についての実現運動を展開している。現在，支部組織45，登録盟友4,000人で，1978年11月の知事選挙では現職の武村知事の推薦諸団体の幹事役も果たし，さらに1979年4月の統一地方選挙には11人の推薦県議当選を実現した（『滋賀年鑑'80』京都新聞社，1979年，p.73）。
11) 同会派は1974年11月の知事選挙を契機に組織されて，1975年4月の県議選で確認団体（代表者・石本武彦滋賀中立労協議長）となり，公認候補6人を立て，総計3万2,592票（相対得票率6.38%）を獲得，3人を当選させた。そして，1979年4月の統一地方選挙においては10人を公認して6万2,720票（13.68%）を獲得，8人を当選させ，のち民社党の1人が同会派に所属して9人となり，県議会では自民党に次ぐ政治勢力として，武村県政推進母体の要的存在となっている。政党色においては社会党（系），民社党（系）である。
12) 同クラブ（代表・伊夫貴直彰，6人）は第1期武村県政発足後"武村親衛隊"を自認し，以後，〈みんなで革新県政を育てる会〉などと行動を共にし，保守系ながら，県議会ではこれまで自民党と一線を画してきた。しかし，今次同日選挙では自民党に協力する事を約束し，積極的に行動を展開した。選挙後，同クラブの自民党籍をもつ3人（伊夫貴直彰，藤田市治，清水鉄三郎）が自民党に入党，同クラブは解散した（11月1日）。他の3人（山本秋造，大西文蔵，福原範彦）は，無所属の広瀬雅三議員を加えて，「保守・革新など特定の主義主張にとらわれることなく，真に県民的な立場を貫く」との精神から〈滋賀自治クラブ〉（代表・山本秋造）を結成した（11月4日）。
13) 上林良一『圧力団体論』増訂版，有斐閣，1976年，p.53。
14) 上林良一『前掲書』p.55。
15) 滋賀労働4団体とは総評滋賀地評，滋賀地方同盟，滋賀中立労協，新産別滋賀地協を指す。
16) 石田雄『現代組織論』岩波書店，1961年，p.51。
17) 塩原勉によれば，〈利益の構造化〉は「組織活動の経過においてかつ結果として産出される物質的観念的利益や余剰価値を処分するための構造の出現」として定義づけられ，またそれは，組織のファンクショニングにとって基底的だという意味から下部過程として位置づけられている。それに対し〈象徴の構造化〉は，「秩序シンボルや秩序様式の形成過程」として，すなわち，「組織目標の定義と正当化，支配イデオロギーの正統化，総じて価値，規範，規律，意思決定基準の形成」過程として定義づけられ，その意味で上部過程として位置づけられている。この両過程は，目標と要求という相対立する両契機を組織過程的に媒介し，現実化していくコミュニケーションの主要なはたらきとしての〈合成的決定〉を行わしめるための主要な過程であるとされる（『前掲書』pp.9-11）。
18) この事件の萌芽は，既に，上田建設社長・上田茂男が1964〜65年にかけて愛知川西の10ha余りの農地を舞台に県林部長を抱え込んだ汚職事件に存在し，それが野崎県政と

の蜜月関係の中で〈土地転がし〉が1970～73年にかけて行われたもので，これによって県民が被った損害が246億円といわれる（遊佐雄彦『琵琶湖を沸かせた男』講談社，1978年，p.143, p.153）。
19) 地公労三者のうち，とくに日本高等学校教職員組合（日高教）傘下の滋賀県高等学校教職員組合（滋高教・藤森寛委員長）が共産党系の統一戦線促進労働組合懇談会（統一労組懇）に加入し，積極的に活動している。
20) 石田雄『前掲書』p.50。
21) 今次同日選挙と並行して行われた大津市長選挙でも前助役の山田豊三郎が労働4団体，社会党，公明党，民社党の7者によって結成された〈80年代をみんなでつくる市民連合〉を支持母体として，共産党，新政会（大津市議会最大の保守系会派，22人）の推薦・支持をも受けて，オール与党体制で無投票当選（のち新政会は野党宣言をするに至る）。
22) 山田耕三郎は1947年，戦後初の下坂本村長に当選。以来社会党籍で大津市議を2期，県議を4期，大津市長を2期務め，とくに福祉・教育における行政手腕は全国的にも高く評価され革新市政のシンボル的存在となっている。
23) 『読売新聞』1980年3月17日付。
24) 『朝日新聞』1980年4月6日付。
25) 共産党の主張を支持する〈革新統一と革新大津市政を継続発展させる連絡会議〉（呼びかけ人代表・喜里山博之四天王寺女子短大教授。同会議は山田市長の参院選出馬要請に反発する労組幹部，学者，文化人，市民団体によって組織され，構成員約30人のうちの大半は〈明るい革新大津市政をつくる会〉のメンバーである）は，「7者共闘は『つくる会』を無視して任期途中の山田市長を参院選へ担ぎ出そうとしている。山田市政誕生には，8年前，社会・共産両党，滋賀地評などが血の出る思いで闘った歴史がある。山田市長は福祉，教育などの面で，全国的にも高い評価を受けている革新市政。それが，社会・公明・民社の都合で参院選へというのは，市民に背き，民主主義のルールに反する行為である」として7者共闘を批判（4月14日）。他方，大津市議会レベルでは，山田市長与党の革新議員団（社会党，民社党，8人），公明党議員団（4人）の2会派が，山田市政の教育，福祉，市民生活向上での業績を高く評価し，①国政で市長2期の経験を生かしてほしい，②山田市政の内容を盛り込んで参院選出馬を要請（4月19日）。
26) 当初，山田出馬に反対していた地公労三者共闘会議も，この段階でそれぞれ独自の対応を示した。県教組は，山田耕三郎が"後継者"に指名し，大津市長選挙に出馬表明した山田豊三郎助役と労働4団体および社会・共産・公明・民社4党との間で政策協定が結ばれた時点（5月23日）で「革新大津市政継承が実現したことによって，山田氏出馬に反対する理由はなくなった」として反対を撤回，山田耕三郎を含む社会・共産両党の衆参6候補（参議院全国区を含む）を後援会方式で支持する姿勢を打ち出した。県教組は組織原則として政党支持の自由を確認しているため，候補者を1人にしぼらず，複数候補を並記して推薦するやり方をとっており，参議院地方区では山田耕三郎と桐山ヒサ子を推薦した。それに対し，県職組，滋高教は依然として組織としては反対の立場を変えていないが，県職組は山田の出馬表明以降，全国区候補選対に乗る形で，山田・桐山両後援会が発足していた。ただ執行部を共産党系で占められている滋高教だけは「7者共闘は反共・社公民路線」として批判し，山田擁立には最後まで反対した。この3者の組織的対応過程をその上部団体としての地評との関係でみれば，一応後者は7者プラスαの組織連合で統一候補擁立を組織目標としているのに対して，前者は共産党をも含めた形での組織連合を一応の必要条件として統一候補擁立を組織目標としているし，労働

組合が公明・民社両党の中道主導型の共闘に対して積極的に政治的役割を果たすことに反対で、むしろ社共主導型の共闘を強く志向しているといえる。また、3者間の組織的関係においては、革新大津市政継承発展を共通目標としながらも、その主体的推進者を現市長に固執するか、あるいは現市長の後継者実現によって足れりとするかの相違があり、前者は革新市政の〈実体的シンボル化〉を志向し、後者はその〈機能的シンボル化〉を志向しているといえる。敢えて分類すれば、滋高教は前者に、県教組は後者に、県職組はその中間に位置するといえよう。

27) K.E.Weik, *The Social Psychology of Organizing*（金児暁嗣訳『組織化の心理学』誠信書房、1980年、p.173）。また、〈連結行動〉とは、ウェイクによれば「二人ないしそれ以上の行為者の間で発し維持される反復的、互酬的、相互依存的な諸行動から成り立っている」行動であると定義づけられ、それは「いかなる組織体をも構成している基本的要素である」とみなされている（『前掲訳書』p.174）。
28) 塩原勉『前掲書』p.5。
29) 公明党は県内で約4万の基礎票をもつが、今回も前回総選挙同様、野口幸一（社会党）、西田八郎（民社党）を〈並列支持〉した。
30) 政策面においては各候補者間での対立はほとんどなかった。例えば、①琵琶湖総合開発問題に関しては開発優先から自然環境保全優先への対策の見直し、②琵琶湖総合開発で水質保全対策と地域整備の目玉事業である流域下水道の整備については、現在の流域下水道方式（大規模集中方式、生活排水と工場排水の混合処理）に問題があるとする点、③従来の合成洗剤を規制するとともに工場、事業所の窒素、リンを含む排水も規制するという内容を盛り込んだ琵琶湖富栄養化防止条例に対する高い評価、④琵琶湖の環境を保全するための特別立法化に積極的であるという点については部分的差異はあるがほぼ見解が一致している（自民党でも①と③において、共産党では①〜④においてほぼ見解の類似性がみられる）。ただ防衛問題においては各党で大きな差異が存在し、その点を自民・共産両党がそれぞれ逆の立場から組織間矛盾を追求したのであるが、各候補者は「非武装中立の党是は変わらない。しかし、このテーマで論陣を張るのは、ここではマイナス。今回は自民の攻勢を受け流すしかない」（社会党）、「自主防衛体制の確立とか、安保条約の積極的位置づけとか、社会党と食い違うことを、ここではいえない」（民社党）、「防衛問題は、私にとってもタブー」（参議院統一候補）というように、矛盾を極小化するか回避するという方向で、矛盾契機を処理し、システムの均衡を保持したのである。
31) 武村知事の影響力は絶大である。第1に、知事は県の顔であり、増える一方の無党派層（昨年秋の総選挙時の朝日新聞社の調査結果では約39%）を引き寄せるには、知事の知名度が有効性をもつ。第2に、県庁は県下最大の組織である。財源配分を通して市町村に、事業を通して土木建設、農業、商工業など各種団体に絶大な影響力をもち、知事のひと声は県下に張りめぐらされた組織をほぼ十全に動かすことができる。
32) 1968年7月の参議院選挙で社会党の西村関一が当選している。
33) 『京都新聞』1980年6月27日付。
34) 山田雄一編『組織心理学』有斐閣、1971年、p.7。
35) 塩原勉『前掲書』p.7。
36) 石田雄『前掲書』p.34。
37) 山田雄一編『前掲書』p.7。
38) K.E.ウェイク『前掲訳書』p.32。

39) 石田雄『前掲書』p.2。
40) P.F.Drucker, *The Age of Discontinuity*, Harper & Row.1969.（林雄二郎訳『断絶の時代——来たるべき知識社会の構想』ダイヤモンド社，1969年，p.247）。
41) P.F.ドラッカー『前掲訳書』p.270。
42) 『京都新聞』1980年6月24日付。
43) A.Touraine, *Sociologie de L'action*, Editions du seuil, Paris, 1965.（大久保利彦他訳『行動の社会学』合同出版，1974年，p.283）。A.トゥレーヌはこの組織を〈代表的組織〉と名づけている。
44) P.F.ドラッカー『前掲訳書』p.252。
45) 塩原勉『前掲書』p.5。
46) 筆谷稔『現代社会学の課題』法律文化社，1973年，p.14。
47) R.Michels, *Zur Soziologie des Parteiwesens in der modernen Demokratie : Untersuchangen uber die Oligarchischen Tendenzen des Gruppenlebens . Neudruck der zweiten Auflage*, Hersgvon Werner Conze, 1957.（森博・樋口晟子訳『現代民主主義における政党の社会学』[Ⅰ]木鐸社，1973年，p.28)。
48) 石田雄『前掲書』pp.27-28。石田は象徴過程の常時化の条件として次の2つを挙げている。「その一つは，一度形成された組織の象徴体系が『自己を実体化すること』(Selbsthypostasieren) をおさえ，『絶対化を排し』(Verabsolutierung)，『自己神格化をくりかえし相対化する』ということである」。「他の一つの面は，……，一度出来上った象徴体系を持つ組織内部で，異質的なものを意識化することによって象徴体系の内部から相対化して行く場合である」(pp.27-28)。
49) 秋元律郎『前掲書』pp.195-196。
50) 三浦つとむ『大衆組織の理論』改訂版，勁草書房，1961年，p.44。
51) この地域に該当するのは24選挙区で定数は89（衆議院）。

第7章
生活文化と政治文化の接合点を求めて
―滋賀県湖北地域での予備的考察―

第1節　問題の所在

　日頃，政治領域に直接たずさわったり，あるいは政治諸問題に強い関心を示している一群の人びとを除いて，国民の大半は政治との関わりをことさら強く意識することなしに日常生活を営んでいる。一般に政治状況に対する主体的な認識や参加を欠いている政治意識の状態を「政治的無関心（political apathy）」と呼んでいるが，それが「伝統的無関心」であろうと「現代型無関心」であろうと，あるいは「実存型無関心」[1]であろうと，人びとの「私的生活領域への自己閉塞」[2]という共通項がそれらの中に横たわっている。C.W.ミルズは「人間個人にとって最も非人格的で疎遠な諸変化から，最も身近な諸要素にいたるまでを関連づける―つまりこの両極の間の関係をよみとる―能力」，言葉をかえていえば，「個人環境にかんする私的問題」と「社会構造に関する公的問題」とを関連づけて理解できる能力を「社会学的想像力（sociological imagination）」と規定したが[3]，このような視点からみれば私的生活領域へ埋没している人びとは，まさに社会学的想像力を欠いている人びとであるといえよう。

　ところで，日常生活を営む主体としての個人や家族（世帯）がミルズ的意味における社会学的想像力を具備しているかどうかに関わりなく，政治が生活領域の中に何らかの影響力をともなって入りこんできているという現実，あるいは政治のあり方が人びとのあり方を規定さえしているという現実と，逆に，人びとの生活実態がさまざまな形をともなって政治領域に反映されているという相互関連性あるいは相互作用性の存在は認めなければならない。生活レベルと政治レベルとの関連性についてはとくに社会心理学的視点から実証的研究が試みられているが，いま本論の問題設定と関わりあう限りで，次元を異にする生活意識と政治行動との関連についての研究成果を概括してみることにしよう。

　この両者の関連についての見解は大きく2つに分けられる。ひとつは，生活意識が直線的に政治行動と結びつくものではないとするものであり，もう

ひとつは，逆に，生活意識より政治行動への短絡現象が進行しているととらえるものである。前者の場合には，これら両者の中間には媒介的契機が介在しており，両者はそれを通して関係を結んでいるのであるが，そうした媒介的契機のうちで生活意識と密接な関係をもつものは，政治的意識のうちでも，とくに〈関心〉レベルのものであって，〈方向〉レベルのものではない。すなわち，われわれの生活意識が政治とじかに関係をもつのは，せいぜい「政治への関心」までであり，それが党派的な意識や方向の選択を含んだ政治的知覚と結ぶためには，それ以外の何らかの誘因が働かなければならないとする[4]。それに対して後者の場合には，人びとが客観的にどうあるかということよりも，それを本人が主観的にどう受けとめているかということの方が，個々人の行動にとって直接的関連をもつという考え方を認める立場から，価値観やライフスタイル（生活の仕方，行動のパターン）といった情緒的・偶然的要素が人びとの政治行動のパターンを規定していくととらえる。そして，前者ではそれほど重要視しなかった「生活に対する満足度」を政治行動を決定する要因のひとつとして重視するという点が大きな特徴として挙げられる[5]。

このように社会心理学的アプローチでは，生活意識と政治行動との関連について一元的な結論は導き出されていない。しかし，両者の見解を相対立するものととらえることも，また，どちらの見解が正しくて，どちらが誤りであるかなどという二者択一的な判断を下すことも，ともに的をえたものではない。むしろ，両者はそれぞれ補完しあうものであると理解する方がより適切であろう。

両者を相互補完の関係としてとらえるのは次のような理由による。つまり，今日の日本社会は高度産業社会であり，人びとはこの社会の中で高度経済成長のもたらした物質的恩恵あるいは文明的恩恵を享受している。物質的に豊かであるという意味において日本は「豊かな社会」であり，また，文明的恩恵を享受する機会が原則としてオープンであるという意味において日本の社会構造は「柔構造」的であり，さらに，文明的恩恵を享受する程度において

自分の生活程度を「中」程度とみる人びとが増加している，すなわち，「中間層」の肥大化という現象を呈しているという意味において日本は生活水準が向上し，生活様式が均質化した社会だといえよう。

いま少し補足説明しておけば，「豊かな社会」であるということと，人びとの「豊かさ」とは次元を異にするものであるが，両者は「中流」的生活様式を創出したという側面ではプラス要因で結びつく。しかし，それは同時に伝統的な小社会の解体や伝統的な生活世界の風化をもたらしたという点でプラス的な結びつきをもたない。また，日本の社会構造が「柔構造」的であるということは，村上泰亮の指摘を借りれば経済的成層化，政治的成層化，文化的成層化の多元的成層化が，斉合的で相互に強化しあっているという意味での「構造化（structuration）」あるいは「重畳化（superimposition）」のメカニズムが現在の先進産業社会では崩壊しつつあるということであり，とりわけ日本ではそれが著しいということである[6]。それは視点を変えてみれば，現代日本は人びとの社会移動（水平的移動や垂直的移動）が活発に行われている社会であるということでもある。さらに生活程度における「中」意識や生活意識における「中流」意識が，前述した2つの要素やそれらと密接な関連をもつ諸々の要素（例えば，賃金較差の縮小＝所得の平準化，職業構造の「高威信化」など）との結びつきで増大してきたと考えられるのであるが，これらの意識は人びとの自己の「くらしむき」に対する主観的評価に基づいて形成されるものであるといえよう[7]。ただ，このような「中」意識や「中流」意識を形成している人びとの集合体である「中間層」の意味内容的なあいまいさ，すなわち，「中間層」の中身の多様性がわが国における「社会的地位の非一貫性」の高さと関わりあうものかどうかという点での認識上の相違は存在する[8]。

ともあれ，今日の日本社会を高度産業社会と把握する限りにおいて，戦略的に「古いイデオロギー図式にとらわれることなく，新しい視角から，特に生活意識，価値観，ライフスタイルといった変数との関連で，現代人に特有な政治活動をとらえていくことが，いまや必要とされている」[9]と主張す

ることは，それなりに根拠のあることである。

　しかし，いくら日本が高度産業社会であるといっても，人びとの生活態様，ひいては「ものの考え方」には大きな地域差というものが厳然と存在していることを見逃してはならない。NHK放送世論調査所が1978年2月から5月にかけて実施した『全国県民意識調査』によれば，「人びとの意識の地域差は，当初予想していた以上に大きいこと」「意識の地域特性のなかには，歴史的背景（社会文化史的背景）との因果関係が読み取れるものが多いこと」「人口の流動的な部分にも，それぞれの地域の文化の影響がかなり及んでいること」などが結果として示されたと報告している[10]。この調査で用いられている「地域」という概念は，具体的には行政単位としての都道府県であるが，この調査結果をみる限り，日本人の意識には，大別して，ある性・年齢層の人びとにとっては地域を越えて共通であるが，ほかの性・年齢層の人びととは異なる「性・年齢の文化」と，性・年齢別にはたいした差はないが，県などの地域によって異なる「地域的な文化」とがあるということが明らかにされた。また，地域差がとくに大きいのは生活意識と郷土意識の領域であったということも明らかにされた[11]。

　したがって，このような調査結果を重視する立場に立てば，生活意識と政治行動との連関分析は「文化の地方性」を加味して行うことが要請されてくる。そうであるとすれば，生活意識と政治行動とを結びつける誘因（媒介的要因）を設定する必要性がでてくるわけであるが，筆者はかりに「地元意識」を主要な誘因として設定したいと思う。文化において地域特性が存在する以上，「文化としての生活」と「文化としての政治」とは必ずしも同一の志向性を示すとは限らないし，また，それで両者の間に矛盾が存在するというものでもない。生活文化にしろ，政治文化にしろ，それらは個々の人びとが共有していると思われる私的な経験や生活史，あるいは公的経験の累積物・産物の歴史的・伝統的パターンであるといえる。しからば，京都のように「生活文化的には社会的保守主義たりえても，政治的には政治的保守主義とは距離がある」[12]という状況も，京都人の地元意識の特殊性に媒介されたもの

であると理解すれば両者の間に矛盾は存在しなくなる。間場壽一の指摘によれば，京都人の生活文化を支えているものは地域人の愛着（地縁共同体的愛着）や中央（東京）に対する反発であって，それらが政治文化においても反中央志向性（その根底には中央官僚に対する反発意識が存在している）となって現われている。したがって，京都人は生活文化においては保守的・伝統的であっても政治文化的にはむしろ革新的（自民党政権に対抗するという意味において）であるということになる。

　このような京都の事例はむしろ例外的なものであって，一般的には（多くの地域においては）むしろ生活文化と政治文化とはほぼ同一の方向性を示しているといえる。しかも保守主義としての志向性を共有しているといえる。全体社会レベルでみれば，それは主として国民の生活に対する満足度の高さと，「豊かな」生活水準を維持するという意味での保身性とに支えられているし，それが自民党への高い支持率や投票，その結果としての自民党の絶対安定多数政権の樹立という形で連動している。しかし，この保守主義を「思想の体系ではなく，『共通の意識』，または『政治の技術』である」[13]と理解すれば，必然的に保守主義には地域特性が存在することになる。それは保守主義の意味内容的多元性を意味する。

　そこでこの章では，生活文化的にも政治文化的にも保守主義として位置づけられる滋賀県，とりわけその中でも従来の県民性（近江商人的特性など）を今日においても地域特性として濃厚に保持してきている湖北地域（長浜市，坂田郡，東浅井郡，伊香郡―図１参照）に焦点を当てて，地域特性としての保守主義を実証的に解明するという意味での予備的考察を行うことにしたい。その際，地元意識という概念を媒介的契機として用いることになるわけであるが，ここではそれを富田信男の類型化に基づいて，①地元利益を願って形成される意識，②もっとダイレクトに個人的な恩恵授受やパーソナルな付き合いを通じて形成される地元候補としての有権者の側の意識，③いわゆる"身内意識"という意味での在来型地元意識（農村型地元意識）[14]と一応理解しておこうと思う。

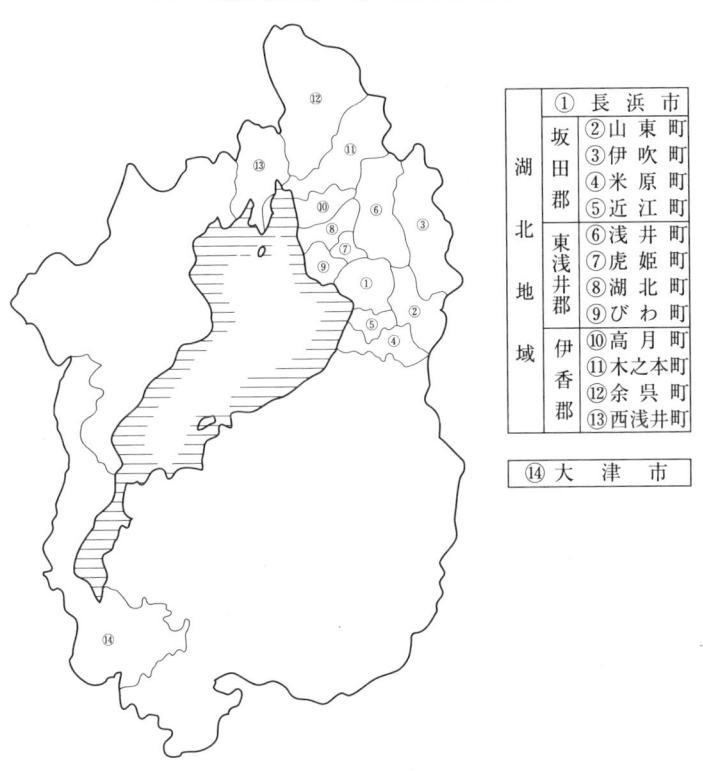

図1 湖北地域と大津市の位置（滋賀県）

湖北地域	坂田郡	① 長浜市
		② 山東町
		③ 伊吹町
		④ 米原町
		⑤ 近江町
	東浅井郡	⑥ 浅井町
		⑦ 虎姫町
		⑧ 湖北町
		⑨ びわ町
	伊香郡	⑩ 高月町
		⑪ 木之本町
		⑫ 余呉町
		⑬ 西浅井町

⑭ 大津市

第2節　対象としての湖北地域の位置づけと分析視座

1. 地域と生活圏

　前節では地域という概念を行政単位としての都道府県という意味と，それよりスケールの小さい地理的空間（しかし，末端行政単位としての市町村よりも大きい）という意味とに用いた。つまり，地域という概念を多義的に用いたのであるが，ここでひとつの疑問を解決しておかなければならない。それは，地域という概念は本来的に一義的なものかどうかということである。結論的にいえば，これまでの研究的蓄積によれば，地域の範域や意味内容に

ついては一義的な確定はなされていないということであり，また，それを一義的に確定すること自体非現実的であるということである[15]。

しからば，ここで地域という概念をこの章での問題設定の意図や文脈に基づいて主体的に規定しておかなければならない。そこで完全な相対主義に陥ってしまう危険性を避けるために地域の一般的な定義をまず提示しておこう。とくにアメリカにおいては地域把握の方法論あるいは地域開発の考え方にリージョナリズム（regionalism）という流れがあるので，この観点からみてみよう。

このリージョナリズムを邦訳すると「地域主義」ということになるが，それはセクショナリズム（sectionalism），すなわち「地方主義」とは意味内容的に厳密に区別された概念として規定されている。つまり，この「地方主義」の「地方」という概念は，常に孤立化され，分離された空間的部分であり，特定のあるいは独自の暫定的目的（利害）に対する基礎となる地理的空間を意味するが，「地域主義」の「地域」は，R.B.バンスの定義を借りれば，「近隣諸範域とは異なった自然的文化的諸特性をもった同質的範域」であって，しかも「国家的領域の部分として，リージョンはリージョンとしての習慣や理念をもつために十分に統合されているし，また，したがって，国内の他の部分とは異なった一種の一体感を所有する」範域であるということになる[16]。

また「地域社会」を，「共通の価値観，共属の感情という主観的契機と，諸活動を通じて一定の生活連関が成り立っているという生活的契機と，それが一定の空間的範域のなかで自己完結型に営まれているという地理的契機の三要素が不可分の形で結合している」[17]ものと規定すれば，それはR.M.マッキーバーのいう「社会的存在の共同生活の焦点」としての「コミュニティ」[18]に該当することになる。

では，今日の日本社会において，このような厳密な意味での地域や地域社会が存在するのかと問われれば無条件にイエスと答えることはおそらくできないであろう。なぜならば，全体社会を代表する国家と個人を媒介する中間集団（intermediate group）としての重要な機能を果たしてきたローカル・

コミュニティが，工業化や都市化の進展にともなってかつての活力を失い，解体しつつあるというのが現状だからである。

ところで，このローカル・コミュニティを日本的な意味にあえて解釈しなおせば「ムラ」ということになろう。ムラについての研究的蓄積は多いが，いまこの文脈で必要な限りにおいてその特性と変容過程について一瞥しておこう。玉城哲によれば，「むらは契約社会ではなく，話あいによる相互了解という形で合意を形成し，運営される社会である」[19] と理解されている。つまり，ムラ社会は「非契約社会」（久枝浩平の言葉を借りれば「黙約の社会」[20] ということになろう）であり，ムラが定常的状態を維持しつづけている限り非契約社会たりえたのである。この非契約社会的均衡を保ちえたのは，1つには，ムラの生活全体とムラのもっている地域資源との間に一種の均衡状態が形成されていたからであり（＝地域資源均衡），2つに，ムラ人たちの社会関係（イエとイエとの関係）が相互牽制関係を含む相互依存的なものであったからであり（＝人格的相互依存均衡），3つに，ムラ的な慣習法的秩序や運営原則（「しきたり」「慣行」）が制度化されていたからである（＝慣習法的制度体系）[21] といえよう。

だが，工業化や都市化という外部からの環境変化のインパクトがムラの内部構造に影響を与え，そのためにムラは内部から変質してきている。いわば，日本の農村社会は「過渡的」あるいは「流動的」現状にある。玉城の言葉を借りれば，「適応と崩壊」の過程にあるということになる[22]。

このようにムラは契約社会化（＝契約原理の優位化）し，また，市場経済的原理が浸透してきたことによって大きく変容してきたが，しかし，他方では依然としてコミュニティ原理が作用することによって，過去を保存するという形での連続性を維持してきているといえる。この意味でムラは現在2つの顔をもっているのである。

このようにみれば，確かに純粋な意味でのローカル・コミュニティは崩壊したと認めざるをえない。しかし，ムラにかわる広域生活圏が，今日，擬似的ローカル・コミュニティとしての機能を果たしていると考えることができ

ないだろうか。高度産業社会化にともなって人びとの行動範囲や情報収集の範囲は広域化してきた。だが，それが無限大に拡大したかというと決してそうではない。いま，生活圏を「個人または人間集団の日常的な生活・活動が波及し交流する範域」[23]と規定しておこう。さすれば，今日のように「定住社会」が都市化あるいは都市化のネットワークの中に組みこまれていくという現状のもとでは，生活圏としての圏域は，形態的には地方中核都市と周辺地帯とから構成されているというのが，その代表的なパターンである。それを構造・機能的にみれば次のような一般的特徴が指摘されうるであろう。すなわち，第1に中心性の高い中心都市は，より広い補完地域（周辺地帯）をもち，その内部により低次の中心都市の補完地域を包摂するという，中心都市および補完地域の階層構成状の空間的配置を示す（＝階層構造），第2に中心都市はその補完地域に対してさまざまな中心地機能を展開しているが，その中心地機能の波及範囲は，機能ごとに多少の相異をともなうが，その主要な範域に対しては重なりあっている（＝累積構造），第3に中心都市はその補完地域との交流関係が，中心都市からの距離に対応して，いくつかの強弱段階を示すが，その強弱に着目するとき，都市圏は中心都市に近い方から1次圏，2次圏，3次圏といった同心円地帯状の構造として認識される（＝次圏構造）ということである[24]。

2．湖北地域の位置づけと文化的特性

　生活圏の圏域をこのように理解すれば，それは行政単位としての市町村の枠組を超えて広域化しているという意味で「広域生活圏」であり，また，それを行政地域としてみれば「広域市町村圏」ということになろう。この章で分析の対象とする湖北地域も，まさにそのような意味で広域生活圏であり広域市町村圏なのである。より具体的に湖北地域を位置づければ，それは琵琶湖東北部広域市町村圏の「三次生活圏」として位置づけられる[25]。もともと琵琶湖東北部広域市町村圏というのは，1969年5月の「新全国開発計画」によって，政府サイドから全国44都道府県にわたり329の圏域設定が行われた

内のひとつである。しかし,ここであえて圏域全体としての「四次生活圏」ではなしに,一段低レベルの湖北圏域に分析の対象を限定したのには,それなりの理由がある。結論を先取りしていえば,湖北地域は生活文化的にローカル・コミュニティ的要素を具備しているということである。いま必要な限りでそれらについて具体的にみておこう。

まず,湖北地域住民の生活行動圏の実態をみてみると地域志向性がかなり明確に読みとれる。例えば,通勤圏については表1からもわかるように地元就業率(この場合の地元とは各市郡を意味する)においては市郡部で大きな較差がみられるが,概して中核都市の長浜市への志向が強く示され,地域志向性が非常に高いことを示している。商圏については,最寄品は居住区で,買回品は定住区で,そして高級品や贈答品は定住圏(特に長浜市志向が強い)でという傾向が明確に示されている。医療圏でも内科や歯科の場合は地元志向が強いが,入院や手術が必要な場合には総合病院のある長浜市あるいは木之本町(伊香郡)への志向が非常に強い。これらを総合すると,湖北地域には長浜市を中核として長浜圏域が形成されており,その中にはサブ的圏域として木之本圏域が形成されているということがわかる。この圏域は完全に固定的・閉鎖的かつ自己完結性を有したものではないが,圏域相互(主として彦根圏域)の依存補完の形をとらないで,地域志向性に根ざした一連のネットワークを形成しているといえる。この意味で湖北地域は生活文化的に独自の社会システムを形成しているといえるであろう[26]。

表1 通勤圏における地域(地元)就業率 (数字:%)

	公務含む	民間企業	地域(地元)外の就業先
湖北地域	87.9	85.0	
長浜市	82.2	73.8	彦根市 (4.2, 5.1)
坂田郡	66.4	50.4	長浜市 (8.6, 15.6),彦根市 (8.8, 13.0),大垣・岐阜・名古屋方面 (9.5, 12.6)
東浅井郡	64.8	38.1	長浜市 (18.9, 36.2),伊香郡 (6.1, 11.9),彦根市 (3.2, 6.4)
伊香郡	78.7	70.4	長浜市 (10.9, 16.6)

註:地域(地元)外就業先の( )内は前者が公務を含む全就業者に対する割合であり,後者は民間企業就業者に対するものである。

さらに，コミュニティ形成のもうひとつの必要不可欠の要素である「共通の価値観」や「共属感情」も郷土意識の高さや地縁共同体的人間関係，あるいは生活の精神的基盤としての仏教への信仰度の高さなどに示されている。具体的に数値をあげて示してみよう。まず郷土意識については，「あなたはこの土地のことばが好きですか」という質問に対して59.5％の人が肯定的に答えている（県内最高。最低の大津市は43.7％，県全体では52.9％）。また，地元民として認知し，許容する範囲は，基本的に末端行政単位である市町村や郡の住民であり，その範囲の輪郭がかなり明確に示されている（「この土地の人と言ったとき，大ざっぱに言って，どの範囲の人を考えますか」という質問に対して「市町村，郡」と答えた人の率は83.3％である）。さらに東京に対するイメージについては，「東京は気持の上からいうと自分とは縁遠いところだ」と思っている人が県内最高の73.0％を示している（最低の大津市は46.0％，県全体では61.1％）が，京都に対するイメージは極めて身近な存在として感じている（「いちばん親しみを感じる都道府県は京都」と答えた人の率は県全体で52.4％もあり，全国第1位である。ちなみに全国では7.7％）[27]。

これらの調査結果から郷土意識の高さの意味内容的特徴を整理すれば，第1に，居住区あるいは定住区への愛着の強さを基底にした地域志向性が強く，それに反比例して中央（東京）志向性が弱い。この点に関しては京都の生活文化の特徴（地縁共同体的愛着度の強さ，反中央志向）と類似している。第2に，地元民として許容する範囲の輪郭が明確であるという点で，地域住民の間に「空間的共有」あるいは「空間的共存」に対する共通認識，つまり「地元共同意識」的なるものが存在しているといえよう。

次に人間関係についてみてみよう。人間関係においては保守的・閉鎖的な特徴を共有している。これを県全体との比較でみてみると次のような地域特性を示す。例えば，①「『よそ者』ということばが，この地域ではまだ生きている」と答えた人の率は県全体45.6％で，島根県（48.1％）について全国第2位である。②「近所の人たちと張りあって生活している」と答えた人の率は県全体28.3％で，徳島県（35.5％），島根県（31.5％），熊本県（29.2％）

第7章　生活文化と政治文化の接合点を求めて ── 173

についで全国第4位である。ところが，③「昔からあるしきたりは尊重すべきだ」と答えた人の率は県全体52.9％で全国最低である（全国62.4％）。湖北地域の場合には，①が40.5％，③が45.4％で県内地域別で最低であるが，②は33.0％で県内最高である（いずれも『全国県民意識調査』より）。

　この調査結果を数字のうえからのみ判断すれば一見矛盾しているように思われるが，しかし，それを地域住民の生活実態に対して発想内在的な理解を示して考えてみれば，保守的・閉鎖的な要素が相互連関的に結合していることが読みとれる。すなわち，①および②では土地柄が閉鎖的であるということと，地縁的な人間関係が京都や県都大津市のように都市的な洗練性をもたず，むしろドロドロしたものであるという実態がストレートに示されているわけであるが，③では県民が日常的に伝統的慣習にがんじがらめにしばられていることへの反発が逆説的に示されているとみることができる。ただ湖北地域では，①が県内最低であるということは，地域住民が実際に「よそ者」扱いされた体験に乏しいためであるのか，あるいは，「よそ者」扱いする風潮が現実にはなはだしいことへの心理的な逆説反応の結果であるのかは即断できない。しかし，近所づきあいを通してみた人間関係が大津市のように個人のプライバシーを守ったほどほどのつきあいとは対照的に，湖北地域では個人のプライバシーの中にまで入りこむほどの深いつきあいが多く，しかもそのあり方は信頼感や虚栄的競争心が混在しているという調査結果を鑑みれば[28]，湖北地域における人間関係は依然として地縁的共同体原理に強く拘束されており，人間そのものも中間的集団（玉城の概念を借用すれば，〈私セクター〉と〈公セクター〉との中間に位置するという意味での〈共セクター〉ということになろう）[29]のあり方に規定されているという意味で〈共〉的人間，あるいは濱口惠俊の概念を借用すれば典型的な「間人主義」的人間[30]としてとらえることができるだろう。

　最後に，日常生活の精神的共通基盤としての宗教信仰（とりわけ仏教信仰）についてみておこう。滋賀県において仏教を信仰している人の率は40.8％で，これは富山県（42.5％），福井県（41.2％）についで全国第3位であるが，と

りわけ湖北地域におけるそれは53.0%の高率を示す（『全国県民意識調査』）。『滋賀県宗教法人名簿』（滋賀県総務部総務課，1980年3月）によれば，県全体の仏教系法人数3,118に対する湖北地域のそれは706（22.6%）であるが，そのうち528寺院（74.8%）が浄土真宗系であり，そのなかでも大谷派（東本願寺）が388寺院（49.1%）を数える。このように湖北地域において，極めて高い信仰率を保持しえてきているのは，中核都市の長浜市に最も格式の高い長浜別院が存在し，それが今日でも信仰の中枢機関として機能しているからであると考えられる。そして，仏教信仰と共存する形で神道への信仰も厚く，湖北地域での法人数は449（県全体の29.7%）を数え，宮座の神事をするところも多い。こうして湖北地域には神仏混淆という形態を保持した形での信仰体系が地域住民の日常生活の中に深く根を張っているのである。また，これはあくまでも推論の域を出ないのであるが，天皇への尊敬度が極めて高い（「天皇は尊敬すべき存在だ」と思っている人の率は61.6%で，大津市の43.7%，県全体の54.0%と比べてはるかに高い――『全国県民意識調査』）という現実を絡みあわせて考えてみると，現象的には信仰体系は多元的であるが，原理的（本質的）には「伝統的なるものへの信仰」という点で一元化しているといえるのではないだろうか。

　以上，必要な限りにおいて湖北地域の位置づけとその文化的特性をみてきたが，次に生活文化との関連で湖北の政治文化の特性を析出するための分析視座を概略的に提示しておこうと思う。

3．政治体系と分析視座

　筆者は湖北地域の政治文化の特性を析出するに当たり，図2のような政治体系の単純化モデルを用いようと思う。本図は周知のD.イーストンの政治体系モデルを一部修正したものである。本図についての補足説明と分析用具としての説明を若干しておこう。イーストンによれば，「政治生活は，環境に囲繞された行動の体系であり，政治体系はその環境の影響にさらされており，また逆に環境に反作用するものである」[31]と考えられている。ここで，

図2 政治体系の単純化モデル

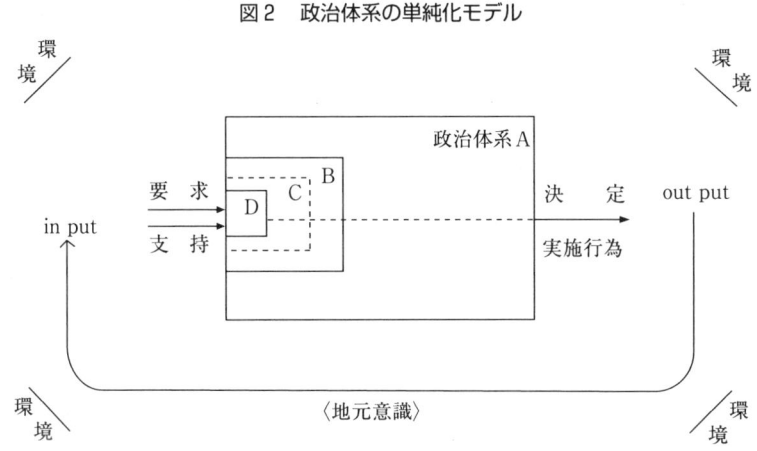

```
環境                                              環境
         ┌─────────────────────────┐
         │         政治体系A          │
  要 求 →│   ┌───B──┐              │→ 決 定   out put
  in put │   │ ┌C─┐│              │
         │   │ │D │ │              │  実施行為
  支 持 →│   │ └──┘│              │
         │   └─────┘              │
         └─────────────────────────┘
環境              〈地元意識〉              環境
```

註：① 政治体系　A：国家レベル，B：広域自治体レベル，C：広域市町村圏レベル，D：基礎自治体レベル。
　　② 当該図はD.イーストンの政治体系モデルを一部修正したものである。

　イーストンがいう「環境」とは政治体系以外の諸体系をさし，それは社会内環境と社会外環境の2つのものから構成され，それらが政治体系の総環境をなすというものである。
　ところで，政治体系については便宜的に4つのレベルに分けてみた。すなわち全体社会（国家）レベル，広域自治体レベル，広域市町村圏レベル，基礎自治体レベルにである。このうち国家レベル，広域自治体レベル，基礎自治体レベルでは，それぞれに相対的に自己完結性をもった政治体系を具備しているのであるが，広域市町村圏レベルにおける政治体系は，前3者と比較すると，境界線が不明確であり，またその意味内容についてもかなり漠然としたものである。しかし，ここであえてこのレベルでの政治体系を設定したのは，既にみたように，湖北地域には生活文化的にひとつのまとまりをもった圏域を構成し，しかも地域特性を有した独自の社会システムを形成しており，その意味で擬似的ではあるが，ひとつのローカル・コミュニティとしての要件をそなえているとみなしえたからである。しかし，それはあくまでも地域住民の政治意識や態度，あるいは国政レベルでの選挙における投票行動

様式の分析を通して，湖北地域の政治文化の特性を析出するうえにおいて有効性をもつと考えられるものであって，その意味では極めて限定性をもった分析用具である。

　しからば広域市町村圏レベルにおける政治生活は，とりわけイーストンのいう社会内環境，すなわち政治体系が存在するのと同一の社会に存在する諸体系，より具体的には生態体系，生物体系，パーソナリティ体系，経済構造，社会構造等の影響を重畳的に受けているといえる。

　そこでこのような環境との相互作用の中で，地域住民がもつ政治意識や政治的態度あるいは政治行動（投票行動）様式は，政治体系からのアウト・プット産出能力（それは実際には，国，県，市町村の各行政レベルにおけるアウト・プット産出能力の総体であるといえよう）に対応するものであるとみなせよう。しかし，政治体系のアウト・プット産出能力に対する地域住民の評価が，ストレートに政治的領域における対応として表出するというものではない。つまり，アウト・プットからイン・プットへフィード・バックするときに「選別のフィルター」を通過する。この選別のフィルターは個人あるいは複数の人びとの過去と現実との出合いを核にして構成されたイメージの世界であり，それを通して人びとは行為をするといえる。つまり，「現実が主体と環境とからなり，主体と環境との間にはイメージが介在し，イメージを通して行為が主体とを結びつける」[32] というものである。

　してみれば，当然この選別のフィルターの中核をなすものが何であるかということが問題となる。この章の文脈に即して大胆にいえば，それが「地元意識」だということである。地元意識の概念的意味内容については既に一応の措定をしておいたのであるが，この地元意識は現存在としての日常的小世界の歴史的背景を通して地域住民の心の中に蓄積され，構造化されている一種の集合意識（collective consciousness）と考えられよう。

　ここで認識しておかなければならないことのひとつは，政治的次元における「地元」という概念が，その範域において多様性をもつということである。例えば，選挙次元に限ってみても，市町村議会議員選挙レベルでの地元とは

通常,候補者を擁立している居住区としてのマチあるいはムラ(大字・小字)ということになる。それが市町村長選挙や市郡単位で定数が配分されている県議会議員選挙レベルでは,候補者の居住区を核として一定範囲の周辺地帯,すなわち定住区(市町村あるいは郡)のうちの地区あるいは学区を包摂することになる。そして知事選挙や国政選挙レベルでは,それはさらに定住区を包含する定住圏(広域圏)にまで拡大すると考えられる。

　このように選挙次元の相違によって地元の範域が拡大したり縮小したりするわけであるが,このことのもつ重要な意味は,地元の範域の広狭によって,つまり選挙レベルの相違によって地元意識という概念のもつ具体的意味内容(内実)が異なってくるということである。具体的な実例については次節に述べることにするが,この地元意識を醸成し,その求心力を強める〈きっかけ要因〉となるものは,主として政治体系のアウト・プット産出能力の規模の大きさであり,とりわけ公共財投資の多寡とその配分上の公平さであり,また,それらに関連するところの民間企業の設備投資の大きさであるといえる。より精確にいえば,他地域との比較において政治体系のアウト・プット産出能力の規模が小さい,公共財投資が少ない,しかもその配分が不公平である,そのうえ民間企業の設備投資がほとんどないか,あっても小規模であるという条件が,言葉をかえていえば主観的生活格差や就業機会面での不利(不合理)な条件が,地元意識を形成し,地域住民の政治行動の方向づけを行うと考えられるのである。つまり,生活意識と政治行動とを結びつける媒介的契機として地元意識が政治体系のアウト・プットからイン・プットへのフィード・バックの過程に位置づけられて機能するのである。その機能の仕方の差異が政治文化の地域特性を創出すると考えられる。以下では,農村地域社会としての湖北地域における政治文化の実態を実証的に分析して予備的考察としよう。

第3節　政治文化と地元意識
1. 現象としての政治的保守主義

「湖北の保守には仲間同士が競り合えば競り合うほど票を集める」とか「湖北の保守票田は地元意識が強く燃えれば一丸となる」という風説がいまなお根強く存在しているが，それは湖北地域の政治的保守主義の特性を端的にいい表している。これらの風説は各級選挙の際によく一種の選挙戦術として利用されたりするのであるが，とりわけそれが強調されるのは国政選挙（とくに衆議院選挙）においてである。

ところで，この風説には2つの相違なる原理が内包されている。すなわち〈競争の原理〉と〈同調の原理〉とである。この2つの原理は，石田雄が日本の近代化の特殊性を分析する用具として用いたものであり，とくに伝統的要素が近代化に果たした役割を評価するなかで，最も重要なものとして「同調」と「競争」の特殊な結びつきに着目している[33]。ただ，ここで注意しておかなければならないことは，「日本の文化の中でより特徴的なのは集団内の競争と同調との結びつきである」[34]としている点である。これは集団間の競争と集団内の同調との関係は日本に限らず普遍的な現象として理解できるとの認識に基づいている。

この原理を湖北地域の政治的保守主義の特質を析出するに際して，地元意識との関わりの中で，より精確にいえば，地元意識を高揚させるとともに，それを地元候補への投票へと結びつける一種の誘導要因として位置づけられるものとして援用してみようと思う。

それとの関連でいまひとつ確認しておかなければならないことは，政治的保守主義のもつ意味内容の多様さについてである。つまり，現象としての保守主義と，本質としてのあるいは原理としての保守主義との区別とその相互理解の問題である。

現象としての保守主義は，一般に，保守政党あるいは保守系会派に対する有権者の支持態度（支持率），保守政党（会派）の得票数（率）や当選者数

といった，いわば数量的分析によって
ある程度明らかに示される。例えば，
保守政党（自民党）の支持率をみてみ
ると30.8％で他の政党よりもはるかに
高い（表2参照）。また，総保守勢力
（自民党，緑風会，参議院同志会，新自
由クラブ）の得票率（参議院全国区
票＝衆参同日選挙までの9回の選挙の
得票率は30〜40％となっている。ちな

表2　地域別政党支持率　（数字：％）

	湖北西	大津市	滋賀県
自由民主党	30.8	36.5	35.6
新自由クラブ	0	2.4	1.1
民社党	5.4	3.2	3.6
公明党	1.1	1.6	2.4
社会民主連合	0	0	0
日本社会党	10.8	18.3	14.2
日本共産党	2.2	3.2	4.0
支持政党なし	39.5	31.7	33.1
D.K, N.A	10.3	3.2	6.1

註：当該表はNHK放送世論調査所編『全国県民意識調査』（日本放送出版協会，1979年）より作成。

みに，革新勢力＝社会党＋共産党＋革新自由連合は20％前後，中道勢力＝民社党＋公明党＋社会市民連合＋社会民主連合は10％前後となっている）。さらに，各級選挙における議員構成（当選者数）をみてみると，湖北地域での自民党公認の当選者は衆議院で2人（草野一郎平＝大平派：1960，63，67，69，72年次，上田茂行＝田中派：1972年次）となっている（しかし，社会党からも当選者2人を出している。堤ツルヨ：1958年次，後藤俊男：1967，69年次）。地方選挙レベルでは，県議会議員で自民党4人，〈みんなの革新県政を育てる会〉3人（その内社会党籍を有するもの2人，民社党籍を有するもの1人）となっており，市町長は13人全員が保守系無所属で，また，市町議会議員（定数総計227）の約80％が自民党籍を有している（1980年6月の衆参同日選挙直後の首長・議員構成）。

　このように現象レベルでみれば，湖北地域は確かに政治的保守の色彩が濃いといえる。しかし，これは従来の保守・革新の概念図式に基づいての分析結果であって，これだけでは政治的保守主義の地域特性を明確に示しえない。つまり，それを明らかにするにはもうひとつの分析視座が必要となってくる。この分析視座は必ずしも保守・革新の概念図式に拘束されるものではなく，むしろそれからの解放に根ざしているものである。それは現象としての政治的保守主義に対して，本質としてのあるいは原理としての政治的保守主義を析出する視座に他ならない。

この本質としてのあるいは原理としての政治的保守主義を析出するに際しての主要なメルクマールは，1つには政党中心志向性の優位であり，2つには地元（地域）志向性の優位であり，3つには伝統主義・権威主義である。そこで，それらが政治意識レベルおよび政治行動（投票行動）レベルにおいて，それぞれどのような内実を有し，また，それらがどのように結びつくかということを歴史的行政的要素，社会文化的要素，あるいは社会現実と関連づけながらみていくことにしよう。

2．本質あるいは原理としての政治的保守主義

最初に政党中心志向性についてみてみよう。これらは基本的には「55年体制」志向性あるいはその延長線上にある「既成政党」志向性の優位をさしている。つまり政党中心志向性とは，いわゆる議員政党や組織政党への志向性を意味するのであって，それは無党派層を主要な支持基盤とするいわゆる市民政党への志向性に対峙するものである。後者には新自由クラブ，社会民主連合，革新自由連合あるいは第二院クラブといった小政党・会派が含まれるが，これらの政党・会派への志向性は，組織としての党への志向性というよりもむしろ党組織の構成メンバー個人に対する志向性としてのニュアンスが強く，その意味では既存の保革の政党的枠組の拘束から自由な人物中心志向性として理解することもできる。

それでは湖北地域における政党中心志向性の内実をみてみよう。第1に，政党支持態度においては，表1からも理解できるように，基本的に自社二大

表3　地元候補者数と地元票歩留率の推移（衆議院選挙）

		1958年	1960年	1963年	1967年
地元候補	出生地	社会党①	民社党1		
	居住地				社会党①
	出生・居住	自民党1	自民党①	自民党①	自民党①
地元票歩留率		43.3	46.0	40.7	57.0
湖北地域有権者		99,113	100,106	102,735	100,909

註：① 地元候補の○内は当選者数をも含む。
　　② 無所属⑭は自民党系無所属を意味する。
　　③ 当該表は『衆議院議員総選挙の記録』（滋賀県選挙管理委員会）より作成。

政党への支持率が高く「55年体制」志向性を示している。しかし，支持政党なし層が4割を占め，さらにD.K，N.A層を含めれば約5割の住民が政党支持態度を明確にしていない。その点を考慮すれば，湖北地域住民の政党に対する支持態度は，相対的にではあるが，流動的であり，かつ黙示的・状況適応的であるといえよう。

　このことは投票行動レベルでの党公認候補（とくに自民党，社会党）の地元からの輩出と地元票の歩留率の高さとの相関関係において顕著にみられる（表3を参照。なおこの場合の地元とは地域と同義に使用している）。つまり，表3からもわかるように，地元から自民・社会二大政党の公認候補が出馬したときには地元票の歩留率が極めて高くなっている。しかし，例え自民党系であっても党の公認が得られず無所属で出馬したときには歩留率が極めて低くなっている。この現象は，明らかに地元候補が党公認，しかも自民党や社会党といった二大政党の公認を得ているということが湖北地域有権者の投票行動の方向づけを行う重要な指標となっているということを意味しているのであり，それは言葉をかえていえば，湖北地域有権者は政治に対して状況適応的ではあるが，やはり基本的には既成政党を重視するという点において「55年体制」あるいは「既成政党」志向なのであり，その意味では政治的に保守主義であるといえよう。

　次に，地元（地域）志向性についてみてみよう。これは，いわゆる広域志向性に対するものである。政治意識レベルでは政治への関心領域の狭さと，地元の面倒をよくみる政治家を盛りたてていきたいという志向性の強さに示

1969年	1972年	1976年	1979年	1980年
			無所属㊤1	
社 会 党①	社 会 党1			
自 民 党①	自 民 党②	自民党1，新自ク1	無所属㊤1	自 民 党1
55.6	62.3	41.8	22.6	35.1
105,323	107,984	110,316	111,971	112,395

されている。まず前者からみていくと、湖北地域住民が最も関心をもっている政治は市町村レベルであり、『全国県民意識調査』では41.6％（大津市23.0％）を占め、それに対して国の政治への関心は25.4％（大津市45.3％）にとどまる。また、後者では71.9％が肯定的に答えている。このように湖北地域住民は国の政治よりも日常生活に最も深い関わりをもつ市町村レベルの政治に最も高い関心を示し、また、地元の面倒をよくみる政治家には強い支持態度を示しているという点で政治に対して地域志向性が強いといえよう。しかし、国の政治と自分たちの生活とは大いに関連があると思っており（65.4％、大津市57.9％）、その意味では国の政治と市町村の政治とを有機的連関的にとらえているといえる。つまり、湖北地域住民は政治を一元的にとらえているのであり、それは同時に湖北地域においては政治と生活とが融合している、すなわち相即不離の関係にあることを意味している。これは、大津市民が市町村の政治よりも国の政治の方により高い関心を示しているという点で、また、国の政治に対して高い関心を示すのは、国の政治のあり方が直接自分の生活のあり方に関係してくると考えている点で、政治に対して広域志向性を示すのと対照的である。さらに、政治と生活とを緊密に結びつけてとらえているとはいえ、国の政治と市町村の政治とを一元的に結びつけることはしないという点でも湖北地域住民とは対照的である。

　これを投票行動レベルでみてみると、国政選挙（衆議院）で候補者が出生地・居住地ともに湖北地域出身者（全て保守系）の場合に地元票の歩留率が高くなっているという実態から地元（地域）志向性の強さが示される（表3参照）。しかも、複数の党公認候補が出馬した場合に地元票の歩留率が高くなっているという現象が示されているが、これは地域間および地域内での〈競争の原理〉と〈同調の原理〉とが特殊に結びついた結果によるものと理解してよいであろう。つまり、他地域出身の候補者と地元候補者との競争にともなう地域内有権者の地域への包摂・包絡状況の現出（地域間競争にともなう地域内同調の現出）と、それを基底とした地域内での各地元候補者間での競争と各候補者陣営への住民の総動員化作戦の展開（地域内における競争

第7章 生活文化と政治文化の接合点を求めて ── 183

と同調の現出)とが,地元票の歩留率を引き上げるのに機能しているということである。同調を基本的に「所属集団に支配的な価値志向と行動様式にしたがうこと,すなわち他人と同じ行動をとること」[35] と理解し,それを「文化的目標ならびに制度的手段への同調」[36] ととらえれば,それは社会の安定と持続のための社会成員の最頻値的行動という意味で保守的であるといえる。そうであるとすれば,投票行動様式としての同調は政治的保守主義として理解することができる。

最後に伝統主義・権威主義についてみておこう。これは政治意識レベルでは,天皇への尊敬度の高さ(61.6%)と,政治的リーダーへの政治委任志向(顕在的,潜在的の両義を含む)の高さ(「政党や政治家が論議に時間をかけるよりも,強い指導者に国の政治を任せた方がよい」とする人の率は27.6%で,大津市の26.2%,県全体の27.4%と比べてとくに高いということではないが,それを否定する人の率が41.6%で,大津市の52.4%,県全体の46.9%と比べればかなり低い──『全国県民意識調査』)に示されている。とくに後者の場合には,伝統型の政治的無関心と強く結びついていると考えられる。

また,投票行動レベルでは,出生地・居住地とともに湖北地域出身者であって,しかも党の公認を受けた候補であっても,それが若年の新人候補である場合には,有権者は冷厳な態度を示すという点に権威主義的な傾向が濃厚に出ている。より具体的にみてみると,1972年次総選挙に自民党(田中派)から上田茂行が田中旋風に乗じて25歳の若さで出馬し当選したのであるが,総得票数5万6,702票のうち地元票は2万450票で,湖北地域有権者数に対する比率は18.9%にすぎなかった。また,1976年次総選挙には新自由クラブ県連代表の桐畑好春が新自由クラブのブームに乗じて33歳の若さで出馬したのであるが,これも総得票数4万8,814票(落選)のうち地元票は2万881票で,湖北地域有権者数に対する比率は18.9%にとどまった。このように意識レベルにおいても行動レベルにおいても,ともに伝統主義的・権威主義傾向を濃厚に示しているという点において政治的に保守主義であるといえよう。

以上,政治的保守主義の主要なメルクマールとしての政党中心志向性,地

元（地域）志向性，伝統主義・権威主義について個別的にその地域特性を析出してみたのであるが，実際には，これらは個々別々なものとして表出しているのではなく，地元意識を結節点として相互に連関していると考えられる。そのことについて最後にいま少し検討を加えておこう。

3．地元意識と政治的保守主義

地元意識の概念については，既にみたように富田信男によって類型化された形で一応の規定が示されているが，実際には次元を異にする3つの地元意識が緊密に相互連関しあってひとつの融合化された形での地元意識を形成している。しかし，次元を異にする3つの地元意識が常に定量的に共働するというわけではなく，選挙レベルの違いや選挙状況の違いなどによって，どの次元の地元意識がより優越的に機能するかという違いがでてくる。

だが，国政選挙レベルに限ってみれば，〈共〉セクターあるいは中間集団としてのローカル・コミュニティや個々のローカル・コミュニティを包摂する広域生活圏や広域市町村圏の利益を優先させるという意味での地元意識が，地域住民の投票行動の方向づけを決定づける主要な共通項となっているといえよう。つまり，個人的な恩恵授受やパーソナルな付き合いを通じて形成される，いわゆる私的レベルでの地元意識や，"身内意識"としての心情的な地元意識といったものは，むしろ二義的なものとして位置づけられる。

この一義的なものとしての地元利益を願って形成される地元意識は，主として政治体系のアウト・プット産出能力の結果如何によってその意味づけが大きく左右される。つまり，主観的生活格差や就業機会の寡少さが地元意識を醸成させ，コミュニティ・インボルブメントをともなった政治行動（投票行動）を現出させる。もちろんこのような現象が起こるのは，地域住民の生活共同がいまなお濃厚に維持され，いわゆる共同体意識が強く残存しているということや，市民意識が未成熟である[37]という前提要件が作用していることによる。

湖北地域における現状をみてみると，住みよさの意識構造においては基本

的生活レベルでの満足感は高い。つまり，自然現象・社会環境といった「環境設備」因子，医療施設・保健衛生といった「医療・保健」因子のニーズがほぼ満たされているということである。しかし，社会・文化的レベルにおいては不満度が他地域に比べて高い。とくに「交通」因子（交通の便が悪い）に対する不満が28.1％（大津市20.1％），「文化・教育」因子（図書館・集会所といった文化施設）に対する不満が32.6％（大津市24.2％）と高い数値を示している[38]。これは明らかに行政的配分の不公平，すなわち，行政的配分における「南厚北薄」の結果によるものである。つまり政治体系のアウト・プット産出能力の結果が県南部に集中しており，また，その意味で行政的先進地域であるのに対して，湖北地域は行政的後進地域であるという位置づけが湖北地域住民によってなされているのである。

また，湖北地域は，人口成長率の停滞地域として位置づけられる。つまり，壮年層（40～64歳）や高齢者層（65歳以上）は増加しているのであるが，青年層・若年層（15～39歳）の人口が減少しているということである。さらに産業別人口構造においては第1次産業就業者数の激減（1960年を100とした1980年の指数は32.2，また，総就業者数に対する比率は46.5％から16.1％に減じている），第2次・第3次産業就業者数の大幅増（第2次：141.0，構成比27.0％→41.1％，第3次：149.2，構成比26.5％→42.7％）となっている。しかし，湖北地域の世帯総数の4割強（43.2％，郡部では55％強）が農業との関わりをもっている。ということは，第2次・第3次産業就業者の多くは〈土地もち労働者〉であり，現実に各世代の配偶者を単位とした別々の核がひとつの「家」の中に存在するという「多核家族」現象[39]が進行しているとしても，何らかの程度において土地に拘束されているという意味で「未分離型」の存在として位置づけられる。

そうであるとすれば，地域での生活と地域の将来の展望（将来性）とは相即不離の関係としてとらえられる。現実に湖北地域住民が抱く将来の地域的発展性は総じて悲観的であるが，湖北地域の発展は，中心都市の長浜市を核として，自然環境と歴史的文化的要素を生かした調和のとれた地域づくりに

あるとしている点で一縷の望みを託している。そこで，地域住民が不安定なパート勤務ではなく，安定した恒常的勤務ができるための必要条件として民間企業の誘致，地場産業の育成，官公庁・公的事業所の設置，農林水産業の振興といった課題が将来設計に上程されている。そこには「地域主体」の論理としての〈共〉の論理が，住民個々人の〈私〉の論理と調和ないし融和するという形で強く働いているのであり，それはまた，〈湖北の復権〉思想と結びついて，地元意識を高揚させる大きな要因ともなっている。

だが現在，湖北地域は国会議員の空白地帯となっている。したがって，これらの課題を実現させるには2つの道しかない。つまり，党派の別を問わず，あくまでも地元（地域）から議員を国会へ送りこんで，その見返りとして地域的課題を実現させるか，あるいは地元選出にこだわらず，広範囲に影響力をもつ実力者，すなわち公共財を政治的に有利に使用できる自民党の実力議員に頼ることによって諸々の課題を解決していこうとするかのどちらかである。

その意味では湖北地域住民は二者択一を迫られているといえる。しかし現実は，湖北地域選出の国会議員を失って以降，後者への傾斜が加速度を増してきているという状況にある。より具体的にみれば，宇野宗佑（中層根派），山下元利（田中派）という，いわゆるニューリーダーへの投票率が上昇し，湖北地域有権者に対する比率をみてみると，1976年次選挙9.9％，1979年次選挙25.4％，1980年次選挙15.1％となっている。1980年次選挙で大幅に減少しているが，これは新人の桐畑好春候補（自民党・中川系）との間で結ばれた〈湖北協定〉[40]の影響によるものである。

湖北地域住民がどちらの道を選択しようとも，その選択の根底には地元利益を願って形成される地元意識が厳然と横たわっており，それが湖北地域の生活文化と政治文化とを結びつける蝶番の役割を多分に果たしているという現実に変わりはないのである。

註

1) 荒瀬豊は，この型の無関心の特徴を次のように指摘している。第1に，それは政治に対する全面的な無関心ではなく，生命と生活の危機に対しては鋭く反応する。ただし，そのような危機と直接つながらない政治事象については，ほとんど全面的な無関心となっている。第2に，生命と生活の危機に対して反応する場合にも，それはネガティヴな発言にとどまり，危機を回避するための対策を積極的に提示したり特定の対策に肯定的に反応することはほとんどない（荒瀬豊「社会の危機と政治の現状」福武直編『日本の社会』毎日新聞社，1957年）。
2) 高橋徹「生活意識と政治意識」日本社会心理学会編『社会心理学の手法・政治意識の問題』（年報社会心理学・第1号）勁草書房，1960年，p.94。
3) C.W.Mills, *The Sociological Imagination*, Oxford University Press, 1959.（鈴木広訳『社会学的想像力』紀伊国屋書店，1965年，pp.9-10）。
4) 高橋徹「前掲論文」p.104。
5) 飽戸弘「生活意識と政治行動に関連はあるか」松原治郎・竹内郁郎編『新しい社会学—社会学の現代的課題』有斐閣，1973年，pp.207-210。
6) 村上泰亮「新中間大衆政治の時代」『中央公論』1980年12月特大号，p.204。
7) 直井道子「階層意識と階級意識」富永健一編『日本の階層構造』東京大学出版会，1979年，p.372。また，村上泰亮はこれに関連して，「生活様式の均質化が『中』意識を作り出している」と述べている（「前掲論文」p.212）。
8) 中間層の多様性を「地位特性」の非一貫性との関連でとらえているのは富永健一や石川晃弘である（富永健一「社会階層構造の現状」『朝日新聞』1977年6月27日付，石川晃弘「みせかけの中流意識」石川晃弘・梅沢正・高橋勇悦・宮島喬著『みせかけの中流意識—都市サラリーマンの幸福幻想』有斐閣，1982年，p.41）。それに対し，両者の関連性に異議を唱えているのが岸本重陳である。岸本は次のように述べている。「社会的地位の不一貫性が増大したと言われるけれども，かつての方が，単一の価値原理が浸透していない分だけ，一貫性は弱かったのではないか。資本主義経済関係が全面的に広がり，その価値原理が生活の細部にまで浸みこんでくるにつれて，そしてまた中央集権的な権力構造が確立するにつれて，人々は一貫した価値序列にまきこまれていくのではないか。しかし，自分がそうした価値序列のどこに位置することになるかは，さまざまな要素，因子の組み合わせで，……，さまざまなかたちをとりうるということになるのではなかろうか」（岸本重陳『中流の幻想』講談社，1978年，p.59）。
9) 飽戸弘「前掲論文」pp.212-213。
10) NHK放送世論調査所編『日本人の県民性—NHK全国県民意識調査』日本放送出版協会，1979年，p.2。
11) NHK放送世論調査所編『前掲書』p.16。
12) 間場壽一「京都の政治と文化」第5回政治社会学研究会報告（1982年4月3日，於：佛教大学）。
13) 松岡英夫「日本保守主義の五大特色」『中央公論』1980年10月特大号，p.88。
14) 富田信男『議会政治への視座』北樹出版，1978年，pp.12-13。
15) 清成忠男『地域主義の時代』東洋経済新報社，1978年，p.4。
16) R.B.Vance, "Region", *International Encyclopedia of the Social Sciences*, Vol.13,The Macmillan Company & The Free Press, 1968, pp.377-378。
17) 杉岡碩夫『地域主義のすすめ—住民がつくる地域経済』東洋経済新報社，1976年，

p.47。
18) R.M.MacIver, *Community: A Sociological Study; Being an Attempt to Set Out the Nature and Fundamental Laws of Social Life*, Macmiland Co., Limited, 1917.（中久郎・松本通晴監訳『コミュニティ—社会学的研究：社会生活の性質と基本法則に関する一試論』ミネルヴァ書房, 1975年, p.47）。
19) 玉城哲『日本の社会システム—むらと水からの再構成』農山漁村文化協会, 1982年, p.29。
20) 久枝浩平『契約の社会・黙約の社会』日本経済新聞社, 1976年。
21) 玉城哲『前掲書』pp.31-32。
22) 玉城哲『前掲書』p.38。玉城はこのことについて次のように指摘している。「むらが変容し, 伝統を維持する力をほとんど失いつつある現実をみるとき, その現実をもたらしたのは, 外部の力ではなく, むらに住む人びと自身の発想と行動様式の変化に根源があるといわなければならないであろう」。つまり「適応するがゆえに, あるいは適応できるがゆえに, かえって自己崩壊の道を歩まざるをえないのである」。
23) 石水照雄「生活圏と定住社会—クォリティ・オブ・ライフと国土開発」『国土計画と生活圏構想』（『ジュリスト増刊総合特集』No.11) 有斐閣, 1978年8月, p.59。
24) 石水照雄「前掲論文」pp.59-60。
25) 東北部広域市町村圏協議会（2市19町より構成）が1975年に作成した『琵琶湖東北部広域市町村圏計画』によれば, 広域ネットワークの設置基準（生活圏の設置基準）を〈基礎的集落圏〉：小学校の通学区域程度の広がりを有する生活圏, 〈二次生活圏〉：中学校の通学区域程度の広がりを有する生活圏, 〈三次生活圏〉：彦根市および長浜市を中心とする生活圏, 〈四次生活圏〉：圏域の全体, というようにレベル化している。
26) 詳細な実証的データについては『琵琶湖東北部地域住民意識アンケート調査報告書』(1980年2月) を参照されたい。
27) NHK放送世論調査所編『全国県民意識調査』日本放送出版協会, 1979年。
28) 大津市では「世間話をする程度」のつきあいをしている人の率が高い。1975年の『大津市市民意識調査』(大津市企画部市民相談室) では33.7%, 1979年の同調査（大津市市民部住民自治課）では37.3%となっている。それに対して, 湖北地域では「用事を頼んだり物の貸借をする」(16.4%),「家族が行き来する」(24.6%) という深いつきあいが多い（『第10回滋賀県政世論調査』滋賀県, 1977年8月)。また,「近所の人たちとのつきあいがわずらわしい」と感じている人の率は大津市が16.7%（県内最低）であるのに対して, 湖北地域は25.9%（県内最高）となっている（『全国県民意識調査』)。
29) 玉城哲は〈共〉セクターの社会的実体をムラと規定している（『前掲書』pp.98-100)。
30) 濱口は西洋人と東洋人（日本人）の対人関係観の相違に着目して「個人主義 (individualism)」と「間人主義 (Jenism or contextualism)」とに分類し, 前者の属性としては自己中心主義 (ego-centerdness), 自己依拠主義 (selfreliance), 対人関係の手段視 (regard for interpersonal relations as a means) を, また後者の属性としては相互依存主義 (mutual dependence), 相互信頼主義 (mutual reliance), 対人関係の本質視 (regard for interpersonal relations as an end in itself) をあげている。この対人関係観における両者の相違は, 究極的には人間に対する理解（価値観のともなった）の相違に基づくものであり, 再び濱口の表現を用いると, 自意識における「自我」と「自分」, 分析概念における「パーソナリティ」と「人」との理解的相違ということになる（濱口惠俊『間人主義の社会　日本』東洋経済新報社, 1982年, pp.148-151)。

31) D.Easton, *A Systems Analysis of Political Life*, John Wiley & Sons Inc.1965.（片岡寛光監訳，薄井秀二・依田博訳『政治生活の体系分析・上』早稲田大学出版部，1980年，p.25)。
32) 神島二郎『政治の世界――一政治学者の模索』朝日新聞社，1977年，p.206。
33) 石田雄『日本の政治文化―同調と競争』東京大学出版会，1970年，pp.8-14。
34) 石田雄『前掲書』p.21。
35) 石田雄『前掲書』p.33。
36) R.K.Merton, *Social Theory and Social Structure*, The Free Press, Revised 1957.（森東吾・森好夫・金沢実・中島竜太郎訳『社会理論と社会構造』みすず書房，1961年，p.130)。
37) 山岡栄市『政治意識と選挙行動の実態―山陰と山陽の比較』公明選挙連盟，1968年，pp.59-60。
38) 『滋賀県民意識に関する世論調査』滋賀県広報課，1979年8月。
39) 玉城哲『前掲書』p.122。
40) 〈湖北協定〉は次の5項目よりなる。①前職2候補は湖北での後援会活動を凍結・停止する。②選挙カーの乗り入れは立候補のごあいさつと最後のお願いだけに限定する。③立会演説会は代理弁士が行う。④個人演説会は行わない。⑤移動事務所は置かない。

第8章
湖国滋賀の選挙風土
―湖北地域の政治的保守主義を中心に―

第1節　政治的保守主義と政党の類型化

　よく滋賀の政治風土は「保守的」だとか，滋賀県は「保守王国」だとかいわれる。しかし，現実には滋賀県北部（とりわけ湖北地域）と滋賀県南部（とくに県都大津市）とでは，人びとの生活文化に違いがあるように政治文化においても大きな差異性があるように思われる。とくに湖北地域の場合には，政治的保守主義の意味内容に明確な地域特性をみいだすことができる。その地域特性がどのようなものであるのかということを，国政選挙における湖北地域有権者の投票行動様式と大津市有権者のそれとを比較分析することによって析出してみることにこの章の主要な目的が存在する。

　そこで，まず最初に，日本の保守主義について少し検討しておこう。日本の保守主義は大別して次の3つに分類することができるだろう。その1は，〈反動型保守主義〉である。つまり，天皇制支配原理を基底とした復古主義である。この保守主義は政治意識の面においては権威主義，統治者の意識，あるいは戦後民主化への反撃と連結する土着の思想・意識，または，国権主義をともなうナショナリズムであり，具体的実行テクニックにおいては官僚制化および官僚の権威化[1]，軍事力依存あるいは軍事力強化志向などである。とくに後者の場合には，少なくとも現行憲法の蚕食という形で進行しているといえるのではないか。

　その2は，〈伝統型保守主義〉である。これは「"昨日在ったこと"への執着ではなく"時を超えて当てはまる原理"に基づく生活態度」[2]であるといえる。いわゆる「普遍的価値体系」「永遠に人間的な行動原理」への回帰を求める運動がそれに該当する。西欧世界ではそれは市民的自由に帰着するが，西欧的な意味における市民革命や市民社会を経験したことのない日本においては，村落共同体原理や「間人主義」的人間関係[3]の存続の希求としてあらわれる。結局それは，G.クラークのいう「集団的自由」[4]を求める行動に帰着する。

　その3は，〈実存型保守主義〉である。これは人間の自己防衛反応を契機

とする保守主義，つまり保身性を基底とした保守主義を意味する。この場合には「保身」のために「保守」になるのであって，生活レベルでは生活保守主義，政治レベルでは「現政権」の支持・擁護・維持といった方向性をもつ。日本では現政権が自民党を主体とする保守連合政権であるため，それは「保守政党への投票」という方向性をもっている。

　日本の保守主義をこのように3つのタイプに分類してみたわけであるが，現実には，政治レベルにおける日本の保守主義は，「イデオロギーではなく，政治的意思決定に当っての一つの態度，あるいは政治の進め方についての一つのアプローチとでもいうべきもの」[5]だというところに特徴があるように思える。例えば，イギリスの保守主義は人びとの豊かな政治的成熟に基礎づけられているし，アメリカの保守主義は制度に強く依存している。また，西ヨーロッパの保守主義は主としてキリスト教にその精神的，イデオロギー的基盤をもっている。ところが，日本の場合には政党派閥の形成や派閥政治に典型的にみられるように，基本的にはムラ的な共同体原理にその主柱が存在する。つまり，生活文化的な社会的保守主義が政治的保守主義に取り込まれる形で保守主義が存在し，存続しているのである。

　次に，いまひとつの予備的作業として，政治的保守主義の具体的意味内容を析出すための指標としての政党の類型化を行っておこう。従来の類別によれば，主として資本主義体制に対する容認度あるいは接近度によって保守政党（自民党，新自由クラブ），中道政党（民社党，公明党，社会民主連合），革新政党（社会党，共産党）というように認識されていた。この類別は今日でも一般的に用いられており，まだその有効性を失ってはいないが，しかし，1960年代後半から増え続けている政党支持の態度における「支持政党なし」層や「脱政党」層と，彼らを主要な支持基盤として1970年代後半に相次いで結成された新興政党や政治団体を的確に位置づけることができない。とくに脱政党層の中心は，もともと主体的・独立的に政党を選択していたが，現代の政党および政治に対して強い不信をいだき，その結果，いわゆる保守や革新の立場にとらわれない思考性，行動性をもつにいたった有権者（＝脱保革

層）である。このような人びとは，資本主義か社会主義かという発想に基づいて行動する体制イデオロギー的行動よりも，むしろ現実政治に立脚して，国民の利益と安全のバランスシートをつねに考え，①経済管理システムの向上によって，国民の福祉の向上をはかること，②生産力の効率的運用と生産された財貨・サービスの効率的分配を目的とする考え方（＝科学イデオロギー）を志向することを特徴としている。例えば，彼らは公害と福祉の問題，社会保障と経済成長の関係，減税と平等の問題，これらはいずれも科学イデオロギーに基づいて解決されなければならない問題だと考え，そこから政治の基本的なあり方を〈生活政治〉に求める[6]。篠原一によれば，「ライブリーな政治の原型は，第二次世界大戦後に訪れた高度成長経済の矛盾に対して，生と生活を守り，それを充実させるためにおこった運動の中にある」。また，ライブリーな政治を求める各種の運動は，「農民運動のように共同体的まとまりは乏しく，労働運動のような組織性は欠けているけれども人間の自発性を尊ぶ点ではもっともサークル的であり，また対象の全人間性からいって，画期的な意味をもっている」[7]という点に大きな特徴をもつ。

　そこで，これらの欠点を補うには，大衆民主制下において政党あるいは政治団体が，どのような組織原理に基づいて存在しているのかという視点から類別することが望ましいように思われる。この視点から現存する日本の各政党・政治団体を類別してみると次の3つに大別することができるだろう。その1は，議員政党である。この型に属する政党は自民党，社会党，民社党である。この型の政党に特徴的な点は，第1に政治資金や人材を自前で調達できず，他に仰がねばならないことである。自民党におけるその主たる調達先は，政治資金においては財界（企業）であり，そこから国民政治協会や各派閥の領袖を窓口として党組織に流入する。人材の面においては中央官僚OBや地方政界あるいは実業界に依存している。社会党の場合には政治資金は総評系の組合に依存し，人材面では労働組合や地方政界に主として依存している。また，民社党の場合には政治資金は主として財界（企業）から政和協会を通じて調達するか，あるいは同盟系の組合から調達し，人材は労働組合や

地方政界に依存している。そこから第2の特徴として，派閥優先の原理および労組（主として単産）優先の原理が指摘されうる。自民党においては，それは派閥領袖と陣笠議員との関係，すなわち，「領袖の陣笠にたいする庇護と陣笠の領袖に対する奉仕」[8]からなる人的関係において顕著である。自民党田中派の渡部恒三議員の言葉を借用すれば「親分子分，義理人情の感情」で結ばれた人間関係にそれは象徴的にあらわれている[9]。他方，社会党や民社党の場合には，議員と出身単産（支持母体）との関係において顕著にみられる。そして第3の特徴は，選挙方法が個人，単産の別はあっても後援会方式が主体だということである。ただ，まれには党営選挙で戦うケースもある（例えば，前回参議院選挙滋賀地方区における自民党公認の望月邦夫候補の場合にはそれに該当する）。

　その2は，組織政党である。この型に属する政党は公明党と共産党である。この型の政党の特徴の第1は，政治資金・人材ともに自前で調達できることである。公明党も共産党も政治資金の大半は党費と事業収入であるし，人材も党員（政党役員）が圧倒的に多い。あえて両者の相違を指摘すれば，公明党は地方政界出身者も多く，その主たる源泉は創価学会であるが，共産党の場合には弁護士や医師といった庶民との関わりを強くもっている自由業も含まれている。そこから第2の特徴として，党組織そのものが一枚岩的縦結構造という特質を多分にもっているがために，党組織優先の原理が強く働くということをあげておくことができる[10]。また，この原理はR.ミヘルスのいう〈寡頭制の鉄則〉[11]を多分に内包しているといえよう。そして第3の特徴が，選挙方法における党営選挙である。

　その3は，市民政党である。この型に属する政党や政治団体は，その大枠として体制イデオロギーとしての資本主義の擁護，あるいは社会主義への志向といった側面はもっているが，それよりはむしろ既存の保守・革新の枠組を乗りこえる〈ライブリー・ポリティックス〉に重点を置く。1970年代後半に結成された新自由クラブ（1976年6月），社会民主連合（1978年3月），革新自由連合（1977年4月。1983年9月解散）や1983年6月の拘束名簿式比例

代表制による第13回参議院選挙の際に生まれたサラリーマン新党や福祉党,あるいは第二院クラブといったような政党・政治団体がこれに該当するであろう。これらの政党・政治団体の特徴の第1は,主として支持政党なし層や脱政党層を支持基盤として,あるいはそれらの層を政治参加の方向に積極的に吸いあげていくことを目的としている。第2の特徴は,大きな固定的支持基盤をもっていないがために政治資金・人材ともに自前で調達するか,その方向性が強い。ただ新自由クラブの場合は,新自由主義協会を窓口として企業献金を受け入れている(ただし,一社からの企業献金は年間120万円までという原則に基づいている)し,また,社会民主連合とともに借入金の占める割合も高い。それに対して他の政治団体は,カンパや個人献金がその主たる財源になっている。第3の特徴は,選挙方法が主として個人選挙,サークル選挙,ボランティア選挙という点にある。第4は,一定の党則・党規約あるいはそれに類するような約束ごとは決められてはいるが,どちらかといえば党組織よりも個人を優先する原理に基づくゆるやかな横結構造をもっているところに特徴がある。それは多分に市民運動・住民運動が提起した原理を政治に結びつけることを主眼として構成されている。宮城健一は,市民運動が提起したものには次の3つの側面があると指摘している。第1は,現代の高度に産業化し,成熟した社会にあって,生活者の論理から自分たちの生活や社会を見直し,社会の革新の方向を提示するという政策形成の側面。第2の側面は,こうして提示した方向を自らが主体となって実現をめざすという市民の自治能力の高まりを示したこと。そして第3の側面は,多様な運動グループと連携し,対等な立場で協力し得えるような,いわばネットワーク型の市民政治勢力モデルの展望にかかわるものである[12]。ところで,この場合の「市民」とは「市」の住民ということでも,市民革命の主体となって人権や参政権を獲得し,市場に公共性を求めてきたようなブルジョアジーでもなく,「職業から独立した普遍的価値観を持つ主体」であり,またその意味で,市民運動とは生活水準・教育水準の向上を獲得しながらも産業化と市場化のために消費者・利用者としてだけの受動的な立場に倭小化されたという生活

状況を克服しようとする運動である[13]。

　高畠通敏は，市民運動・住民運動の論理，運動の構造についての特質を次のように指摘している。第1の特質は，市民運動は基本的に「反政治的な政治運動」としての逆説のうえに成立している。それは，運動が組織化してゆくことへの強い拒否である。つまり，運動集団がなんらかの「代表制」を主張するのを拒否して個人有志の集合であるという資格のまま運動しつづけることと同時に，運動内部で徹底した全員参加の直接民主政をとってゆこうという志向となってあらわれる。第2の特質は，本質的に防衛的・拒否的という意味において〈保守的ラジカリズム〉である。第3の特質は，あらゆるイデオロギーや抽象理論および「公共の福祉」的論理に抗して，個別的現実に徹することを主張する。しかも，それは個別利益のむしりとりのためではなく，個別ではあるが全体的な「人間」「生活」「地域」の名において，「公共」を拒否する点にある。第4の特質は，人間の営みのすべてを，その最終の帰結がもつ人間的な意味から問い直すときの価値としての生活価値を他のすべての諸価値に優先させるという原則をもっていることである。そして第5の特質は，この生活価値ということの中味が，「住民社会」の一員としての価値として解釈し直され，それが庶民としての共同性の感覚で裏づけられているという意味での住民社会優先の原則が形成されているということである[14]。

　このような特質をもつ市民運動や住民運動の原理を政治の世界に導入して形成された政治運動体が市民政党だといえよう。したがって，市民政党は自治の原理，直接参加の原理，生活価値優先主義，「個」を基底とした普遍主義を基本理念として，「既成政党全体へのあるいは戦後民主主義への不信」や「これまでの政党政治の形態や制度そのものに対する一つの異議申し立てという側面をもつ」[15]といえる。つまり，市民政党はインタレスト・ポリティックス（＝利益政治）に対して最左翼に位置しているわけであるし，また積極的に自らをそのように位置づけようともしている。

　このような組織原理からの類別は，また戦後日本の政党政治の歴史的流れ

にほぼ対応している。つまり，議員政党は1955年の保守合同，左右両派社会党統一による〈自社二大政党時代〉に，組織政党は1960年代後半以降の〈野党の多党化時代〉に，そして市民政党は1970年代後半以降の〈政党の多党化時代〉にという具合に。この歴史的過程は，国民の政治参加への自覚の高まりに基づくところの参加民主主義の発展過程と理解することができるであろう。そうであるとすれば政党の近代化および国民の政党支持の態度における脱政党化や有権者の投票行動様式における市民政党への志向は，その大枠において，政治におけるムラ的状況の拒否と「脱政治的保守主義」のプロセスと軌を一にしていると考えられる。このように理解したうえで，湖北地域のもつ政治的保守主義の特性と中期的将来の展望について検討していこう。

第2節　参議院議員通常選挙にみる政治特性

　まず最初に「55年体制」以降の保守，中道，革新の得票構造（＝基礎票）の推移の特徴からみていこう（表1，表2，表3参照）。1959年次選挙においては自民党票の若干の落ちこみがみられるが，これは長浜市出身の後藤俊男が社会党公認で全国区に出馬したことの影響によるところが大きいと考えられる。大津市では社会党は微減であるが，湖北地域では大幅に伸びている。次の1962年次選挙では，自民党は県全体，大津市でやや勢力を回復したが，それは民社党の進出にともなう社会党の減票によるところが大きい。他方，湖北地域全体ではひきつづき減少傾向を示した。とくに郡部（東浅井郡，伊香郡）では民社党の進出よりも参議院同志会の大量得票によるところが大きい。しかし，長浜市の場合は，民社党の進出，参議院同志会の大量得票がむしろ社会党の大幅減票につながり，そのために自民党は勢力を回復しえたと考えられる。1974年次選挙では自民党は全体的に得票を大幅に伸ばしている。絶対得票率でみれば前回選挙に比べて県全体では7.3ポイント，大津市では7.2ポイント，湖北地域では10.4ポイント（長浜市18.0ポイント，坂田郡6.2ポ

イント，東浅井郡8.0ポイント，伊香郡6.3ポイント）の伸びをそれぞれ示している。これはタレント候補が自民党公認で大量出馬したことの影響によるところが大きいといえる。例えば，宮田輝（元NHK司会），山東昭子（女優），山口淑子（女優），斎藤栄三郎（経済評論家），大松博文（元日本女子バレーボール監督），武智鉄二（演出家）などが挙げられる。その他自民党以外では，社会党公認の秦豊（ニュースキャスター），無所属の青島幸男，コロンビア・トップ，横山ノック，横井庄一などが出馬している。また，タレント候補の大量出馬は社会党の減票という形でも影響を与えた。しかし，次の1977年次選挙では，自民党は再び全体的に大きな落ちこみを示した。これは市民政党（新自由クラブ，社会市民連合，革新自由連合）の進出と既成中道（民社党，公明党）の得票増による。ちなみに県全体では自民党10.6ポイント減，市民政党6.5％，既成中道3.5ポイント増，既成革新（社会党，共産党）1.3ポイント増，大津市では自民党10.1ポイント減，市民政党8.3％，既成中道4.3ポイント増，既成革新0.1ポイント減，湖北地域では自民党10.5ポイント減（長浜市12.9ポイント減，坂田郡9.7ポイント減，東浅井郡8.7ポイント減，伊香郡10.1ポイント減），市民政党5.9％（長浜市6.5％，坂田郡5.0％，東浅井郡5.3％，伊香郡6.5％），既成中道2.2ポイント増（長浜市2.3ポイント増，坂田郡3.6ポイント増，東浅井郡2.0ポイント増，伊香郡1.0ポイント増），既成革新0.3ポイント増（長浜市0.7ポイント減，坂田郡1.3ポイント増，東浅井郡0.5ポイント増，伊香郡0.3ポイント増）という結果である。この結果からさらにいえることは，自民党の大幅な落ちこみは既成中道の伸展よりも，むしろ市民政党の進出により大きな影響を受けており，その傾向はとくに市部において著しいということである。他方，既成革新についてみてみると，県全体では社会党が前回に比べて1.6ポイントの微増，共産党が0.4ポイントの微減となり，大雑把にいえば市部では社会党は微増（大津市）あるいは横バイ（長浜市）で，共産党は減少，郡部では社会党微増で，共産党横バイという傾向を示した。このことから，市部では革新票（とくに共産党票）も市民政党へ幾分か流れたといえるであろう。1980年は衆参同日選挙となり，自民党は再

表1　総保守勢力の基礎票・比例区票の推移

		1956年	1959年	1962年	1965年	1968年	1971年
		自民党	自民党	自民党	自民党	自民党	自民党
滋賀県	得票数	124,697	113,452	138,136	171,228	182,329	182,384
	得票率	24.6	22.0	26.1	31.7	32.3	29.5
	合計						
大津市	得票数	13,361	10,480	16,443	21,539	29,603	25,085
	得票率	21.7	16.2	23.8	29.5	28.0	21.2
	合計						
湖北地域	得票数	26,780	24,753	24,803	35,843	32,878	32,131
	得票率	27.3	25.0	24.5	35.3	32.2	30.1
	合計						
長浜市	得票数	4,449	4,698	6,391	8,478	9,008	6,427
	得票率	16.1	16.7	21.3	27.3	28.2	18.7
	合計						
坂田郡	得票数	5,944	5,318	6,615	9,005	7,704	8,472
	得票率	23.4	20.0	24.3	33.8	29.1	31.3
	合計						
東浅井郡	得票数	9,191	8,860	6,300	10,432	8,610	9,238
	得票率	38.1	38.3	27.5	45.1	37.5	38.9
	合計						
伊香郡	得票数	7,196	5,877	5,497	7,928	7,556	7,994
	得票率	34.5	27.8	26.0	38.0	36.5	37.3
	合計						

註：① 1956年から1980年までは基礎票（＝全国区票），1983年は比例区票。
　　② 新自ク＝新自由クラブ。
　　③ 得票率＝絶対得票率。
　　④ 指数は1956年を100とした1983年の割合を示す（自民党）。
　　⑤ 当該表は『参議院議員通常選挙の記録』（滋賀県選挙管理委員会）より作成。

1974年	1977年	1977年	1980年	1980年	1983年	指　数	数
自民党	自民党	新自ク	自民党	新自ク	自民党	得票数	得票率
240,640	183,070	14,318	228,777	1,605	187,725	150.5	98.8
36.8	26.2	2.1	31.1	0.2	24.3		
	187,388	(28.3)	230,382	(31.3)			
34,818	24,211	3,115	36,284	373	27,418	205.2	82.5
28.4	18.3	2.3	25.5	0.3	17.9		
	27,326	(20.6)	36,657	(25.8)			
44,159	33,112	2,909	40,603	228	31,074	116.0	99.6
40.5	30.0	2.6	36.1	0.2	27.2		
	36,021	(32.6)	40,831	(36.3)			
13,057	8,627	1,030	11,132	114	7,358	165.4	121.1
36.7	23.8	2.8	30.2	0.3	19.5		
	9,657	(26.7)	11,246	(30.5)			
10,384	7,796	512	9,591	51	7,737	130.2	114.5
37.5	27.8	1.8	33.7	0.2	26.8		
	8,308	(29.7)	9,642	(33.9)			
11,313	9,379	503	11,083	34	8,809	95.8	91.3
46.9	38.2	2.0	44.3	0.1	34.8		
	9,882	(40.3)	11,117	(44.4)			
9,405	7,310	860	8,797	29	7,170	99.6	93.6
43.6	33.5	3.9	39.9	0.1	32.3		
	8,170	(37.5)	8,826	(40.1)			

表2　総革新勢力の基礎票・比例区票の推移

		1956年		1959年		1962年		1965年		1968年		1971年	
		社会党	共産党	社会党	共産党	社会党	共産党	社会党	共産党	社会党	共産党	社会党	共産党
滋賀県	得票数	83,605	5,125	92,520	4,503	88,404	7,094	77,988	11,274	96,235	12,357	82,270	29,004
	得票率	16.5	1.0	17.9	0.9	16.7	1.3	14.4	2.1	17.0	2.2	13.3	4.7
	合計	88,730(17.5)		97,023(18.8)		95,498(18.0)		89,262(16.5)		108,592(19.2)		111,274(18.0)	
大津市	得票数	13,416	1,401	13,238	1,212	12,162	1,927	9,980	2,689	8,453	3,803	13,524	8,271
	得票率	21.8	2.3	20.5	1.9	17.6	2.8	13.7	3.7	8.0	3.6	11.4	7.0
	合計	14,817(24.0)		14,450(22.3)		14,089(20.4)		12,669(17.3)		12,256(11.6)		21,795(18.4)	
湖北地域	得票数	17,484	413	23,475	362	18,029	614	16,761	1,318	22,167	1,224	18,878	2,961
	得票率	17.8	0.4	23.7	0.4	17.8	0.6	16.5	1.3	21.7	1.2	17.7	2.8
	合計	17,897(18.3)		23,837(24.1)		18,643(18.3)		18,079(17.8)		23,391(22.9)		21,839(20.5)	
長浜市	得票数	4,158	108	6,341	85	4,139	192	4,060	439	5,213	497	4,862	1,106
	得票率	15.0	0.4	22.5	0.3	13.8	0.6	13.1	1.4	16.3	1.6	14.1	3.2
	合計	4,266(15.4)		6,426(22.8)		4,331(14.4)		4,499(14.5)		5,710(17.9)		5,968(17.4)	
坂田郡	得票数	5,506	106	7,553	108	6,884	165	5,476	329	7,504	282	6,362	722
	得票率	21.7	0.4	28.5	0.4	25.3	0.6	20.6	1.2	28.4	1.1	23.5	2.7
	合計	5,612(22.1)		7,661(28.9)		7,049(25.9)		5,805(21.8)		7,786(29.5)		7,084(26.2)	
東浅井郡	得票数	3,892	89	5,332	74	3,249	126	3,338	306	4,739	233	3,879	617
	得票率	16.1	0.4	23.1	0.3	14.2	0.5	14.4	1.3	20.7	1.0	16.4	2.6
	合計	3,981(16.5)		5,406(23.4)		3,375(14.7)		3,644(15.8)		4,972(21.7)		4,496(19.0)	
伊香郡	得票数	3,928	110	4,249	95	3,757	131	3,887	244	4,711	212	3,775	516
	得票率	18.8	0.5	20.1	0.5	17.8	0.6	18.6	1.2	22.7	1.0	17.6	2.4
	合計	4,038(19.4)		4,344(20.6)		3,888(18.4)		4,131(19.8)		4,923(23.8)		4,291(20.0)	

註：① 1956年から1980年までは基礎票（＝全国区票），1983年は比例区票。
　　② 革自連＝革新自由連合。
　　③ 得票率＝絶対得票率。
　　④ 指数は1956年を100とした1983年の割合を示す。また，上段は社会党，中段は共産党，下段は総革新勢力の指数を示す。
　　⑤ 当該表は『参議院議員通常選挙の記録』（滋賀県選挙管理委員会）より作成。

1974年		1977年			1980年			1983年		指 数	
社会党	共産党	社会党	共産党	革自連	社会党	共産党	革自連	社会党	共産党	得票数	得票率
64,445	44,751	80,225	44,702	20,529	72,044	38,866	17,201	72,300	50,849	86.5	57.0
9.9	6.8	11.5	6.4	2.9	9.8	5.3	2.3	9.4	6.6	992.2	660.0
109,196(16.7)		145,456(20.9)			128,111(17.4)			123,149(15.9)		138.8	90.9
10,113	12,305	13,076	11,003	5,044	11,999	9,761	3,760	11,338	12,300	84.5	33.9
8.3	10.0	9.9	8.3	3.8	8.4	6.9	2.6	7.4	8.0	877.9	347.8
22,418(18.3)		28,123(21.2)			25,520(18.0)			23,638(15.5)		159.5	64.6
15,294	4,786	16,047	4,667	2,292	13,650	3,725	2,316	15,655	5,702	89.5	77.0
14.0	4.4	14.5	4.2	2.1	12.1	3.3	2.1	13.7	5.0	1,380.6	1,250.0
20,080(18.4)		23,006(20.8)			19,691(17.5)			21,357(18.7)		119.3	102.2
3,871	1,740	3,906	1,574	879	3,191	1,350	835	3,041	1,821	73.1	53.3
10.9	4.9	10.8	4.3	2.4	8.7	3.7	2.3	8.0	4.8	1,686.1	1,200.0
5,611(15.8)		6,359(17.6)			5,376(14.6)			4,862(12.9)		114.0	83.8
5,760	1,119	6,227	1,102	555	5,482	814	448	5,790	1,321	105.2	92.6
20.8	4.0	22.2	3.9	2.0	19.3	2.9	1.6	20.1	4.6	1,246.2	1,150.0
6,879(24.9)		7,884(28.2)			6,744(23.7)			7,111(24.7)		126.7	111.8
2,559	1,180	2,759	1,187	507	2,151	998	554	3,263	1,538	83.8	80.1
10.6	4.9	11.2	4.8	2.1	8.6	4.0	2.2	12.9	6.1	1,728.1	1,525.0
3,739(15.5)		4,453(18.1)			3,703(14.8)			4,801(19.0)		120.6	115.2
3,104	747	3,155	804	351	2,826	563	479	3,561	992	90.7	85.6
14.4	3.5	14.5	3.7	1.6	12.8	2.6	2.2	16.1	4.5	901.8	900.0
3,851(17.9)		4,310(19.8)			3,868(17.6)			4,553(20.5)		112.8	105.7

表3　中道勢力の基礎票・比例区票の推移

		1956年	1959年	1962年	1965年		1968年		1971年		1974年	
		―	―	民社党	民社党	公明党	民社党	公明党	民社党	公明党	民社党	公明党
滋賀県	得票数			23,856	30,687	31,270	30,044	39,978	35,349	31,222	34,472	32,784
	得票率			4.5	5.7	5.8	5.3	7.1	5.7	5.1	5.3	5.0
	合　計				61,957(11.5)		70,022(12.4)		66,571(10.8)		67,256(10.3)	
大津市	得票数			4,220	4,927	5,447	7,468	9,518	9,664	6,937	8,236	7,900
	得票率			6.1	6.7	7.5	7.1	9.0	8.2	5.9	6.7	6.4
	合　計				10,374(14.2)		16,986(16.1)		16,601(14.0)		16,136(13.2)	
湖北地域	得票数			4,208	5,452	3,964	5,036	4,839	4,724	4,184	5,054	3,948
	得票率			4.2	5.4	3.9	4.9	4.7	4.4	3.9	4.6	3.6
	合　計				9,416(9.3)		9,875(9.7)		8,908(8.4)		9,002(8.3)	
長浜市	得票数			1,463	1,856	1,220	1,617	1,655	1,722	1,369	2,194	1,372
	得票率			4.9	6.0	3.9	5.1	5.2	5.0	4.0	6.2	3.9
	合　計				3,076(9.9)		3,272(10.2)		3,091(9.0)		3,566(10.0)	
坂田郡	得票数			1,057	1,483	1,048	1,515	1,150	1,197	937	1,190	952
	得票率			3.9	5.6	3.9	5.7	4.4	4.4	3.5	4.3	3.4
	合　計				2,531(9.5)		2,665(10.1)		2,134(7.9)		2,142(7.7)	
東浅井郡	得票数			755	965	878	1,011	1,040	1,022	987	994	862
	得票率			3.3	4.2	3.8	4.4	4.5	4.3	4.2	4.1	3.6
	合　計				1,843(8.0)		2,051(8.9)		2,009(8.5)		1,856(7.7)	
伊香郡	得票数			933	1,148	818	893	994	783	891	676	762
	得票率			4.4	5.5	3.9	4.3	4.8	3.6	4.2	3.1	3.5
	合　計				1,966(9.4)		1,887(9.1)		1,674(7.8)		1,438(6.7)	

註：① 1962年から1980年までは基礎票（＝全国区票），1983年は比例区票。
　　② 民社党は1968年次選挙までは民主社会党。社市連＝社会市民連合，社民連＝社民主連合，自ク連＝新自由クラブ民主連合。
　　③ 得票率＝絶対得票率。
　　④ 指数は民社党および中道勢力が1962年を，公明党が1965年をそれぞれ100とした1983年の割合を示す。また，上段は民社党，中段は公明党，下段は中道勢力の指数を示す。
　　⑤ 当該表は『参議院議員通常選挙の記録』（滋賀県選挙管理委員会）より作成。

第 8 章　湖国滋賀の選挙風土 ―― 205

1977年			1980年			1983年			指	数
民社党	公明党	社市連	民社党	公明党	社民連	民社党	公明党	自ク連	得票数	得票率
50,593	45,408	10,738	39,573	40,525	5,455	52,751	45,511	7,566	221.1	151.1
7.3	6.5	1.5	5.4	5.5	0.7	6.8	5.9	1.0	145.5	101.7
106,739 (15.3)			85,553 (11.6)			105,828 (13.7)			443.6	304.4
12,662	10,497	2,893	9,528	10,135	1,517	11,155	9,900	1,724	264.3	119.7
9.5	7.9	2.2	6.7	7.1	1.1	7.3	6.5	1.1	181.8	86.7
26,052 (19.6)			21,180 (14.9)			22,779 (14.9)			539.8	244.3
6,496	4,936	1,309	5,328	4,366	598	7,403	5,059	1,122	175.9	154.8
5.9	4.5	1.2	4.7	3.9	0.5	6.5	4.4	1.0	127.6	112.8
12,741 (11.5)			10,292 (9.2)			13,584 (11.9)			322.8	283.3
2,679	1,809	470	2,245	1,565	201	2,855	1,655	439	195.1	155.1
7.4	5.0	1.3	6.1	4.2	0.5	7.6	4.4	1.2	135.7	112.8
4,958 (13.7)			4,011 (10.9)			4,949 (13.1)			338.3	267.3
1,722	1,178	334	1,380	996	156	1,778	1,081	224	168.2	159.0
6.1	4.2	1.2	4.8	3.5	0.5	6.2	3.7	0.8	103.1	94.9
3,234 (11.5)			2,352 (8.9)			3,083 (10.7)			291.7	274.4
1,279	1,109	284	950	932	137	1,579	1,180	238	209.1	187.9
5.2	4.5	1.2	3.8	3.7	0.5	6.2	4.7	0.9	134.4	123.7
2,672 (10.9)			2,019 (8.1)			2,997 (11.8)			397.0	357.6
816	840	221	753	873	104	1,191	1,143	221	127.7	122.7
3.7	3.9	1.0	3.4	4.0	0.5	5.4	5.2	1.0	139.7	133.3
1,877 (8.6)			1,730 (7.9)			2,555 (11.5)			273.8	261.4

び大幅に票を伸ばした。この現象は市民政党，既成中道，既成革新の減票によるもので，自民党の野党分断の意図が的中した恰好となった。ちなみに，県全体では自民党4.9ポイント増，市民政党3.3ポイント減，既成中道2.9ポイント減，既成革新2.8ポイント減，大津市では自民党7.2ポイント増，市民政党4.3ポイント減，既成中道3.6ポイント減，既成革新2.9ポイント減，湖北地域では自民党6.1ポイント増（長浜市6.4ポイント増，坂田郡5.9ポイント増，東浅井郡6.1ポイント増，伊香郡6.4ポイント増），市民政党3.1ポイント減（長浜市3.4ポイント減，坂田郡2.7ポイント減，東浅井郡2.5ポイント減，伊香郡3.7ポイント減），既成中道1.8ポイント減（長浜市2.1ポイント減，坂田郡2.0ポイント減，東浅井郡2.2ポイント減，伊香郡0.2ポイント減），既成革新3.3ポイント減（長浜市2.7ポイント減，坂田郡3.9ポイント減，東浅井郡3.4ポイント減，伊香郡2.8ポイント減）である。この結果から，市民政党，既成中道，既成革新は，大津市および湖北地域においても，あるいは市部・郡部間に大差なくほぼ等しく衆参同日選挙のマイナス影響を受けたといえるであろう。その意味では，衆参同日選挙は自民党にとってまことに有利な選挙戦術であったといえる。

さらに，湖北地域における自民党，中道勢力，総革新勢力（とくに既成革新）のそれぞれの得票構造の推移の大雑把な特徴を指摘しておけば，自民党は20％台から40％の間で鋸歯形の変動を示し，中道はほぼ1割勢力であり，既成革新は社会党と共産党が，社会党後退，共産党伸展という形での補完関係にあることを示しながら2割勢力を維持しているといえる。このように各政治勢力の得票構造の推移の概略を理解したうえで，1983年6月26日に行われた第13回参議院選挙の特徴について言及しておこう。

周知のように今回の選挙は，全国区制にかわる拘束名簿式比例代表制の導入によって行われた。この新制度の大きな特徴は，個人ではなく政党が選挙の主体となる政党本位の選挙制度だという点にある。そこには政権党の側における野党の選挙協力体系の切り崩しと，政権党を含めた既成大政党の小政党・会派や無所属議員に対する締め出しの論理が貫かれていたといえる。賛

否両論うず巻く中で選挙戦が展開されたのであるが，新制度が湖国政界に与えたインパクトや特徴を主として有権者の投票行動様式やその結果としての各政党・会派の得票構造を分析することによって描き出してみよう。

第1は，投票率が極めて低かったことである。今回選挙での投票率は63.4％で前回よりも13.4ポイントも減少し，史上2番目の低さを記録した。過去最低は第5回選挙（1959年）の58.9％であるが，このときは平日選挙であったため，休日に投票された通常選挙では今回が史上最低ということになる。地域別でみた場合，とくに市部（58.0％）での低さが目立つ（郡部69.6％，最高は西浅井町の82.7％，最低は豊郷町の53.3％）。低投票率の主な要因としては，①統一地方選挙があったばかりで有権者や運動員に疲れや飽きがみられた。②争点がはっきりしないうえ，自民党の圧勝ムードが流れた。③比例区は候補者同士が個人レベルで競い合う選挙戦でないため盛り上がりに欠けた。④さらに比例代表制に対する有権者の抵抗感・拒否反応が強かった，などが考えられる[16]。確かに滋賀県の場合，有権者の選挙への関心はそれほど高くはなかった。『読売新聞』のアンケート調査によれば，「大いに関心がある」（18％），「少しは関心がある」（38％）をあわせた関心派は56％で，前回の衆参同日選挙に比べて7.2ポイント減少している。関心の高い層は，年代別では40歳代から60歳代の中高年層，職業別では管理・専門職の76.5％を筆頭に自由業，農林水産業，事務・技術職，政党支持別では公明党を筆頭に自民党，社会党，民社党，共産党の順となっている。それに対して，「あまり関心がない」（33.2％），「全く関心がない」（10.4％）をあわせた無関心派は43.6％となっている。年代別では30歳以下の若年層と70歳以上に集中し，職業別では主婦の47.2％を筆頭に商工・サービス業，労務職，政党支持別では無党派層（64.8％）となっている[17]。また，朝日新聞社の調査によれば，選挙に関心をもっている有権者は立会演説会やテレビ・ラジオの政見放送など，なんらかの形で候補者の政見に接している（58％）。職業別では事務・管理職，農林水産業が7割近く接しているし，男女別では男性67％，女性48％となっている。年代別では20歳代はかなり低いが，30歳以上にはよく浸

透している[18]。さらに立会演説会の入場者数をみても，今回は総計4,853人（前回3,699人）で，前回比1,184人（32.3ポイント）増となっており，有権者の側に政見を聞こうという姿勢があったといえるし，そのような比較的政治意識の高い有権者が一票を行使したといえるだろう。

　第2は，選挙区選挙での〈滋賀方式〉の不発である。前回選挙では，滋賀労働4団体と革新・中道4党（社会党，公明党，民社党，社民連）が，強力なスクラムを組んで山田耕三郎前大津市長を擁立し，国土庁政務次官の望月邦夫候補（自民党公認）を8,787票の僅差で破って，12年ぶりに保守から議席を奪回した。しかし，今回は現職の河本嘉久蔵候補（自民党田中派）の独走が確実視されていたことと，比例区選挙とのからみで各党の論理が単純明快に通ってしまって，野党各党は共闘よりも自党の得票を伸ばすことに力点を置いた〈わが党〉選挙へ突き進んでいった[19]ことが大きく影響している。共闘体制不成立のいまひとつ考えられる大きな原因は，中央レベルで動きだした全民労協の影響を滋賀労働4団体が受けていたであろうということである。ともあれ，今回のこの現象が一時的なものであるのか，あるいは革新・中道共闘体制の崩壊を意味するのか断定はできないが，確実にいえることは，比例代表制導入で労働4団体の団結にヒビが入る要素がふえ，その意味で滋賀の労4共闘は試錬の時代を迎えたということである[20]。

　第3は，滋賀の自民党は「圧勝」したのかということである。結論を先取りしていえば，決してそうではないということである。選挙区選挙では現職の河本候補が党県連135支部，党員4万2,000人，河本後援会18万世帯（公称25万人），それに自営の綾羽グループの会社網という厚い支持基盤と，さらには遺族会，農協，建設業協会等の支持を受け，2期12年の実績にものをいわせて，得票数では全市町村（7市42町1村）でトップという滋賀の選挙史上初のパーフェクト勝利で3選を果たした。今回の河本の得票数は24万7,928票で相対得票率51.9%であるから確かに他の3候補に大きく差をつけたという意味で「圧勝」とはいえるが，しかし，6年前の選挙と比べると3万

票弱の減少であり（前回27万6,245票），絶対得票率においては7.5ポイントも減少している（今回32.1％，前回39.6％）。そういう意味からいえば決して「圧勝」などとはいえない。

　では比例区の方はどうであろうか。まず，ミニ新党の進出とのからみで既成政党の選挙区から比例区への票の流れと連動率に関する特徴からみていこう（表4参照）。特徴の第1は，自民党票の連動率が県，大津市，湖北地域各市郡ともほぼ4分の3程度であって，前回選挙に比べると絶対得票率で県全体6.8ポイント減，大津市7.6ポイント減，湖北地域8.9ポイント減（長浜市10.7ポイント減，坂田郡6.9ポイント減，東浅井郡9.5ポイント減，伊香郡7.6ポイント減）となったということである（表1参照）。第2の特徴は，湖北地域における社会党票，民社党票の連動率が県や大津市と比較して高く，とくに共産党の場合には100％を超えるという高さである。第3の特徴は，市部における既成中道，既成革新の連動率の相対的低さと，絶対得票率の横バイ（大津市：既成中道増減ゼロ，既成革新0.1ポイント増，長浜市：既成中道1.7ポイント増，既成革新0.4ポイント増），それに対する湖北地域郡部における既成中道，既成革新の連動率の相対的高さと，絶対得票率の上昇である（坂田郡：既成中道1.6ポイント増，既成革新2.5ポイント増，東浅井郡：既成中道3.4ポイント増，既成革新6.4ポイント増，伊香郡：既成中道3.2ポイント増，既成革新5.2ポイント増）。これらのことから第4の特徴として，県全体や市部（大津市，長浜市）では自民，民社，社会，共産の各党からミニ新党へ，郡部では主として自民党からミニ新党へ票が流れたと考えられる。

　また，このことを政党支持率と絶対得票率との関連でみてみよう。表5は朝日，毎日，読売の各新聞社のアンケート調査と各政党の絶対得票率とを比較したものである。各新聞社の調査結果を比較すると自民党（朝日と毎日・読売），公明党（3社とも），「支持政党なし」および無回答（朝日と毎日・読売）で有権者の政党支持率に較差がみられる。しかし，この表から少なくとも自民党支持者，とくに消極支持者および支持政党なし層，無回答層は棄

表4　選挙区から比例区への票の流れと連動率

		自民党				社会党			
		選挙区	比例区	選－比	連動率	選挙区	比例区	選－比	連動率
滋賀県	得票数	247,916	187,725	60,191	75.7	99,156	72,300	26,856	72.9
	絶対得票率	32.1	24.3			12.8	9.4		
大津市	得票数	35,721	27,418	8,303	76.8	19,088	11,338	7,750	59.4
	絶対得票率	23.4	17.9			12.5	7.4		
湖北地域	得票数	40,404	31,074	9,330	76.9	19,345	15,655	3,690	80.9
	絶対得票率	35.4	27.2			17.0	13.7		
長浜市	得票数	9,508	7,358	2,150	77.4	4,054	3,041	1,013	75.0
	絶対得票率	25.1	19.5			10.7	8.0		
坂田郡	得票数	10,090	7,737	2,353	76.7	6,501	5,790	711	89.1
	絶対得票率	35.0	26.8			22.5	20.1		
東浅井郡	得票数	11,316	8,809	2,507	77.8	4,532	3,263	1,269	72.0
	絶対得票率	44.7	34.8			17.9	12.9		
伊香郡	得票数	9,490	7,170	2,320	75.6	4,258	3,561	697	83.6
	絶対得票率	42.8	32.3			19.2	16.1		

註：① 選－比：選挙区得票数－比例区得票数
　　② 備考欄の上段＝当日有権者数，下段＝投票率。

表5　政党支持率と絶対得票率

	朝日新聞 （6月25日）	毎日新聞 （6月22日）	読売新聞 （6月22日）	絶対得票率	
				比例区	選挙区
自由民主党	34	48	48.6	24.3	32.1
日本社会党	9	11	11.0	9.4	12.8
公明党	2	5	3.4	5.9	－
民社党	6	6	6.4	6.8	9.6
日本共産党	5	5	4.0	6.6	7.3
新自由クラブ	1	1	1.3	}1.0	－
社会民主連合	0.2	－	0.2		
その他（ミニ新党）	1	－	0.4	8.1	－
支持政党なし	25	20	19.8	－	－
無回答	17	4	4.9	－	－

註：① 各紙（　）内の日付はアンケート調査の発表日を示す。
　　② 新自由クラブ，社会民主連合の比例区絶対得票率は院内会派〈新自由クラブ民主連合〉の得票率を意味する。

民　社　党				共　産　党				公明党	自ク連	ミニ新党	備　考
選挙区	比例区	選－比	連動率	選挙区	比例区	選－比	連動率	比例区	比例区	比例区	
74,357	52,751	21,606	70.9	56,479	50,849	5,630	90.0	45,511	7,566	62,659	773,255
9.6	6.8			7.3	6.6			5.9	1.0	8.1	63.43
17,529	11,155	6,374	63.6	13,908	12,300	1,608	88.4	9,900	1,724	13,729	152,811
11.5	7.3			9.1	8.0			6.5	1.1	9.0	58.25
9,071	7,403	1,668	81.6	5,651	5,702	－51	100.9	5,059	1,122	8,101	114,126
7.9	6.5			5.0	5.0			4.4	1.0	7.1	66.72
4,004	2,855	1,149	71.3	2,041	1,821	220	89.2	1,655	439	2,592	37,807
10.6	7.6			5.4	4.8			4.4	1.2	6.9	53.30
2,026	1,778	248	87.8	1,266	1,321	－55	104.3	1,081	244	1,804	28,847
7.0	6.2			4.4	4.6			3.7	0.8	6.3	70.16
1,640	1,579	61	96.3	1,358	1,538	－180	113.3	1,180	238	2,006	25,304
6.5	6.2			5.4	6.1			4.7	0.9	7.9	76.05
1,401	1,191	210	85.0	986	992	－6	100.6	1,143	221	1,699	22,168
6.3	5.4			4.4	4.5			5.2	1.0	7.7	74.49

権もしくはミニ政党に投票したということはいえるだろう[21]。

　そこでさらに，ドント式計算[22]による「比例区議席配分」の比較分析から，湖北地域の政治的特徴を次にみてみよう。従来からの類別方法でみれば表6-1から理解できるように，湖北地域は保守・革新優位の二極構造を呈している。つまり，湖北地域には「55年体制」型の政治の磁場が根強く残存しているということである。また，それを組織原理からの類別方法でみれば表6-2から理解できるように，湖北地域は議員政党優位型の政治磁場を形成している。結果として，どちらの類別方法でみても湖北地域は基本的に政治的保守主義であるという結論に達するわけである。いまひとついえることは，大津市が全国と，長浜市が県全体と，それぞれこころもち保守主義から遠い形で類似性をもっているということである。

表6-1　ドント式計算による「比例区議席配分」（Ⅰ）

	自民党	自ク連	民社党	公明党	社会党	共産党	サラ党	福祉党	二院ク
全　国	19	1	4	8	9	5	2	1	1
		13			14		4		
滋賀県	22	0	6	5	8	5	2	1	1
		11			13		4		
大津市	17	1	6	6	7	7	3	2	1
		13			14		6		
湖北地域	24	0	5	3	12	4	1	1	0
		8			16		2		
長浜市	20	1	8	4	8	5	2	1	1
		13			13		4		
坂田郡	21	0	5	3	16	3	1	1	0
		8			19		2		
東浅井郡	27	0	4	3	10	4	1	1	0
		7			14		2		
伊香郡	25	0	4	4	12	3	1	1	0
		8			15		2		
類　型	保守	中　道			革　新		無　党　派		

表6-2　ドント式計算による「比例区議席配分」（Ⅱ）

	自民党	社会党	民社党	共産党	公明党	自ク連	サラ党	福祉党	二院ク
全　国	19	9	4	5	8	1	2	1	1
		32			13		5		
滋賀県	22	8	6	5	5	0	2	1	1
		36			10		4		
大津市	17	7	6	7	6	1	3	2	1
		30			13		7		
湖北地域	24	12	5	4	3	0	1	1	0
		41			7		2		
長浜市	20	8	8	5	4	1	2	1	1
		36			9		5		
坂田郡	21	16	5	3	3	0	1	1	0
		42			6		2		
東浅井郡	27	10	4	4	3	0	1	1	0
		41			7		2		
伊香郡	25	12	4	3	4	0	1	1	0
		41			7		2		
類　型	議　員　政　党			組　織　政　党			市　民　政　党		

第3節　第37回衆議院議員総選挙の結果分析

　次にとりあげておきたいことは，〈83年政治決戦〉の最後を締めくくった第37回衆議院選挙である（12月18日執行）。この総選挙の特徴のひとつとして，選挙直前に公職選挙法が「改正」されて選挙運動の規制が強化されたことを指摘しておかなければならない。その主な内容は，①選挙運動期間の短縮（20日→15日），②街頭演説の時間短縮（開始：午前7時→8時），③立会演説会の廃止，④選挙運動のために使用できる自動車は候補者1人につき1台に制限，⑤ポスターも定められた掲示板以外に掲示できないなどである。また，この総選挙は10月12日の田中一審有罪判決をうけての選挙という色合いを濃厚にもっていたため，野党陣営はこぞって政治倫理を争点の中心にすえ，田中批判および田中派批判を展開した点にも特徴がある。

　結果は周知のとおり，自民党公認の過半数割れ（250議席，追加公認9人を含めて新勢力は259人）に終り，第2次中曽根内閣は新自由クラブとの保・保連立内閣という形でスタートした。ここに1955年の保守合同以後，はじめて自民党単独政権が崩壊し，連立政権が成立したわけであるが，このことのもつ意義については別の機会に言及したい。

　自民党の「敗因」については，『朝日新聞』（1983年12月20日付）の「天声人語」の欄に簡明な文章が掲載されているので，それを引用することで今回の総選挙のもつ意義についての言及にかえておこう。「自民党はら・り・る・れ・ろに負けた。1に乱立，2に倫理，3にリーダーへの批判，4には率で，5に累積，6に連携，7は老齢。▶〈乱立〉　これはすごかった。大阪5区でも愛知1区でも，自民党の各派閥が骨肉相はむ争いを続けたあげく全滅した。中でも，田中派候補の殴り込みがめだった。派閥争いを抑えきれなかったところに，重大な敗因があった。▶〈倫理〉　読者からいただいた狂歌に「リンリなど書生の説をうそぶいてマンマと一杯食わす田中派」。田中派は都市部では議席を失うものもいたが，自民退潮の中でしぶとく生き残った。角栄笑って自民がやせる，の感があった。自民党内には「リンリリン

リと鈴虫のように」と政治倫理をばかにして笑う風潮があったが，これがかえって有権者の反発を招いたのではないか。▶〈リーダー〉　中曽根首相が結局，田中問題にけじめをつけることができなかったことへの批判が強かった。選挙になると急に「緑化」を叫んだり，偏差値教育の改革を，と訴えたりする。これは政策の訴えではなく，単なる願望の表明だ，という反発もあった。▶〈率〉　投票率の低さが響いた。「このていどの国民」なんていわれたら，「投票なんかするものか」というものが出て来てもふしぎではない。棄権の中には，今回は自民にいれたくないが野党もねえ，という批判層があったろう。▶〈累積〉　重税感，ちょっぴり減税への不満，増税への不安，医療保険制改革への不安，軍拡への不安，そういう不満や不安が累積しているのに，説得力のある政策の説明が足りなかった。▶〈連携〉　公民協力，社公協力の成功。▶〈老齢〉　落選した久保田元防衛庁長官80歳，瀬戸山文相79歳，秋田元自治相77歳……▶と数えあげてはみたが，つまりは自民の失点で野党は勝たしてもらった，という色合いが濃い。全野党の絶対得票率は過去3回の総選挙に比べると，最低である」。

　では，滋賀県における情勢はどうであったのかということを検討していこう。まず最初に，「自民党敗北，野党勝利」かということである。確かに今回選挙での議席配分をみる限りでは自民党2議席（宇野宗佑，山下元利），野党3議席（社会党の野口幸一，共産党の瀬崎博義，民社党の西田八郎）ということで，「自民党敗北，野党勝利」といえるだろう。しかし，得票構造の推移でみれば，「自民党は〈棄権党〉と共産党に敗けた」とはいえても，「野党が勝利した」とは決していえないということである（表7，表8参照）。

　次に，自民党敗北の原因がどこにあったのかということである。その第1の要因は，棄権率の大幅な増加，いいかえれば戦後最低の投票率（67.5%）にある。前回選挙（76.8%）に比べて9.3ポイントも低下している。投票率が大きく低下した主な原因としては，①既にみたように公選法の「改正」による選挙運動の規制の強化，②12月18日という選挙の時期（この時期は歳末商戦の最中で，選挙運動の中核となる商店会や同業組合の役員の動きに支障を

表7 与野党の得票数・得票率と棄権の推移

	選挙年	有権者数	自民党			野党			棄権		
			得票数	得票率	増減	得票数	得票率	増減	票	率	増減
湖南地域	1980年	346,166	132,515	38.3	-6.9	127,834	36.9	-2.6	80,729	23.3	10.5
	1983年	376,504	118,245	31.4		129,223	34.3		127,350	33.8	
湖東地域	1980年	231,817	88,822	38.3	-6.6	80,234	34.6	-1.5	59,478	25.7	9.1
	1983年	240,513	76,286	31.7		79,509	33.1		83,600	34.8	
湖北地域	1980年	112,395	56,355	50.1	-9.1	32,026	28.5	2.5	22,130	19.7	7.7
	1983年	114,417	46,884	41.0		35,474	31.0		31,367	27.4	
湖西地域	1980年	45,336	24,389	53.8	-3.0	11,170	24.6	0.2	8,062	17.8	5.9
	1983年	48,185	24,491	50.8		11,971	24.8		11,416	23.7	
滋賀県	1980年	735,714	302,081	41.1	-7.0	252,231	34.3	-1.3	170,399	23.2	9.3
	1983年	779,619	265,906	34.1		257,157	33.0		253,463	32.5	

註：① 湖南地域＝大津市、草津市、守山市、栗太郡、野洲郡、甲賀郡。
　　　湖東地域＝彦根市、近江八幡市、八日市市、蒲生郡、神崎郡、愛知郡、犬上郡。
　　　湖北地域＝長浜市、坂田郡、東浅井郡、伊香郡。
　　　湖西地域＝滋賀郡、高島郡。
　② 得票率＝絶対得票率。

表8 野党各党の得票構造の推移

	選挙年	社会党（野口幸一）			民社党（西田八郎）			共産党（瀬崎博義）		
		得票数	得票率	増減	得票数	得票率	増減	得票数	得票率	増減
湖南地域	1980年	34,706	10.0	0.2	39,559	11.4	0.4	39,694	11.5	0.8
	1983年	38,466	10.2		44,299	11.8		46,458	12.3	
湖東地域	1980年	29,751	12.8	-0.7	24,796	10.7	-0.1	21,086	9.1	1.3
	1983年	29,002	12.1		25,486	10.6		25,001	10.4	
湖北地域	1980年	14,786	13.2	0.6	9,003	8.0	0.6	6,940	6.2	2.4
	1983年	15,828	13.8		9,825	8.6		9,821	8.6	
湖西地域	1980年	4,472	9.9	-0.4	3,098	6.8	-0.6	3,600	7.9	1.2
	1983年	4,589	9.5		2,984	6.2		4,398	9.1	
滋賀県	1980年	83,715	11.4	-0.1	76,456	10.4	0.2	71,320	9.7	1.3
	1983年	87,885	11.3		82,594	10.6		85,678	11.0	

きたした），③それに〈10.12田中一審有罪判決〉と政治倫理があげられよう。「自民党や新自由クラブのような国民政党の場合は積極支持層に較べて相対的に消極支持層の割合が大きい。しかも自民党の場合、積極・消極を問わず支持層の絶対数が多いから、自民党系消極支持層が大量に出動した選挙では投票率が押し上げられ、自民党の圧勝をもたらす。一方、消極支持層が寝トライキを決めこむと、投票率が下がって議席の後退が生ずる」[23]と堀江湛

が指摘しているように，自民党消極支持層，支持政党なし層の棄権が自民党得票数（率）の低下をもたらしたといえよう。とりわけ政治倫理については自民党消極支持層が棄権という形で対応したと考えられる[24]。

ところで，政治倫理に関する問題は有権者にとって最大の関心事であり，また最大の争点たりえたのであろうか。読売新聞社の世論調査（今回は12月7日から9日にかけて実施，前回は6月）によれば，県内有権者の関心事の第1位は「物価」（43.6％，前回49.5％，全国40.5％），以下第2位「減税」（35.9％，前回調査せず，全国31.3％），第3位「政治倫理」（26.0％，前回6.2％，全国22.2％），第4位「景気」（20.9％，前回30.6％，全国21.3％），第5位「行政改革」（18.3％，前回24.2％，全国18.4％），第6位「教育」（16.3％，前回27.2％，全国16.2％），第7位「福祉」（14.8％，前回28.4％，全国19.8％），第8位「外交・防衛」（10.5％，前回17.8％，全国11.8％）の順となっている[25]。この調査結果によれば，政治倫理問題は有権者にとって最大の関心事ではなかったが，「田中問題」を契機に政治倫理の確立を求める声が強かったことを示している。とくに滋賀県では田中派から2人の候補が出馬したということもあって，その高まり方が著しく，それ故，政治倫理は大きな争点となりえたといえよう。

自民党敗北の第2の要因は，野党の選挙協力が功を奏したことである。とくに4万5,000票の基礎票をもつ公明党が1979年次選挙以後，社会党（野口），民社党（西田）を〈並列支持〉してきていることの影響が大きい。また，今回は社会民主連合，新自由クラブが民社党候補を推薦し，滋賀県興農政治連盟も初めて民社党を支援した。

第3の要因は，共産党の大幅な得票増である。得票数では前回比1万4,358票（20.1ポイント）増，絶対得票率でも1.3ポイント増加した。

さらに検討しておかなければならないことは，「湖北地域」出身の川島信也候補（自民党田中派）の敗因についてである。川島候補の敗因についてはいくつか考えられるが，まず第1の敗因は，川島候補がはたして「地元候補」であったのか，より正確にいえば，湖北地域有権者から「地元候補」として

受け入れられていたのかということである。結論を先にいえば、湖北地域有権者は高島郡新旭町出身で前回選挙後に居を長浜市に移した川島候補を「地元候補」として強く意識していなかったということである。つまり、全川島票（6万8,057票）のうち地元票（2万8,575票）の湖北地域有権者に対する割合（＝歩留率）は25.0％で、保守系の党公認候補としては1972年次選挙の上田茂行（自民党田中派、18.9％），1976年次選挙の桐畑好春（新自由クラブ、18.9％）に次いで低い率であったし、それに関連して、湖北票の流出率も1979年次選挙（53.2％）に次いで2番目に高かった。

第2の敗因は、利益誘導戦術が、湖北地域有権者にうまく浸透しなかったということである。川島候補は、「政治に力を、湖国に力を」「湖北はひとつ」「湖北から代議士を」を政治スローガンとして掲げ、さまざまなセールス・ポイントを提示した。そのうちのひとつが国鉄出身という過去の経歴を生かした「国鉄琵琶湖環状線構想」である。つまり、「国鉄東海道本線、湖西線、北陸本線をつなぎあわせ、ループ状にして、ちょうど東京の山手線、大阪の環状線のように走らせるもの」[26]である。いまひとつの構想は、湖北地域の活性化構想としての「テクノポリス構想」（＝50万都市構想）である。川島候補自身次のように語っている。「びわ湖周辺の各地の土地利用が平均化し、人材の流通がさかんになり、知識集約型産業と学術研究機関が手を結び、県内の中小都市を形成する構想がテクノポリス構想です。とりわけ湖北における彦根と長浜は両方の長所を有機的に結びつけ"ふた子都市"として発展させる方法が最も有効なのではないでしょうか。私は何としてもこの湖北から彦根にかけての、琵琶湖東北部を将来すばらしいテクノポリスに発展させなければならないと思います」。「湖北を滋賀の、いや日本の重要都市テクノポリスに築きあげる方策は夢ではありません。この地を50万都市にして、皆が生き生きと、はつらつと生活できる基盤を築くのは、やはり政治です」[27]。これら一連の構想の着眼点は、確かに湖北地域有権者にアピールするに十分な根拠をもっていたといえる。例えば、〈交通〉因子（＝交通の便が悪い）に関する不満は28.1％で、大津市（20.1％）よりもはるかに高いし、〈文化・

教育）因子（＝図書館，集会所といった文化施設）に対する不満も32.6％で県内各地域中最高である（大津市24.2％，県全体27.3％）[28]。ところが，この川島構想はあまりにも雄大・遠大すぎて，知的貧困，抽象への弱さ，即時性，短絡的現実主義などを一般的特徴としてもつ[29]湖北地域農村部の有権者が十分に理解しきれなかったということと，「なる」の論理に埋没してきた，あるいはそれに支配されてきた湖北地域有権者が，それを受け入れるだけの適応力をもちあわせていなかったということが，浸透力を弱める結果を導いたと考えられよう。

第3の敗因は，川島候補自身が田中派であったため，政治倫理との関わりでとくに自民党消極支持層の支持が得られなかったということである。また，革新系消極支持層の票が野党（とくに共産党）へ流れてしまったこともかなりの影響があったと考えられる。

第4の敗因は，川島陣営の参謀には重鎮がおらず，しかも宇野・山下両代議士の系列下にある県議（山下派4人，宇野派1人）で固められていた（総括責任者：酒井研一，選挙本部長：伊夫貴直彰，事務長：伊藤正明）ため，川島陣営内の実情が宇野・山下両陣営に筒抜けになっていたという内部事情による。

第5の敗因は，中曽根派の宇野宗佑が通産大臣に就任した結果，山下元利もそこそこの票を取らねばならなくなったため，同じ田中派の川島候補を援助する余裕がなくなったこと[30]と，山下と川島の地盤（高島郡）が競合したということにある。

このような要因が重なって，55支部（その主体は国鉄OB約1万人，国鉄出入り業者，県建設業協会，農協など）を擁する川島後援会[31]も有効にフル回転せず，それが敗北につながったといえよう。

第4節　湖北地域の政治的保守主義と〈湖北の復権〉思想

いままでにみてきた湖北地域有権者の参議院選挙における投票行動様式

図1　湖北地域における社会的保守主義から政治的保守主義へのプロセス

```
                帰属意識(identification)
                集団圧力(group pressure)
      同調の原理  or 社会的圧力(social pressure)
  政治的                                    社会的
  保守主義                                   保守主義
      community
      involvement
                地元意識(local attachment)

                    ⇧ impact
      ┌──────────────────────────┐
      │ 政治体系のアウト・プットの産出能力の結果 │
      │ （主観的生活格差，就業機会の寡少さなど）　│
      └──────────────────────────┘
          歴史的・行政地理的要因
```

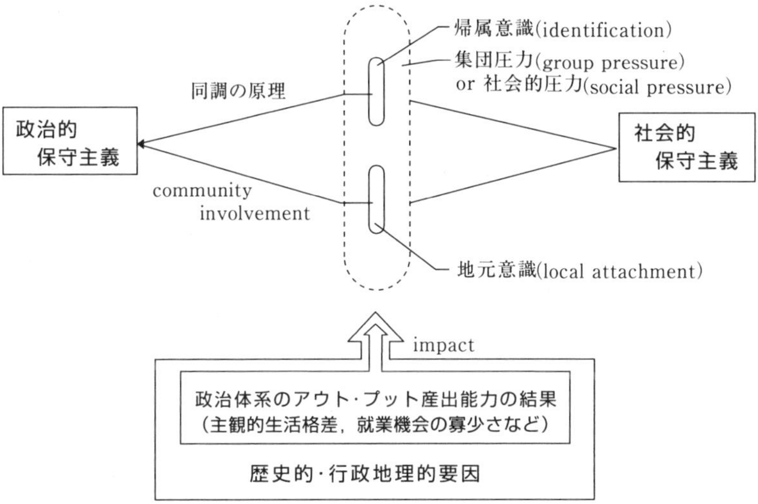

や，今回の衆議院選挙における対応の仕方に対する基本的理解をベースにして，湖北地域の政治的保守主義の構造を少し理論的にまとめておこう。図1は湖北地域における社会的保守主義から政治的保守主義へのプロセスを単純化したものである。生活文化的な社会的保守主義については既に別の機会で詳細に述べたので，ここではそのエトスの概略だけを示しておこう。まず湖北地域住民の生活行動圏（通勤圏，商圏，医療圏）においては，サブ的な圏域としての木之本圏域を内包した形で長浜市を中核とした長浜圏域が形成されている。この圏域は完全に固定的，閉鎖的かつ自己完結性を有したものではないが，圏域相互（主として彦根圏域）の依存補完の形をとらないで，地域志向性に根ざした一連のネットワークを形成しているといえる。この意味で湖北地域は生活文化的に独自の社会システムを形成しているといえる。また，コミュニティ形成のもつもうひとつの必要不可欠の要素である共通の価値観や共属感情においても郷土意識の高さや地縁共同体的な人間関係（相互牽制関係を含む相互依存関係），あるいは生活の精神的基盤としての仏教，神

道への信仰度の高さや天皇への尊敬度の高さなどに示されている[32]。湖北地域有権者が投票態度を決定するとき，このような生活文化的な社会的保守主義が政治的保守主義に取り込まれるわけであるが，そのプロセスにおいて機能する主要な媒介要因が帰属意識であり地元意識である。帰属意識も地元意識も企業，労働組合あるいは地域社会（ムラやマチ）という準拠する集団枠組の差異はあっても，従属・同調の原理，参加における代表制の原理あるいは委任の原理，組織・集団を基底とした特殊個別主義をより強く内包している。その意味では，既にみた市民運動や住民運動の原理に内包されている市民意識と対極に位置づけられる。この帰属意識や地元意識に集団圧力や社会的圧力が付加されて，同調の原理あるいはコミュニティ・インボルブメントをともなった形で有権者の政治行動（投票行動）が現出するということである。

そこでいまひとつ指摘しておかなければならないことは，このような帰属意識や地元意識を高揚させ，かつ集団圧力や社会的圧力をそれらに付加させる方向でインパクトを与えるものが何であるのかということである。湖北地域の場合，それは政治体系のアウト・プット産出能力の結果，すなわち，主観的生活格差や就業機会の寡少さといった，他地域との比較において意識される「不平等感」「不公平感」であるといえよう。しかも，その背景には歴史的・行政地理的要因が横たわっている。それが，いわゆる〈湖北の復権〉思想形成の中核をなしているわけである。ではその歴史的・行政地理的要因とはいかなるものであるのか，次に具体的に明らかにしていこう。

その1は，周知のように戦国時代に長浜は一時期羽柴秀吉（のちの豊臣秀吉）の城下町として栄え，商業・文化の中心地であった。その名残りが太閤秀吉ゆかりの神社・仏閣として保存され，曳山祭など伝統文化の継承という形で生きつづけている。そこには過去の栄光への思いが人びとの心の中に蓄積されている。

その2は，1871年（明治4）の廃藩置県（7月14日）の際設置された彦根，山上，宮川，朝日山の4県を合併して，1871年11月22日に長浜県が成立し，その後，1872年2月27日まで坂田郡長浜（現長浜市）に県庁が設置された。

その意味では，たとえ一時期といえども長浜は政治（県政）の中心地であったという歴史的事実である[33]。

その3は，県庁移転あるいは県都移転に関する湖北地域住民の関心の高さである。1891年（明治24）12月13日の通常県会最終日に神崎郡選出の磯部亀吉議員によって提出された県庁彦根移転建議案が20対19で一旦可決されたが，翌日の臨時県会で「県庁を彦根町に移すの議を取り消す建議」が可決されて事態が紛糾した[34]。そのときのしこりや，その後の地域的発展上の格差などにともなう県北部住民の県南部に対する敵意や怨念に似た感情的軋轢が現在でも湖北地域住民の意識の深層部に潜んでいると考えられる。県都大津についてはそれ以後さまざまな論議が交わされてきたし，今日でもことあるごとに浮かびあがり，移転が話題とされる[35]。そこで，朝日新聞社が1983年11月12日から26日にかけて行った県都についての県民の意識を探るアンケート調査の結果を，湖北地域住民の意識構造に焦点をあわせて少し検討しておこう。まず「県都を移すとすれば，どこがいいと思いますか」という問いに対して，湖北地域住民の48％（24人）が彦根市を単独であげている（地元の湖東では13人）。このことは依然として「彦根に県都を」という意識が強いことを示している。それに関連して，「県都を大津以外に移すべきだ」という立場からの移転論議積極派も40歳代から50歳代を中心とした湖北地域や中部の住民たちに多い。その多くは「大津は地理的に遠くて，不便だ」ということを理由としてあげている[36]。

その4は，戦後保守系の大物政治家が湖北地域から相次いで輩出したが，1976年以降，湖北地域は国会議員の空白地帯となるところまで衰退したことへの無念さと，過去の栄光をなつかしむ気持が湖北地域住民の意識構造の中に交差して存在していると考えられることである。例えば，大物政治家としては森幸太郎（1889～1964年，東浅井郡竹生村）や谷口久次郎（1886～1973年，伊香郡西浅井村），あるいは草野一郎平，村上義一などをあげることができる。とくに森は，吉田内閣時代には国務大臣（第2次：1948年10月15日～1949年2月16日），農林大臣（第3次：1949年2月16日～1952年10月30日）

をつとめ，県出身政党人としては最高の地位についたし，1954年には2人目の公選知事に当選している。他方，谷口は1958年から1966年まで2期8年にわたって知事をつとめ，岩戸景気とその後の高度成長経済のもとで躍進的な県勢の発展をもたらした。

　このような諸要因が，結局今日の湖北地域の地域的発展性に対する悲観的展望と結びついているととらえられ，それ故，悲観的展望からの脱却は県都移転にともなう地域の調和的開発と，それをより可能にするための手段としての国会議員の湖北地域からの選出にかかっているとする論理が，結果として湖北地域有権者に帰属意識や地元意識を高揚させるための一種のカンフル剤の役割をもって，いまなお存在しつづけているということである。そこには市民意識に基づく政治の志向性の入り込む余地がほとんど存在していないといえる。

第5節　まとめにかえて ―中期的将来の展望

　『琵琶湖東北部地域住民意識アンケート調査報告書』（1980年2月）によれば，湖北地域住民は将来の地域的発展性に対して総じて悲観的であるが，もし湖北地域の発展が可能であるとすれば，それは中心都市の長浜市を核として，自然環境と歴史的文化的要素を生かした調和のとれた地域づくりにあると考えている（肯定31.3％，否定35.8％，長浜市の場合は肯定41.4％，否定30.9％）。そして，地域住民が安定した恒常的勤務ができるための必要条件として，①民間企業の誘致（51.9％），②地場産業の育成（21.0％），③官公庁・公的事業所の設置（17.8％），④農林水産業の振興（17.1％）を挙げている。

　これらの課題を実現させるために湖北地域住民は「政治の力」が必要不可欠だと考えてはいるが，既にみたように湖北地域は国会議員の空白地帯となって久しい。そのため，湖北地域有権者の政治への志向性は，政治的保守主義の枠内で多元化してきている。そのうちの主なもののひとつが，あくまで

も地元(地域)から議員を国会へ送りこもうという方向性であり,その2が,地元選出にこだわらず広範囲に影響力をもつ実力者,すなわち公共財を政治的に有利に使用できる立場にある自民党の実力議員に頼るという方向性であり,その3が,既成野党への投票という方向性である。これらの方向性のうち,今日とくに優勢なのが第2の方向性である。宇野・山下両代議士の湖北地域での絶対得票率の推移をみてみると,9.9%(1976年),25.4%(1979年),15.1%(1980年),16.0%(1983年)となっている。この優勢的な傾向は今後も当分の間続くと思われる。その理由として次のようなものを挙げることができよう。①出生地・居住地とも湖北地域出身の有力者(実力者)がいない。②各級議員(自民党系・保守系)が両派の系列下にほぼ完全に組み込まれている。③両代議士に対してニュー・リーダーとしての実力に信頼と期待がよせられている。④湖北地域有権者の対県構成比の低下(1958年次選挙では19.2%であったのが,1983年次選挙では14.7%に減少している)。⑤湖北地域票の流出率の高さ=地元票歩留率の低さ。ちなみに1976年次選挙から今回選挙までの流出率をみてみると,41.8%(1976年),53.2%(1979年),43.5%(1980年),47.0%(1983年)となっている。

　だが,第1の方向性も全く可能性がないわけではない。その可能性を大ならしめる条件の第1は,4万5,000の基礎票をもつ公明党からの出馬である。既にみたように公明党は1979年次選挙以降,社会党,民社党を〈並列支持〉してきた。そのため公明党から公認候補が出れば必然的に両党は大打撃を受けることになる[37]。条件の第2は,武村知事の衆議院選挙への転身出馬である[38]。これは武村知事の支持率と大きな関連がある。読売新聞社の世論調査によると武村知事の支持率は79%(不支持6.6%)とかなりの高支持率である。また,政党支持者別の「親武村度」をみると,新自由クラブ民主連合87.5%,民社党85.3%,自民党84.8%,社会党84.5%,公明党77.8%,共産党66.7%となっている[39]。この調査結果から,もし武村知事が出馬すれば支持者の奪い合いで選挙戦はカオス状態になることがきわめて高い確率で予測される。条件の第3は,代議士の世代交代である[40]。

これらの条件は多分に流動的な要素を内包しているが，もしそのうちひとつでも満たされれば，第1の方向性の実現性もそれだけ高くなるといえよう。ただし，その前提条件として，①湖北地域有権者に「地元候補」としてのイメージを強くうえつけること，②県議以下，各級議員や地域有力者の掌握と系列化に成功することが必要である。しかし，今後どのような方向性が優位を占めるかわからないが，少なくとも現段階では政治的保守主義から脱却するには相当な年月を要するということだけは明確にいえる。

註
1）松岡英夫は官僚の権威を構築している要素として，「(1)統治者たる保守勢力と結合し，政治の代行または補助機関として，あるいは人的補給機関として，統治力の中に組みこまれていること。(2)百を超える大小さまざまな特殊法人の経営陣に人を送りこみ，第二官僚組織をつくりあげていること。(3)(1)に関連することだが，膨大な国家資金の分配権を握っていること。(4)行政権とは，つきつめていえば許可・認可権ではないかといえる面があるが，それが官僚に保持されていること。(5)情報の最大の掌握者であるということ」を挙げている（松岡英夫「日本保守主義の五大特色」『中央公論』1980年10月特大号，p.94）。
2）伊藤光彦「野党としての保守—西ドイツの〈郷愁〉と〈現実〉のはざま」『中央公論』1980年10月特大号，p.105。
3）濱口惠俊は，東洋人（日本人）の対人関係観を「間人主義」（Jen-ism or contextualism）と規定し，その属性として相互依存主義（mutual dependence），相互信頼主義（mutual reliance），対人関係の本質視（regard for interpersonal relations as an end in itself）を挙げている（濱口惠俊『間人主義の社会　日本』東洋経済新報社，1982年，pp.150-151）。
4）このことについて，G.クラークは次のように述べている。「日本の家族型集団主義にも二面ある。個人は集団のために自分の権利と自由を犠牲にする。しかし彼（彼女）は，この集団のなかにあってはじめて，非日本社会では享受することのできない他の権利と自由とを獲得する。たとえば，集団のうまみを吸う権利，……。集団から何らかの思いやりを期待できる自由，さもなければ個人を孤立に追いやり，厳しさに身をさらさせる恣意的決定からの自由，『家族』的温かさに包まれた『子供』の自由，などである」（G. Clark, *The Japanese Tribe:Origins of Nation's Uniqueness*, 1977. 村松増美訳『日本人—ユニークさの源泉』サイマル出版会，1983年，p.83）。
5）河合秀和・小宮隆太郎・細谷千博「座談会　反動・保守・リベラル」『中央公論』1980年10月特大号，p.77。小宮の発言。
6）橋本晃和『支持政党なし—崩れ行く"政党"神話』日本経済新聞社，1975年，pp.39-57。
7）篠原一「草の根のライブリー・ポリティックス」『現代の理論』No.198，1984年2月号，pp.8-9。

8) 居安正『政党派閥の社会学——大衆民主制の日本的展開』世界思想社, 1983年, p.23。
9) 渡部恒三「私の自民党近代化試論」安倍晋太郎他『自民党改造案——明日の保守政権を考える』読売新聞社, 1972年, p.307。また同議員は,「代議士たらんと欲すれば, 派閥とクサレ縁ができる」(「前掲論文」p.306) とも指摘している。
10) 居安は組織政党のもつ特質を次のように指摘している。「大衆政党は, 主として大衆の党費を財源として恒常的に組織宣伝活動を行い, この組織活動において能力を示す有能な人材を選挙に候補者として指名し, 彼らを当選させて政治家へと育て上げる。こうして上昇するにいたった職業政治家たちは, その地位がもっぱら党の組織にもとづくかぎりは, もはやかつての名望家のように独立性を主張することを許されず, 彼らが政治家の地位にとどまろうとするかぎりは, あくまでも党に忠実であらねばならない。彼らはもはや党の方針に反しては行動できず, ひたすら党の命じるところにしたがって語り行動しなければならず, 議会においても党の方針にそった投票機械とならなければならない」(居安正『前掲書』p.19)。
11) R.ミヘルスは, このことについて次のように指摘している。「組織の本質のうちには, 根強い少数者支配への傾向がある。組織のメカニズムは, 堅固な構造を生みだすことによって, 組織された大衆のうちに重大な変化をもたらし, 指導者と大衆の関係を逆転させる。組織は, すべての党または労働組合を, 指導する少数者と指導される多数者との二つの部分に決定的に分割する」(R.Michels, *Zur Soziologie des Parteiwesens in der modernen Demokratie*, 1911. 森博・樋口晟子訳『現代民主主義における政党の社会学』(1)木鐸社, 1973年, p.28)。
12) 宮城健一「市民政治勢力のモデルを求めて」『現代の理論』No.198, 1984年2月号, pp.10-11。
13) 菅直人対談集『創発の座標』現代の理論社, 1983年, pp.180-181。
14) 高畠通敏『自由とポリティーク——社会科学の転回』筑摩書房, 1976年, pp.60-87。
15) 高畠通敏『政治の発見——市民の政治理論序説』三一書房, 1983年, p.224。
16) 『毎日新聞』1983年6月29日付。
17) 『読売新聞』1983年6月22日付。
18) 『朝日新聞』1983年6月25日付。
19) 例えば, 『朝日新聞』(1983年6月28日付) は,「地方区の野党側について, 比例区を戦うための擁立という見方が支配的だった」と論じ, また『毎日新聞』(1983年6月28日付) も,「野党陣営では比例区押し上げの側面が強く"捨て駒"とみられても仕方がない面があった」と論じている。
20) このことに関する次の論評は傾聴に値するであろう。「今回の結果から, 野党が割れたまま自民と戦っては勝てないことが身にしみてわかったはず。3年後に共闘体制を再構築出来るかどうかは, 一つには地方区で独自候補を立てずに戦った他県のケースの比例票の出具合の分析にもよるが, 十分可能性はあるのではないか。今回と同じように, 3年後も共闘はありえないと断ずるのはまだ早い」(『毎日新聞』1983年6月28日付)。
21) 福祉党は円満院門跡の三浦道明が比例区名簿の4位に登載され, 西日本選対本部を大津市の円満院におき, 滋賀での運動に力を入れた。青年会議所あたりも動いたといわれる。また, ミニ新党の得票分布は市部中心に厚く, いわゆる〈都市型〉を示し, 〈農村型〉の自民党や社会党の分布と対照的であったが, それは, 既成政党にあきたらない, あるいは不信を抱いている市部のサラリーマン層などがミニ新党に期待をかけて一票を行使した結果によるものと思われる。ちなみに, 読売新聞社の世論調査によると, 国政

に対して「大いに満足」（3％），「少しは満足」（33.5％）の満足派は36.5％で，「余り満足していない」（47.6％），「全く満足していない」（11.2％）の不満足派は58.8％であった。とくに大津市では，「全く満足していない」が20.4％と高く，人口急増地の物価高や住宅事情の悪化等を反映した結果と思われる。年代別では世代が下がるごとに不満足派が増えている。不満足派は20歳代70.6％，30歳代62.3％，40歳代68.4％，50歳代50.9％，60歳代48.5％，70歳代29.4％となっている。職業別では，満足派が不満足派を超えているのは自由業（66.7％）だけで，農林水産業はほぼ同率，不満足派は労務・サービス職（67.1％）を筆頭に，事務・技術職，商工・サービス業，管理・専門職，主婦（全て60％以上）の順となっている。自民党支持者の47.1％が不満を抱いている（『読売新聞』1983年6月22日付）。また，次の論評も示唆に富む。「自民党県連は，河本氏の圧勝で参院選を勝利として結んだ。だが比例選では河本票（24万7千余票）を約6万票も下回り，最低目標の20万票はおろか，国政選挙で初めて3割台の得票率に落ち込んだ。党県連は『ミニ新党に支持層を食われた』といい，これまでの集票力が多分に河本氏や宇野宗佑・山下元利両代議士の個人的人気や後援会組織に頼っていたことを示す形ともなった」（『読売新聞』1983年6月29日付）。
22) これはベルギーの法律学者（ゲント大学教授）ビクター・ドンドが1899年に考案したもので，各党の得票数を1，2，3，……の整数で順に割り，その商の大きい順に定数までをとり，各政党に議席を配分する方法である。
23) 堀江湛「投票動向に見る"民意"」自由民主党編『月刊自由民主』1984年2月号，p.30。
24) このことに関する堀江の次の指摘は示唆に富む。「田中問題に批判的な自民党の消極支持層は田中批判の態度と自民党に投票したいという自分の潜在的傾向とが矛盾対立をおこし，田中問題について田中擁護の態度をとる自民党の消極支持層はマスコミを通じて報道される田中批判の世論とこれに抗して自民党に投票したいという自分の潜在的傾向とが矛盾，対立をきたし，ともに心理的葛藤を生じて，結局は棄権に走る結果となったわけである」（堀江湛「前掲論文」p.33）。
25) 『読売新聞』1983年12月15日付。
26) 湖国に活力を！懇話会編『湖国に活力を！新報』第2号，1983年3月5日付。
27) 湖国に活力を！懇話会編『湖国に活力を！新報』第3号，1983年11月25日付。
28) 『滋賀県民意識に関する世論調査』滋賀県広報課，1979年8月。
29) 村田迪雄『ムラは亡ぶ』日本経済評論社，1978年，pp.67-105。
30) このことに関しては朝日新聞社の記者が6月の参議院選挙終了時の座談会で次のように指摘している。「宇野が通産大臣になって，後援会は『大臣にふさわしい票を』と動くことは目に見えている。そうなると，山下もそこそこの票は取らねばならない。同じ田中派とはいえ川島を援助するだけの余裕があるか，どうか。宇野の通産相就任で，川島の芽はなくなった，とみる向きも党内にある」（『朝日新聞』1983年6月29日付）。
31) 『滋賀報知新聞・長浜市民ニュース』1983年12月6日付。
32) 拙稿「生活文化と政治文化の接合点を求めて─滋賀県湖北地域での予備的考察」水谷幸正編集代表『社会学の現代的課題』（筆谷稔博士追悼論文集），法律文化社，1983年，pp.303-307。
33) このときに膳所，水口，西大路の3県は大津県に吸収合併された。その後大津県は1872年1月19日に滋賀県と改称し，長浜県も2月27日に犬上県と改称したが，9月28日には犬上県が滋賀県に吸収合併され，ここに近江国全域を行政区画とする滋賀県が成立することになった。さらに，1876年8月21日に旧敦賀県の敦賀，三方，遠敷，大飯の4

郡を合併したが，1881年2月7日にそれを分離し，滋賀県は近江国全域を行政区画とする従前の状態にもどった（滋賀県議会史編さん委員会編『滋賀県議会史』第1巻，1971年，pp.28-29）。
34) 詳細については『滋賀県議会史』第2巻（1972年）の第4章（pp.211-302）を参照されたい。
35) 1935年の現庁舎改築に際しても彦根移転論が再燃。最近では県議会が開かれるたびに県庁移転に関し質問が行われている。
36) 『朝日新聞』1984年1月1日付。
37) 例えば，市居一良公明党県本部書記長の参議院選挙後の次の発言は示唆に富む。「草津・守山をはじめ，18市町で過去の票を更新し，農村部でも支持を伸ばして，過去最高の票を得るなど，躍進をとげた。今後，公約実現へ全力で戦い抜き，市民相談・機関紙拡張など日常活動をさらに強化して，早い時期に衆院選に挑戦できる組織へと脱皮を図る」（『朝日新聞』1983年6月28日付）。「比例選の導入で3年後を考えると，これまでのような社会・民社並列支持は無理。ギブばかりの奉仕団体ではないのだから」（『読売新聞』1983年6月29日付）。
38) 1983年12月20日付の『毎日新聞』『朝日新聞』はその可能性の大きいことを示唆している。
39) 『読売新聞』1983年6月22日付。
40) 朝日新聞社の記者座談会である担当記者が「西田の陣営では『(西田の衆院選立候補は）これが最後なので，とにかく頼む』といういい方で，組織を固めていたようだ」と報告している（『朝日新聞』1983年12月20日付）。

第 9 章
滋賀県における'86衆参同日選挙の分析

第1節 はじめに

　1986年7月6日，第38回衆議院選挙と第14回参議院選挙が投票日を同じくする「同日選挙」として執行された。衆参両院の選挙運動期間が重なる「同時選挙」（投票日は衆参で異なる）は戦後4回目だが，投票日が同じ同日選挙は1980年6月22日執行の「ハプニング解散」にともなう同日選挙以来2度目である。政府は，「今回の解散は，違憲的状態を解消するため，改正された新たな公職選挙法の規定によって，新たな衆院議員を選出することを目的としたものだ」と「定数解散」の性格を訴えたが，現実は，「政権浮揚力の切り札として解散を断行し，衆院選で勝利を得て，党総裁任期の延長または党則改正による3選」[1]を狙った中曽根戦略の一環としての意図的な同日選挙であったといえる。もちろん，それは衆参両院選挙の相乗効果や，野党間の選挙協力の分断といった先の同日選挙での戦果を背景にしたものであった。このような中曽根戦略に対しては，自民党の内部においても解散に大義名分がなく，選挙に争点がないとして反対の意思表示もなされた。とくにニューリーダーの一人である宮沢喜一総務会長は，ぎりぎりまで解散に反対したし，安倍晋太郎外相も当初は反対の意向を示した。野党各党も，憲政の常道を逸する党利党略，派利派略の強引な解散・同日選挙であるとして，その暴挙を批判した。

　実際，選挙戦においても税制改革，国鉄改革，教育改革，防衛問題，経済運営など，論争すべき問題が山積みしていたにもかかわらず，建設的な政策論争はほとんど行われず，中曽根首相は野党を「幼稚園児」とこきおろし，野党側は中曽根首相を「ウソつき」とののしるという次元の低さをみせつけた。あえて論戦の争点になりえたものを挙げるとすれば，それはこれまでの「中曽根政治の是非」であったであろう。

　今次同日選挙の結果は自民党の圧勝，社会・民社両党の惨敗で終った（表1参照）。衆議院公認候補300人の当選は保守合同後最高だった1960年次総選挙（池田内閣当時）の296議席を上回り，追加公認を含めた議席304（さらに

新自由クラブからの復党・新規入党者を含めると309議席）は1970年の第6回臨時国会（佐藤内閣当時）の303議席をも上回る記録であった。参議院でも72議席（追加公認を含めると74議席）を獲得して，保守合同後最高だった1959年および1965年の参議院選挙の71議席を上回る記録であった。

　自民党はこの圧勝の要因として次のようなものを挙げている。①有権者の現状肯定志向。②自民党に有利な客観情勢。③次点バネ。④中曽根人気。⑤世代交代とニューリーダーの活躍。⑥ダブル選挙の相乗効果[2]。

　また，佐藤誠三郎および松崎哲久は，①組織力（集票組織の能力）と選挙技術，②自民党支持率の全般的上昇の2点を今次同日選挙における自民党圧勝の主要因ととらえている。①については具体的に「統一地方選挙効果」「次点バネ」「公認絞り込み効果」を挙げているが，これらは②の要因を背景にして可能であったとしている。彼らはいう。「われわれは今回の自民圧勝の基本的要因は，支持率が全般的に上昇し，しかも自民党に不利な争点が存

表1　国会の新勢力分野

	参議院						衆議院			
選挙前	非改選	比例区	選挙区	当選者	新勢力		新勢力	当選者	解散時	〈注〉
131	68	22	50	72	142	自　民	304	300	250	①新勢力は開票終了時点。当選後の追加公認や各党会派内会派に加わった者を含む。②党派別当選者数は，選挙時の届け出により，選挙後の異動は含まない。③―は候補者をたてていない。
41	21	9	11	20	41	社　会	86	85	111	
26	14	7	3	10	25	公　明	57	56	59	
14	7	5	4	9	16	共　産	27	26	27	
14	7	3	2	5	12	民　社	26	26	37	
2	1	1	―	1	2	新自ク	6	6	8	
1	1	―	―	―	1	社民連	4	4	3	
3	2	1	―	1	3	二院ク	―	―	―	
2	2	1	―	1	3	サラ新	0	0	―	
1	1	1	0	1	2	税　金	―	―	―	
0	0	0	―	0	0	福　祉	―	―	―	
0	0	0	0	0	0	諸　派	0	0	0	
6	1	―	6	6	4	無所属	2	9	5	
241 欠員11	125 欠員1	50	76	126	251 欠員1	計	512	512	500 欠員11	
20	12	5	5	10	22	うち女性		7	8	

出所：朝日新聞選挙本部編『朝日選挙大観─第38回衆議院総選挙・第14回参議院通常選挙』朝日新聞社，1986年，p.6．

在せず，上昇した支持率が比較的素直に得票と結びついたところにあると考えている」[3]と。

確かに自民党や佐藤および松崎が指摘したように，自民党の勝因は国民の生活保守主義を背景にした現状肯定・現状維持志向といった国民の生活感覚や政治感覚，それを裏づけるような高い自民党支持率や投票率といった国民意識や投票行動，さらには巧みな選挙技術といった要因を基底におきながらも，次のような要因も今次同日選挙では見逃すことができないであろう。

その1は，今回の選挙は「大義名分」も「争点」もない選挙といわれたが，現実は「中曽根政治」そのものが争点となり，有権者の多くは中曽根首相の一連の改革路線を「政策」として認め，支持したということである[4]。

その2は，野党の側が自民党の「政策」に対峙できる，また，国民に十分アピールする具体的な体系化された政策を提示しえず，そのため，国民の中にある自民党政治に対する不満を吸収しえなかったということである。このことについて自民党はいみじくも次のように指摘している。「自民党は結党以来の歴史的な勝利を収めたが，これによって保守絶対多数が定着したと見るのは早計である。まして国民の中に自民党政治に不満や批判がないということを意味するものでもない。しかし，にもかかわらず野党の政策に具体性と将来展望がないため，自民党に多数を与えることで，少しでも現状をよくする道を選択したのだと思う」[5]。

その3は，共産党を除く野党の与党化志向（政権党への"すり寄り連合論"）に対して有権者が拒否反応を示したことである。このことについても自民党は次のように適切な指摘をしている。「公明，民社両党は，自民党との連合に色気を出した姿勢への反省を迫られるだろう。連立に参加した新自クが議席を減らしたことでも分かるように，保守政権を補完するだけの政党よりも，政権党そのものに投票したほうがスッキリすると考えた有権者が多かったのではなかろうか」[6]。言葉をかえていえば，これは野党の独自性喪失に対する有権者の拒否反応でもあった。

その4は，8増7減という形での「定数是正」が結果として自民党に有利

に機能したということである（自民党は5議席増）。それに関わって，相変わらずの定数配分の不均衡という選挙制度上の要因も考えられる。

その5は，にもかかわらず，自民党の公認候補の多くが「実力」で当選を獲得したことも指摘しておかなければならないだろう。例えば，宇治敏彦中日新聞東京本社政治部部長は次のように分析している。「自民党の各当選者（衆院）の得票数を前回選挙の得票数と比較し，その伸び率が上回っている場合(A)は，その人は"順当な勝ちっぷり"，つまり『実力』を出し切って当選したとみなす。逆に前回より得票数を減らしたり(B)，得票数は増やしたものの，その伸び率が投票率の伸びを下回る場合(C)は，出遅れなどで『実力』を十分発揮できないまま当選したと仮定する（今回初出馬で当選した人は比較データがないので除外）。(中略)。このようにして計算すると，A型210人，B型18人，C型44人。300人の当選者の3分の2強は『実力』による栄冠と言ってよい（ちなみに社会党当選者85人についてみるとA型22人，B型35人，C型14人で，自民党とは逆に『実力』発揮の当選者が極めて少ない）。自民圧勝の主な要因を選挙技術とするのは無理があるようだ」[7]。

このようなさまざまな要因が相互作用して今回の同日選挙での自民党圧勝という結果をもたらしたということになろう。では，武村前知事の参入によって無風選挙区から一転して〈超激戦区〉となった滋賀選挙区ではどうであったのか。次に滋賀県の実態を詳しく分析しておこう。

第2節　滋賀県における今次同日選挙の特徴

今次同日選挙に関して滋賀県ではどのような特徴がみられたのか。毎日新聞社の芳野勝久記者の次の解説からみておくことにしよう。「武村前知事参入がどのような波紋を巻き起こすか注目された衆院選，10年前の"金脈事件"に絡む政治倫理が焦点になった参院選──湖国の有権者が2度目の同日選挙に下した審判は，県民性を表わすように極めて堅実なものだった。51年以来，"指定席選挙"といわれてきた衆院選は，3期11年半の知事実績をひっさげた武村氏

によって全国でも有数の激戦区に一変。武村は知事時代の実績に基づく人気や権威をフルに利用して県内全域，各層に浸透。特に婦人団体と，建設業界など県とのパイプが太い各種団体を一手にまとめ，保守はもちろん革新浮動票まで食い，全体の20％をも占める得票率につなげた。しかし，投票率が高かった割には予想されたほど票が伸びなかった。危機意識を強めた他陣営の踏ん張りとともに，"地位利用"の批判もあった。辞任時期の遅れ，『革新知事』から自民への変身ぶりなどにまゆをひそめる県民が少なからずいたことを示すものだろう。また，今回の衆院選は湖国政界が世代交代期に差しかかっていることもうかがわせた。武村旋風のあおりで引退した前職からバトンタッチの川端氏が立ち遅れの評判をよそに見事民社議席を死守。支援組織の頑張りがあったのはもちろんだが，武村氏とともに婦人や若者層を中心に『新しい人』へ期待を集めたのも事実。一方，参院選では6年前と同様，社公民3党プラス労働4団体という全国でも珍しい"滋賀方式"に乗った山田氏が自民の上田氏に大差をつけて勝った。上田氏は衆院自民4人の全得票のうち半分しか獲得できなかったわけで，運動最終の前日，追加公認された武村氏との連動作戦も功を奏しなかった。衆院では，保守系に投じた有権者の多くが参院では逃げたことになり，父親らによる10年前の"土地転がし事件"は，『堅実』『質素』を大切にする県民の目にはいまだ風化していないことを示した」[8]。

この解説にも書かれているが，今次同日選挙についてさまざまな特徴が指摘できる。以下でその特徴を逐次みていくことにしよう。

まず第1の特徴としては，有権者の政治バランス感覚が有効に働いたということである。これには2つの側面がある。その1つは，衆議院選挙で4人公認に踏み切った自民党が過半数の3議席を獲得して，10年ぶりに革保逆転を果たし，得票数では37万9,427票（相対得票率61.2％，絶対得票率47.0％）を獲得したが，参議院選挙ではこの票が自民党公認候補（上田茂行）に連動せず（18万7,138票，相対得票率31.1％，絶対得票率23.2％，連動率49.3％），社会党，公明党，民社党，社会民主連合および労働4団体が推薦する現職の山田耕三郎候補が33万991票（相対得票率55.0％，絶対得票率41.0％）を獲得

して圧勝したことである。この〈80年代をみんなでつくる県民連合〉をバックにした山田候補圧勝の主要因は，7者が同時に行われた知事選挙での稲葉稔候補擁立をめぐって表面化した紛争を克服して，「反自民」「反金権」で結束し，〈滋賀方式〉を有効に機能させることができたことにあるといえよう[9]。

　いまひとつ勝因を挙げれば，山田候補がもつ個人的イメージ（誠実，清潔，情熱，公正）が，有権者各層に広くアピールしたということである[10]。毎日新聞社の特別世論調査（1986年6月26～28日実施。対象：有権者800人）からもこのことがうかがえる。年代別では，山田候補は3候補の中で最も年齢が高いが，逆に若い層ほど支持率が高くなっている。ちなみに20歳代では50％を超え上田候補の19％を大きく上回っているし，30歳代，40歳代でもそれに迫る勢いを示している（上田候補との差は30歳代で27％，40歳代で24％）。また，50歳代でも40％強，60歳代でも35％の支持を得ており，上田候補を圧倒している（上田候補との差は50歳代で19％，60歳代で6％）。職業別では，山田候補が各職業層から満遍なく支持を集め，中でも大企業従業員，公務員，経営者・管理職，家庭婦人などでは他候補を圧倒，さらに保守支持者の多い農林漁業者，自営業主からも3割を超す支持を得ている。その他，支持政党との比較でみると，男女とも社会・公明・民社3党の支持率は合わせて20％前後であるが，山田支持は2倍以上の高率を示している[11]。

　第2の側面は，世代交代である。従来の「指定席」から2つの議席で新旧が入れ替った。とくに世代交代で注目をあびたのが民社党の川端達夫候補擁立であった。川端擁立の経緯と背景について若干述べておこう。4月28日，現職の西田八郎（衆議院議員5期，党県連会長）が「世代交代」を理由に引退を表明。以後，地元の意向を受けて宇佐見忠信同盟会長，藤井恒男党選対本部長が「中央裁定」を進める形で選考が行われ[12]，川端擁立の説得工作が実ったのは記者発表3日前の5月28日だった。この西田引退，川端擁立の背景に横たわっている要因として，①西田自身が強い世代交代論者であったこと，②民社党支持層の世代交代が進展していること，③武村知事の衆議院選挙転身出馬，といったものを挙げることができるだろう[13]。

実際，川端候補のもつ個人的資質（41歳という若さ，新鮮さ，高学歴・エリート：彦根東高校→京都大学工学部→同大学院修士課程修了。党歴：1976年に民社党入党，現在県連副会長。労組歴：1984年に滋賀地方同盟最大単組の東レ労組滋賀支部長，現在滋賀地方同盟副会長）が都市部の有権者，とりわけ女性層や若者層にアピール[14]，陣営でもこれらの層を対象にしたイメージ選挙や都市型選挙を展開，それが県南部の都市部や，都市化・混住社会化の著しい地域では絶対得票率10.0％を超える得票に結びついた。もちろん，この個人的要因の他に組織的要因も見逃せないわけで，「企業ぐるみ選挙」と批判されるほどに労使一体の支援態勢を展開，組織票を堅実に固めていったことも指摘しておかなければならない[15]。

第3の特徴は，選挙協力である。参議院選挙における7者共闘については既に述べたが，衆議院選挙では近畿地方で唯一議席をもたない公明党が，今回，社会・民社両党候補を〈並列推薦〉し，従来（1979年，80年，83年次選挙）の〈並列支持〉より一層協力関係を強化したということである。これは党中央が社会・民社両党と衆議院選挙滋賀全県区での選挙協力に合意した（6月19日）のを受けて打ちだされたものである。しかし，具体的な戦術は県本部の裁量によって行われ，衆議院選挙公示日（6月21日）に，それぞれの出陣式に公明党県本部の役員が訪れて激励しただけで，表立った支援活動はせず，投票も野口候補（社会党），川端候補（民社党）という大枠を決めたうえでの自主投票という形をとった[16]。また，今回民社党が単独支持を要請したこと[17]や，野口・川端両候補が7者共闘に乗った参議院の山田候補と三位一体とでもいうべき緊密な連係体制を終始とりつづけたという点も見逃せない。

第4の特徴は，衆議院議員を5期つとめた共産党の瀬崎博義候補が落選したことである（7万7,142票，絶対得票率9.6％）。瀬崎候補の敗因は，端的にいえば参議院選挙区および比例区との連動がスムーズにいかなかったということである。参議院選挙区の林俊郎候補（8万3,753票，絶対得票率10.4％）との連動率は92.1％，また，比例区（7万8,548票，絶対得票率9.7％）との連動率は98.2％となっている。この連動率の低さの背景には武村前知事の無所属での出

馬と，民社党からの若手新人候補の出馬といった要因が横たわっている。とくに武村候補との関係においては福祉や琵琶湖の環境保全運動などでオーバーラップする部分があり，また，武村・川端両候補とも若者層や婦人層（女性層）あるいは都市の浮動層にターゲットを合わせたイメージ選挙や都市型選挙を徹底して行って，革新浮動票（共産党消極支持層）を取り込んでいったということであろう。つまり，瀬崎候補の政策・イデオロギーを主体とした〈正攻法型選挙〉が組織レベルでは有権者にアピールしたものの，個人レベルではイメージ選挙に勝る効力をもちえなかったということである[18]。

　第5の特徴は，各候補者（とりわけ保守系）の支持推薦団体の動きに大きな変化がみられたということである。まずその1として，今次選挙ではとくに婦人票（女性票）の行方が焦点となったことを反映して，婦人組織の活動が注目された。その中で武村陣営の「草花の会」と山下陣営の「羽衣会」にスポットを当ててみよう。「草花の会」は「野の花のように華やかでなくとも，ささやかに，誇らしく武村を支えてゆこう」と3年ほど前に結成された組織で，その系列下にはタンポポ，野菊など，10人前後のグループが県内に散在している。いずれも知事を囲んで，町内会のこと，水道，ゴミ，環境などを勉強する武村ファンの集まりである。また，1985年末，武村候補の地元八日市市で，「草花の会」会員および地元の婦人約400人が「武村を国政へ送ろう」と「若草会」を結成した。同会は地区に2, 3人の役員を置いて婦人たちを巻き込み，主婦が選挙の主導権を握って家族を武村色にゆっくり変えていくという戦術を展開した。さらに，武村系列下の県議や市議のいない大津市では経済人主体の武村同友会とともに運動の中心をにない，他候補の支持者までも取り込んでいった[19]。

　他方，「羽衣会」は山下候補を支援する大津市の婦人団体で，田中富野会長以下約3,500人の会員を擁する。同会は過去7回の選挙で山下候補を全面的にバックアップしてきたし，また，「革新に乗ったり自民に乗ったり筋が通らない」と武村候補を一貫して批判している。今次選挙では会員の一部が「草花の会」に入会するなどの状況の中で，「山下先生を落としたら，大津の婦人が落とし

たことになる」を合言葉に組織固めを行って，積極的な行動を展開した[20]。

その2は，県建設業協会（中川行夫会長）の動きである。同協会の県内加盟業者は大小合わせて5,600社で，県内大手のほとんどが加入している。業界は下請け企業を何社もかかえる構造から選挙のときにはそれが集票マシーンとなり，4万～5万の「組織票」になるという。同協会は1983年次総選挙では中央からの指示もあって，川島支持で動いたが，今次選挙では衆議院選挙では保守系候補4人（宇野，山下，川島，武村），参議院選挙では自民党公認候補1人（上田）の推薦を理事会で決定，同時に武村候補を重点的に推すことも決定した。この背景には，武村候補が現職知事当時，異例の県建設業協会顧問に就任していたことが挙げられる[21]。

その3は，滋賀県興農政治連盟である。同連盟は現在支部組織45，登録盟友4,000人を擁し，全国組織の全国農民総連盟にも加入している。また，同連盟は，組織として，「農民が自主的に団結し，農村社会の健全な発展と地域農業の確立をはかり，農民生活の充実と向上を目指して運動をすすめ」る一方，1982年11月の知事選挙には武村知事3選のために推薦諸団体の幹事役も果たし，さらに，推薦県議団14人で県農懇話会を結成，県農政推進のために活動している[22]。この連盟が，農協票10万を背景に今次選挙では衆参の自民党公認候補4人と無所属の武村候補の推薦を決定した。前回までは推薦はするものの，表立った活動はしてこなかったが，今回は衆議院選挙の4候補を地盤割りし，宇野候補は湖南・甲賀，山下候補は大津・湖西，川島候補は湖北，武村候補は湖東をそれぞれ重点区に指定して，各地域の支部代表者がそれぞれの選対に入るという態勢をとったのである[23]。

そして第6の特徴は，〈激戦区〉を反映して有名人，大物の来援が相次いだことである。ちなみに6月23日には，塚本三郎民社党委員長が公示後党首として一番乗りしたのをはじめ，江崎真澄総務庁長官（6月23日），森喜朗元文相（6月23日，武村候補），三塚博運輸相（6月24日），不破哲三日本共産党委員長（6月25日），安倍晋太郎外相（7月5日，武村候補），二階堂進自民党最高顧問らが，また，有名人ではロサンゼルスオリンピックのスタ

一・体操の具志堅幸司（6月25・26日，宇野候補），女優の沢田雅美（6月30日，川端候補），喜劇俳優の藤山寛美（6月30日，武村候補）の他，鳳啓助，海原小浜，松あきら（女優）らが来援した。

その他にもさまざまな特徴を挙げることができるが，とりわけ武村候補に関わる事項については節を改めて述べることにしよう。

第3節　武村正義の描いたシナリオと現実

今次同日選挙で「台風の目」として終始注目を集めたのが武村正義の一連の動きであった。選挙後の記者座談会である記者は次のように指摘している。「滋賀の衆院選は，ことし2月23日から始まった。武村が安倍外相を大津に招いて安倍講演会を開いた日だ」。「最初に安倍を招いたあと武村は『知事の4選をあきらめたわけではない。衆院選に自民から出るとかは，今は全く考えていない』と言ったが，最近の発言では『正月に（転出）を決心していた』という。自民党から出ることも，ニューリーダー安倍をかかえる福田派に属することも，ち密に計算された演出劇だった。当初の公認もれだけは計算外のことだったようだが」[24]。

この記者が指摘するように，武村の一連の動きが「ち密に計算された演出劇」だったとすれば，彼はどのようなシナリオを描き，それを演じていったのであろうか。

1．中道・革新主軸から自民・中道主軸さらに自民党主軸への政治姿勢の転換

このことについては共産党滋賀県委員会がさまざまな実例を挙げて批判しているので，それを示しておこう。①各級選挙時における保守・中道候補へのてこ入れ…ⓐ京都府知事選挙（1982年2月）で林田悠紀夫候補（自民・民社・公明推薦）の決起集会に出席（代理・前川副知事）。ⓑ1983年4月の統一地方選挙で〈みんなの革新県政を『育てる会』〉の法定ビラ第1号に写真を入れて同会を支援。ⓒ1983年9月の安土町長選挙で保守系の辻悦造候補の集会

へ出席，激励あいさつ。ⓓ奈良県知事選挙（1984年10月）で土田繁潔候補（自民・社会・公明・民社推薦）の法定ビラ第1号で関西各府県の知事とともに激励。ⓔ草津市長選挙（1985年1月）で高田三郎候補（自民・公明・民社推薦）を終始支援[25]。ⓕ大津の陸上自衛隊創立26周年記念式典（1985年4月22日）に，民社党の西田八郎衆議院議員，山田豊三郎大津市長とともに出席[26]。③彦根の護国神社で行われた「みたま祭」（1985年8月14日）に公式参拝[27]。

　これら一連の行為について，武村は共産党滋賀県委員会の公開質問状への回答の中で次のような見解を示している。「私の県政運営の姿勢は，県民本位の県政推進ということで貫いてきたつもりであり，『一党一派に偏せず』『一党一派を排せず』という県民党県政は今も変わってはいません」。「まず，大津陸上自衛隊の記念式典へ参列したことに触れ，自衛隊を『憲法違反』と断定されておりますが，自衛隊は国民に定着しており，憲法違反とは言えないと考えております。次に，護国神社参拝に関する質問ですが，………靖国神社公式参拝に関する政府統一見解（昭和55年1月17日）では，『政府としては，従来から，内閣総理大臣その他国務大臣が国務大臣としての資格で靖国神社に参拝することは，憲法第20条第3項との関係で問題があるとの立場で一貫してきている。右の問題があるということの意味は，このような参拝が合憲か違憲かということについては，色々な考え方があり，政府としては違憲とも合憲とも断定してはいないが，このような参拝が違憲ではないかとの疑いをなお否定できないということである。そこで政府としては，従来から事柄の性質上慎重な立場をとり，国務大臣としての資格で靖国神社へ参拝することは差し控えることを一貫した方針としてきたところである』としています。この見解に従いまして，私個人の資格で昨年滋賀県護国神社へ参拝をいたしました。また，政府見解に，公式参拝が『違憲とも合憲とも断定していない』とありますことや，先の大戦で多くの日本人が犠牲になったことを考えますと，合憲であるならば，地方自治体としても色々な方法や機会をとらえて，戦没者を追悼することは当然のことであり護国神社へ公式参拝し，戦役者を追悼することもその一つの方法と考え，昨年9月県議会で県として

の対応を検討してまいりたいとお答えしました」[28]。

　この知事時代の武村の一連の行為と見解をみる限り，明らかに政治スタンスを自民・中道寄りにシフトし，共産党と一線を画していることがうかがわれる。この政治スタンスをより明確に自民党寄りにシフトしたのが，当時自民党福田派のニューリーダーと目されていた安倍外相の後援会「滋賀晋太郎会」（会長・重松徳琵琶湖汽船社長）の発会式（1986年2月23日）への出席と武村同友会，江雲塾，経済懇話会といった武村知事の政治団体の積極的参加である。

2．共産党との決別＝共産党の野党宣言

　1986年3月17日，共産党滋賀県委員会は，「武村県政が県民に挑戦し，自民党に追随する県政に変質した今日，武村県政の与党でありつづけることはできない」として野党宣言，武村県政の2期目以来続いてきた「オール与党」体制が崩壊した。この共産党の野党宣言に対して武村知事は「くるべきものが来たと思っている。こんなにたびたび中央のイデオロギー問題を持ち込まれると，どうにもならない。何かほっとした気持ちである」[29]と述べている。

3．自民党に入党・公認申請・知事辞表提出・衆議院選挙出馬表明

　1986年5月30日，武村知事は自民党滋賀県支部連合会に入党手続と公認申請を行い，6月3日に知事の辞表提出・衆議院選挙出馬表明を行った。この一連の行為に対する各党の反応はさまざまで，共産党，公明党は激しく批判，社会党，民社党，社会民主連合は武村県政の業績を認めながらも遺憾の意を表明，新自由クラブ，自民党は理解を示した[30]。

　また，これらのことについて武村は次のように述べている。①国会転出について…「率直に言えば，1・2期目は多選など考えてるひまもなかったのですが，それでもそのころは10年ぐらいという言い方をしていました。その後は国会しか仕方がないじゃないか，と」。「昨年までは解散が遠いということで，……迷いを続けてきた。しかし，今年で任期が終わり秋には選挙とい

う状況で迷い続けていると皆に迷惑をかける，と正月に衆院転出を決断したのです。ところが，その後も後継者から『残ってくれ』と強力に要請され，迷いながら今日に至った訳です。それに私は八日市市長選の時から国会に出る，とぶっていました」[31]。「国会への夢は持っていましたが，知事になった段階でそれは"解消"しました。12年間の知事のポストは国会への過程でなく，目的だったと思います。3期でやめる事態の中で，国会に出してもらうのが経験を生かす最良の道と考えたわけです」[32]。

　②自民党入党，公認申請に対する「変節」の批判に対して…「私は本来，保守系無所属の人間です。従ってこれまでは『県民党』を名乗ってきましたが，国会での無所属では十分活動できません。当然一党一派に属すべきです」。「昨年1年間，竹下さん，宮沢さんから誘われ，民社党の塚本さんからも直接お話があったのも事実です。結局，力を発揮できる党で，人格的にも優れた安倍さんの属される福田派を選びました」[33]。「国政では，いずれかの政党に所属しなければ，力を十分に発揮できない。私はいくつかの弱点をかかえていることを知りながらも，もっとも幅のある，しかも柔軟で人間くさい政党である自民党を選んだ」[34]。

4．後継知事の指名・知事辞任

　1986年6月3日，知事辞表提出後の記者会見で武村は，「県民の皆さんに決めて頂くもの」としながらも，「草の根県政の継承者としては，人格，識見，経験の各面から，稲葉稔副知事が最適と信じる」と述べて，後継知事の指名を行った[35]。この後継知事の指名については，「12年間，県政に携わった中で，だれが後継者として最適かは私が一番知っているつもりです。それをはっきりさせて締めるのが私の義務と思ったのです」[36]と述べている。その後，6月10日の臨時県議会で，野党の共産党・革新共同を除く賛成多数で辞任が認められ，6月16日に退職した。

5．無所属での出馬・自民党公認での当選

　衆議院選挙に向けて4人から公認申請が出されたのを受けて，自民党滋賀県支部連合会は選挙対策委員会を開いて（5月31日，6月3日），3人公認（現職優先）および3人目の公認は党本部に一任することを決定。6月9日の自民党第1次公認発表で，結局，川島を3人目の公認とすることで一応の決着をみた[37]。武村非公認は，「原則として現職の都道府県知事は公認しない」とする自民党中央の選挙対策要領に抵触することの結果であるとされているが，中央での派閥間の公認争奪戦に敗れたというのが実際であろう。この結果，武村は「計算外」の無所属から出馬することになるが，最終的にはシナリオ通り自民党公認で当選することになる[38]。

　このような武村の知事からの衆議院議員への転身のプロセスは，見方によっては「緻密に計算されたシナリオ」であったといえる。その緻密さは，知事としての実績（業績）＝県民の高い評価に裏打ちされた形で，既成の支持層を幅広く取り込みながら漸進的に主軸を自民党寄りにシフトしていった，あるいは別の見方をすれば「保守帰り」したという点にみられる。それは言葉をかえていえば，彼を知事にかつぎ出した「本家」の革新・中道政党との決別を，それらの政党を積極的であれ消極的であれ支持する有権者を取り込める状況下で行ったということである。これが，武村がいう「県民党」的立場であると考えられるし，また，一般有権者がそう理解するところのものであろう。

　そうはいっても，他面で，衆議院選挙出馬までの武村の一連の行為が県民の眼には不可解なものに映ったことも事実であろう。「知事の座をフルに利用した」という見方がなされたり，「変節」，「背信行為」といった批判がなされたりしたのもここに発していると考えられる。

　このように武村のとった衆議院選挙出馬に関わる一連の行為に対する見方・評価はさまざまであるが，ただ武村が自らを「保守的」な人間と位置づけ，しかも八日市市長選挙当時からいずれ国政に出ると明言してきたことを鑑みれば，武村の政治観や転身のプロセスに対する批判は成り立っても，転身出馬そのものに対する批判は成立しないであろう。さらにあえていえば，

武村の政治観に対する革新・中道政党の今次選挙をめぐる情勢の下における批判も無条件で首肯することはできない。とりわけこれらの政党が，武村県政を「革新県政」として位置づけてきたことに対する認識の甘さ，思い込みによる誤謬は厳しく批判されるべきであろう[39]。

これまで主として新聞報道に依拠しながら今次同日選挙をめぐって生起したさまざまな特異な現象を記述してきた。以下では，種々の角度からデータ分析を行って，それらを検証するとともに，新たな特徴を指摘していくことにしたい。

第4節　武村県政以降＝政党の多党化時代の有権者の推移

まず，県下7市42町1村の有権者の推移を概括しておこう（図1，図2参照）。1976年次総選挙を100とする1986年次総選挙の指数が①100.0未満のもの1町1村（全市町村に占める割合は4.0％），以下，②100.0〜105.0未満：15町（30.0％），③105.0〜110.0未満：1市14町（30.0％），④110.0〜120.0未満：3市4町（14.0％），⑤120.0〜150.0未満：3市6町（18.0％），⑥150.0以上：2町（4.0％）となっている。

これを地域別にみると，湖南地域（3市10町）は②が2町，③が3町，⑤が3市4町，⑥が1町で，以下，湖東地域（3市14町）：②6町，③4町，④3市2町，⑤2町，湖北地域（1市12町）：①1町，②6町，③1市5町，湖西地域（6町1村）：①1村，②1町，③2町，④2町，⑤1町となっている。

指数120.0以上の都市化・混住社会化の著しい自治体は，甲西町（155.5），志賀町（154.4），野洲町（134.2），草津市（131.8），栗東町（128.9），甲南町（128.5），石部町（128.3），守山市（127.1），大津市（123.0），能登川町（122.9），安土町（120.5）である。

これらの市町に共通してみられる特徴は，全て県南部で，しかも鉄道沿線（東海道本線，湖西線，草津線）に位置しており，主として京阪神地域からの流入人口の増加によって有権者が急増・激増したと考えられる。とくに指

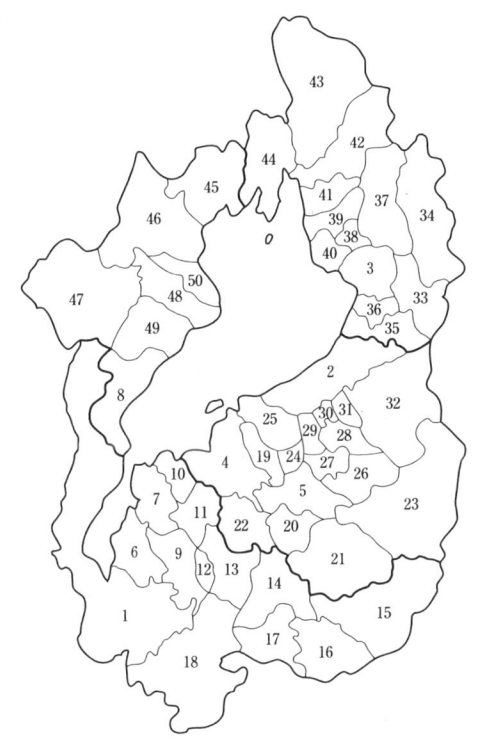

第9章　滋賀県における'86衆参同日選挙の分析 —— 245

図1　滋賀県全図

湖南地域		湖東地域		湖北地域		湖西地域	
1	大　津　市	2	彦　根　市	3	長　浜　市	8	志　賀　町
6	草　津　市	4	近江八幡市	33	山　東　町	45	マ キ ノ 町
7	守　山　市	5	八 日 市 市	34	伊　吹　町	46	今　津　町
9	栗　東　町	19	安　土　町	35	米　原　町	47	朽　木　村
10	中　主　町	20	蒲　生　町	36	近　江　町	48	安曇川町
11	野　洲　町	21	日　野　町	37	浅　井　町	49	高　島　町
12	石　部　町	22	竜　王　町	38	虎　姫　町	50	新　旭　町
13	甲　西　町	23	永 源 寺 町	39	湖　北　町		
14	水　口　町	24	五 個 荘 町	40	び　わ　町		
15	土　山　町	25	能 登 川 町	41	高　月　町		
16	甲　賀　町	26	愛　東　町	42	木 之 本 町		
17	甲　南　町	27	湖　東　町	43	余　呉　町		
18	信　楽　町	28	秦　荘　町	44	西 浅 井 町		
		29	愛 知 川 町				
		30	豊　郷　町				
		31	甲　良　町				
		32	多　賀　町				

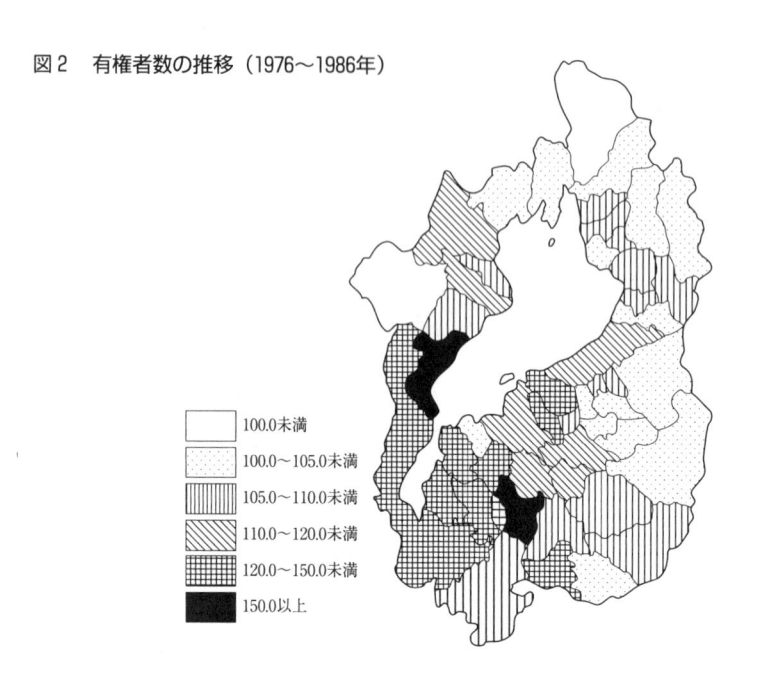

図2 有権者数の推移（1976～1986年）

凡例:
- 100.0未満
- 100.0～105.0未満
- 105.0～110.0未満
- 110.0～120.0未満
- 120.0～150.0未満
- 150.0以上

　数150を超える甲西町は，県の東南部内陸工業の拠点として急速に発展し，中京，京阪神の両経済圏の接点に位置し，国道1号線，名神高速道路そしてJR草津線を控えて，交通の便に恵まれ，湖南工業団地を中心として近年工場立地が相次ぎ，現在160社におよぶ企業が進出している[40]。

　また，志賀町は1955年に和迩，木戸，小松の3村が合併して誕生したが，国鉄湖西線（現在JR湖西線）が1974年7月に開通して以来，南部地域の宅地開発が急速に進み，大小合わせて27のニュータウン（約100万㎡）が出現，人口も1963年の9,000人から1万6,164人（1985年の国勢調査人口）と約1.8倍に増え，京阪神のベッドタウンになっている。とりわけ大津市にもまたがる京阪ローズタウンは，75万㎡（志賀町分）に1,262世帯，4,559人の住民が住むマンモス団地に成長した[41]。

　以下で，湖国滋賀における衆参同日選挙の特徴を主として武村正義前知事にスポットを当てて考察していくことにしたい。その際，市部・郡部という従来の基軸の他に，有権者数の増減に着目して，都市化・混住社会化の著し

い自治体をいまひとつの基軸として設定することにしたい。この基軸の設定は，土着県民と新規参入県民との投票行動における差異性を比較分析するという意図に基づくものである。

第5節　党派別基礎票の絶対得票率

ここでは，基礎票の絶対得票率（1977年次参議院選挙から1986年次参議院選挙の平均）の党派別特徴をみておくことにしよう。

他党に比して基礎票における絶対得票率が相対的に高い自民党は，県計27.4％，市部計22.7％，郡部計32.6％，都市化・混住社会化の著しい自治体（指数120以上の3市8町の計）23.4％となっている。ちなみに社会党，民社党，公明党，共産党の野党4党の絶対得票率の合計は，それぞれ30.5％，31.1％，29.7％，32.6％となっており，市部や都市化・混住社会化が著しく進んだ自治体での自民党の劣勢が明確にうかがえる。

より具体的にみてみると，絶対得票率20.0～30.0％未満が7市12町（全自治体に占める割合は38.0％）で，この中には都市化・混住社会化の著しい自治体が3市6町も含まれている（大津市21.1％，草津市21.3％，守山市27.5％，甲西町23.0％，石部町23.2％，栗東町23.3％，野洲町26.4％，志賀町27.6％，安土町29.5％）。また，30.0～40.0％未満は24町（48.0％）で能登川町，甲南町はそれぞれ31.5％，31.6％となっている。40.0～50.0％未満は6町1村（14.0％…甲賀町，浅井町，マキノ町，今津町，高島町，新旭町，朽木村）となっている（図3-1参照）。

このように自民党の場合には，郡部（とりわけ農村部）で極めて優位に立っているが，鉄道沿線（都市化・混住社会化の著しい地域）で弱いという構図になっている。得票構造からみれば，やはり農村優位型政党といえよう。

社会党は県計10.8％，市部計9.9％，郡部計11.7％，都市化・混住社会化の著しい自治体10.0％で，基本的には弱い農村優位型政党である。これは民社党，公明党，共産党が都市優位型政党もしくは都市化社会型政党あるいは混

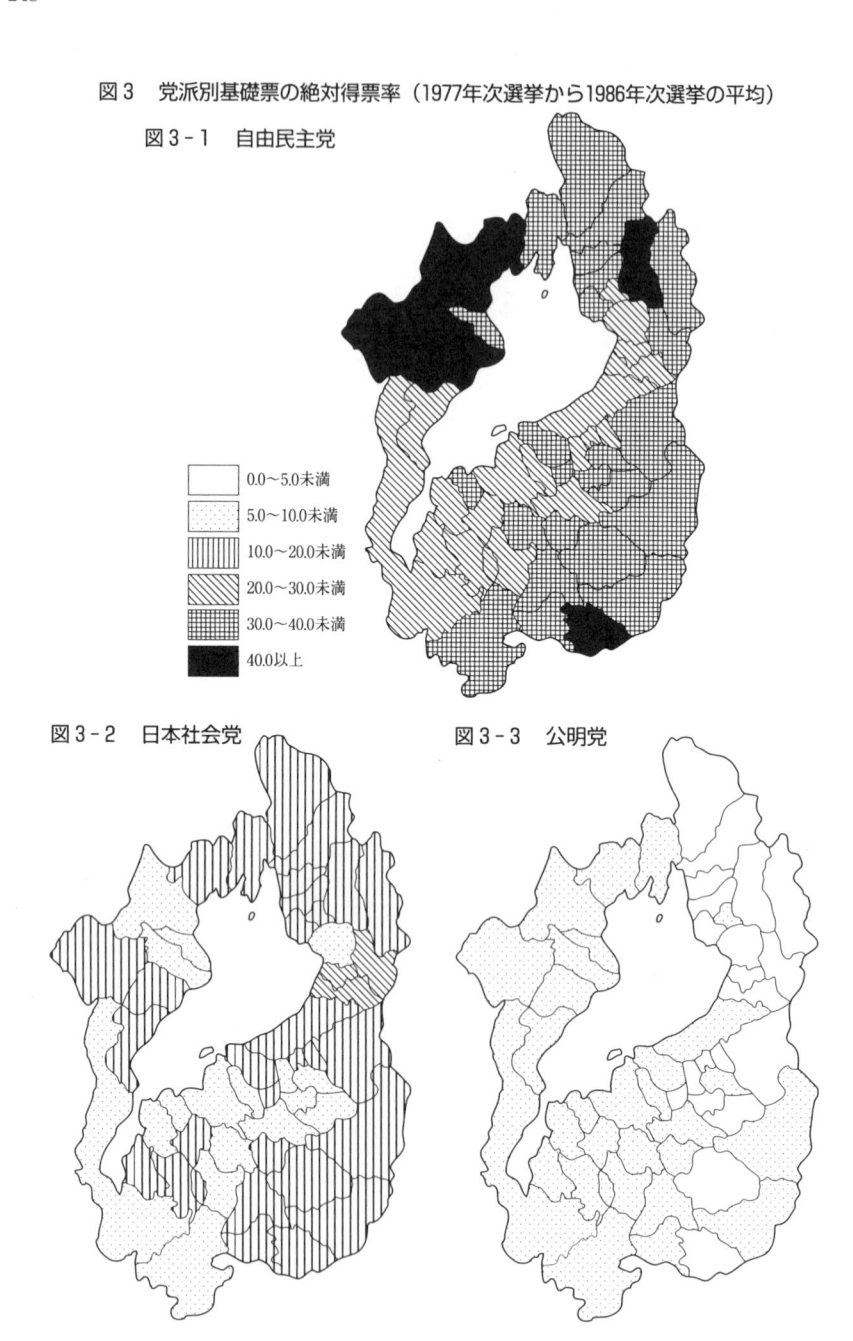

図3　党派別基礎票の絶対得票率（1977年次選挙から1986年次選挙の平均）

図3-1　自由民主党

0.0〜5.0未満
5.0〜10.0未満
10.0〜20.0未満
20.0〜30.0未満
30.0〜40.0未満
40.0以上

図3-2　日本社会党

図3-3　公明党

住社会化地域優位型政党であるのと対照的である。ちなみに，絶対得票率5.0〜10.0％未満は5市12町（34.0％）で，この中に守山市（8.8％），大津市（9.2％），甲西町（9.7％），安土町（9.9％）が含まれている。また，10.0〜20.0％未満は2市27町1村（60.0％）で，志賀町10.0％，栗東町10.0％，甲南町11.1％，石部町11.3％，能登川町11.3％，草津市11.6％，野洲町11.7％となっている。20.0〜30.0％未満は山東，米原，近江の3町（6.0％）であるが，総じて社会党の場合，湖南・湖東地域で弱く，県北部（とりわけ湖北地域）で強いという傾向を示している（図3-2参照）。これは社会党の主柱である国労支部（現在は国労と鉄産総連とに分裂）が米原駅構内にあり，最盛期には支部組合員が約1,300人（選挙時には約750人）いたことによる。国労の選挙活動は，湖北1市3郡に張りめぐらした地域会が担い，会員―家族―地域へと広がらせて得票する戦術をとってきた[42]。その結果が湖北地域での絶対得票率の高さとなって現われているといえる。

公明党は県計5.9％，市部計6.3％，郡部計5.5％，都市化・混住社会化の著しい自治体6.8％で基本的に都市優位型政党あるいは都市化社会型政党・混住社会化地域型政党である。5.0％未満は1市19町（40.0％）で，甲賀町以外全て湖北・湖東地域の市町である（湖北地域1市10町，湖東地域8町）。これらの地域は概ね仏教（特に浄土真宗）に対する信仰度が高く[43]，それが創価学会を主要基盤とする公明党の体質と相容れないことの結果として反映されているのではないかと思われる。それに対して，湖南地域では相対的に高い得票率を示し，とりわけ都市化・混住社会化の著しい石部町（8.5％），甲西町（7.9％），栗東町（7.9％），志賀町（7.2％），大津市（7.1％）で高くなっている（図3-3参照）。

民社党は県計6.8％，市部計7.6％，郡部計5.8％，都市化・混住社会化の著しい自治体7.8％で都市優位型政党あるいは都市化社会型政党・混住社会化地域型政党といえる。とくに絶対得票率5.0〜10.0％未満が6市28町1村（70.0％）に及んでいる（志賀町5.0％，石部町5.4％，安土町5.7％，栗東町6.0％，甲西町7.0％，野洲町7.2％，大津市8.0％，草津市8.0％，能登川町

図3-4 民社党   図3-5 日本共産党

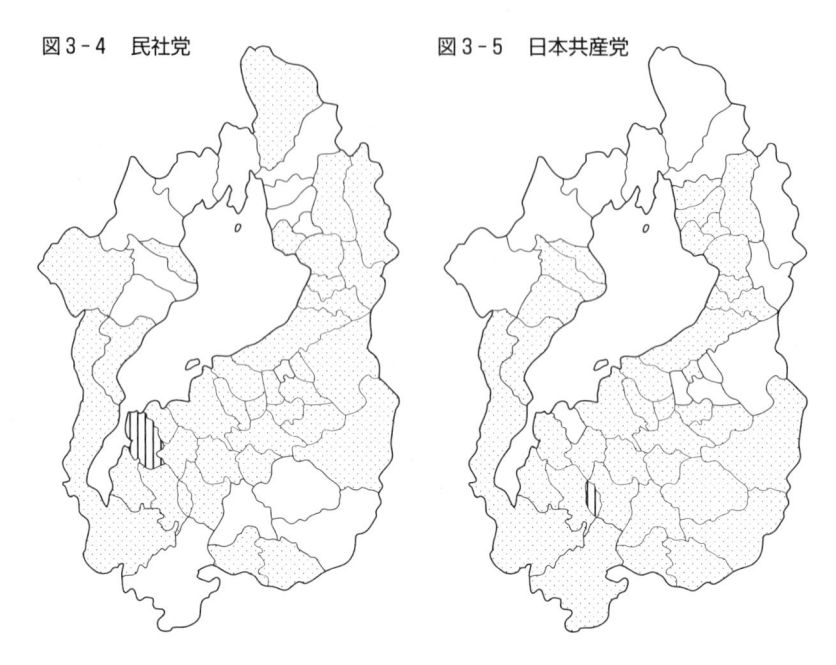

8.2%, 甲南町8.4%)。10.0%以上は守山市（10.3%）だけで, 5.0%未満は14町（28.0%）となっている（図3-4参照）。民社党の場合, 県南部（とりわけ鉄道沿線）で相対的に強く, その反面, 湖北・湖西および湖南地域の農村部で弱いという得票構造をもつ。

共産党は県計7.0%, 市部計7.3%, 郡部計6.7%, 都市化・混住社会化の著しい自治体8.0%で, この党も民社党, 公明党同様に都市優位型政党あるいは都市化社会型政党・混住社会化地域型政党である。絶対得票率5.0%未満は12町1村（26.0%）で, 中主町以外は湖東地域4町, 湖北地域5町, 湖西地域3町となっており, 総じて県北部での低さが目立つ。反面, 公明党と同様, 湖南地域では相対的に高い得票率を示し, とりわけ都市化・混住社会化の著しい石部町（12.1%）, 安土町（9.7%）, 甲南町（9.4%）, 甲西町（8.8%）, 大津市（8.6%）, 志賀町（8.1%）で高くなっている（図3-5参照）。

以上, 党派別に基礎票における得票構造の特徴を示してきたが, これを組織原理に基づく政党の類別の視点からとらえなおしてみると, 次のようにい

えよう。まず，議員政党（自民党，社会党）は基本的に農村優位型で，相対的に都市化や混住社会化が著しい県南部で弱い。それに対して組織政党（公明党，共産党）は基本的に都市優位型で，相対的に都市化や混住社会化が著しい県南部で強い。また，議員政党に準ずる位置づけがなされる民社党も滋賀県においては組織政党と同様の傾向を示している。

このことからさらに，滋賀県においては県北部を中心とする農村地域では基本的に「55年体制」型であるのに対して，県南部を中心とする都市化・混住社会化の著しい地域では，市民政党（新自由クラブ，社会民主連合，革新自由連合，サラリーマン新党，第二院クラブ，福祉党等）の得票率も高く，「脱55年体制」型の傾向を示しているといえよう。

第6節 基礎票における得票数と絶対得票率の指数

ここでは基礎票における得票数と絶対得票率の指数（1977年次参議院選挙を100とする）を分析することによって，武村県政以降の各党の党勢の伸び具合（衰退しているか，伸長しているか）をみておくことにしよう。

これは，先に考察した各党の得票構造における基本的特質の変容過程を把握するための作業でもある。そこで便宜上次のような基準を設定してみた。①得票数，絶対得票率ともに100.0未満，②得票数100.0以上，絶対得票率100.0未満，③得票数100.0以上，絶対得票率100.0，④得票数100.0以上，絶対得票率100.0〜120.0未満，⑤得票数100.0以上，絶対得票率120.0〜150.0未満，⑥得票数100.0以上，絶対得票率150.0〜200.0未満，⑦得票数100.0以上，絶対得票率200.0以上（なお，両者とも100.0の具体的ケースは存在しなかったので省略した。また便宜上，④を「低位の伸長」，⑤を「中位の伸長」，⑥・⑦を「高位の伸長」と措定しておく）。

また，ここで指数を得票数と絶対得票率と2つとったのは，得票の伸びが「みせかけのもの」であるのか，「実質的なもの」であるのかを判別するためである。つまり，得票数・絶対得票率ともに指数が100.0以上であれば「実

表2　党派別にみる基礎票における得票数と絶対得票率の指数

		県　計	市部計	郡部計	混住計	1	2	3	4	5	6	7
自由民主党	得票数	123.2	138.4	112.5	145.1	7町	11町	1町	5市22町1村	2市1町	－	－
	得票率	106.5	116.3	100.3	114.5							
日本社会党	得票数	123.7	128.0	119.5	134.0	4町1村	2市9町	－	5市18町	11町	－	－
	得票率	107.0	107.5	106.5	106.5							
公　明　党	得票数	101.8	104.1	98.8	108.7	2市24町1村	5市11町	－	6町	1町	－	－
	得票率	87.7	87.1	88.3	86.8							
民　社　党	得票数	121.5	119.1	125.3	122.3	11町1村	3市1町	1町	2市10町	2市19町	－	－
	得票率	104.1	100.0	119.1	96.6							
日本共産党	得票数	175.7	170.2	182.8	176.5	－	－	－	1町	4市13町	3市19町	9町1村
	得票率	151.6	143.5	162.7	138.7							

註：① 得票率＝絶対得票率。
　② 混住計＝都市化・混住社会化の著しい自治体の計。
　③ 1：得票数，絶対得票率ともに100.0以下，2：得票数100.0以上，絶対得票率100.0未満，3：得票数得票率120.0〜150.0未満，6：得票数100.0以上，絶対得票率150.0〜200.0未満，7：得票数100.0以上，絶

質的な伸び」であり（ただし，両者とも指数が100.0の場合は「横ばい」となる），得票数が100.0以上で，絶対得票率が100.0以下であれば「みせかけの伸び」ということである。ただ，有権者数の指数が100.0未満である場合，得票数が100.0未満で，絶対得票率が100.0以上のケースも考えられるが，得票数の指数を一義的な基準とすれば，このケースは「衰退」として扱うのが妥当であろう。

　では表2に依拠しながら党派別の特徴をみておこう。自民党は，県全体では「低位の伸長」を示している。郡部での伸びは鈍いが，市部や都市化・混住社会化の著しい地域では総じてかなり伸びている。都市化・混住社会化の著しい地域のうち5町が「みせかけの伸び」を示している反面，大津市，草津市といった大票田での伸びが著しい。「衰退」を示している自治体は7町（14.0％）に及んでいる（湖南地域1町，湖東地域3町，湖北地域1町，湖西地域1町）。

　社会党は市部，郡部，都市化・混住社会化の著しい地域の別を問わず，バランスよく「低位の伸長」を示している。

　公明党は，県全体では僅かに「みせかけの伸び」を示しているが，郡部では「衰退」を示している。「衰退」を示している自治体は2市24町1村

1977年次選挙＝100

都市化・混住社会化の著しい自治体での実態
2：志賀町（135.6，88.2），石部町（105.7，84.7），甲西町（137.9，91.3），甲南町（115.1，91.3），能登川町（114.8，95.5），4：守山市（149.2，117.8），栗東町（149.1，116.6），野洲町（145.6，110.6），安土町（125.1，108.5），5：大津市（151.9，123.5），草津市（161.1，124.3）
2：守山市（121.9，96.0），志賀町（143.3，93.0），石部町（122.2，97.6），野洲町（128.5，97.0），4：大津市（136.8，112.1），草津市（132.7，102.5），栗東町（130.3，101.7），甲西町（153.0，101.8），甲南町（139.1，111.3），安土町（124.0，107.5），能登川町（135.5，112.4）
1：安土町（88.1，75.4），2：大津市（104.3，86.1），草津市（113.8，88.0），守山市（104.5，82.1），志賀町（106.7，69.3），栗東町（109.3，85.4），野洲町（121.5，91.0），石部町（102.0，81.8），甲西町（133.8，88.4），能登川町（106.8，89.5），4：甲南町（129.0，103.6）
2：大津市（107.3，88.4），草津市（128.5，98.9），守山市（105.9，83.5），4：志賀町（168.9，110.4），栗東町（143.1，110.6），野洲町（141.6，106.4），能登川町（139.7，115.9），5：石部町（182.2，146.9），甲西町（217.2，144.4），甲南町（169.3，133.3），安土町（164.7，140.3）
5：大津市（162.4，133.7），草津市（163.3，127.1），守山市（186.9，145.8），栗東町（184.6，145.2），石部町（183.6，147.7），甲南町（166.2，131.5），6：志賀町（304.9，198.4），野洲町（201.0，153.3），甲西町（246.3，161.8），安土町（180.2，155.4），能登川町（204.8，169.1）

100.0以上，絶対得票率100.0，4：得票数100.0以上，絶対得票率100.0～120.0未満，5：得票数100.0以上，絶対得票率200.0以上。

（54.0％）に達している（湖南地域4町，湖東地域1市9町，湖北地域1市7町，湖西地域4町1村）。

民社党は，郡部ではかなりの伸びを示しているが，反面，市部では絶対得票率での伸びがみられず，都市化・混住社会化の著しい地域では「みせかけの伸び」を呈し，県全体では「低位の伸長」となっている。「衰退」の自治体は11町1村（24.0％）で，公明党に次いで多いが，湖南および湖東地域での伸びが著しい。

共産党は，全体的に他党と比して極めて伸び率が高い。ただ，郡部での伸び率の高さに比べて市部や都市化・混住社会化の著しい地域での伸びは相対的に低い。地域別にみても県北部での伸びが著しい。「高位の伸長」のうち，絶対得票率の指数が200.0以上の自治体は9町1村に達する（湖東地域3町，湖北地域5町，湖西地域1町1村）が，これらの町村はもともと自民党の強い地域で，共産党の保守票田への浸透がうかがえる。

第7節　今次同日選挙における各候補者の得票数・絶対得票率

ここでは表3に依拠しながら次の事項を検討しておこう。まず市郡別得票

数・絶対得票率についてみてみると，自民党候補は4人とも得票数・絶対得票率ともに郡部計が市部計を上回っている。それに対して，野党候補はいずれも市部計が郡部計を上回っている。このことから基本的に自民党候補は農村部中心型，野党候補は都市部中心型として位置づけられよう。しかし，都市化・混住社会化の著しい自治体の場合は，総じて野党候補の比率の高さに比べて宇野候補以外の自民党の各候補者はその比率が低くなっている。次に地域別得票数・絶対得票率をみておこう。ここでは各候補者がどの地域を主要な選挙地盤にしているかを知ることができる。

武村候補は湖東地域を主地盤，湖南地域（得票数において），湖北地域（絶対得票率において）を副地盤としている。得票数においては大津市（1万9,568票，12.1％），八日市市（1万2,941票，46.5％），彦根市（8,687票，13.1％），草津市（6,911票，11.7％），近江八幡市（6,388票，14.3％）で高く，絶対得票率においては40.0％以上が八日市市，愛東町（44.0％），30.0％以上が永源寺町（37.5％），蒲生町（32.5％），湖東町（31.6％），秦荘町（31.3％）となっている。

表3　今次同日選挙における各候補者の得票数・絶対得票率

	所属党派	当落	得票数／絶対得票率	県　計	市部計	郡部計	混住計
武村正義	自民党㊞	当	得票数	125,220	60,942 (48.7)	64,278 (51.3)	47,686 (38.1)
			絶対得票率	15.5	14.0	17.2	12.7
山下元利	自民党㊓	当	得票数	102,474	46,758 (45.6)	55,716 (54.5)	45,115 (44.0)
			絶対得票率	12.7	10.8	14.9	12.0
宇野宗佑	自民党㊥	当	得票数	90,071	42,795 (47.5)	47,276 (52.5)	46,840 (52.0)
			絶対得票率	11.2	9.9	12.7	12.5
野口幸一	社会党	当	得票数	82,711	44,338 (53.6)	38,373 (46.4)	37,546 (45.4)
			絶対得票率	10.2	10.2	10.3	10.0
川端達夫	民社党	当	得票数	80,432	53,421 (66.4)	27,011 (33.6)	46,372 (57.7)
			絶対得票率	10.0	13.1	7.2	12.3
瀬崎博義	共産党	落	得票数	77,142	42,743 (55.4)	34,399 (44.6)	41,301 (53.5)
			絶対得票率	9.6	9.9	9.2	11.0
川島信也	自民党㊓	落	得票数	61,707	26,491 (42.9)	35,216 (57.1)	12,234 (19.8)
			絶対得票率	7.6	6.1	9.4	3.3

註：① 所属党派の自民党㊞は自民党福田派，自民党㊓は自民党田中派，自民党㊥は自民党中曽根派を意味する。
　　② 混住計＝都市化・混住社会化の著しい自治体の計。
　　③ 湖南地域＝大津市，草津市，守山市，栗太郡，野洲郡，甲賀郡。湖東地域＝彦根市，近江八幡市，八郡，高島郡。
　　④ 市郡別有権者数と比較…県計807,393 (100.0)，市部計433,906 (53.7)，郡部計373,487 (46.3)，混住計375,855
　　⑤ 地域別有権者数と比較…湖南地域395,873 (49.0)，湖東地域246,331 (30.5)，湖北地域115,896 (14.4)，湖
　　⑥ 得票数の（　）内は県計に対する比率を示す。

第9章　滋賀県における'86衆参同日選挙の分析 —— 255

　山下候補（本籍地：マキノ町）は湖西地域が本来の地元であるため，絶対得票率は極めて高い（マキノ町61.3％，朽木村53.4％，今津町48.8％）が，得票数における同地域の比重は小さい。むしろ実質的な主地盤は湖南地域，とりわけ大津市（2万5,646票，15.9％）で，副地盤は湖東地域である。
　宇野候補は出身地が守山市であるところから，全得票数の3分の2を湖南地域で獲得している。とりわけ守山市（1万3,464票，37.2％），草津市（7,692票，13.1％），水口町（6,814票，34.1％），野洲町（5,484票，25.9％），中主町（2,806票，36.4％）で高い得票数や絶対得票率を示している。副地盤は湖東地域であるが，今次選挙では全得票数の4分の1にとどまっている。概して県南部を主要地盤としているといえる。
　川島候補は本籍地が新旭町，現住所が長浜市であるところから，湖北地域を主地盤とし，湖西地域を副地盤としている。宇野候補とは対照的に県北部が主要地盤となっている。とりわけ長浜市では1万3,254票（34.4％）を獲得している。その他，新旭町（35.8％），浅井町（35.6％），びわ町（35.0％），

地域別				絶対得票率				
湖南地域	湖東地域	湖北地域	湖西地域	0.0～5.0未満	5.0～10.0未満	10.0～20.0未満	20.0～30.0未満	30.0～40.0未満	40.0以上
49,261 (39.3)	55,557 (44.4)	15,715 (12.5)	4,687 (3.7)	1町	2市4町1村	4市22町	10町	4市	1市1町
12.4	22.6	13.6	9.5						
47,438 (46.3)	29,451 (28.7)	9,963 (9.7)	15,622 (15.2)	3市2町	1市10町	3市21町	7町	—	2町1村
12.0	12.0	8.6	31.7						
59,500 (66.1)	22,087 (24.5)	6,999 (7.8)	1,485 (1.6)	2市8町1村	2市18町	2市11町	3町	1市2町	—
15.0	9.0	6.0	3.0						
39,008 (47.2)	26,233 (31.7)	13,422 (16.2)	4,048 (4.9)	—	4市26町1村	3市14町	2町	—	—
9.9	10.6	11.6	8.2						
46,222 (57.5)	25,319 (31.5)	6,684 (8.3)	2,207 (2.7)	13町1村	3市23町	4市6町	—	—	—
11.7	10.3	5.8	4.5						
43,799 (56.8)	21,050 (27.3)	8,064 (10.5)	4,229 (5.5)	4町1村	6市28町	1市9町	1町	—	—
11.1	8.5	7.0	8.6						
11,463 (18.6)	9,356 (15.2)	32,581 (52.8)	8,307 (13.5)	5市20町	1市6町1村	6町	5町	1市5町	—
2.9	3.8	28.1	16.9						

日市市，蒲生郡，神崎郡，愛知郡，犬上郡。湖北地域＝長浜市，坂田郡，東浅井郡，伊香郡。湖西地域＝滋賀(46.6)。
西地域49,293（6.1）。

虎姫町（32.1%），木之本町（30.3%），高月町（29.7%），湖北町（29.6%），余呉町（27.8%）で高い絶対得票率を示しており，典型的な農村部中心型候補である。

社会党の野口候補は各地域でほぼ一様の絶対得票率を示しているが，得票構造からみれば湖南地域が主地盤で，地元の彦根市を含む湖東地域が副地盤ということになる。ただし，湖北地域の山東町（22.4%），近江町（21.8%），米原町（19.0%）で高い絶対得票率を示しているが，これは既に指摘したように，社会党の主柱である国労県支部が米原駅構内にあり，湖北1市3郡に張りめぐらされた地域会による集票活動の結果による。

民社党の川端候補は，支持母体の東レが大津市にあるところから湖南地域が主地盤，出身地の近江八幡市を含む湖東地域が副地盤となっている。得票数においては大津市（2万366票，12.6%），草津市（8,131票，13.8%），近江八幡市（8,111票，18.1%）で高く，典型的な都市部中心型候補である。

共産党の瀬崎候補は，絶対得票率においては湖北地域での若干の劣位がみられるが，ほぼ均等している。得票構造でみれば，地元の石部町を含む湖南地域が主地盤となっている。とくに得票数では大津市（1万9,404票，12.0%），絶対得票率では石部町（30.1%）がそれぞれ高い。

表4　武村旋風の影響範囲と影響度

		得票数 市郡別				地	
	絶対得票率	県　計	市部計	郡部計	混住計	湖南地域	湖東地域
山下元利	得票数	13,408	6,851(51.1)	6,557(48.9)	7,669(57.2)	8,313(62.0)	1,196(8.9)
	絶対得票率	1.3	1.2	1.4	1.5	1.6	0.3
宇野宗佑	得票数	-18,712	-5,663(30.3)	-13,049(69.7)	-2,618(14.0)	-3,408(18.2)	-11,914(63.7)
	絶対得票率	-2.8	-1.8	-3.9	-1.4	-1.7	-5.1
川島信也	得票数	-6,350	-1,769(27.9)	-4,581(72.1)	-4,883(76.9)	-4,749(-)	-4,674(-)
	絶対得票率	-1.1	-0.7	-1.2	-1.5	-1.4	-2.0
野口幸一	得票数	-5,174	-175(3.4)	-4,999(96.6)	622(-)	542(-)	-2,769(-)
	絶対得票率	-1.1	-0.5	-1.6	-0.4	-0.3	-1.5
川端達夫	得票数	-2,162	3,898(-)	-6,060(-)	5,272(-)	1,923(-)	-167(-)
	絶対得票率	-0.6	0.4	-1.7	0.8	-0.1	-0.3
瀬崎博義	得票数	-8,536	-4,324(50.7)	-4,212(49.3)	-1,847(21.6)	-2,659(31.2)	-3,951(46.3)
	絶対得票率	-1.4	-1.4	-1.4	-1.1	-1.2	-1.9

註：①　得票数・絶対得票率とも前回総選挙（1983年）との比較による。
　　②　川端達夫の場合，前回西田八郎の得票数・絶対得票率との比較を示す。
　　③　混住計＝都市化・混住社会化の著しい自治体の計。

第8節　武村旋風の意味するもの

まず最初に，武村の知事からの転身出馬によって各候補者がどのくらいの範囲で，どの程度の影響を被ったのかを表4に依りながら市郡別・地域別にみておこう。

トータルでみれば，武村候補の参入によって山下候補以外の全ての候補者がマイナス影響を受けた。とりわけ宇野・瀬崎両候補の場合は，その影響度が他の候補者よりも大きかった。

これを市郡別にみた場合，市部・郡部ともにマイナス影響を受けたのは宇野・瀬崎両候補の他に，川島候補，野口候補の4人で，川端候補は郡部ではマイナス影響が大きかったものの，市部や都市化・混住社会化の著しい自治体では逆に得票を伸ばし，プラスになっている。また，瀬崎候補以外は市部よりも郡部でのマイナス影響が大きく，とくに宇野候補は郡部で1万3,049票も減票し，絶対得票率でも3.9ポイント減となっている。

地域別にみた場合，湖北地域以外の地域では山下候補以外の候補者全てがマイナス影響を受けている。とくに武村候補の地盤である湖東地域ではその影響度は大きく，とりわけ宇野候補は1万2,000票弱の減票，絶対得票率で

域別		絶対得票率								
湖北地域	湖西地域	~-10.0	-9.9~-5.0	-4.9~-2.0	-1.9~-0.1	±0	0.1~1.9	2.0~4.9	5.0~9.9	10.0以上
1,795(13.4)	2,104(15.7)	–	–	1市4町	2町	1市2町	3市16町	2市14町	4町	1村
1.5	3.6									
-3,142(16.8)	-248(1.3)	2町	2市17町	2市9町	2市10町1村	1町	1町	1市2町	–	–
-2.9	-0.4									
4,006(-)	-933(-)	–	3町	1市14町	5市17町1村	–	3町	3町	1市2町	
3.1	-2.3									
-2,406(-)	-541(-)	–	–	2市18町	2市24町1村	1市	2市	–	–	–
-2.2	-1.3									
-3,141(-)	-777(-)	–	1町	2市22町	2市17町1村	1町	2市1町	–	1市	–
-2.8	-1.7									
-1,757(20.6)	-169(2.0)	–	–	2市12町	5市28町1村	–	2町	–	–	–
-1.6	-0.5									

258

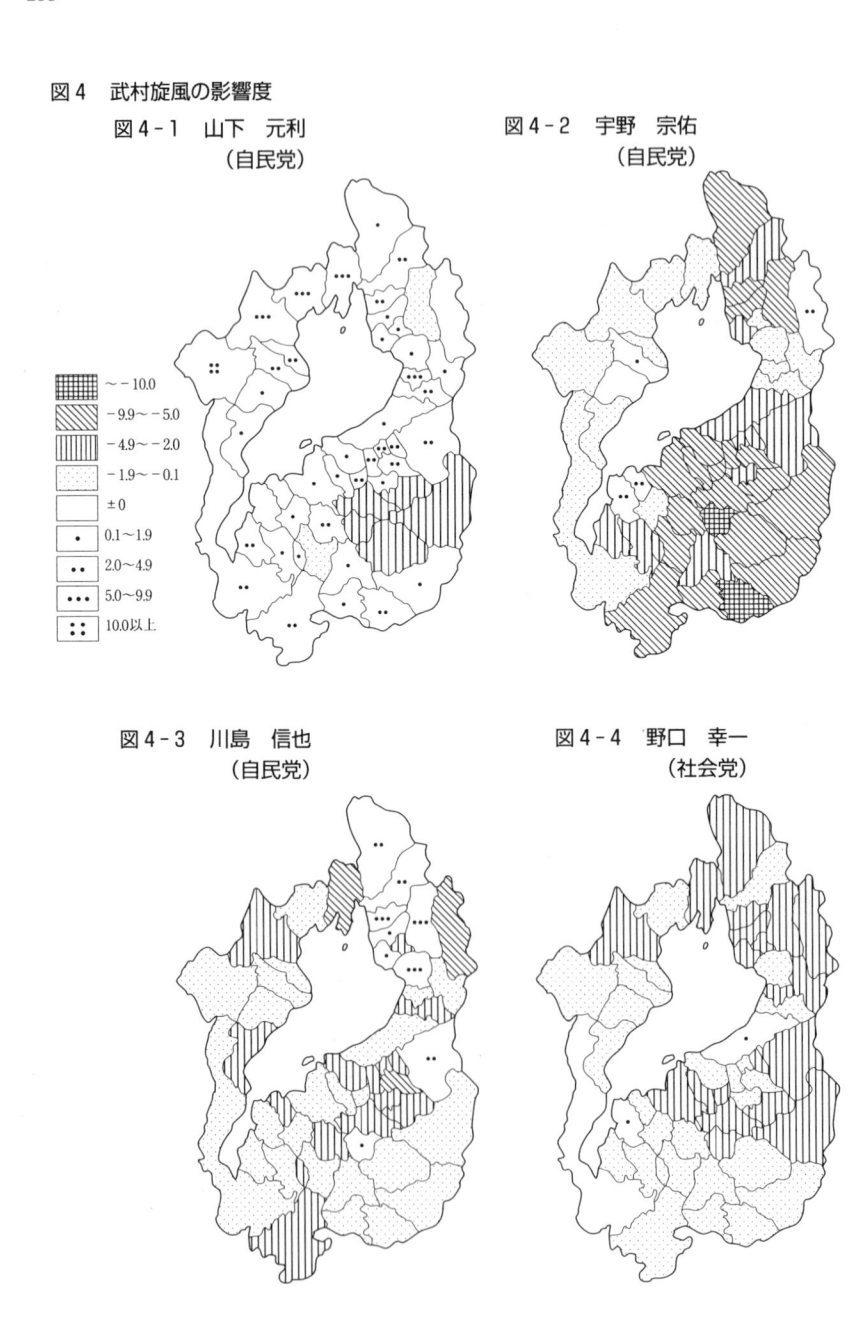

図4 武村旋風の影響度

図4-1 山下 元利
（自民党）

図4-2 宇野 宗佑
（自民党）

凡例:
- ～-10.0
- -9.9～-5.0
- -4.9～-2.0
- -1.9～-0.1
- ±0
- 0.1～1.9
- 2.0～4.9
- 5.0～9.9
- 10.0以上

図4-3 川島 信也
（自民党）

図4-4 野口 幸一
（社会党）

図4-5　川端　達夫
（民社党）

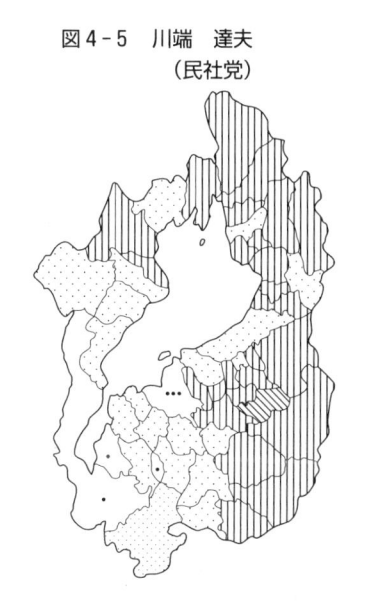

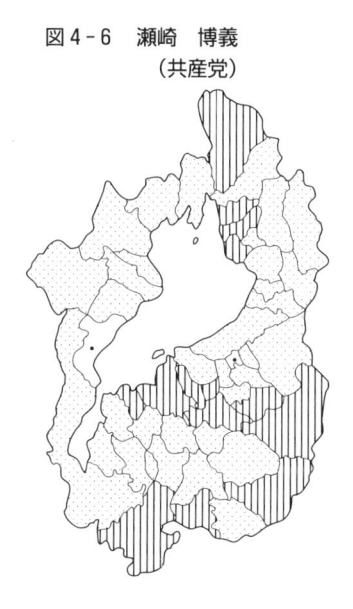

図4-6　瀬崎　博義
（共産党）

5.1ポイントの大幅なダウンとなっている。さらに，トータルでプラスであった山下候補も，湖東地域を中心に1市6町（八日市市3.8ポイント減，蒲生町4.0ポイント減，永源寺町2.9ポイント減，愛東町2.2ポイント減，日野町2.0ポイント減，浅井町0.5ポイント減，甲西町0.3ポイント減）でマイナスの影響を受けている（図4-1〜6参照）。

このように「武村旋風」は各候補者に大なり小なり影響を与えて政界地図を塗り変えたのであるが，ここで武村票の構造を分析しておこう。

表5は武村票が主として他候補（自民党および野党）から奪取したものであるのか，あるいは自力で開拓した票なのかを分析するためのものである。表を読みとるために若干説明を加えておこう。①武村票が投票率増減の数値よりも小さい場合，原則として他候補からの票の流れはなかったものとみなす（実際は票の流れは存在したであろうが）。したがって，その場合の武村票は見掛け上全て開拓票となる。②奪取票と開拓票の構成比は「全体」と「開拓」との数値を比較すればよいわけで，例えば「全体」の数値（ただし，数値が正の場合は奪取票はないとみなす）が，「開拓」の数値よりも大きい

表5　投票率の増加と武村票の構造

	武村	自民党	野　党	全　体	開拓	投票率増減		武村	自民党	野　党	全　体	開拓	投票率増減
大 津 市	12.1	-0.6	-0.8	-1.4	10.7	11.7	湖東町	31.6	-8.0	-7.5	-15.5	16.1	16.3
彦 根 市	13.1	-2.9	-1.9	-4.8	8.3	8.8	秦荘町	31.3	-9.0	-4.7	-13.7	17.6	18.3
長 浜 市	9.4	8.6	-5.1	3.5	(9.4)	13.7	愛知川町	26.5	-5.2	-6.2	-11.4	15.1	15.6
近江八幡市	14.3	-5.1	4.3	-0.8	13.5	13.8	愛 知 郡	32.4	-8.9	-7.5	-16.4	16.0	16.5
八日市市	46.5	-15.7	-9.9	-25.6	20.9	21.4	豊郷町	17.5	-5.2	-2.5	-7.7	9.8	11.1
草 津 市	11.7	-0.4	-1.3	-1.7	10.0	10.5	甲良町	20.9	-3.4	-7.9	-11.3	9.6	10.2
守 山 市	7.8	3.5	-1.8	1.7	(7.8)	8.9	多賀町	17.3	0.8	-6.7	-5.9	11.4	11.5
市　　計	14.0	-1.3	-1.5	-2.8	11.2	11.9	犬 上 郡	18.6	-2.4	-6.0	-8.4	10.2	11.0
滋賀郡志賀町	15.5	-4.2	-2.4	-6.4	9.1	10.2	山東町	13.7	-2.5	-5.0	-7.5	6.2	7.0
栗太郡栗東町	13.8	-3.0	-1.6	-4.6	9.2	10.5	伊吹町	21.2	-6.6	-8.8	-15.4	5.8	6.1
中主町	14.7	±0	-4.2	-4.2	10.5	11.3	米原町	16.9	-2.7	-6.1	-8.8	8.1	9.4
野洲町	11.9	-1.6	-2.3	-3.9	8.0	8.9	近江町	10.2	1.9	-5.7	-3.8	6.4	6.7
野 洲 郡	12.7	-1.4	-2.8	-4.2	8.5	9.5	坂 田 郡	15.2	-2.3	-6.1	-8.4	6.8	7.6
石部町	10.6	-3.0	-0.7	-3.7	6.9	7.3	浅井町	16.2	-1.9	-7.8	-9.7	6.5	7.0
甲西町	16.5	-6.9	-2.5	-9.4	7.1	8.0	虎姫町	17.3	-3.1	-7.9	-11.0	6.3	9.0
水口町	12.5	-2.7	-3.5	-6.2	6.3	6.8	湖北町	15.6	-4.1	-8.5	-12.6	3.0	4.9
土山町	20.1	-5.1	-6.7	-11.8	8.3	8.4	びわ町	17.0	-0.1	-11.0	-11.1	5.9	6.5
甲賀町	15.9	-5.5	-4.7	-10.2	5.7	5.9	東浅井郡	16.4	-2.4	-8.6	-11.0	5.4	6.7
甲南町	15.2	-5.8	-4.0	-9.8	5.4	6.0	高月町	15.1	2.1	-9.2	-7.1	8.0	8.4
信楽町	15.9	-5.1	-5.0	-10.1	5.8	6.7	木之本町	14.8	0.2	-5.6	-5.4	9.4	9.8
甲 賀 郡	15.1	-5.2	-3.4	-8.6	6.5	6.9	余呉町	20.0	-4.5	-11.1	-15.6	4.4	6.2
安土町	22.0	-5.9	-4.4	-10.3	11.7	12.8	西浅井町	12.3	-0.9	-9.5	-10.4	1.9	3.9
蒲生町	32.5	-13.7	-6.0	-19.7	12.8	13.3	伊 香 郡	15.3	-0.3	-8.4	-9.7	5.6	7.8
日野町	25.8	-10.8	-6.6	-17.4	8.4	8.9	マキノ町	3.4	4.8	-3.6	1.2	(3.4)	5.1
竜王町	20.6	-7.8	-3.3	-11.1	9.5	9.9	今津町	7.3	3.0	-5.6	-2.6	4.7	5.3
蒲 生 郡	25.3	-9.5	-5.4	-14.9	10.4	10.7	朽木村	6.5	8.3	-3.2	5.1	(6.5)	11.8
永源寺町	37.5	-12.4	-9.8	-22.2	15.3	16.2	安曇川町	9.9	2.4	-4.4	-2.0	7.9	8.2
五個荘町	24.5	-6.4	-8.2	-14.6	9.9	10.3	高島町	9.6	-0.1	-2.5	-2.6	7.0	7.4
能登川町	20.8	-7.6	-4.1	-11.7	9.1	9.7	新旭町	7.1	0.5	-3.4	-2.9	4.2	4.6
神 崎 郡	25.0	-8.2	-6.2	-14.4	10.6	11.1	高 島 郡	7.7	2.5	-4.1	-1.6	6.1	6.5
愛東町	44.0	-15.8	-13.2	-29.0	15.0	15.6	郡　　計	17.2	-3.7	-4.7	-8.4	8.8	9.0
							県　　計	15.5	-2.6	-3.1	-5.7	9.8	10.5

註：自民党，野党，全体および投票率の数値はいずれも前回総選挙（1983年）時の絶対得票率および投票率との差を示している（1986年次選挙－1983年次選挙）．

場合は奪取票が開拓票を上回っていることを意味する。

以下で，この表から読みとれる特徴を指摘しておこう。第1に，武村票が全て開拓票であるのは長浜市，守山市，マキノ町，朽木村の2市1町1村（全自治体の8.0%）である。これらの自治体は川島（長浜市），宇野（守山市），山下（マキノ町，朽木村）の各自民党候補の地元であるため，これら地元候補の保守票の掘りおこしが，武村候補の保守票切り崩し，あるいは取り込みを上回ったといえる。ただ野党の場合は，これらの自治体で大幅に絶対得票率を減じているので，実際には，武村票の幾分かは野党からの奪取票ということになろう。

第2に，全体的にみた場合，先述の2市1町1村を除いて投票率増減の数値と「開拓」の数値とがほぼ対応していることである。これはすなわち，投票率のアップ＝武村候補への投票という図式が成り立つことを意味する。

第3に，開拓票と自民党からの奪取票を示しているのは近江八幡市だけである。近江八幡市は民社党の川端候補の出身地で，同候補は党派を超えた支援態勢で，前回選挙時（1983年）の西田票（4,041票，9.3%）を4,070票上回る大量得票した[44]。したがって，近江八幡市での武村票は，自民党の他候補からの奪取票はあるものの，その大半は開拓票とみなしうるだろう。

第4に，開拓票と野党からの奪取票を示しているのは8町（先述の2市1町1村は除く）で，湖西地域（今津町，安曇川町，新旭町），湖北地域（近江町，高月町，木之本町）にかたよっている。

第5に，武村票が開拓票と自民党および野党からの奪取票とで構成されているのは4市33町（74.0%）で，そのうち自民党からより多く奪取している自治体は2市17町，逆に野党からより多く奪取している自治体は2市16町と相半ばしている。とくに前者の場合は武村候補の地元八日市市を中心とする湖東地域（2市10町）および湖南地域の郡部（7町）に集中しており，逆に後者の場合には湖北地域（9町）に集中している。しかし，八日市市ならびに郡部での両者の共通点は，総じて奪取票の比率が開拓票のそれを上回っていることである。それに反して，市部では開拓票の比率が奪取票のそれを大きく上回っていることが指摘されうる。この「事実」から考えられること

表6-1　今次同日選挙における投票者数・投票率の増減（前回同日選挙比，女性）

投票者数（人） \ 投票率（%）	0.00以下	0.01 ～ 1.00未満	1.00 ～ 3.00未満
0以下	◎余呉町	木之本町	
1～99	○浅井町	◻西浅井町	◎伊吹町　◻マキノ町
100～299	石部町	◻今津町	◎土山町　○甲賀町 ◎△五個荘町　山東町　◻近江町 ○湖北町　○高月町
300～499	水口町		
500～999	○△甲南町		◎△能登川町
1,000～1,999	○志賀町	彦根市　△栗東町 野洲町　○△甲西町	
2,000～2,999			△守山市
3,000以上	◻大津市 △		△草津市

註：① ◎＝武村候補の絶対得票率20％以上，○＝同15％以上，◻＝山下候補の絶対得票率20％以上，◻＝同15
　　② ◻で囲った市町は今次同日選挙で女性の投票率が男性よりも高かった自治体。

表6-2　今次同日選挙における投票者数・投票率の増減（前回同日選挙比，男性）

投票者数（人） \ 投票率%	0.00以下	0.01 ～ 1.00未満	1.00～3.00未満
0以下	◎余呉町　木之本町		◻マキノ町
1～99	○土山町　◻西浅井町	○甲賀町　○信楽町 ◻高島町	中主町 ○びわ町
100～299	石部町　○湖北町	◎△五個荘町　山東町 ○米原町　◻近江町 高月町	◎湖東町 ○浅井町
300～499	水口町	◻安曇川町	◎日野町 ◻今津町
500～999	○志賀町　△甲南町	◎△能登川町	長浜市
1,000～1,999	彦根市　△野洲町 △甲西町	△近江八幡市　△栗東町	
2,000～2,999	△守山市		
3,000以上	◻大津市　△草津市		

註：① ◎＝武村候補の絶対得票率20％以上，○＝同15％以上，◻＝山下候補の絶対得票率20％以上，◻＝同15

第9章　滋賀県における'86衆参同日選挙の分析 —— 263

3.00 〜 5.00未満	5.00 〜 10.00未満	10.00以上
	◎ 朽木村	
中主町　◎信楽町　◯甲良町 ◯米原町　◯びわ町 ◎高島町　　新旭町	◯永源寺町　◎愛東町 ◎湖東町　◯秦荘町 ◯豊郷町　◎虎姫町	
◯日野町　◯安曇川町	◯安土町　◯蒲生町 ◎竜王町　◯多賀町	◎愛知川町
長浜市		
△近江八幡市		◎八日市市

％以上，△＝川端候補の絶対得票率10％以上。

3.00 〜 5.00未満	5.00〜10.00未満
	◎ 朽木村
◯永源寺町　◯愛東町　◯豊郷町 ◯甲良町　◯多賀町 ◯伊吹町　　新旭町	◯秦荘町 ◎愛知川町 ◯虎姫町
◎安土町　◯蒲生町 ◯竜王町	
	◎ 八日市市

％以上，△＝川端候補の絶対得票率10％以上。

は，武村候補は市部で徹底したイメージ選挙を展開し，無党派層を中心とする浮動票（武村ファン票）を大量に獲得したということである。その浮動票（武村ファン票）の主たるものは「草花の会」を中心とした婦人票（女性票）であり，若者票であり，武村陣営の選対とは離れたところで自然発生的に支持・推薦し，「勝手連」的な活動を展開した団体の票といえよう[45]。

次に，武村票の構造を投票者数，投票率の増加との関連でみておくことにしよう。既に述べたが，今次選挙ではとりわけ女性票の行方が衆目を集め，各候補者はそれを主要なターゲットと位置づけた。中でも武村，山下，川端の各候補は熾烈な女性票の争奪戦を展開した。表6-1および表6-2は今次同日選挙における投票者数・投票率の増減（前回同日選挙比）を示したものであるが，この表から次のような点に特徴が認められる。

市郡別の投票率の比較（数値は前回同日選挙比）においては，男性が県計0.14ポイント増，市部計0.28ポイント減，郡部計0.80ポイント増，都市化・混住社会化の著しい自治体1.05ポイント増，女性がそれぞれ2.14ポイント増，1.85ポイント増，2.62ポイント増，0.53ポイント減となっており，明らかに女性の投票率のアップが著しく，「燃えた」女性像を浮びあがらせている。

しかし，都市化・混住社会化の著しい地域では逆に女性の投票率はダウンしており，「冷ややかな」対応の一面もうかがえる。このような地域では，むしろ男性の方が「燃えていた」のである。

これを地域別にみると，男女ともに武村候補の主要地盤である湖東地域での投票率のアップが著しい。また，そこでは武村・山下両候補の票の争奪戦も熾烈を極めている。他方で，湖南および湖東地域の都市部での女性の投票率のアップは，川端候補の得票と結びついていることが指摘できるし，さらに都市化・混住社会化の著しい地域での投票者数のアップは武村・山下・川端3候補による三巴えの票の争奪戦の様相を呈していることを示している。

以上のことを考慮に入れて，さらに武村候補の参入によって各党（候補者）の得票構造にどのような変化がみられたのかを表7によってみておこう。ここでの主眼は，各党（候補者）の得票構造が，組織票あるいは政党支持票を

表7 各党（候補者）の組織票・政党支持票依存率の比較

	選挙年	県　　計	市部計	郡部計	混住計
自由民主党	1986年	59.4(88.7)	59.4(90.6)	59.5(87.2)	60.7(88.5)
	1980年	75.7	75.3	76.1	83.9
日本社会党	1986年	120.0	113.0	128.1	114.9
	1980年	86.1	85.5	86.6	90.1
民社党	1986年	76.4	68.9	91.4	69.7
	1980年	51.8	51.5	52.1	52.2
日本共産党	1986年	101.8	100.1	103.9	94.7
	1980年	54.5	56.6	52.0	54.6

註：① 数値は基礎票（全国区票，比例区票）を衆議院票で割ったものである。
　　② 自由民主党（　）内は武村票を除いた場合の数値である。

主体としたものであるのか，または個人票を主体としたものであるのかを前回の同日選挙との比較において分析することにある。表の数値は組織票・政党支持票依存率を示しており，数値が高ければそれだけ組織票・政党支持票依存率が高いことを示し，また，数値が100を超える場合には完全に組織票・政党支持票に依存していることを意味している（もちろん，実際には個人票が幾分かは含まれているが，ここでは数字のうえだけでみていくことにする）。

　自民党の場合，前回同日選挙では市部・郡部とも組織票・政党支持票依存率は4分の3程度（都市化・混住社会化の著しい地域ではそれよりも若干高くなっている）であったが，今次同日選挙ではそれは約6割で，かなり低くなっている。ところが，武村票を除いた数値は9割弱で，むしろ高くなっている。このことから，武村以外の各候補者は得票の大部分を組織票・政党支持票に依存しており，とりわけ武村候補の地元である八日市市（264.1）をはじめ，主要地盤の湖東地域（近江八幡市101.2，彦根市100.5，蒲生郡111.2，神崎郡106.7，愛知郡112.3）や湖南地域の一部（石部町112.3，甲西町102.4）では100を超えている。逆に，武村候補は選挙期間の大半を無所属で通したこともあってか，得票の相当部分が個人票であったと考えられる。

　社会党は，前回同日選挙でも他党（候補者）と比較すれば，相当組織票・政党支持票に依存していたことが理解できる。今次同日選挙では完全に組織票・政党支持票オンリーの形になっている。とりわけ郡部ではそれが著しい。

わずかに，100を割っているのは地元の彦根市（85.4），志賀町（91.8），豊郷町（91.9）だけである。

民社党と共産党は，前回同日選挙では組織票・政党支持票と個人票とがほぼ相半ばしていた。ところが今次同日選挙では両者の間に大きな相違がみられた。民社党の場合は，組織票・政党支持票依存率が高くはなったものの他党（とくに野党）と比較すれば個人票の占める割合が高く，とりわけ市部や都市化・混住社会化の著しい地域ではそれが顕著に現われている。それに対して共産党は，都市化・混住社会化の著しい地域でかろうじて組織票・政党支持票依存率が100を割ったものの，市部・郡部とも100を超え，完全に組織票・政党支持票オンリーの得票構造を呈した。ただ，民社党も湖北地域や湖西地域では大半の自治体で依存率100を超えており（100以下は長浜市99.3，虎姫町94.6，安曇川町99.3），共産党は，地元の石部町（54.6）を含む甲賀郡（甲西町83.1，甲南町91.5，水口町93.1，信楽町99.4），および大津市（92.1），草津市（95.0），栗東町（91.6），豊郷町（98.7），志賀町（98.8）で100を割っており，地域差も浮きぼりにされている。

以上から，武村参入によって有権者の票がどこからどこへ，どの程度動いたのかということの大まかな傾向が理解できたであろう。

第9節　今次同日選挙における政党支持率と各党の絶対得票率

表8は今次同日選挙に際して各新聞社が実施した世論調査（政党支持率）の結果と各党の参議院比例区ならびに衆議院での絶対得票率を示したものである。これによれば，自民党支持率の高さ（とりわけ『毎日新聞』『読売新聞』では高い）と「支持政党なし」および「D.K, N.A」層の高さが目立つ。滋賀県有権者の政党支持の傾向性をみる限り，基本的に「保守」ではあるが，また他方で，どの政党からも一定の距離を置いて状況適応的に対応しようとする有権者の像が浮かび上ってくる。これらの層は今日「無党派層」と位置づけられているが，この無党派層は「政治的社会的状況の変化への反応から

表8 政党支持率と絶対得票率の比較 (%)

		朝日新聞	毎日新聞	読売新聞	京都新聞		県　　計
自　　由	今回	33	47	47.6	41.4	参議院比例区	27.9
民　主　党	前回	39	47	46.7	47.7	衆　議　院	47.0(31.5)
日　　本	今回	10	9	10.4	13.2	参議院比例区	12.3
社　会　党	前回	12	15	12.1	15.4	衆　議　院	10.2
公　明　党	今回	2	4	2.4	3.1	参議院比例区	5.7
	前回	3	3	1.9	2.9	衆　議　院	-
民　社　党	今回	4	7	5.7	5.7	参議院比例区	7.6
	前回	7	9	8.6	7.4	衆　議　院	10.0
日　　本	今回	5	4	4.2	4.6	参議院比例区	9.7
共　産　党	前回	4	5	3.6	5.8	衆　議　院	9.6
支持政党	今回	21	25	-	25.1		
な　　し	前回	21	19	-	11.7		
D.K, N.A	今回	24	3	-	5.7		
	前回	13	2	-	5.4		

註：① 前回＝1983年次総選挙。
② 各新聞社の調査日と発表日は次のとおり。『朝日新聞』：6月28, 29日調査, 7月5日発表, 『毎日新聞』：6月26～28日調査, 7月3日発表, 『読売新聞』：6月25～27日調査, 7月2日発表, 『京都新聞』：6月27, 28日調査, 7月2日発表。
③ 自由民主党の衆議院の（　）内は武村候補を除いた場合の数値である。

生まれてきた」もので，それは「『1960年代政治』への異議申立ての性格を帯びてい」[46]ると指摘される。これらの無党派層は，「従来，政治に対する知識や関心を欠き，政治を『お上』のわざと心得る伝統型無党派」や，「自民，社会両党をはじめ，既成政党から離脱した脱政党型無党派層」，あるいは，「毎年，政治の舞台に登場してくる新有権者を含む新しい政治的世代」（＝現代型無党派層）に類型化されている[47]。

では，滋賀県ではこれらの無党派層がどのような方向に動いたのか，また，政党支持者がどう動いたのかを若干みておくことにしよう。まず，自民党の場合には，政党支持率と参議院比例区の絶対得票率との間に大きな較差がある。また，衆議院での絶対得票率との間には参議院比例区ほどの較差はない（『毎日新聞』『読売新聞』では両者は完全に符合している）。ただ武村候補を除いた場合には絶対得票率における衆議院と参議院比例区との間の較差は小さく，しかもそれは支持率を大きく下回っている（『朝日新聞』では政党支持率と絶対得票率とはほぼ符合している）。

他方，野党の場合にはどうであろうか。まず，政党支持率と参議院比例区

の絶対得票率との関係をみてみると，概ね社会党，民社党の議員政党は得票率が支持率を若干上回っているが，公明党，共産党の組織政党は得票率が支持率のほぼ2倍になっている。しかし，政党支持率と衆議院の絶対得票率でみれば，やや趣きは異なり，社会党は支持率とほぼ符合，民社党，共産党はほぼ2倍という具合になっている。

　これらをまとめると次のようなことがいえそうである。自民党の場合には相対的に消極支持層の割合が高く，今次同日選挙では参議院比例区でその相当部分が他党（とりわけミニ政党）に流れた。しかしながら，武村候補が選挙期間の大半を無所属で通したこともあって，この逃げた消極支持層を呼びもどし，かつ各類型の無党派層を多く取りこむことによって支持率と同じ高さにまで引き上げた，と考えられる。

　野党の場合には，党組織としては社会・民社両党が積極支持層を主体にしているのに対して，公明・共産両党は相対的に消極支持層の割合が大きいと考えられる。しかし，候補者個人としては社会党候補が積極支持層オンリーに対して，民社・共産両党候補は消極支持層をも多く取り込んでいるといえる。ただ無党派層に関しては，全体として自民党の場合ほど大きな取り込みはなかったものと思われる。

　以上，さまざまな角度から検証作業を行うと同時に，新たな特徴点をも指摘してきた。これらをふまえて，最後に整理し，まとめておくことにしよう。

第10節　まとめにかえて

　今回の選挙結果から「保守回帰」「保守化傾向の定着」を唱えるむきがある。しかしながら，このように断定することはいささか無理があるように思われる。その理由として，1つには，自民党自身も指摘しているように支持層の質的変化，すなわち党を絶対支持する固い支持層が減少して，「柔らかい支持層」が多くなり，その結果，先が明確に予測しえなくなってきたということである。これらの層は政治運営の如何あるいは政治状況の如何によっ

て容易に支持政党を離脱しうるからである[48]。

　その２は、自民党の参議院比例区における得票率が極めて低いということである（議席率44.0％、相対得票率38.6％、絶対得票率25.6％）。また、選挙区類型別絶対得票率（『朝日新聞』の４分類法による）でみても大都市部での低さが目立つ。前回同日選挙と比較して議席は５増１減と伸びているにもかかわらず、絶対得票率では逆に24.0％から23.2％へと0.8ポイントの減少となっている[49]。これは大都市部の潜在的な保守支持層、とりわけ「柔らかい支持層」（消極的自民党支持層）を十分に動員できなかったことの結果と思われる。「今回大都市部における自民党の絶対得票率が、80年と比べて投票率がかなり下がったにもかかわらず、微減にとどまったということは、大都市部に多いと考えられる『弱い自民支持層』の間に何らかの変化が生じ、少なくともその一部がより固い支持層に変化した可能性を示唆するものであろう」[50]とする見方も可能であるが、やはり微減であっても絶対得票率を減じたという事実は、少なくとも保守回帰の定着を提唱するうえにおいて大きくマイナス方向に機能する。

　その３は、既に指摘したが、自民党の圧勝は選挙技術あるいは政治状況が大きく作用したことの結果でもあった。したがって、佐藤および松崎が指摘するように、「もし自民党政権が国政運営に失敗してインフレや失業が激増したら、また行政改革を徹底させることなく不用意な増税に走るならば、さらに政治腐敗が『大人』の許容範囲を超えるほどにひどくなるならば、自民党に不利な争点がクローズアップされ、自民党は大幅な後退を余儀なくされるであろう」[51]。

　以上のような点を鑑みれば、今回の選挙結果で「保守回帰」「保守化傾向の定着」を唱えるのは必ずしも当を得ているとは思われないのである。このことは滋賀県での情勢にも当てはまることで、結果的に自民党が３議席を獲得して革保逆転を果たしたものの、既に詳しく分析してきたように、武村正義という半ば非保守的（＝半野党的）要素を多く抱えこんでいる人物の今次同日選挙における存在の大きさ、さらには自民党の参議院比例区での絶対得

票率の低さ（27.8％）を鑑みれば,「保守回帰」という言葉で選挙結果を語ることは不適切である。とりわけ武村候補に一票を投じた有権者の何割かは,政党支持において必ずしも自民党支持ではなく,いわば武村の個人的支持者であった。とくに婦人層や若者層はそうであったと思われる。その背後に3期11年半におよぶ武村県政に対する有権者の強い支持があったという特異な事情が横たわっている。その意味では,彼らは「知事としての武村」支持者でもあった。武村県政に対しては評価も批判もある。しかし,彼らは批判よりも評価の面にウエイトを置いて武村候補を支持し,一票を投じたのである。

では,彼らは具体的に何を評価したのであろうか。武村県政の基本は「キラリと光る湖国の創出」であった。これを基調にして,①地域の問題にはでき得る限り,地方が主体的に取り組む,②常に国際的視野をもつ,③「住民参加」を推進していく,の3点を柱に県政を行ってきた[52]。それらは,琵琶湖の環境保全,草の根施策,文化行政の各分野で開花していく。より具体的には,琵琶湖富栄養化防止条例の制定・施行,県立琵琶湖研究所の設立,世界湖沼環境会議の開催,ふるさと滋賀の風景を守り育てる条例の制定・施行,草の根ハウス,"県民とはだかの対話"をキヤッチフレーズにした「こんにちは知事です」,草の根広場,草の根図書館,農業青年の嫁さん対策,ものを生かす交換銀行,県立図書館・県立近代美術館・文芸会館の建設等が挙げられる。

これら一連の施策と県土地開発公社問題の処理とが政党レベルでの思わくとは異なって,武村候補を支持し,一票を投じた有権者の多くに評価されたということなのである。しかしながら他方で,武村県政が2期目から3期半ばまで「オール与党」体制であったという事実を鑑みれば,武村県政に対する有権者の評価は,すなわち「オール与党」体制に対する評価でもあったのであり,その意味では武村支持は「オール与党」体制支持あるいは「県民党」的立場に対する支持でもあったのである。したがって,武村候補への一票は「県民党公認」への一票であって,それは「自民党公認」への一票と決してイコールではないのである。武村への一票が自民党への一票となるには,武村が自民党代議士としての政治生命を県民に訴えて支持を得,そして一票を

投じてもらうというプロセスが必要である。

それは少なくとも次回の総選挙まで待たねばならず，またそのときにはじめて「自民党代議士武村」に対する評価が有権者によって下されるのである。それまで一応，「保守回帰」「保守化傾向の定着」という言葉はしまっておく方が賢明である。

いまひとつ政治文化の視点から今回の同日選挙の結果を総括するならば，次のようなことがいえそうである。第1に，武村の衆議院選挙参入は，まず自民党県議会議員の派閥間移動＝系列化の再編成という現象をもたらした。従来の宇野・山下両代議士系に二分されていた系列図式が崩壊し，宇野，山下，武村の三系列に再編成されたのである。とりわけ武村派に組み込まれた県議は代議士の空白地域である湖東・湖北両地域に多く，選挙時には6～7人が宇野・山下両派から鞍替え，もしくは新規に参加した[53]。そこにはあくまでも地元（地域）から国会議員を輩出しようという方向性をもった地元意識（湖東地域）と，地元選出にはこだわらずに広範囲に政治的影響力を発揮しうる可能性の高い自民党（系）実力者を支持することによって地域の政治的劣位を克服し，あわせて自己の県議としての地位の保全をはかるという方向性での政治的保守主義（湖北地域）とが，これら県議の論理として横たわっている。

第2に指摘しておかなければならないことは，女性の主体的政治参加が極めて顕著であったということである。しかもそれは，生活文化においても従来から保守的な位置づけがなされてきている郡部においてより顕著であった。これは既に指摘したが，その背景にこれまでの武村県政＝草の根県政に対する女性層の評価・支持が横たわっており，彼女たちの今回の主体的政治参加は生活感覚に根ざした政治的行為であったといえよう。その意味では，彼女たちの政治的行為は従来の保守・革新というイデオロギー的枠組を超越しており，一種の「市民自治」的志向パターンの様相を呈しているかのようである。

保守的な政治風土の中でこのような現象が起ったのは，主に武村県政がこ

れまで政治参加のチャンスから疎外されてきた女性層に対して生活感覚にマッチした施策を通じて「政治教育」を行ってきたことの結果でもあると考えられる。中でも琵琶湖富栄養化防止条例に関わる住民運動が主として〈粉せっけん運動〉に携わってきた主婦層と行政との距離を縮め、また、「こんにちは知事です」における地域住民との直接の触れ合いが彼女たちと政治・行政との距離を縮め、それらが今次同日選挙での政治参加の主たる〈きっかけ要因〉になったと考えるならば、たとえそれが武村戦略の一環として組み込まれていたものであったとしても、この点での武村の「功績」は評価されてしかるべきであろう。

　第3は、「政治は力である」とする存在としての論理と、「クリーンな政治」という当為としての論理とが有権者の意識構造の中に共存していたということである。衆議院選挙における革保逆転は前者を意味し、参議院選挙での山田候補の圧勝は後者を意味している。ここに湖国有権者の政治バランス感覚のエトスを見出すことかできるかもしれない。

　とにかく武村の衆議院選挙参入によって滋賀の政治状況は大きく変わった。しかし、情勢は極めて流動的であり、今後どのように変容していくかは不確定な要素があまりにも多いため容易に予測できない。今後の推移を見守ることにしたい。

註
1) 西岡三夫「自民衆院300議席の大勝─衆参同日選挙の概要」朝日新聞選挙本部編『朝日選挙大観─第38回衆議院総選挙・第14回参議院通常選挙』朝日新聞社、1986年、p.8。
2) 自由民主党編『月刊自由民主』1986年8月号、pp.45-47。
3) 佐藤誠三郎・松崎哲久「自民党『歴史的勝利』の解剖」『中央公論』1986年9月号、pp.139-150。
4) このことについて堀幸雄は次のように指摘している。「自民党が今回大勝した最大の理由は、やはり中曽根首相のいう『政策』が支持されたとみるべきであろう。もちろんここでその政策の可否を問うているのではない。首相の訴えには、多分に演出によることも否定できないから、或は国民が瞞されたのかも知れない。とはいえ自民党の勝利は、中曽根首相のいう改革路線にあったろう。首相は『戦後政治の総決算』路線の中から、就任当初に比べてタカ派色を薄め、具体的に行政、税制、教育、国鉄などの改革を推進

してきた。むろん『戦後政治』は，自民党が推進してきたものであり，その『総決算』とは自らの路線を否定するという矛盾をもつが，余りにも肥大化した戦後政治の中における既得権擁護路線は，国民の日に不公平なものと映り，その改革を主張することに対しては，一種の期待感がでてきたことは当然であろう。もちろん問題はその中身であるが，ともかく現状維持を志向する『生活保守派』にとっても，自らの生活を守るためには，逆に既得権にしがみつき不公平があふれている現実こそ改革しなければならないもの，と映ったことも確かであろう」（堀幸雄「第2回衆参同日選挙の分析」日本選挙学会編集『選挙研究』〔日本選挙学会年報〕第2号，北樹出版，1987年，p.18）。

5）自由民主党編『月刊自由民主』1986年8月号，p.49。また西岡三夫も，「総じて政策面で，国鉄改革をはじめ中曽根首相がリーダーシップを発揮する形で政府・自民党の施策が先行しているのに対し，野党側は後手に回りがちだった。野党は国民に説得力ある政策論を提示できたのかどうか。論戦では，政府・自民党への批判に終始していた印象もあった」と指摘している（西岡「前掲論文」p.19）。

6）自由民主党編『月刊自由民主』1986年8月号，p.48。

7）『中日新聞』1986年7月14日付。

8）『毎日新聞』1986年7月8日付。

9）今回の知事選挙での候補者をめぐる紛糾で，公示直前まで協力体制にヒビが入るのではないかと関係者の間で心配された。『朝日新聞』はこの問題について次のように報じている。「公明が高田氏に"好意"を寄せ，かねて『自民党と民社・同盟が乗ってきたところで，バスを発車させたい』と言い続けてきた。『反自民』で一枚岩だったはずの『7者』は，昨年1月の草津市長選で，自公民・同盟・中立・新産別と社共・地評で争った"傷"を持つ。だから社会や地評は，高田氏を推せなかった。自民党県選対会議が16日，稲葉推薦を決め，19日には高田氏が出馬断念を表明したことで一応『7者』分裂の危機は避けられた。もし，高田氏が立ち，稲葉氏と争うことになれば7者でかつぐ参院選山田候補再選の芽はつまれていたに違いない。この結果を最も歓迎したのは，社会党と中立。実は両者とも自民党が稲葉氏推薦を決める以前に，稲葉推薦の機関決定をしていた。社会党の沢野邦三県本部書記長は『公表を避けたのは，7者の足並みがそろうのを待つため。高田氏擁立の裏には，自民党筋による7者分断の狙いがあった』という」（『朝日新聞』1986年6月27日付）。

10）山田陣営の総括責任者である東郷栄司滋賀中立労協議長は次のように指摘している。「前回は社公民の連合政権構想が大きく浮上した中での共闘だったが，今回は相手が金権候補だったということで敵から共闘の条件を与えられた。相手のエラーで勝たせてもらったようなもの」（『読売新聞』1986年7月8日付）。また，上田陣営内部にさえ，敗戦後「親の七光りならぬ七たたり」と自嘲する声があったという（『朝日新聞』1986年7月10日付）。さらに山田候補自身は，「私自身より清潔な政治の姿勢が評価されたのだと思います。政治から金権や利権を排除しようという県民の良識の表われです」と強調する（『毎日新聞』1986年7月8日付）。

11）『毎日新聞』1986年7月3日付。

12）『京都新聞』1986年5月27日付。

13）「表向きは『世代交代』という西田会長の引退劇の伏線は，自民党から出馬する大物新人武村知事の存在にある。『若くて浮動票をも吸収し，組織がフルに回転できる人物しか対抗できない』（県連幹部）との危機感が，当初から固辞を続けた川端氏を口説き落とすバネになったといえよう」と『京都新聞』は報じている（『京都新聞』1986年6

月1日付)。また,『中日新聞』はこれらの要因について詳細に報じているので,それを示しておこう。「西田氏は彦根市の近江絹糸人権争議(昭和29年)の指導者として頭角を現し,『八ちゃん』の愛称で多くの個人票を集めてきた。しかし『八ちゃん』のために選挙で走り回った運動員も年をとり,多くは選挙組織中枢から退いた。組織は引き継がれていったが…,一歩距離を置いた『西田代議士』になっていった。この距離感が西田氏に,さらに民社県連全体に世代交代の必要性を痛感させていった。そこへ武村知事の衆院選出馬が持ち上がった。武村氏を八日市市長から知事へ担ぎ出すのにひと役買い,武村知事生みの親を自負する西田氏は『知事とは(選挙戦を)やりたくないなあ』と周辺にこぼしていたという。また県連幹部は『有力労組のない八日市で,これまで最高得票を争ってこられたのは,武村支持者が西田の功績を認めてくれたから。他地区でも西田と武村の支持層は重なる部分が多い』と票の落ち込みを懸念していた。『かつてない激戦』(川瀬庄平書記長)とみる民社にとって西田氏は"勝ち"を計算できる候補とはいえなくなっていた。その点,川端氏なら最大労組東レをフルに活動させられると同時に,運動員に強い危機感を抱かせ,組織固めにも力が入る。議席死守を最大目標にする民社にとって川端後継は,単なる世代交代にとどまらず,選挙に勝つためのギリギリの選択だった」(『中日新聞』1986年6月14日付)。

14) 毎日新聞社の世論調査では,各年代とも武村候補が20%以上の支持でトップを占めているが,川端候補は20歳代・30歳代で2位,40歳代で同率3位,50歳代・60歳代で最下位となっており,若者層の支持の高さを示している(『毎日新聞』1986年7月3日付)。

15) 例えば,大津市では出身母体の東レのほか関西電力,東洋紡の市内三選対を中心に同盟組織内の票固めを行い,湖南地域では支援の松下労組のバックアップを得て,同盟,企業挙げての川端売り込み作戦を展開。また,彦根市ではオーミケンシ,平和堂,関西電力はじめ松下電工など関連企業組織との連係で,電話,口コミ作戦。さらに長浜市では鐘紡長浜工場を拠点に,純中立(社会党との並列支持)との連係で浸透していった(『京都新聞』1986年6月27,28日付)。

16) このような戦術をとった背景について『朝日新聞』は次のような指摘をしている。「公明は比例区での票の積み上げが最大の目標。協力関係にあるとはいっても他党の衆院候補が集会に顔を見せると,党名をアピールする比例区の影が薄くなる危険性がある,というのがホンネである」(『朝日新聞』1986年6月29日付)。

17) 『京都新聞』1986年6月12日付。

18) なお,日本共産党滋賀県委員会は7月8日,「滋賀県における衆参同日選挙の結果について」を発表しているので,とりわけ敗因の部分を紹介しておこう。「第1に,様がわりの『超激戦』となった衆院選の情勢と他党の動向を正確に分析して,きびしく攻勢的にたたかうことが重要であったが,『楽観論』,『なんとかなる論』を克服しきれなかったことに,最大の問題があった。自民党は『せざき大丈夫論』を流布しながら,ウソとペテンで必死に保守票をほりおこし,武村前知事の参入がこれに輪をかけた。自民党の各候補とくに武村の反動的役割を徹底して糾弾することが必要であったが,自民党批判が一般的に流れる傾向があった……。社会党はくり返し『せざき安泰論』を流し,民社党は"企業ぐるみ"選挙に終始した。しかし"企業ぐるみ"選挙にたいする社会的糾弾,労働者しめつけ選挙打破のたたかいはなお弱かった」。「敗因の第2は,党と後援会の持てる力をすべて発揮して,やるべきことをやりつくすことに,なお及ばなかったためである。その根底には,情勢をきりひらくにふさわしい量質ともに強固な党の建設のたちおくれがある。とりわけ都市部の党建設のたちおくれが,都市部でのせり負けにつ

第9章　滋賀県における'86衆参同日選挙の分析 ―― 275

ながった」(『滋賀民報』1986年7月13日付)。
19) このことは選挙後の記者座談会でも指摘されている。「党(共産党)の熱心な支持者が,武村の婦人後援会『草花の会』に入会したと言って陣営の幹部がぼやいていた」(『中日新聞』1986年7月9日付)。また,「羽衣会」の会員の中にも「草花の会」に入会した人がいるともいわれている(『朝日新聞』1986年6月27日付)。
20) 『朝日新聞』1986年6月27日付。
21) このことについて中川会長は,「武村氏には,この12年間,県内業者育成のためにご尽力いただいた。1期目途中からは協会の顧問になってもらっている。全国的にも珍しいことだが」と語り,武村候補を重点的に支援していることを認めている。また,このような事態に対し,望月長司県議(党県連幹事長),小島幸雄県議(宇野陣営の総括責任者),相井義男県議(山下陣営の事務総長),伊藤正明県議(川島陣営の総括責任者)が,6月30日,自民党公認候補への支援を訴えて協会に乗り込んでいる(『朝日新聞』1986年7月1日付)。
22) 京都新聞滋賀本社編『滋賀年鑑'86』京都新聞社,1985年,p.82。
23) 『京都新聞』1986年6月26日付。
24) 『朝日新聞』1986年7月9日付。
25) 『滋賀民報』1985年2月24日付。
26) 『滋賀民報』1985年5月5日付。
27) 『滋賀民報』1985年8月25日付。
28) 『滋賀民報』1986年3月23日付。
29) 『朝日新聞』1986年3月18日付。
30) 共産党:「己の野心のために,県政も県民も考えない裏切り。知事の座を利用して選挙運動に走った。中曽根首相に劣らない二枚舌だ」(西田清県委員長)。公明党:「県民を愚ろうする行為。党にあいさつもなかった。私利私欲に走った行為にあきれる。われわれが命がけで,知事にしたのに」(市居一良県本部書記長)。社会党:「自民党転身は上田建設グループへの加担で,県政の実績が水泡となり残念だが,今日までの労苦にご苦労さん,と言いたい」(沢野邦三県本部書記長)。民社党:「非常に残念だが,自分の政治信条に基づいてされること。選挙では正々堂々と戦いたい」(川瀬庄平県連書記長)。社会民主連合:「転身は政治の常道だろうが,裏切られた感じは否めない。しかし,密室自民党政治の中で,県民にわかる政治を切りひらいてほしい」(瀬津一男県代表)。新自由クラブ:「武村さんの政策業績には,同調できる部分が多い。環境問題などで手腕を発揮してほしい」(中川登美子県連代表)。自民党:「新しい考えを持った人。来ていただく限りは,全力をだしてもらうよう,われわれも協力したい」(望月長司県連幹事長)。『京都新聞』1986年6月4日付。
31) 尾藤正二郎毎日新聞大津支局長とのインタビューでの発言(『毎日新聞』1986年6月5日付)。
32) 山田幹雄読売新聞大津支局長とのインタビューでの発言(『読売新聞』1986年7月8日付)。
33) 山田幹雄読売新聞大津支局長とのインタビューでの発言(『読売新聞』1986年7月8日付)。
34) 6月3日,知事辞表提出後の記者会見での発言(『京都新聞』1986年6月10日付)。
35) 『毎日新聞』1986年6月4日付。
36) 山田幹雄読売新聞大津支局長とのインタビューでの発言(『読売新聞』1986年7月8

日付)。

37) この決定に対して、自民党八日市支部連絡協議会（岡井徳雄会長）は、6月14日、衆議院選挙での自民党公認問題で武村知事が公認されなかった理由の説明を求める質問状を同党県連に提出した（『中日新聞』1986年6月15日付）。
38) 武村候補は投票2日前の7月4日に公認され、翌5日に県選挙管理委員会に所属党派の変更届を提出した。陣営内には「党派変更しない方が各層の幅広い支持が受けられベター」とする意見もあったか、結局、将来のことを考慮して自民党への変更に踏み切ったという（『京都新聞』1986年7月5日付）。
39) 宇野代議士はかつて次のようなことをいった。「ひとくちに革新知事といっても、岡山の長野知事にしても、私の地元・滋賀の武村正義君にしても、保守畑に育った人です。保守畑のメロンがむこうにもがれてしまった」。「長野君にしたって、武村君にしたって、いっては失礼かもしれないが、いわば保守畑のエリートです」。「はっきり申し上げると、革新陣営から出た（保守系）知事は、私らから、極端なことをいえば、保守の裏切り者ですよ」（外山四郎『革新知事―伯仲時代の混迷を衝く』国書刊行会、1975年、pp.199-200）。
40) 京都新聞滋賀本社編『滋賀年鑑'86』p.438。
41) 『京都新聞』1986年7月9、10日付。
42) 『京都新聞』1986年6月26日付。
43) NHK放送世論調査所の『全国県民意識調査』（日本放送出版協会、1979年）によれば、湖東地域49.2%、湖北西地域53.0%となっており、県全体の40.8%よりもはるかに高い数値を示している（p.730）。
44) 『京都新聞』は、「衆院選が始まった21日の夕方、近江八幡旧市街（八幡学区）中心部の池田町。……昔から"商人の町"として政治色を表に出さない同学区だが、川端候補の生まれた池田町1～4丁目が今回は異例の地区推薦を打ち出したのである。同市から代議士が出れば、戦後の故今井耕氏以来、26年ぶり。地元商店街の後援会事務所を中心に、若手経済人らが『学区全体で川端応援を』と支持党派を超え、懸命の押し上げ作戦」と、そのフィーバーぶりを報じている（『京都新聞』1986年6月29日付）。
45) 武村陣営の伊夫貴直彰事務長によれば、支持団体134のうち46団体が文化・スポーツ関係などの団体で、これらの団体が"勝手連"的な活動を展開したのである（『読売新聞』1986年7月6日付）。また、選挙後の記者座談会でもある記者が次のように指摘していた。「あの"勝手連"的な動きがあったのも、今回の特徴では……。武村陣営でのことだが、県議―市議―町議といった縦割りでなく、まさに横のつながりで、上からの指令でなく、口コミ的に動き回った」（『京都新聞』1986年7月8日付）。「武村陣営の場合、昔からのドブ板選挙と若者が中心になった新しい選挙をミックスさせていた」（『中日新聞』1986年7月9日付）。主婦らの"勝手連"的な動きは都市化・混住社会化の著しい地域でもみられ、例えば、甲西町では次のような動きがあったと報じている。「大津、草津、京都からの人口流入が続く。ここで今、40代の主婦らが大手を振って武村候補で続く。いずれも肩書きのない人ばかり、粉せっけん運動をした人、宇野氏・山下元利候補を支援した人もいる。……旧村型の締めつけ、地縁血縁のしがらみから解き放されて、勝手に動き回っている」（『京都新聞』1986年6月28日付）。
46) 間場壽一「選挙における集票活動と政党離れのゆくえ」間場壽一・居安正・高島昌二『日本政治を読む―その組織と風土』有斐閣、1987年、p.51。
47) 間場壽一「前掲論文」pp.52-54。

48) このことについて自民党は次のように述べている。「この"柔らかい支持層"は，簡単にその政党の支持を離れ，今回のように自民党大勝の崩雪現象をつくるが，次回も同じような行動をみせるとは限らないのが特徴である。保守回帰が定着するかどうかは，自民党の今後の政治運営にかかっている」（自由民主党編『月刊自由民主』1986年8月号，p.49）。
49) 『朝日新聞』1986年7月8日付。
50) 佐藤誠三郎・松崎哲久「前掲論文」p.144。
51) 佐藤誠三郎・松崎哲久「前掲論文」p.151。また，1987年1月10，11日に行われた第28回民主社会主義全国研究会議の第三部会での報告結果では，自民党圧勝の要因を一過性要因と永続的要因とに分類している。それによれば前者には，①ニューリーダーの競演，②次点バネ，③公認の厳選，④中曽根スタイル，⑤円高不況，後者には，①行政改革の心理的影響，②自民党員の増加，③社会の高齢化，④青年層の伝統的無関心，⑤第3次産業従事者の増大，⑥社会主義のイメージダウンと福祉国家の見直し，などが挙げられている（『改革者』民主社会主義研究会議，1987年9月号，pp.69-75）。
52) 『京都新聞』1986年6月4日付。
53) この数字は，筆者が県議（2人）および代議士秘書の各氏の協力を得て入手した資料による。3氏の見方は必ずしも符合せず，若干の相違がみられる。それは自民党県議の1987年4月の統一地方選挙をにらんだうえでの今次同日選挙での複雑な身の処し方を示していることの証しとも考えられる。

終　章
本研究のまとめと今後の研究課題

第1節　各章のまとめ

1．第1章のまとめ

　戦後の農村政治は，大まかに区分すれば3つの段階に分けることができる。第1の段階は，農地改革から1960年ぐらいまでの時期である。この時期の特徴は，農地改革によって地主的土地所有制が解体し，それに代わって家族労働力による小生産（＝自給的生産）を前提に，土地の所有と耕作との一致を原則とした農民的土地所有制に移行したことである。制度上では自作農化した農民は小土地所有者として保守化し，非政治化しつつ，土地不足の論理に基づく経営主義的，生活中心主義的な志向を著しく強めていった。

　第2の段階は，1960年代から1970年代のはじめぐらいの時期である。1961年に農業基本法が制定され，それに基づいて〈構造政策〉が展開される。具体的には農業構造改善事業を中心に土地基盤整備と，それに結びついた大型機械・設備の政策的推進が行われた。この時期の政府の農政は，一方における専業化＝企業的農業経営と，他方における兼業化，兼業深化＝〈土地もち労働者〉化といった農民層分解をもたらした。

　第3の段階は，1970年代前半から1980年代の時期である。この時期は，米の作付調整や2度の石油ショックを経て低成長時代へ移行する時期で，農民の多数が労働者化し，ある意味農村の自民党支持基盤に揺らぎが出てくると同時に，国会議員の意識構造にも変化がみられる時期でもある。「衆議院議員農業問題アンケート調査」（『日本農業新聞』1980年1月）結果によると，自民党議員の7割が自分を農村派と位置づけており，6割が農村は保守の地盤だと考えている。しかし，国民派と位置づけている自民党議員も多く，農業・農政に対する考え方についても，より現実的対応主義で（むしろ革新の方が農業保護主義的である），「農村は保守の地盤」という考え方が薄らいできている。この時期の選挙の特徴を滋賀県湖北地域にみてみると，絶対得票率の推移から次のような特徴が指摘できる。農村は保守政党にとって強固な地盤ではなくなったが，しかし，そのことが即革新や中道の地盤になったこ

とを意味するわけではなく，よりゆるやかな保守地盤に転化した（＝柔構造化）ということである。

　さて，これまでの自民党政権の農業政策あるいは経済政策など，国の諸政策の基調は一貫してムラ否定政策であったといえる。これに対して農村・農民は，それらに抵抗することよりも，むしろ没主体的に呼応する形で対応してきた。こうした対応を余儀なくさせたものが政府の補助金政治と米価，土地改良事業である。これらは当時の農民にとって最大の関心事であったし，その意味で農村・農民と政治をむすびつける大きな要因でもあった。

　政府・自民党によるこれら一連の農政は，その直接の対象を農家・農民においたものであったが，農村社会における住民の第1次産業に占める割合が高かったときには，それは同時にムラそのものをも対象となしえたし，ムラを政策実施の機能主体として位置づけることもできた。ところが，離農・脱農あるいは兼業深化等によって第1次産業に従事する人びとの割合が減少し，さらには混住社会化の急速な進展によって，農村住民の構成が複雑化し，また，価値観の多様化にともなって利害の対立が顕在化してくる中で，政府・自民党の農業政策はムラの中に存在する特定の職能集団（農業実行組合など）およびその構成員を対象とするものとなり，その役割遂行の機能主体も，それに関わる諸々の職能集団の連合体へと変化していった。つまり，これまでの農業政策では，ムラそのものを政策実施の機能主体とみなせなくなってきたのである。

　1970年代から80年代の経済・社会構造の急激な変化にともなう農業の生産構造の変化，農家の意識構造や生活構造の変化，さらには農村社会の機能的変化と三全総が提起した定住構想とがあいまって農村環境の総合整備問題が主要な政策課題として設定された。これらの包括的な農村政策は，自民党政権が補助金行政という名の利益誘導政策を特殊個別的な職能集団の問題として限定化せず，農村社会全体の問題として位置づけることによって農村・農民の支持をつなぎとめておくためのものであり，その点で実に巧妙な戦略的政策であるといえる。この時期における農村の自民党支持は，政治的保守主

義という特定のイデオロギーによってではなく，農村全体の具体的かつ直接的な利益の配分によって裏打ちされており，非イデオロギー的あるいは非政治的連鎖を基盤としているといえる。

2．第2章のまとめ

　比較分析から明らかになった特徴の一端は，次のようなことである。①滋賀県内における自治会・町内会組織率は非常に高い。中でも湖北地域は県内最高の組織率を示しているし，自治会・町内会活動への参加も都市的な地域社会の住民よりも積極的である。

　②自治会・町内会の果たしている機能と地域住民の自治会・町内会に対する役割期待に関しては次のような特徴がみられた。湖北地域においては，自治会・町内会は多目的機能を果たす機関・団体としての位置づけがなされており，とくに「防犯・防火・衛生など地域に共通する身近な問題を自主的に解決」する〈共通問題解決団体〉としての社会的機能と，「県や市町村と住民との連絡を密にし，行政に住民の意思を反映」させる〈下情上通機関〉あるいは〈意思伝達機関〉としての政治的・行政的機能としての役割期待が大きい一方で，「スポーツや祭・盆踊りなどの行事，リクリエーションを通じて，地域内の親睦を図る」〈親睦団体〉としての役割期待はきわめて低い。それに対して湖南地域は〈親睦団体〉としての機能に重点化しており，〈下情上通機関〉としての役割遂行や役割期待は相対的に低い。

　③自治会・町内会の公的機能，とりわけ県に対する苦情・要望等の伝達方法のあり方については，次のような特徴がみられた。湖南地域の住民の場合には，手紙や電話を媒体とした直接的方法で県に伝達しようとする傾向が強いのに対して，湖北地域の住民は，基礎自治体を通じて，あるいは地方議員，自治会役員，地元有力者を通じて間接的に伝達する方法を志向する傾向が強い。この特徴は，自治会・町内会活動への参加形態（積極的参加型：直接的方法＜間接的方法，消極的参加型：直接的方法＞間接的方法），居住年数（長い：直接的方法＜間接的方法，短い：直接的方法＞間接的方法），職業

終　章　本研究のまとめと今後の研究課題 —— 283

（第 1 次産業従事者：直接的方法＜間接的方法，第 2 次・第 3 次産業従事者：直接的方法＞間接的方法），年齢（中高年層：直接的方法＜間接的方法，若年層：直接的方法＞間接的方法）などにおいてもみられる。行政機関への苦情・要望そのものは社会的行為であるが，それが基礎自治体や地方議員，自治会役員，地元有力者などの媒体を経由して行われる場合は政治的行為となる。そこには圧力政治や陳情請願政治の磁場が形成される。その場合には，地域社会の包括的代表機関である自治会・町内会も政治的役割の一翼を担うことになる。このような状況は湖北地域により強くみられる。

④また，地域の政治・行政への関心度の高さは，自治会・町内会への参加志向の強さと相関関係にあり，都市部よりも農村部（湖北地域）により顕著にみられた。これは産業別人口構造や年齢別人口構造の相違も大きく関わっている。第 1 次産業従事者（その担い手の多くは中高年者）の地域政治・行政への関心は非常に高い。農村的な地域社会では，地域の政治・行政は住民にとって最も身近な政治状況なのである。このような状況を作り出している大きな要因のひとつが，前章で考察した自民党政権の一連の農業・農村政策なのである。

そこで，都市部（特に大津市）との比較において湖北農村の特徴についても考察した。湖北農業の特徴は米作中心農業にあるが，湖北地域も高度経済成長を契機に兼業化や兼業深化，離農・脱農が進行した。しかし，大津市における農業構造の変化が離農・脱農へ向けて一方向的であったのに対し，湖北地域はそれがより多方向的（離農・脱農，菜園的趣味的農業，企業的農業経営）であった。湖北地域では完全に農業との関わりや接触をもたない離農・脱農よりも，兼業化・兼業深化の方向に変容し，住民の多くは〈土地もち労働者〉化した。県の世論調査の分析から湖北地域住民の農業に対する基本的理解は〈公〉としての農業＝国策としての農業というよりは〈私〉および〈共〉としての農業という点にあるということがわかった。この〈私〉および〈共〉としての認識は，農業は日常生活を営むための糧であると同時に，土地所有者としての共通項を基底とした共同体的な人間関係を維持・存続さ

せる機能を営む媒体として理解されていることを含意している。

3．第3章のまとめ

　まず，自民党の組織原理であるが，それは第1に，特定のイデオロギーに固執したり，束縛されたりしない，第2に，何よりも人間関係を主軸にした政党であり，第3に，複雑多様な，相矛盾する側面をもつ民意を調整し，状況に機敏に対応できる「多元的性格」をもっているところに特徴がある。それらの性格は，地元民主主義という政治文化，その具体的政治形態としての利益誘導型政治に遺憾なく発揮されている。それは政治や政策の基本原則や理念，イデオロギーなどから成る意味空間である〈政治的意味空間〉（佐々木毅）の否定を基底に形成される政治文化である。

　このような政治文化を深層部分において支えてきたものは，生活保守主義を基底とした生活文化であり，それを具現化している生活空間が自治会・町内会である。自治会・町内会が地域社会の包括的代表機関として位置づけられるのは，ほぼ全戸加入であり，会則をもち，ときには構成員の思考様式や行動様式あるいは生活様式まで律する「強制執行権」をもつからである。これらのことを理解するには，農村社会に実際に生活する地域住民の立場に立つという視点をもつことが必要である。それは鳥越皓之のいう，立場における主観性と事実認識における主観性とを積極的に評価する視点をもつことを意味する。そういう視点に立てば，地域社会の住民が理解している生活空間は「世間」であることがわかる。世間の具体的内実は，第1に，法律の枠を超越した〈しきたり〉が住民の行動基準（行動原理）になっているということであり，第2に，「和の論理」「我慢の論理」「抜け駆け厳禁の論理」を内側の論理として，また，「戦いの論理」を外側の論理としてもつということであり，第3に，集団における意思決定は全会一致＝満場一致方式でなければならないということであり，そして第4に，意識の上での平等・公平が第一義であるということである。つまり，世間は，煎じ詰めれば「極端を嫌う」ということを特徴とする生活空間であり，地域住民は地域社会の包括的代表

機関である自治会・町内会を主要な媒体として，これらを現実生活の最高規範として内面化し再生産しているのである。

　この世間の中核部分をなす自治会・町内会がもつ，社会的なものを政治的なものに置き換える代替機能の代表的なものが，地方選挙における地区推薦（自治会推薦）に基づく「ムラぐるみ選挙」である。地区推薦の世間的基準は，自治会・町内会活動への参加態度が積極的で，地域の政治・行政への関心が高く，人間関係の幅が広く（とくに種々の役職を媒介にして行政機関や各級議員・首長とのパイプが太い），地域社会の情勢にも明るく，世話好きな人柄を有した人，すなわち農村の指導的立場にある人ということになる。そうであるがゆえに，彼らは「最大多数の最大公約」をより効率的・効果的に遂行するために自らを最大多数的な立場に位置づける。それが「無所属」の立場であり，しかも通常それは政権党である自民党とのつながりをもった「無所属」である。彼らの政治行動は，農村社会の生活文化にその多くを規定づけられている。政治の論理は独立して存在するのではなく，常に生活の論理に規定された形で存在する。

　こうした農村の政治文化に符合しているのが自民党の組織原理（体質）なのである。つまり，自民党は，世間という生活空間を貫いて存在する「極端を嫌う原理」を政治的原理に転換し，それを組織原理として内面化している。他方で，自民党は，「地元の利益」を代弁するという地域住民の共通理解のもとに選出された地方議員（無所属議員）を政権党の立場を巧みに利用することによって玉虫色的に丸抱えし，彼らを核に自治会・町内会を媒体にして，一見「非政治的」とみえるような社会的機能を住民要求に沿う形で遂行させ，そのことによって逆に彼らの行動の準拠枠をも特定化していく，という政治技術を内面化している。ここに利益誘導型政治を具体的な政治形態とする地元民主主義という政治文化，草の根保守主義という政治文化が農村社会を中心に形成・維持されることになるのである。

4．第4章のまとめ

　湖北地域と大津市の比較から析出できた特徴は次のようのものである。湖北地域（とくに郡部）の地方議員の大半は保守系無所属であるのに対して，大津市は約半数が政党公認である。年齢構成については，議員の過半が50歳代であるということが両地域に共通した特徴であるが，年齢構成は大津市の方が若い。学歴構成では，都市化の進展にともなう高学歴化の傾向が顕著である。職業構成に関しては，自営業主の割合が高いという点では共通しているものの，湖北地域では農業従事者，大津市では政党役員の構成比が高くなっている。このことから，湖北地域の地方議員は，ノーマルな状態では経済的な側面において政治から得られる収入に依存しないですむだけの資産や恒産あるいは私生活の面で十分な収入が得られるような地位にあり，その意味でM.ウェーバーのいう「副業的」あるいは「臨時的」政治家として位置づけられる。他方で，都市化の進展にともなう議員の専業化傾向も読みとれる。また，役職経験は，地方選挙に出馬し，地方政治家となるために重要な外的条件のひとつであるが，湖北地域においては年代により多少異なるが，概して居住区とその周辺に支持・集票基盤を形成するのに役立つ役職を経験している。それに対して大津市では，年齢の若い議員ほど居住区よりもその外側に役職をもつことによって，一定の支持・集票基盤を形成し，維持・強化している。とくに農業を職歴とする議員の多くは，自治会や農業に関係する団体の役職を通じて地域社会での活動を積み重ねながら，地域社会においてリーダーシップを発揮するのに必要な住民との幅広い密接な人間関係を形成し，村落コミュニティのエリート的存在としての地位を固め，しかも，地方議員のリクルートメントのルートを伝統的枠組の中で維持しようとしていると考えられる。

　政党の地方組織の役員を経験して地方議会に進出するケースは，地方議員のリクルートメントのひとつのパターンであるが，それは政党化が進展している都市部において著しい。彼らの中には，地域団体や組織の役員経験者もおり，その点では労組役員経験者と共通している。公務員出身議員は多くは

ないが，彼らの大半は出馬時の職業が農業である。彼らは〈土地もち労働者〉であると同時に，地域社会における職業エリートでもある。初当選議員については長浜市と大津市とを比較してみた。両市とも初当選議員は約3割なのだが，後者の場合には政党化，高学歴化，職歴・活動歴（役職歴）が多様化しているのに対して，前者の場合は，そのような状況から距離がある。しかし，とくに農業を職業とする者の多くが高位当選をしていることから，農村部には円満な形での議員の交代といった政治風土が根強く存在しているといえる。

5．第5章のまとめ

　まず，「日本の文化の中でより特徴的なのは集団内の競争と同調との結びつきである」という石田雄の指摘に着目して，「湖北の保守には仲間同士が競り合えば競り合うほど票を集める」（競争の原理）や，「湖北の保守票田は，地元意識が強く燃えれば一丸となる」（同調の論理）といった「風説」の存在とその妥当性を，1980年6月の衆参同日選挙のデータ分析によって明らかにした。ここでは湖北地域の政治的保守主義という政治文化の特質を析出しているが，その具体的内容について触れておく。

　この選挙で自民党滋賀県連は，衆議院（定数5）に宇野，山下に加えて湖北地域出身の桐畑を第3の公認候補とした。その狙いは，衆議院が無風選挙になれば参議院選挙に不利であるから，公認候補を3人立てることによって，保守同士を競合させ，それによって湖北地域の保守票を掘り起こし，それを参議院選挙に連動させる，ということにあった。第3の公認候補を湖北地域から擁立した背景には，1976年次選挙以降，湖北地域は国会議員の空白地帯になっているという政治的事情が横たわっている。国会議員を湖北地域から輩出する，そのために地元意識に訴えて保守票を掘り起こすとともに，非保守・反保守票をも取り込む，そういう思惑が絡んでいた。

　そこで実力者の宇野・山下両候補の湖北地域での選挙活動を制限するという戦術がとられることになる。それが〈湖北協定〉といわれるものである。

この協定は、〈競争の原理〉の排除が前提となっているため、一般的にみれば「非民主的」産物である。しかし、湖北地域の有権者（とくに保守層）の論理あるいは発想内在的な視点からみれば、それは「競争の機会均等」を実質的に担保する重要な取り決めであり、その意味で「デモクラシーそのもの」なのである。それはこういうことである。湖北地域の保守層の論理あるいは発想は、国会議員の空白地帯である湖北地域から当選者を出すことによって政治的・行政的不公平を是正する、ということを大前提としているのであり、そのためには、県内の保守票を3等分して、各候補がほぼ均等に得票して全員当選できるよう調整する。しかし、桐畑と宇野・山下との力量差は歴然としているため、保守間の競争が実質的に対等な形で行われるには、有力2候補に一定のハンディを付して、派閥次元でのトップ当選争いに歯止めをかける必要がある。だが、このハンディは強制できるものではなく、「節度ある協力」という形での「同意」に基づいて設定されざるを得ない。〈湖北協定〉は、ゼロ－サム的な競争を排除し、非ゼロ－サム的な競争を促すために必要不可欠なものだったのである。選挙結果は、桐畑候補は落選したものの、湖北地域の保守票の掘り起しと非保守・反保守の取り込みには成功した。

　次に、地元票の構造の推移を得票数と歩留率との関係で分析して得られた結果は、次のようなことである。第1に、衆議院選挙での湖北地域出身の当選者は、全て長浜市出身者で、しかも自民党および社会党公認である。また、地元候補の得票構造の分析から、出身地・居住地とも湖北地域の場合（全て保守系）には得票数に占める地元票の割合が非常に高い（6～7割）ということ、それに保守系であっても有力候補が出馬している場合と新人候補が出馬している場合とでは歩留率に大きな差があること（前者の方がはるかに高い）が明らかになった。しかし、このような保守有力候補も地元票の占有率が非常に高いということは、地元有権者には地元候補として大きな共感と支持を得られているが、他の地域では十分な競争力をもちえていないことになり、その意味では限定された地域の小さな実力者ということになる。地元票の流出状況については、〈自社二大政党時代〉や〈野党の多党化時代〉に比

べて，〈政党の多党化時代〉は流出率が非常に高くなっている。これは，湖北地域から有力な候補者が出なくなったことと，それにともなってこれまでの政治文化を支えてきた地元意識がかなり変容してきていることを示している。

6．第6章のまとめ

　滋賀における中道・革新型選挙協力は，労働団体主導による共闘形態であるところに大きな特徴がある。滋賀労働4団体は，労働組合のもつ政治機能を十全に稼動させて，中道・革新政党の機能的弱体を補完しており，それゆえ〈滋賀労働党〉の異名をもつ。一般に地方の労働4団体は，それぞれ上部団体の系列化にあるため，関係性において上位・下位関係にある。滋賀労働4団体も基本的はそうだが，団体間の結束を重視するという点で相対的独自性・柔軟性をもった組織でもある。この直接の〈きっかけ要因〉となったのが野崎県政時代（1966～74年）の上田金脈事件（県土地開発公社乱脈事件）である。これは組織外在的要因であるが，その他にも組織内在的要因，組織間的要因によって相互の連携が比較的スムーズに行われ，そのひとつの政治的成果が〈滋賀方式〉といわれる滋賀労働4団体主導による野党共闘なのである。このような共闘形態は1972年9月の大津市長選挙から1989年7月の参議院選挙までほぼ十全に機能した。共闘形態としての〈滋賀方式〉，これは滋賀県独特の政治文化でもある。

　組織過程論の視座からは滋賀労働4団体の組織的対応過程，野党各党の組織的対応過程，7者共闘による反自民勢力結集過程について考察している。総評滋賀地評内部で意見の対立があったものの，滋賀労働4団体の三役会議で社公民を主軸にしながらも共産党をも含めた全野党共闘を模索することで意思統一を図った。それを受ける形で野党共闘が模索されるが，結果的には社会党，公明党，民社党，社民連による協力体制が確認され，ここに7者共闘による反自民勢力の選挙共闘が形成されることになる。また，組織運動論の視座からは，これら7者が選挙運動時に果たした役割と機能，すなわち連

合組織としての〈80年代をみんなでつくる県民連合〉ならびにその構成素としての各組織団体の役割と機能について，具体的に大津ブロック，湖南ブロックなどを事例として取り上げて考察を行った。ここでは，組織を関係概念として理解するとともに，構造と過程のうちに理解するという立場をとっている。これは，「組織は進行中の諸過程，つまりその組織化の活動によってのみ理解されうるものである」とのK.E.ウェイクの見解に基づいている。

7．第7章のまとめ

生活圏を「個人または人間集団の日常的な生活・活動が波及し交流する範域」と規定すれば，湖北地域には長浜市を核として長浜圏域が形成されており，サブ的圏域として木之本圏域が形成されている。この圏域は，完全に固定的・閉鎖的かつ自己完結性を有してはいないが，圏域相互（主として彦根圏域）の依存補完の形をとらないで，地域志向性に根ざした一連のネットワークを形成している。この意味で，湖北地域は生活文化的に独自の社会システムを形成しているといえる。郷土意識の高さ（＝地域志向性の強さ），地縁共同体的な人間関係，「伝統的なるものへの信仰」（仏教信仰，神道信仰，天皇崇拝など）の強さといった点に湖北地域の文化的特性を見出すことができる。

このような特性をもつ生活文化との関連で湖北地域の政治文化の特性を析出するに当たり，分析用具としてD.イーストンの政治体系モデルを援用した。このモデルによれば社会内環境との相互作用の中で，地域住民がもつ政治意識や政治的態度あるいは政治行動様式は，政治体系からのアウト・プット産出能力に対応する。しかし，政治体系のアウト・プット産出能力に対する地域住民の評価が，ストレートに政治的領域における対応として表出するわけではなく，「選別のフィルター」を通過して表出する。この選別のフィルターの核をなすものが，現存在としての日常的小世界の歴史的背景を通して地域住民の心の中に蓄積され，構造化されている一種の集合意識としての地元意識である。

とくに地元利益を願って形成される地元意識は，主として政治体系のアウト・プット産出能力の結果如何によってその意味づけが大きく左右される。つまり，主観的生活格差や就業機会の寡少さ，さらには〈湖北の復権〉思想が地元意識を醸成・高揚させ，コミュニティ・インボルブメントをともなった政治行動（投票行動）を現出させる。とりわけ大政党，中でも政権党（＝自民党）志向性を濃厚に帯びた政治行動が展開される。このような現象が起こるのは，地域住民の生活共同がいまなお濃厚に維持され，いわゆる共同体意識が残存しているからでもある。湖北地域は，基本的に「55年体制」志向性が強く，政治意識レベルにおいても政治行動レベルにおいても伝統主義的・権威主義的でしかも地元（地域）志向性が強い。このような形で，湖北地域には保守主義としての生活文化と政治文化とが共存しているのである。

8．第8章のまとめ

1983年6月の参議院選挙の大きな特徴は，選挙区選挙での〈滋賀方式〉の不発である。この主な要因は，拘束名簿式比例代表制の導入である。新制度の導入によって，野党各党は共闘よりも自党の得票を伸ばすことに力点を置いた〈わが党〉選挙に軸足をシフトしたこと，それとの関連で各労働組合も支持政党への支援活動に力点を置かざるを得なくなり，労働4団体の団結にヒビが入ってしまったことが，共闘形態としての〈滋賀方式〉が成立しなかったことの主要因である。それがまた，戦後2番目の低投票率を結果することになった。他方で，都市部（大津市，長浜市）では既成政党から市民政党（とくにミニ新党）へ，郡部では主として自民党からミニ新党へ票が流れるという現象もみられた。試みにドント式計算による「比例区議席配分」の比較分析をしたところ，従来の類別方法でみると湖北地域は保守・革新優位の二極構造を呈し，組織原理の類別方法でみると湖北地域は議員政党優位型の政治磁場を形成していることが判明した。つまり，どちらの類別方法でみても，湖北地域は基本的に政治的保守主義であるという結論に達したのである。それは，湖北地域の政治文化は基本的にはほとんど変容していない，という

ことを意味する。

　他方，衆議院選挙は，自民党公認の過半数割れに終わり，第2次中曽根内閣は新自由クラブとの保・保連立内閣を組み，ここに保守合同以後，初めて自民党単独政権が崩壊した。滋賀県でも，野党の選挙協力（公明党の社会・民社両党候補の並列支持）もあって，自民党は2議席に終わった。ここで注目したいのは，落選した川島候補に対する湖北地域有権者の対応である。川島落選の主要因は，彼が田中派に所属していたということもあるが，高島郡出身ということで，必ずしも有権者から「地元候補」として受け入れられていたわけではなかったということである。そのため，利益誘導戦術が湖北地域有権者にうまく浸透しなかったのである。

　前章でも考察したが，湖北地域には社会的保守主義および政治的保守主義の磁場が形成されている。選挙時に両者を結びつける主要な媒介要因が帰属意識であり地元意識であることは既に指摘した。湖北地域における地元民主主義（＝利益誘導型政治）の実現は，1976年次選挙まで地元出身の国会議員によって担われていた。以後，湖北地域は国会議員の空白地帯となったが，それにともなって湖北地域有権者の政治への志向性は，政治的保守主義の枠内で多元化した。その内のひとつが，あくまでも地元（地域）から国会議員を輩出する方向性であり，その2が，地元選出にこだわらず広範囲に影響力をもつ自民党有力者に頼るという方向性であり，その3が，既成野党とくに社会党（候補）への投票という方向性である。今回の総選挙では，この第2の方向性の優位が示された格好である。

9．第9章のまとめ

　1986年7月の衆参同日選挙の結果は，自民党の圧勝，社会・民社両党の惨敗で終わった。しかし，滋賀県では全国的な潮流と異なり，自民党は3議席獲得したものの，社会・民社両党候補は当選し，共産党候補は落選した。また，参議院では〈滋賀方式〉によって中道・革新統一候補（山田）が自民党公認候補を大差で破って再選を果たした。とくに参議院選挙での中道・革新

統一候補の主な勝因は、公明党から並列推薦を受けた社会・民社両党候補（野口、川端）が山田候補と三位一体とでもいうべき緊密な連係体制を終始とりつづけたことに見出せる。衆議院での選挙協力が、参議院での選挙協力に有効に作用したのである。

　他方、衆議院選挙であるが、武村の一連の動きが、「台風の目」として終始注目を集めた。武村は「計算外」の無所属から出馬することになったが、「武村旋風」を巻き起こし、結果的には自民党公認でトップ当選を果たした。この「武村旋風」の他の候補への影響度を分析したところ、面白い結果が得られた。自民党の山下候補以外は全てマイナス影響を受け、中でもその影響を最も大きく受けたのが、武村と地盤が競合した自民党の宇野候補であった。しかし、総じて自民党候補よりもむしろ野党の候補の方が大きな影響を受けたのである。これは3期11年半の知事としての実績評価によるところが大きく作用していることの結果であるが、他面で、武村のもつ半保守・県民党的なスタンスに対する有権者の好意的反応の結果であったともいえる。また、この選挙では武村の「草花の会」や山下の「羽衣会」といった女性組織が活躍し、それら女性票の行方が衆目を集めたことも大きな特徴である。

　政治文化の視点から今回の同日選挙の結果を総括すれば、次のようなことが指摘できそうである。第1に、武村の衆議院選挙参入は、自民党県議会議員の派閥間移動＝系列化の再編成という現象をもたらした。従来の宇野・山下両代議士系に二分されていた系列図式が崩壊し、宇野、山下、武村の3系列に再編成されたのである。とくに武村派は、宇野・山下両派からの鞍替え組と新規参入組とから構成されているが、彼らの多くは国会議員の空白地域である湖東・湖北両地域出身である。そこには、地元から国会議員を輩出しようという方向性をもった地元意識（湖東地域）と、地元選出にはこだわらずに広範囲に政治的影響力を発揮しうる可能性の高い自民党（系）実力者を支持することによって地域の政治的劣位を克服し、あわせて自己の県議としての地位の保全をはかるという方向性での政治的保守主義（湖北地域）とが、これらの県議の論理として横たわっている。しかし、今回も出馬した川島候

補が「武村旋風」の影響を受けながらも，湖北地域では前回選挙よりも得票数を伸ばしたことを鑑みると，湖北地域においては依然として地元（地域）志向性が強いということも，また指摘できるのである。第2に，女性の主体的政治参加が極めて顕著であったことである。しかもそれは，生活文化においても従来から保守的な位置づけがなされている郡部においてより顕著であった。この背景には，これまでの武村県政に対する女性層の高い評価が横たわっており，彼女たちの今回の主体的政治参加は生活感覚に根ざした政治的行為であったといえる。第3は，「政治は力である」とする論理と，「クリーンな政治」という当為としての論理とが有権者の意識構造に共存していたことである。衆議院選挙における革保逆転は前者を意味し，参議院選挙での中道・革新統一候補の山田圧勝は後者を意味している。ここに滋賀県の有権者の政治バランス感覚の真髄を見出せる。

第2節　今後の研究課題

　まず，1980年代後半以降今日までの日本の時代背景を概観しておこう。1980年代の中曽根内閣による一連の行政改革によって「バブル景気」が現出した。しかし，「バブル景気」はその後の行政改革を停滞させてしまったため，新しい国家像を国内外に提示できないまま時を過ごしてしまい'90年代初頭には，遂に「バブル景気」が崩壊，それによって「経済成長神話」も崩壊してしまった。規制の緩和と産業構造の転換の遅れが，日本経済の国際競争力を急速に低下させ，まさに日本は「ジャパン・パッシング（日本素通り）」の状態に置かれ，国内的には少子高齢化社会の到来による福祉の大幅後退，リストラによる雇用不安など，経済・社会システム全体が危機的状態に陥ったのである[1]。

　この「バブル景気」の崩壊，それとほぼ同時期に現出した「ベルリンの壁」の崩壊（1989年11月）とに象徴される，国際社会における東西冷戦構造の終結とが，「55年体制」を特徴づけていた保守－革新というイデオロギー対立

の政治システム²⁾を大きく変貌させた。それはまた，政党間の政策的対立軸の希薄化，総与党化を結果した。1993年7月の第40回衆議院選挙によって自民党は過半数を割り込み，結党後初めて下野した。その結果，非自民の細川連立政権（93年8月）が誕生，以後第2次橋本政権（96年11月～98年7月，社民党，さきがけは閣外協力）の一時期を除いて今日まで連立政権が続いている³⁾が，総与党化への動きに拍車をかけたのは村山連立政権下における社会党の基本姿勢の転換であった。

このような連立政権の常態化は，有権者の投票や政党支持における流動化の日常化と連動している。それはまた'90年代以降の無党派層の増加現象および投票率の低下現象ともほぼ対応している。各新聞社の世論調査によると1993年以降，「支持政党なし」層が自民党支持層を凌駕して「第1党」の地位を占めるようになった。この無党派層がその後の各級選挙，とりわけ国政選挙や規模の大きい地方選挙（とくに知事選挙や大都市の首長選挙）で，選挙の勝敗を左右するキャスティングボードを握っている。間場壽一は，無党派層増加の要因として，第1に，地域社会や職場における人間関係の結合の希薄化が政治的ネットワークの弱化を引き起こし，政党離れを加速していること，第2に，政党が魅力を喪失しその存在価値すら疑問視する風潮がみられること，そして第3に，有権者の政党選択における積極性の希薄化・弱化をあげている⁴⁾。無党派層の増加は，政党政治が危機的状況に陥っていることと対応関係にあることを意味している。

この間，選挙制度も大きく様変わりしている。1994年の公職選挙法改正によって衆議院中選挙区制から小選挙区比例代表並立制となり，それにともなって総定数も小選挙区300，比例代表200，計500となった（2000年改正によって小選挙区300，比例代表180，計480に変更）⁵⁾。また，2000年の公職選挙法改正によって参議院拘束名簿式比例代表制から非拘束名簿式比例代表制に変更された。選挙期間も1992年と94年に変更されている。前者においては，衆議院選挙および指定都市の首長選挙が15日から14日，参議院選挙が18日から17日，知事選挙が20日から17日にそれぞれ変更された。後者においては，

衆議院選挙が14日から12日に短縮された。小選挙区制の導入は、これまでの選挙図式を大きく変え、基本的に〈自民・民主二大政党制〉を結果した。

さらに、もうひとつの大きな変化は、マニフェスト選挙の現出である。国政レベルでは小泉連立政権下の2003年11月に執行された衆議院選挙が初めてであるが、地方レベルではそれより半年前の4月の統一地方選挙（首長選挙）で、ローカル・マニフェスト選挙が行われている。マニフェストとは数値目標、期限、予算・財源、工程（ロードマップ）などを明示することによって政策本位・政党本位の政治を実現するためのツールである。マニフェストが市民権を拡大するにともなって、選挙の態様も大きく変化してきている。

本研究は、主として滋賀県湖北地域を研究対象として、1970年代後半から80年代後半という限定された時期区分において当該地域の政治的特性を析出することに主眼を置いた。既にみたように、それ以後、今日までの20年間に日本の経済、社会、政治状況は大きく変容している。それは、地域社会にも大きく影響を及ぼしていると考えられる。したがって、今後は、全体社会レベルとの相互連関性において地域社会（具体的には湖北地域およびそれを包摂する滋賀県）の変容過程の考察を行いたい。地域社会の何がどのように変わったのか、また何が変わらないままなのかといったことをも含めて、その後の地域社会における政治文化の特性を析出することを今後の研究課題としたい。

註

1）中道實「ナショナル・ポリティクスの構造変動」間場壽一編『講座社会学 9 政治』東京大学出版会、2000年、pp.254-255。
2）綿貫譲治は、それを「文化政治」(cultural politics)とか「価値政治」(value politics)と呼んでいる。綿貫によれば、「文化政治」とは、政治的対立の本質に影響を与えるのが、経済や身分の分裂・相違などではなく、価値体系の相違からくる分裂であるということであり、これは、日本の政治に経済的利害や身分的利害が作用していないということではなく、むしろ文化や価値の諸要因が相対的に優勢で、他の諸要因を凌駕し、影響を与えていることを強調しているのであるという（綿貫譲治『日本政治の分析視角』中央公論社、1976年、p.196）。
3）細川連立政権（93年8月～94年4月）以降の連立政権は次のとおりである。羽田連立

政権（94年4月～94年6月），村山連立政権（94年6月～96年1月），第1次橋本連立政権（96年1月～96年11月），小渕連立政権（98年7月～2000年4月），森連立政権（2000年4月～2001年4月），小泉連立政権（2001年4月～2006年9月），安倍連立政権（2006年9月～）。

4）間場壽一「政治現象の社会的パースペクティブ」高島昌二教授古希記念論文集編集委員会編『福祉と政治の社会学的分析』ミネルヴァ書房，2003年，pp.69-70。

5）小選挙区制導入によって，滋賀県は3選挙区となった。第1選挙区：大津市，滋賀郡，高島郡，第2選挙区：彦根市，長浜市，近江八幡市，八日市市，蒲生郡，神崎郡，愛知郡，犬上郡，坂田郡，東浅井郡，伊香郡，第3選挙区：草津市，守山市，栗太郡，野洲郡，甲賀郡。2005年9月の第44回衆議院選挙から小選挙区が改正され，旧第2区と旧第3区が再編されて，第2区：彦根市，長浜市，愛知郡，犬上郡，坂田郡，東浅井郡，伊香郡，第3区：草津市，守山市，栗東市，野洲郡，第4区：近江八幡市，八日市市，蒲生郡，神崎郡，甲賀郡となった。

補　章
地方政治家の後継指名

第1節　問題の所在

　議員のリクルートに関しては，大別して3つの段階（濾過過程）があるとされている。「第1段階は，一般市民から議員の潜在的有資格者を濾過する段階であり，この段階で重要な条件は法律上の資格，有効な機会構造，政治的社会化，リソース，リスクなどである。第2段階は，一般市民から濾過された潜在的有資格者から政党，集団，地域などの選出母体で自薦を含めて立候補者の指名を行う過程であり，第3段階は文字通り最終的に議員を選抜する選挙過程である」[1]。ここでは，この3つの段階のうちの第2および第3段階に照準を合わせて，地方政治家の後継指名について考察することにする。

　さて，政治現象，とりわけ選挙に関わる事象において，よく「世襲」「禅譲」「後継」という用語，あるいはこれらの語を冠した言葉を目にする。本来的意味としては，世襲は「その家の地位・財産・職業などを嫡系の子孫が代々うけつぐこと」であり，禅譲は「中国で，帝王がその地位を世襲せず有徳者に譲ること」であり，後継は「あとをつぐこと」である[2]。

　この本来的意味を政治的意味に転化させれば，それぞれ次のような意味内容をもつものとして措定できるであろう。まず，世襲からみていこう。青木康容は世襲の意味を広く解釈して，「どのような血縁関係においてであれ，すなわち（a）父親のみならず母親，祖父，息子などのいわばタテの血縁による直接的な継承であれ，また，（b）兄弟，従兄弟，叔父などのようないわばヨコの血縁による間接的な継承であれ，このような係累に，（イ）国会議員（衆議院議員，参議院議員もしくは貴族院議員）が存在するか，あるいは存在したか，（ロ）国会議員以外の公選職就任者（都道府県議，知事，市長，市議など），つまり地方政治家が存在するか存在したか」[3]ということを問題にしている。この場合，現職の衆議院議員に限定して世襲の意味が解釈されているが，ここでは，これをさらに現職の地方政治家まで拡大して措定しておくことにする。

　次に禅譲であるが，その本来的意味内容からすれば，これは明らかに世襲

と対比される継承の形態であるといえる。つまり，世襲が何らかの血縁関係のうえに成り立つ継承の形態であるのに対して，禅譲は血縁をともなわない人間関係のうえに成り立つ継承の形態である。

そして，後継はこのような世襲と禅譲の両方の意味内容を包摂した概念としてとらえられるであろうし，ここでは基本的にそのようなものと理解しておきたいと思う。

後継という言葉を以上のような意味内容をもつものと理解したうえで，「地方政治家の後継指名」について考察することにしたい。その際，地方自治研究会（代表：居安正大阪大学教授）が1988年から1991年まで文部省より科学研究費助成金を得て，近畿圏を中心に行った地方議会議員および地方自治体の首長と有権者を対象とする調査[4]に基づいて，①後継指名の実態，②後継指名のメリット，③後継指名意思の有無について主に考察する。なお，この調査における被調査者（回答者）は，議員が3,006人（府県議193人，市議1,085人，町議1,569人，村議155人，N.A 4人），首長が178人（知事1人，市長36人，町長120人，村長19人，N.A 2人）である。

そこでまず，後継指名の実態については，「あなたは現在の公職の初立候補時に，どなたかから後継者として指名されましたか」という質問文と，「指名された」「指名されなかった」という二者択一の回答選択肢を設けた。ここでは次の点に関して考察を行うこととする。第1は，後継指名率の高さを議員または首長の種別，性別，出生地，所属政党，初めての公職に就く前の職業，最終学歴などのデモグラフィック要因，および団体加入，団体役職経験といった基本的項目との関係において考察することである。第2は，議員および首長をとりまく社会的関係を後継指名との関わりにおいて，次の2点から考察することである。その1は，後継指名と自己の選挙に関わっての所属団体[5]からの選挙支援および地域推薦との関係である。その2は，後継指名と他の政治家の後援会への加入および選挙協力との関係である。そして第3に，後継指名の主体を議員，首長とも府県，市町村の各レベルにおいて考察することである。

次に，後継指名のメリットについては，後継指名を受けた公選職就任者に対して，「あなたは，後継者指名を受けて，選挙のときに何か有利になったことがあったとお考えですか」という質問文を設け，それに対して「前任者の地盤を引きつげた」「選挙費用が安くてすんだ」「前任者の知名度が有効であった」「特に良いことはなかった」という回答選択肢を設けて，該当するものをいくつでも選んでもらった。とくに，これに関しては後継指名の選挙に必要であるとされている三バン（地盤，看板，カバン）に対する有効度を議員および首長の種別，所属政党，後継指名の主体において考察することに主な目的がある。

そして最後に，後継指名意思については，「あなたが公職を引退されるときに，あなたの後継者を指名されますか」という質問文を設けて，「後継者指名は必要なので，指名するだろう」，「後継者指名には疑問だが，指名するだろう」，「後継者指名は必要だが，指名しないだろう」，「後継者指名は疑問なので，指名しないだろう」という回答選択肢からひとつを選択してもらった。これは，地方政治家の現職引退時における後継指名に関わる政治的態度を考察しようとするところに主眼がある。「態度とは，経験によって組み立てられたもので，客体および状況に対する個人の反応に志向的・力動的な影響を及ぼしうる，精神・神経的準備状態である」[6]とはオールポート（Allport, G.W）の定義であるが，安田三郎は，態度を認知的，情緒的，評価的，動機的および行動的の5成分から成るものとし，そのうち認知的，情緒的，評価的の3成分は客体に対する状況規定をあらわし（＝状況規定的要素），動機的および行動的の2成分はこの状況規定に基づく行動の準備状態をあらわす（＝準備状態的要素）と考え，これら5成分は単に態度の静的構成要素ではなく，潜在的行動としての態度の内的過程を構成していると捉えている[7]（図1参照）。

そこで，このような態度の系を首肯し，意識の事実と行動の事実との間にはかなり高い相関があると仮定しつつも，必ずしも両者が直接的対応をするというのではなく，それは「各人の意識の内容，構造，力学的特性」[8]に

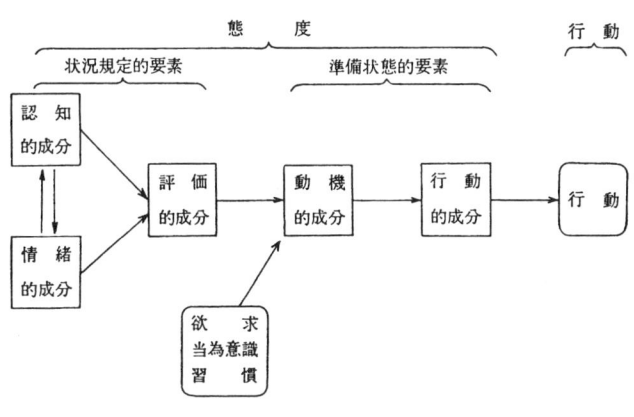

図1　態度の5成分と動機および行動との関係

出所：安田三郎「行為者としての個人」安田三郎・塩原勉・富永健一・吉田民人編『基礎社会学　第1巻　社会的行為』東洋経済新報社，1980年，p.33.

よって行動の方向や強弱が規定されるとの理解に立って，後継指名に関わっての地方政治家の政治的態度を考察することにする。その際，後継指名意思を状況規定レベル（主として評価レベル）と準備状態レベル（およびその延長線上としての意思決定レベル）とに分けて，それぞれ「必要─疑問」軸，「指名する─指名せぬ」軸とを設定して，特徴点を析出してみようと思う。

第2節　後継指名の実態

1．後継指名率

1）種別

議員全体では38.3％が後継指名されているが，種別で若干の相違がみられる。府県議（42.5％），町議（40.4％），村議（40.0％）では40％台を占めているが，市議は34.3％と低い。他方，首長においては全体の後継指名率は35.8％であるが，知事（100％）を除いて30％台である（市長33.3％，町長35.8％，村長36.8％）。両者を比較すると，議員の方が若干高くなっているが，

市レベルでの後継指名率が最も低いという点で両者は共通している。

2）出生地[9]

これを出生地との関係でみてみるとどうであろうか。議員では，現住市町村出身者の後継指名率が40.4％なのに対して，その他の出身者は32.7％である。首長においても前者が36.4％，後者が33.3％となっており，両者とも現住市町村出身者の方が後継指名率が高くなっている。とくに議員の場合その差が大きいが，それは地方レベルにおいても「地元から議員を」という地元意識が根強く存在していることの結果であると思われる。居安正が指摘しているように，地元意識は典型的には農村の部落を単位として部落推薦としてあらわれるが，地元の概念はかなり相対的であって，市議選挙あるいは県議選挙といった選挙区の比較的広い場合は，候補者の出身部落を中心に拡大し，出身の旧町村あるいは出身の校区，さらに出身の現在の町村を意味することになろう[10]。

3）所属政党[11]

議員では，公明党（49.7％），自民党（42.2％），保守系無所属（41.0％）が40％台，民社党（33.3％），社会党（31.0％），革新系無所属（31.0％）が30％台，共産党（20.8％），純粋無所属（22.9％）が20％台などとなっている。この結果をみる限り，革新系よりも保守系の議員の方が後継指名率が高いといえそうである。この点に関しては首長の場合もほぼ同じ傾向を示している（自民党39.5％，保守系無所属42.0％，純粋無所属25.0％など）。

議員志望者の指名過程については，本人の意思表示があり，周囲がそれに協力するという多分に自律的な型と，団体や政党が文字通り「指名」するという本人にとっては他律的な型があり，自民党では自律型に傾くのに対して，公明・共産両党では他律型に傾き，社会・民社両党はその中間的性格をもつ[12]，と理解されている。このような理解に基づけば，同じ組織政党的体質をもつ共産党議員の指名率も高くなければならないはずなのだが，この調査

では極めて対照的な結果となっている。この点をどう解釈すればよいのだろうか。

4）初めての公職に就く前の職業[13]

　これに関しては，議員と首長とで大きく異なっている。前者では農林漁業（45.6％）で後継指名率が高いが，後者ではホワイトカラー（43.8％），管理職（40.7％）で高い後継指名率を示しているものの，農林漁業（28.1％）ではかなり低くなっている。

5）最終学歴[14]

　最終学歴との関係においては，議員も首長も低学歴者で後継指名率が高く，高学歴者で低くなっている。ちなみに，議員は中学（42.9％），高校（37.7％），大学（35.9％），高専（32.5％）の順に，また，首長は中学（53.8％），高専（38.7％），高校（33.3％），大学（23.3％）の順になっている。この結果から，地方政治家の後継指名に関しては，学歴以外の要因，例えば地域社会での知名度や活動経歴などの要因がより強く働いているのではないかと推測される。

6）初めての公職に就く前の団体加入および団体役職経験

　このことについては，表1によりながらみていくことにする。まず，議員については，農協・農林漁業団体（団体加入45.3％，団体役職経験48.0％），宗教団体（団体加入45.7％，団体役職経験47.6％），消防団・防犯協会（団体加入43.2％，団体役職経験44.6％），自治会等地区組織（団体加入41.7％，団体役職経験42.6％）では，加入経験者および役職経験者の後継指名率が高く，住民運動・消費者運動団体（団体加入31.9％，団体役職経験32.9％），労働組合（団体加入31.4％，団体役職経験31.5％）との差が大きい。

　「諸団体は広い意味での政治情報のチャンネル」，すなわち，「政治家と政治システムに対する支持・不支持を通すチャンネルであり，また要求とそれ

表1 後継指名と団体加入および団体役職経験 　　　　　　　　　（複数回答，数字＝％）

			商工	農林	住民	労働	趣味	政治	地区	宗教	婦人	消防	ＰＴＡ	他
経験あり	団体加入	議員	38.7	45.3	31.9	31.4	37.5	37.1	41.7	45.7	39.7	43.2	40.1	32.2
		首長	38.9	40.6	−	23.8	34.1	44.4	34.9	40.0	45.9	38.2	32.4	50.0
	団体役職	議員	39.5	48.0	32.9	31.5	37.7	37.7	42.6	47.6	41.0	44.6	39.9	37.5
		首長	33.3	44.9	−	27.8	31.0	56.3	33.3	33.3	35.6	44.0	34.7	50.0
経験なし	団体加入	議員	38.5	34.8	39.4	40.9	39.1	39.5	33.6	37.3	38.2	36.4	37.3	39.2
		首長	39.3	36.8	39.2	40.8	40.0	37.1	43.1	38.3	33.3	38.5	43.8	37.2
	団体役職	議員	38.4	35.0	39.2	40.7	38.9	38.9	32.4	37.3	37.6	36.1	37.4	38.7
		首長	40.0	35.1	39.2	39.8	40.2	36.2	45.2	38.7	40.2	35.4	41.9	36.9

註：① 当該表は，後継指名経験者を対象としたものである。
　　② 団体加入：議員…団体加入N.Aの96人を除く（N＝2,910），首長…団体加入N.Aの27人を除く（N＝151）。
　　③ 団体役職：議員…役職経験N.Aの179人を除く（N＝2,827），首長…役職経験N.Aの32人を除く（N＝146）。

に対する対応が往き来するチャンネルである」[15]と理解するならば，現職の地方議員が公選職に就任する前に所属していた団体の多くは，彼が議員候補者になる段階で支持団体へと転化しており，そのひとつの政治的行為が後継指名であると考えられる。その際，とくに地域社会に強く「組み込まれている」団体ほどその傾向性が強いといえよう。

他方，首長の場合は，団体加入に関しては婦人会・青年会・老人会（45.9％），政治団体（44.4％），農協・農林漁業団体（40.6％），宗教団体（40.0％）で加入経験者の後継指名率が高く，また，団体役職に関しては，政治団体（56.3％），農協・農林漁業団体（44.9％），消防団・防犯協会（44.0％）で後継指名率が高くなっている。この結果は，次の点で議員の場合と大きく異なっている。①住民運動・消費者団体運動の場合，加入経験者，役職経験者ともに人数は少ないものの，1人も後継者として指名されていない。②自治会等地区組織の場合，加入未経験者および役職未経験者の方が後継指名率が高い。③政治団体の加入経験者および役職経験者での後継指名率が高い。

2．地方政治家をとりまく社会関係

これに関しては，次の2つの視点から考察することにする。1つは，後継指名と自己の選挙に関わっての所属団体および地域推薦との関係（首長は後継指名と地域推薦との関係のみ）であり，2つは，後継指名と他の政治家の後援会への加入および選挙協力との関係である。

まず，1つ目の視点についてであるが，議員の後継指名と選挙支援に関しては表2に示されているように，住民運動・消費者運動団体および労働組合以外では，後継指名経験者の方が未経験者よりも選挙支援率が高い。とくに，自治会等地区組織では71.0％と非常に高くなっている。政治団体も後継指名経験者に対する選挙支援率は34.1％と高いが，未経験者との差はない。両者の差が比較的大きいのは，自治会等地区組織，婦人会・青年会・老人会，農協・農林漁業団体，消防・防犯協会である。

地域推薦に関しては，後継指名経験者の場合，議員と首長とでは大きな差異がある（表3参照）。議員では，後継指名と地域推薦とは相関関係にあるが，首長ではそのような関係性はない。

これらのことから，次のようなことがいえそうである。議員の場合，自己の選挙時においては後継指名経験者は未経験者よりも，とくに自治会・町内会レベルでの政治的関わりが強い。もっとも，自治会・町内会は「(1)各市町村の一定地域（町，丁目，地区，大字，小字など）を範囲とし，(2)そこで在

表2　後継指名と選挙支援（議員）　　　　　　　　　　　　（複数回答，数字＝％）

	商工	農林	住民	労働	趣味	政治	地区	宗教	婦人	消防	ＰＴＡ	その他	回答者数
指名あり	21.4	17.7	9.0	16.0	19.1	34.1	71.0	16.6	29.0	14.8	13.7	6.6	1,150
指名なし	18.1	9.3	9.7	19.6	18.5	34.1	55.6	12.2	19.0	7.9	8.2	9.9	1,772

註：① 当該表は，選挙支援経験者を対象にしたものである。
　　② 後継指名N.Aの84人を除く（N＝2,922）。

表3　後継指名と地域推薦　　　　　　　　　　　　　　（数字＝％，合計（　）内は実数）

	指　名　あ　り				指　名　な　し			
	受けた	受けぬ	N.A	合　計	受けた	受けぬ	N.A	合　計
議員	63.9	34.3	1.7	100.0(1,150)	46.2	52.1	1.7	100.0(1,772)
首長	50.0	50.0	－	100.0(　62)	51.9	48.1	－	100.0(　104)

住する世帯を構成員とし，多くの場合自動的な全戸加入制をとり，(3)近隣の親睦を中心に生活上のさまざまな機能を未分化的にはたし，(4)同時に多少とも市町村の公的行政の補完機能をもはたし，行政の末端機関としての性格をもつ」[16] 近隣組織であり，婦人会・青年会・老人会といった性・年齢集団，農協・農林漁業団体などの機能集団，消防団・防犯協会などの行政補助団体が，底辺において自治会・町内会とメンバーを共有していることから，そこに相互に浸透しあった近隣組織複合体が形成されている[17] と考えるならば，地域推薦や選挙支援といった政治行動は，近隣組織複合体の後継指名経験者に対する高い選挙関与としてとらえることができるであろう。

次に，2つ目の視点について考察する。最初に，後継指名と他の政治家の後援会への加入についてみておこう。これについては，表4から次のような特徴が指摘できるであろう。まず，後継指名経験者と未経験者との相違につ

表4 後継指名と他の政治家の後援会への加入 　　　　　　　　　(複数回答，数字＝%)

			衆院選候補者	参院選候補者	知事選候補者	府県議選候補者	市町村長選候補者	市町村議選候補者
指名あり	会員	議員	33.7	27.5	22.2	25.5	16.6	4.8
		首長	35.9	26.6	28.1	28.1	3.1	1.6
	役員	議員	44.2	25.8	17.8	26.6	25.0	6.3
		首長	34.4	18.8	40.6	17.6	1.6	−
	両方	議員	1.7	0.8	0.9	0.9	1.0	0.4
		首長	*	*	1.6	*	−	−
	未経験	議員	7.7	33.1	46.3	34.3	44.5	75.7
		首長	*	*	15.6	*	81.3	84.4
	N.A	議員	12.6	12.8	12.8	12.8	12.8	12.8
		首長	*	*	14.1	*	14.1	14.1
指名なし	会員	議員	34.3	25.9	20.3	21.9	14.7	2.8
		首長	36.2	33.3	32.4	22.9	1.9	1.9
	役員	議員	37.5	20.9	13.3	20.8	17.9	2.7
		首長	19.0	12.4	21.0	10.5	1.0	1.0
	両方	議員	1.2	0.7	0.5	0.5	0.8	0.1
		首長	*	*	1.0	*	−	−
	未経験	議員	9.3	34.8	48.1	39.0	48.6	76.5
		首長	*	*	16.2	*	67.6	67.6
	N.A	議員	17.7	17.8	17.8	18.8	17.9	17.9
		首長	*	*	29.5	*	29.5	29.5

註：[回答者数] 後継指名あり…議員1,150人，首長64人，後継指名なし…議員1,772人，首長105人。

いてであるが，若干の例外はあるものの，議員も首長も総じて後継指名経験者の方が未経験者よりも，会員および役員としての加入率が高いという特徴がみられる。しかし，次の点で後継指名経験者と未経験者との間に類似性をみることができる。第1に，加入率の高さは，会員および役員とも国政選挙候補者→広域自治体選挙候補者→基礎自治体選挙候補者の順となっていること。第2に，会員としての加入率については，若干の例外はあるが，国政選挙候補者および広域自治体選挙候補者で首長の方が議員より高くなっている。第3に，役員としての加入率については，知事選候補者以外は議員の方が首長より高くなっている。

　これらの特徴については，次のように説明できるのではないだろうか。議員では，後継指名経験の如何にかかわらず，会員としての加入率も，役員としての加入率もともに衆院選候補者で最も高くなっているし，他の候補者との差も大きい。これは，衆院選候補者もしくは衆議院議員を頂点とした地方議員の系列化現象の一端を示すものと理解できるであろう。また，首長の場合は，議員と同じように国政選挙候補者との関係も強いが，議員と大きく異なる点は，知事選候補者との関係も強いということである。とくに，後継指名経験者は，その傾向性が非常に強い。これは，基本的には国と地方自治体との関係，また，地方自治体間の権限のスケールの差，それにともなう自治体間の「上下・主従関係」を如実に反映しているのではないかと思われる。つまり，上位自治体との間に良好な関係を維持することによって，自らの政治的地位と自治体益とを保持しようという政治的意図が働いていることの結果といえるのではないか。

　後継指名と選挙運動の協力との関係についてであるが，議員は衆議院選挙，府県議会議員選挙ともに後継指名経験の有無に関わりなく選挙協力率は高いが，両者の差は10ポイントほどある（衆議院選挙は8割台，府県議会議員選挙は7割台）。他方，首長は議員の場合と異なって，後継指名経験者も未経験者もともに府県議会議員選挙の方が衆議院選挙よりも選挙協力率は高くなっているが，協力の姿勢は議員よりもはるかに消極的である。議員と首長に

表5　後継指名と選挙運動の協力　　　　　　　（数字＝％，合計（　）内は実数）

		指　名　あ　り				指　名　な　し			
		協力した	協力せぬ	N.A	合　計	協力した	協力せぬ	N.A	合　計
衆院選	議員	88.2	10.3	1.6	100.0(1,150)	82.8	16.0	1.1	100.0(1,772)
	首長	60.9	39.1	−	100.0(64)	52.4	45.7	1.9	100.0(105)
府県議選	議員	78.8	18.3	2.9	100.0(1,069)	70.7	26.2	3.1	100.0(1,670)
	首長	71.9	26.6	1.6	100.0(64)	57.1	35.2	7.6	100.0(105)

註：① 議員：衆院選は後継指名N.Aの84人を除く（N＝2,922），府県議選は後継指名N.Aの84人と選挙運動の協力の非該当の183人を除く（N＝2,739）。
　　② 首長：衆院選・府県議選とも後継指名N.Aの9人を除く（N＝169）。

　共通している点は，両者ともどちらの選挙においても後継指名経験者の方が未経験者よりも選挙協力率が高いということである（表5）。

　以上のことから，地方政治家をとりまく社会関係についてまとめてみると，次のことがいえそうである。第1に，地方議員は，とくに国会議員，府県議会議員およびその候補者との結びつきが強く，ここに国会議員およびその候補者を頂点とする議員の系列化現象を読みとることができる。第2に，首長の場合は，後継指名経験の有無が議員の場合ほど強く地域推薦に影響を及ぼしているわけではなく，また，国会議員，府県議会議員およびその候補者との結びつきもそれほど強いとはいえない。その意味では，首長の系列化現象は議員の場合ほど顕著ではない。ただ，首長の場合，知事選候補者との関係を衆院選候補者との関係とほぼ同列に位置づけているという点で議員と異なっているが，これは，既に指摘したが，多分に基礎自治体の首長の置かれている政治的立場の特異性に基づくものと考えられる。つまり，「市町村への監督体制が制度上も実質上も都道府県をとおして確保されている」[18]という地方自治制度の伝統性が厳然と存在している現実の中にあって，基礎自治体の首長は中央政界とともに，より直接的な関係にある広域自治体に対しても同程度の，場合によってはそれ以上の政治的配慮をしなければならないということによるのであろう。

3．後継指名者と地方政治家の種別

　表6によりながら，議員と首長の特徴をみていこう。これは現在の公職の

表6 後継指名者（地方政治家の種別） （複数回答，数字＝％）

		前任者	後援会	支援団体	所属政党	所属団体	親	兄弟	親戚	有力者	その他	N.A	回答者数
議員	府県議	38.9	35.6	23.3	50.0	15.6	8.9	1.1	2.2	33.3	1.1	6.7	90
	市　議	37.9	24.5	30.9	31.4	28.0	5.9	4.5	5.7	39.9	4.3	6.4	421
	町　議	46.4	22.3	26.1	10.5	13.3	3.8	4.9	13.5	56.1	7.4	6.6	716
	村　議	49.3	16.9	25.4	1.4	1.4	5.6	9.9	16.9	56.3	5.6	8.5	71
首長	知　事	100.0	－	－	－	－	－	－	－	－	－	－	1
	市　長	46.2	46.2	46.2	7.7	15.4	－	－	－	38.5	－	7.7	13
	町　長	45.5	16.4	23.6	1.8	1.8	1.8	5.5	5.5	50.9	9.1	14.5	55
	村　長	75.0	62.5	12.5	－	12.5	－	－	－	62.5	12.5	－	8

初立候補時に誰から後継者として指名されたのかを尋ねたものである（複数回答）。これによると，議員の場合，町議および村議レベルでは地元の有力者，前任者自身，前任者の関係組織（後援会，支持団体）が後継指名の主体であるのに対し，府県議および市議レベルでは，それらに加えて所属政党や議員候補者自身の関係組織（所属団体）が重要な位置を占めている。とくに，所属政党に関しては，府県議・市議と町議・村議との間に大きな差異があり，このことは地域政治における政党化状況の進展（府県議，市議）と無所属政治（町議，村議）とに対応しているとも考えられる。

　他方，首長の場合であるが，知事は前任者自身のみの後継指名となっているが，他の首長は前任者自身，前任者の関係組織，地元の有力者からの後継指名率が高い。議員と大きく異なる点は，府県・市レベルで所属政党からの後継指名が全くないか，ほとんどないということである。また，町長以外は近親者（親，兄弟，親戚）からの後継指名が皆無であるという点でも，議員の場合と大きく異なっている。これは，議員と首長とでは基本的に集票構造が異なっていることによるのではないか。つまり，議員の場合には党派性や身内意識を前面に出しても選挙戦を戦えるが（場合によっては，それが有利に作用することも考えられる），首長は議員よりも幅広く，多様な有権者層から集票する必要があるためそれらを前面に出しにくいということによるのではないか，ということである。

第3節　後継指名のメリット

　よく知られているように，日本の選挙では地盤，カンバン（知名度），カバン（政治資金）の三バンが成功の基本的三要素と考えられてきた。とくに，地盤は政治的ポストの世襲的継承にとって重要性の高いものである。そもそも地盤とは，「主として地縁的，血縁的関係を土台にして，特定の議員や議員志願者あるいは政党が他の競争者を圧倒する支持票を安定的に確保している地域」[19] であり，かつまた，「選挙での集票を目的として形成された個人的な人間関係のネットワークである」[20]。このような地盤が，選挙時における支持動員，つまり，集票のための主要なメカニズムとして機能する限りにおいて，前任者の後継者として指名された者が他の議員候補者に比べて有利な立場に立ちうることは十分に考えられる。

　また，カンバンもカバンも地盤の流動化現象がますます顕著になってきた[21]今日，その重要性も一層高まってきたといえよう。そこで，以下で後継指名が選挙の際に，この三バンのどれにより有効に機能したのかということを次の3点から析出してみることにする。

1．地方政治家の種別にみる後継指名のメリット

　まず，表7によって議員種別にそのメリットをみると，府県議や市議は「地盤の継承」→「前任者の知名度」→「費用の節約」→「特にない」の順に，町議や村議は「地盤の継承」→「特にない」→「費用の節約」→「前任者の知名度」の順となっている。このように，どのレベルの議員も「地盤の継承」が後継指名の最大のメリットとしているが，その度合いは府県議→市議→町議→村議の順となっている。また，「前任者の知名度」が府県議や市議レベルで相当重要なものとして位置づけられているのに対して，町議や村議レベルでは，それほど高い位置づけがなされていない。

　この「地盤の継承」および「前任者の知名度」に関わる議員レベル間の有利度の差異は，端的にいえば選挙区のスケールの大きさの違いによるものと

表7 後継指名のメリット（地方政治家の種別）
（複数回答，数字＝％）

		地盤	費用	知名度	特にない	その他	回答者数
議員	府県議	71.1	28.9	44.6	15.7	9.6	83
	市　議	60.7	29.2	33.6	23.5	7.4	366
	町　議	60.6	26.6	17.0	31.6	6.7	629
	村　議	53.1	26.6	23.4	37.5	4.7	64
首長	知　事	−	−	−	−	−	−
	市　長	69.2	23.1	38.5	15.4	−	13
	町　長	45.3	18.9	28.3	9.4	3.8	53
	村　長	28.6	14.3	42.9	28.6	14.3	7

考えられる。そのことは，当選に必要な票数の相違（府県議や市議の方が町議や村議よりも選挙区のスケールが大きく，当選に必要な票数も多い），および地域社会構造の相違（選挙区のスケールが大きくなるにともなって支持基盤や社会集団や利益が多様化し，また，集団としての同調規模も弛緩する）といった説明要因をともなう。このような理解に立てば，前任者のもつ地盤や知名度は，地域社会構造がより単純でしかも必要票数が少なくてすむ町議や村議においてよりも，多様化した支持基盤や社会集団や利益をまとめあげ，そのことによって当選に必要な票数を獲得しなければならない府県議や市議にとっての方が，その重みが大きく，後継者として指名を受けたことによって，それが選挙の際に有利な方向に機能したということであろう。

他方，首長については，市長や町長は「地盤の継承」→「前任者の知名度」→「費用の節約」→「特にない」の順になっているが，村長は「前任者の知名度」→「地盤の継承」「特にない」→「費用の節約」の順になっていて，「地盤の継承」よりも「前任者の知名度」によりメリットがあるとしている。しかし，「地盤の継承」については，市長と町長との間に相当大きな較差があることから，両者を同列に扱うことは適切ではないように思われる。「地盤の継承」と「前任者の知名度」の両方を加味すれば，首長の場合も議員と同様に選挙区のスケールの大きさの違いによって，市長と町村長との間に境界線を引くことが可能であろう。

２．所属政党別にみる後継指名のメリット

表8から，どの政党の所属議員も無所属議員も「地盤の継承」を最大のメ

表8 後継指名のメリット（所属政党別：議員）

（複数回答，数字＝％）

	地盤	費用	知名度	特にない	その他	回答者数
自民党	61.6	26.2	26.9	29.5	8.2	427
社会党	52.8	23.6	31.9	25.0	6.9	72
公明党	64.7	48.2	17.6	12.9	5.9	85
民社党	64.3	19.0	33.3	31.0	7.1	42
共産党	50.0	31.6	39.5	18.4	7.9	38
他の党	-	-	-	-	100.0	1
保守系無所属	62.7	24.9	19.9	31.4	6.5	397
革新系無所属	57.5	27.5	30.0	27.5	5.0	40
純粋無所属	51.9	29.6	22.2	22.2	3.7	27

リットとしていることがわかる。中でも，とくに中道・保守系で高い。また，有利度の順位は所属政党によって異なるが，そこには一定のパターンがみられる。自民党および保守系無所属は「地盤の継承」「特にない」が上位を占めているが，社会党，民社党，共産党，革新系無所属は「地盤の継承」「前任者の知名度」，公明党，純粋無所属は「地盤の継承」「費用の節約」がそれぞれ上位を占めている。

　とくに，革新系議員で「前任者の知名度」が有利に機能したとの評価が高いが，これは保守系議員に比べて，地域社会に強く組み込まれている団体の支持や支援を受けにくいという体質をもつ革新系議員が，後継者として指名を受けることによって前任者の知名度を集票過程において有効に機能させることによって，その問題を一定程度克服しえたという事実に基づく評価であると考えられる。また，若田恭二は，「いわゆる『地盤』と称される，支持者の人脈ネットワークが，政治家の個人的資産として，世襲的に継承されるケースは，保守系政治家の間で顕著である」[22)]と指摘しているが，首長の場合も含めてそのようなことがいえそうである（ちなみに，首長の場合，自民党，保守系無所属とも「地盤の継承」が最も高い）。

3．指名者別にみる後継指名のメリット

　後継指名の主体との関わりで後継指名のメリットをみると，議員の場合，「地盤の継承」および「前任者の知名度」では，おおむね，近親者（とくに親，兄弟）→前任者自身および前任者の関係組織（後援会，支持団体）→本人の所属組織（政党，団体）および地元の有力者の順となっている。また，

表9 後継指名のメリット（後継指名者別）　　　　　　（複数回答，数字＝%）

		地盤	費用	知名度	特にない	その他	回答者数
前任者自身	議員	71.2	22.3	31.5	26.1	4.5	552
	首長	46.2	15.4	33.3	20.5	－	39
前任者の後援会	議員	78.3	31.0	39.3	21.0	4.3	300
	首長	75.0	15.0	35.0	15.0	－	20
前任者の支持団体	議員	75.5	32.9	30.3	20.7	4.0	347
	首長	81.0	19.0	61.9	4.8	－	21
所属政党	議員	62.7	36.1	29.6	19.7	7.3	233
	首長	100.0	－	－	－	－	2
所属団体	議員	55.6	35.6	20.0	30.2	6.8	205
	首長	50.0	－	25.0	25.0	－	4
親	議員	84.1	34.9	47.6	9.5	7.9	63
	首長	－	－	－	－	－	－
兄弟	議員	85.7	44.6	41.1	14.3	－	56
	首長	50.0	－	－	－	－	2
親戚	議員	68.3	34.2	25.0	27.5	5.8	120
	首長	－	－	50.0	－	－	2
地元有力者	議員	61.8	30.1	21.5	29.8	6.5	581
	首長	48.6	18.9	27.0	13.5	－	37
その他	議員	39.1	27.5	8.7	36.2	30.4	69
	首長	33.3	33.3	16.7	－	－	6

「費用の節約」では，おおむね，近親者（親，兄弟，親戚）→本人の所属集団→前任者の関係組織→地元の有力者→前任者自身の順となっている（表9参照）。

他方，首長の場合，「地盤の継承」では，前任者の関係組織→本人の所属組織→地元の有力者→前任者自身となっているが，議員の場合と比べて前任者の支持団体では上回っているものの，地元の有力者や前任者自身ではかなり下回っている。また，「前任者の知名度」では，前任者の関係組織→前任者自身→地元の有力者の順となっているが，とくに前任者の支持団体では高くなっている。しかし，「費用の節約」では，議員と比べて相当低くなっている。

以上のことから，後継指名された者のうち，とくに世襲議員は三バンに恵まれているといえるが，首長の場合は，後継指名が選挙の成功の基本的三要素のうちの地盤とカンバンとに有効に機能しているといえるであろう。

第4節　後継指名意思

　最後に，地方政治家の後継指名意思について検討しておこう。ここでは後継指名意思を状況規定レベル（評価レベル）と準備状態レベル（意思決定レベル）とに分けて，それぞれ「必要―疑問」軸，「指名する―指名せぬ」軸を設定し，両者における特徴をさまざまな視点から分析してみることにする。議員の場合，単純集計では「必要→指名する」21.5％，「疑問→指名する」13.0％，「必要→指名せぬ」20.9％，「疑問→指名せぬ」30.6％，「その他」10.2％等となっている。この結果をみる限り，「後継指名には疑問なので，指名しないだろう」という両レベル（軸）とも否定的な態度が強く示されている。他方，首長においては，「必要→指名する」15.2％，「疑問→指名する」25.3％，「必要→指名せぬ」21.9％，「疑問→指名せぬ」22.5％，「その他」8.4％等となっており，議員とは異なって，「後継指名は疑問だが，指名するだろう」というように，評価レベルでは否定的だが意思決定レベルでは肯定的である。全体的にみれば，議員は評価レベルでは肯定と否定の較差は小さいが，意思決定レベルでは否定が肯定を大きく上回っているのに対して，首長は，意思決定レベルでは較差が小さいものの，評価レベルでは否定が肯定を大きく上回っており，議員と首長とでは対照的な意識構造を示している。以下で，いくつかの視点から後継指名意思に関する意識構造を詳細に分析してみることにする。

1．地方政治家の種別にみる後継指名意思

　まず，議員についてみておこう。表10に示されているように，「必要―疑問」軸においては，府県議・市議と町議・村議との間には大きな相違がみられる。前者では，「必要」が「疑問」を上回り，後者では，「疑問」が「必要」を上回っている（とくに村議では，較差が大きい）。他方，「指名する―指名せぬ」軸においては，いずれのレベルの議員も「指名せぬ」が「指名する」を上回っており（とくに町議や村議では，「指名する」と「指名せぬ」との差

表10　後継指名意思（地方政治家の種別）　　　（数字＝％，合計（　）内は実数）

		必要 — 疑問				指名する — 指名せぬ				その他	N.A	合計
		必要指名する	必要指名せぬ	疑問指名する	疑問指名せぬ	指名する必要	指名する疑問	指名せぬ必要	指名せぬ疑問			
議員	府県議	28.5	14.0	11.4	29.0	28.5	11.4	14.0	29.0	11.4	5.7	100.0
		42.5		40.4		39.9		43.0				(193)
	市議	23.8	21.2	11.0	27.0	23.8	11.0	21.2	27.0	14.1	3.0	100.0
		45.0		38.0		34.8		48.2				(1,082)
	町議	19.7	21.8	14.8	32.3	19.7	14.8	21.8	32.3	7.9	3.6	100.0
		41.5		47.0		34.5		54.1				(1,565)
	村議	16.8	20.6	12.3	41.9	16.8	12.3	20.6	41.9	3.9	4.5	100.0
		37.4		54.2		29.1		62.5				(155)
	合計	21.6	21.0	13.1	30.7	21.6	13.1	21.0	30.7	10.2	3.5	100.0
		42.6		43.8		34.7		51.7				(2,995)
首長	知事	−	−	−	−	−	−	−	−	100.0		100.0
		−						−				(1)
	市長	8.3	16.7	27.8	27.8	8.3	27.8	16.7	27.8	11.1	8.3	100.0
		25.0		55.6		36.1		44.5				(36)
	町長	17.5	23.3	24.2	20.8	17.5	24.2	23.3	20.8	6.7	7.5	100.0
		40.8		45.0		41.7		44.1				(120)
	村長	10.5	26.3	26.3	26.3	10.5	26.3	26.3	26.3	10.5	−	100.0
		36.8		52.6		36.8		52.6				(19)
	合計	14.8	22.2	25.0	22.7	14.8	25.0	22.2	22.7	8.5	6.8	100.0
		37.0		47.7		39.8		44.9				(176)

註：議員は議員の種別N.Aの7人，指名意思非該当の7人を除く。首長は首長の種別N.Aの2人を除く。

が非常に大きい），しかもそれは，選挙区のスケールの大きさに比例している。

　次に，首長についてみておこう。「必要―疑問」軸においては，市長，町長，村長のいずれも「疑問」が「必要」を上回っている。議員との比較でみると，町村レベルでは両者はほぼ同じような傾向を示しているが，市長の場合は，「疑問」が「必要」を大きく上回っており，議員とまったく対照的である。「指名する―指名せぬ」軸においては，市長，町長，村長のいずれも議員の場合と同じように，「指名せぬ」が「指名する」を上回っている。しかし，全体では議員よりも「指名する」との意思決定度は高い。

　このように，地方政治家の種別においては，意思決定レベルで「指名せぬ」という否定的態度が議員と首長とに共通してみられる（しかも，否定度の高さは選挙区のスケールの大きさと負の相関関係にある）。また，評価レベルでは，町村レベルで共通して「疑問」とする態度がみられるが，府県市レベ

ルでは議員は肯定的，首長は否定的と態度が明確に分かれている。これらの特徴は，後継指名のメリットのところで述べた論理で説明できそうである。

2．性別にみる後継指名意思

この調査では女性首長の被調査者が皆無なので，ここでは議員のみについてみることにする（表11）。「必要—疑問」軸においては，男性は「必要」よりも「疑問」とする方が若干高くなっている。それに対して，女性は「必要」が「疑問」を上回っており，評価レベルで男女差がみられる（男性よりも女性の方が肯定的）。

しかし，「指名する—指名せぬ」軸では，男女とも「指名せぬ」が「指名する」を大きく上回っている（意思決定レベルでは，男女共通して否定的）。とくに，女性の場合その較差が大きい。

表11　後継指名意思（性別：議員）　　　　　　　（数字=％，合計（　）内は実数）

	必要 — 疑問				指名する — 指名せぬ				その他	N.A	合計
	必要指名する	必要指名せぬ	疑問指名する	疑問指名せぬ	必要指名する	疑問指名する	必要指名せぬ	疑問指名せぬ			
男　性	21.7	21.0	13.2	30.8	21.7	13.2	21.0	30.8	10.0	3.3	100.0
	42.7		44.0		34.9		51.8				(2,911)
女　性	16.4	20.5	5.5	28.8	16.4	5.5	20.5	28.8	19.2	9.6	100.0
	36.9		34.3		21.9		49.3				(73)
合　計	21.6	21.0	13.0	30.7	21.6	13.0	21.0	30.7	10.2	3.5	100.0
	42.6		43.7		34.6		51.7				(2,984)

註：性別N.Aの15人，指名意思非該当の17人を除く。

3．所属政党別にみる後継指名意思

表12によって，議員からみていくことにする。「必要—疑問」軸においては，自民党，社会党，公明党，民社党，社民連の各所属議員で「必要」が「疑問」を上回っているが，共産党および無所属議員（保守系，革新系，純粋）では「疑問」が「必要」を上回っている。とくに，無所属議員に後継指名を疑問とする傾向が強い。また，後継指名は必要だとする評価度は，自民党議員で最も高く，共産党議員で最も低くなっているが，保革の尺度や政党

補　章　地方政治家の後継指名 —— 319

表12　後継指名意思（所属政党別）　　　　　　　　　　（数字＝％，合計（　）内は実数）

		必要 — 疑問				指名する — 指名せぬ				その他	N.A	合計
		必要指名する	必要指名せぬ	疑問指名する	疑問指名せぬ	必要指名する	疑問指名する	必要指名せぬ	疑問指名せぬ			
議員	自民党	27.7	19.4	15.3	27.4	27.7	15.3	19.4	27.4	7.6	2.6	100.0
		47.1		42.7		43.0		46.8				(1,003)
	社会党	27.2	18.1	12.1	22.8	27.2	12.1	18.1	22.8	15.9	3.9	100.0
		45.3		34.9		39.3		40.9				(232)
	公明党	13.4	28.3	5.3	34.2	13.4	5.3	28.3	34.2	14.4	4.3	100.0
		41.7		39.5		18.7		62.5				(187)
	民社党	25.2	18.1	8.7	29.1	25.2	8.7	18.1	29.1	15.7	3.1	100.0
		43.3		37.8		33.9		47.2				(127)
	共産党	11.6	11.6	1.0	38.2	11.6	1.0	11.6	38.2	28.5	9.2	100.0
		23.2		39.2		12.6		49.8				(207)
	社民連	100.0	—	—	—	100.0	—	—	—	—	—	100.0
		100.0		—		100.0		—				(1)
	他の党	16.7	16.7	16.7	16.7	16.7	16.7	16.7	16.7	33.3	—	100.0
		33.4		33.4		33.4		33.4				(6)
	保守系無所属	18.3	24.0	16.4	32.1	18.3	16.4	24.0	32.1	5.8	3.3	100.0
		42.3		48.5		34.7		56.1				(965)
	革新系無所属	21.4	19.8	9.5	36.5	21.4	9.5	19.8	36.5	11.1	1.6	100.0
		41.2		46.0		30.9		56.3				(126)
	純粋無所属	11.9	22.9	9.2	42.2	11.9	9.2	22.9	42.2	11.0	2.8	100.0
		34.8		51.4		21.1		65.1				(109)
	合計	21.6	20.9	13.0	30.7	21.6	13.0	20.9	30.7	10.2	3.5	100.0
		42.5		43.7		34.6		51.6				(2,963)
首長	自民党	18.6	11.6	37.2	20.9	18.6	37.2	11.6	20.9	9.3	2.3	100.0
		30.2		58.1		55.8		32.5				(43)
	社会党	—	—	—	—	—	—	—	—	100.0	—	100.0
		—		—		—		—				(1)
	共産党	—	—	—	100.0	—	—	—	100.0	—	—	100.0
		—		100.0		—		100.0				(1)
	保守系無所属	17.3	27.2	18.5	18.5	17.3	18.5	27.2	18.5	8.6	9.9	100.0
		44.5		37.0		35.8		45.7				(81)
	革新系無所属	20.0	—	40.0	40.0	20.0	40.0	—	40.0	—	—	100.0
		20.0		80.0		60.0		40.0				(5)
	純粋無所属	9.1	25.0	25.0	27.3	9.1	25.0	25.0	27.3	6.8	6.8	100.0
		34.1		52.3		34.1		52.3				(44)
	合計	15.4	21.7	25.1	22.3	15.4	25.1	21.7	22.3	8.6	6.9	100.0
		37.1		47.4		40.5		44.0				(175)

註：議員は所属政党N.Aの36人，指名意思非該当の7人を除く。首長は所属政党N.Aの3人を除く。

的体質（議員政党，組織政党）と対応関係にあるわけではない。

「指名する―指名せぬ」軸においては，全て「指名せぬ」が「指名する」を上回っているが，その中にあって，議員政党的体質をもった自民党と社会党の議員は，「指名する」との意思決定度が他党や無所属の議員と比べて高く，しかも「指名せぬ」との差は小さい。他方，組織政党的体質をもった共産党や公明党の議員，それに純粋無所属議員は「指名する」との意思決定度が低く，しかも「指名せぬ」との差は非常に大きい。

次に，首長についてみておく。「必要―疑問」軸においては，「必要」が「疑問」を上回っているのは保守系無所属の首長だけで，革新系無所属，自民党，純粋無所属の首長では「必要」が「疑問」を大きく下回っている。議員の場合と比較すると，評価レベル，意思決定レベルとも否定的な傾向を示しているのは純粋無所属のみで，評価レベルでは否定的だが意思決定レベルで肯定的なのが自民党および革新系無所属，評価レベルでは肯定的だが意思決定レベルで否定的なのが保守系無所属となっている。

4．地域推薦の有無別にみる後継指名意思

表13からもわかるように，評価レベルにおいては議員と首長とでは異なった結果を示している。前者では，地域推薦を受けた者は「必要」が「疑問」を上回っているが，受けなかった者は「疑問」が「必要」を大きく上回っている。後者では，それと全く逆の結果となっている。他方，意思決定レベルにおいては，議員も首長も「指名せぬ」が「指名する」を上回っている。とくに，議員の場合はその差が非常に大きい。

ここで問題となるのは，評価レベルでは肯定的だが，意思決定レベルで否定的な地域推薦を受けた議員と地域推薦を受けなかった首長の意識構造についてである。この意識構造の違いは，どのように説明できるであろうか。評価レベルでみると，議員の場合は，既にみたように，後継指名経験者も未経験者も他の組織団体と比べて自治会等地区組織からの選挙支援率が非常に高い（経験者71.0％，未経験者55.6％）。しかし，両者の差は他の組織団体より

表13 後継指名意思（地域推薦の有無別）　　　　　（数字＝％，合計（　）内は実数）

		必要 — 疑問				指名する — 指名せぬ				その他	N.A	合計
		必要指名する	必要指名せぬ	疑問指名する	疑問指名せぬ	必要指名する	疑問指名する	必要指名せぬ	疑問指名せぬ			
議員	受けた	25.1	22.5	15.8	26.3	25.1	15.8	22.5	26.3	7.6	2.7	100.0
		47.6		42.1		40.9		48.8				(1,576)
	受けぬ	17.7	19.1	10.0	36.7	17.7	10.0	19.1	36.7	13.2	3.3	100.0
		36.8		46.7		27.7		55.8				(1,353)
	合計	21.7	21.0	13.1	31.1	21.7	13.1	21.0	31.1	10.2	3.0	100.0
		42.7		44.2		34.8		52.1				(2,929)
首長	受けた	14.5	19.3	28.9	28.9	14.5	28.9	19.3	28.9	8.4	—	100.0
		33.8		57.8		43.4		48.2				(83)
	受けぬ	17.5	28.8	26.3	18.8	17.5	26.3	28.8	18.8	8.8	—	100.0
		46.3		45.1		43.8		47.6				(80)
	合計	16.0	23.9	27.6	23.9	16.0	27.6	23.9	23.9	8.6	—	100.0
		39.9		51.5		43.6		47.8				(163)

註：議員は地域推薦N.Aの70人，指名意思非該当の7人を除く。首長は地域推薦N.Aの15人を除く。

もはるかに大きい。「必要—疑問」軸で後継指名を受けた者で「必要」が「疑問」を上回り，受けなかった者で「疑問」が「必要」を上回ったのは，選挙時に，とくに自治会等地区組織からえられた選挙支援が集票機能として重要な位置を占めたとの認識度が高いことを意味するのではないかと思われる。

　それに対して首長の場合は，一般に当選に必要な票数が議員よりも多いため，地域推薦の範囲が議員よりも拡大する。レベルによって異なるが，推薦の範囲は自治会等地区組織よりも大きい小学校区や連合地区組織（連合町内会，連合自治会など）となる。しかし，小学校区や連合地区組織の推薦を受けても，その推薦が，それらの構成単位である各自治会等地区組織の総意であることを意味するわけではない。つまり，小学校区や連合地区組織で推薦しても，それが地区組織単位の推薦と全的対応するわけではないということである。ということは，地域推薦が集票メカニズムとして期待したほど有効に機能しなかったという認識が高かったことを意味するのではないかと思われる。

　また，意思決定レベルにおいては，地域推薦の有無に関わらず，議員，首

長とも否定的であるが，とくに地域推薦を受けなかった者での否定度が高い。中でも，「疑問なので，指名しない」が最も高いが，これは地域推薦という政治的コミットメントに対する否定の意思表示なのか，それとも後継指名という政治的コミットメントに対する否定の意思表示なのか，はたまた，その両方を否定することを意味するのか，これだけでは明確な判断はできない。

5．後継指名有無別にみる後継指名意思

これに関しては，表14からも理解できるように，議員と首長はほぼ同じ意識構造を示している。両者とも，「必要―疑問」軸においては，後継指名経験者は「必要」が「疑問」を大きく上回り，しかも「必要」との評価度は未経験者よりもはるかに高い。「指名する―指名せぬ」軸においては，後継指名経験者は「指名する」が「指名せぬ」を大きく上回り，しかも「指名する」という意思決定度は未経験者よりもはるかに高い。これらのことから，後継指名経験の有無と後継指名意思との間には，①「後継指名経験あり」―「後継指名必要」「後継指名する」，②「後継指名経験なし」―「後継指名疑問」「後継指名せぬ」という形での対応関係が成立しているといえよう。

表14 後継指名意思（後継指名の有無別）　　　　（数字＝％，合計（　）内は実数）

		必要 − 疑問				指名する − 指名せぬ				その他	N.A	合計
		必要指名する	必要指名せぬ	疑問指名する	疑問指名せぬ	必要指名する	疑問指名する	必要指名せぬ	疑問指名せぬ			
議員	受けた	31.5	21.7	18.1	16.6	31.5	18.1	21.7	16.6	8.1	3.9	100.0
		53.2		34.7		49.6		38.3				(1,145)
	受けぬ	15.5	20.7	10.1	40.4	15.5	10.1	20.7	40.4	11.8	1.5	100.0
		36.2		50.5		25.6		61.1				(1,770)
	合計	21.8	21.1	13.2	31.0	21.8	13.2	21.1	31.0	10.4	2.5	100.0
		42.9		44.2		35.0		52.1				(2,915)
首長	受けた	21.9	26.6	26.6	6.3	21.9	26.6	26.6	6.3	12.5	6.3	100.0
		48.5		32.9		48.5		32.9				(64)
	受けぬ	11.4	21.0	26.7	34.3	11.4	26.7	21.0	34.3	6.7	−	100.0
		32.4		61.0		38.1		55.3				(105)
	合計	15.4	23.1	26.6	23.7	15.4	26.6	23.1	23.7	8.9	2.4	100.0
		38.5		50.3		42.0		46.8				(169)

註：議員は後継指名N.Aの84人，指名意思非該当の7人を除く。首長は後継指名N.Aの9人を除く。

第5節　まとめにかえて

　以上，地方政治家の後継指名について，(1)後継指名の実態，(2)後継指名のメリット，(3)後継指名意思の3点について，それぞれ多角的な視点から考察した。その結果，同じ地方政治家といっても議員と首長は，いくつかの点では共通点をもちながらも，また，いくつかの点では相違点をもっていることが一定程度明らかにされた。どういう点が同じで，どういう点が異なるのかということについては，そのガイドラインを個々の質問項目で示してきた。

　ここでは「世襲」よりも広い概念としてとらえられる「後継」について考察した。国政レベルでの世襲議員についての調査研究は，これまでにも多くの研究者によって行われてきたし，その成果も数多く発表されている。また，世襲議員が自らのことを語ったものも公表されている。世襲論議もいろいろな視点や立場から行われている。民主主義に基づく議会制度をとっている欧米先進諸国には「日本のような世襲はない」というのが，多くの専門家の意見である。欧米先進諸国で世襲議員が少ないのは，選挙制度のしくみが異なるからだといわれる。つまり，小選挙区制では，日本型の地元後援会中心の選挙はあまりみられず，しかも，有権者の増減に合わせた選挙区割りの変更もたびたび行われ，候補者が時間をかけて地盤を形成する意味がないという事情がそこにはあるということだ[23]。

　日本では世襲議員がなぜ陸続と誕生するのか。中選挙区制がもたらす地域密着型の選挙事情や後援会の利害絡みの思惑，自民党派閥の系列化などいろいろな要因が考えられる。このことについて猪口孝は，「政治制度の面からみると，中選挙区制の下で政策よりも人的系列が選挙で優先されることや，終身雇用社会で落選者の処遇が難しい点，選挙に大量の金がかかるので，地盤，看板，カバンを引き継いだ方がいい，などの理由が，世襲化を助長している」[24]と指摘している。

　世襲議員の一人である自民党衆議院議員の三原朝雄も，「中選挙区制が世襲派誕生の温床になっている」と指摘して，世襲議員誕生の理由として次の

ようなものをあげている。「第1は個人後援会に支えられて選挙するわが党議員にとり，その後援会は精神的物質的に自らが手塩にかけて育てる所有物で，言わば個人資産なのであり，そうである以上当然自分により近い身内に手渡されることを当然と本人も考え，また後援会員も同様に理解する。したがって，世襲も円滑に行われるのである。第2は新人候補を議員にする党内派閥は多大の労力ととくに資金を必要とするが，前任者の地盤を受け継ぎ，かつ名前も似ている世襲候補となると……支援者も受けいれやすく，覚えやすく，安あがりである。勝つことが選挙での最終目的である党や派閥では，物心の支援がより少なくて当選の可能性がより高い世襲候補を推したがるのは当然である。加えて第3は，概して世襲候補は自らの前任者と友誼を結んできた先輩たちに対し従順となりがちである」[25]。

また，政界引退に際して後継者（世襲）を出すことに反対した前自民党衆議院議員の森下元晴（叔父，父が町議）も，「後援会のしがらみ，派閥のしがらみがあって，現職議員の中には辞めたくても辞められない人がいっぱいいるわけです。（後援会というのは）1つの利権構造になっている。権力を握って長らくやっていると，スイッチをひとつ押せばパッと動く。結局，世襲なら，それを維持するのに一番楽ということでしょう」[26]と述べて，三原議員と同様の見解を示している。だが，「代議士の地盤というものは，その代議士の単なる私的所有物ではもはやなくなっている。今日では，後援会は，すっかり制度化され，いわば公的なものとなってしまっている」[27]とする見方もある。

ともあれ，中央政界では世襲議員の増加が著しいが，これにともなう大きな弊害は，①多様な人材の登用を妨げるということ，②後援会の意向に逆らって新しい政策を打ち出しにくいということ，③そのため，有権者の幅広い声を必ずしも反映しないということであろう。舛添要一が指摘しているように，世襲議員は，「親の地盤を継承するために，悪く言えば『旧習墨守』で，変化する社会に対応できるような新しい発想ができないという問題をはらんでいるとも言えよう」[28]が，しかし，「あえて世襲ということにメリットを

求めるとすれば，世襲代議士は公共のために働くことがもっとも重要であるという家庭環境のなかで育ち，それを第一義に考えている点にある」[29] といえるだろう。

世襲を一概にマイナスイメージばかりでとらえることには問題があるだろうが，しかし，猪口の指摘にもあるように，「世襲がはびこれば，長期には社会固定化を促し，社会の活力が損なわれるのは避けられないだろう」[30] し，また，政治的民主主義の意義も大きく損なわれることになるであろう。

以上のことは中央政界における世襲議員についてのことであるが，そこで示された世襲の論理やさまざまな問題点は，その大枠において後継者として指名を受けた地方政治家にも当てはまるであろう。つまり，両者の根はひとつであって，そこから太い幹が形成されるのか，それとも，より細くてより複雑な形や特性をもったより多くの枝や葉が形成されるのかの違いがあるだけである。

国会議員も地方政治家も，レベルの違いこそあれ等しく政治家である以上，M. ウェーバーがいうように，「情熱 (Leidenschaft)，責任感 (Verantwortungsgefühl)，判断力 (Augenmaβ) の 3 つの資質が特に重要であるといえよう」[31]。今日の日本の政治家，とりわけ後継指名を受けて政治家になった人びとが，このような資質を具備しているかどうかわからないし，また，今回の調査結果からもそのことをうかがい知ることはできないが，少なくとも中央政界における世襲の論理や問題点がそれなりに地方政治家にも反映しているということだけはいえそうである。

註
1）村松岐夫・伊藤光利『地方議員の研究―「日本的政治風土」の主役たち』日本経済新聞社，1986年，p.22。
2）新村出編『広辞苑』第 4 版，岩波書店，p.867，p.1438，p.1477。
3）青木康容「議会への道―新人議員と世襲議員」中久郎編『国会議員の構成と変化』政治広報センター，1980年，p.85。
4）この調査（「地域社会の政治構造と政治意識の総合研究」研究課題番号63301023）は，地域政治に関する総合研究の一環として行われたものであり，次の点で独自の性格をもつものである。①近畿圏を中心にしながらも特定の自治体に限定せず，地域別，自治体

レベル別（府県，政令指定都市，市，町村），人口規模別の比較が可能な設計を行った。②広く地方議員を対象にしつつも，共通の質問項目を含む調査を各自治体首長および有権者にも行い，地域における各主体の関係性を明らかにしようとした。③政治学，行政学の領域を拡大する一方で，地方政治家研究に社会学や社会心理学の方法を積極的に導入していくこととした（鵜飼孝造「調査の概要」地方自治研究会編『地域社会の政治構造と政治意識 解析編』1992年，p.306）。なお，この調査には，筆者もメンバーの一人として参画し，「地方政治家の後継者指名」を担当した。

5) それは，議員および首長候補者が公選職に就任した場合，その公選職就任者の支持団体ともなろうし，また，その公選職就任者に要求を提出し助言を求めて接触してくる団体（接触団体），あるいは公選職就任者の議会での行動にあたってあらかじめ了解を得ておかねばならない団体（支持要請団体）ともなりうる（三宅一郎『政治参加と投票行動—大都市住民の政治生活』ミネルヴァ書房，1990年，p.66）。

6) G.W. Allport, "Attitude," in Murchison, C. (ed.), *Handbook of Social Psychology*, Clark U.P., 1935, pp.798-844.（吉田正昭訳「態度」吉田正昭訳編『心理学リーディングス』誠信書房，1971年，pp.201-242）。

7) 安田三郎「行為者としての個人」安田三郎・塩原勉・富永健一・吉田民人編『基礎社会学 第1巻 社会的行為』東洋経済新報社，1980年，p.32。

8) 池内一「政治意識に対する社会心理学的接近」日本社会心理学会編『社会心理学の方法・政治意識の問題』勁草書房，1960年，p.72。

9) 現住所市町村出身者：議員2,156人，首長162人，その他の出身者：議員843人，首長15人。

10) 居安正「調査の意図と経過」居安正・依田博・春日雅司・北野雄大『鳥取県の地方議員』（昭和58，59年度文部省科学研究補助金［一般研究C，課題番号58510081］による研究成果報告書）1985年，p.6。

11) 自民党：議員1,004人，首長43人，社会党：議員232人，首長1人，公明党：議員189人，民社党：議員129人，共産党：議員207人，首長1人，他党：議員7人，保守系無所属：議員966人，首長81人，革新系無所属：議員126人，首長5人，純粋無所属：議員109人，首長44人，N.A：議員36人，首長3人。

12) 村松岐夫・伊藤光利『前掲書』p.55。

13) 農林漁業（農林漁業主・家族，農林漁業賃労働者）：議員614人，首長32人，管理職（会社経営者・管理職，団体役員，管理職公務員，議員・首長）：議員700人，首長91人，自営業：議員524人，首長14人，ホワイトカラー（事務販売職，団体職員，その他の公務員）：議員408人，首長16人，ブルーカラー（運輸・通信・生産従事者）：議員249人，首長6人，専門職（専門・自由職，議員秘書）：議員259人，首長9人，パート：議員3人，主婦：議員24人，その他：議員31人，無職：議員52人，首長4人，N.A：議員142人，首長6人。

14) 中学：旧制尋常小学校，旧制高等小学校，新制中学校，高校：旧制中学・実業学校・女学校，師範学校，新制高等学校，高専：旧制高校・高専・高等師範学校，陸軍士官学校・海軍兵学校，新制高専・短期大学，大学：旧制大学，新制大学，その他。中学：議員736人，首長26人，高校：議員1,354人，首長87人，高専：議員252人，首長31人，大学：議員516人，首長30人，その他：議員95人，首長2人，N.A：議員53人。

15) 三宅一郎『政治参加と投票行動—大都市住民の政治生活』p.72。

16) 居安正「地域組織と選挙」間場壽一編『地域政治の社会学』世界思想社，1983年，p.62。

17) 三宅一郎『投票行動』東京大学出版会, 1989年, p.42。
18) 佐藤竺編著『地方自治の変動と対応』学陽書房, 1980年, p.13。
19) 内田満「選挙地盤」杣正夫編『国政選挙と政党政治』政治広報センター, 1977年, p.248。
20) 若田恭二「地方議員の社会的背景」黒田展之編『現代日本の地方政治家―地方議員の背景と行動』法律文化社, 1984年, p.12。
21) 内田満は, その要因として, ①選挙民のいっそうの大量化と世代構成の大変化, ②人口の激しい流動化, ③社会の脱工業化, を挙げている (「前掲論文」p.253)。
22) 若田恭二「前掲論文」p.12。
23) 『朝日新聞』1989年12月4日付。
24) 『朝日新聞』1989年12月4日付。
25) 三原朝雄「自己矛盾を含んだ世襲論議」ユートピア政治研究会編『永田町下級武士たちの決起―政治改革に挑む』講談社, 1989年, pp.166-168。
26) 『朝日新聞』1989年12月4日付。
27) 舛添要一『賤業としての政治家』飛鳥新社, 1989年, p.156。
28) 舛添要一『前掲書』p.158。
29) 市川太一『「世襲」代議士の研究』日本経済新聞社, 1990年, p.287。
30) 『朝日新聞』1989年12月4日付。
31) M.Weber, "Politik als Beruf" (Seite 396-450), *Gesammelte Politische Schriften von Max Wever*, Drei Masken Verlag, München, 1921. (脇圭平訳『職業としての政治』岩波書店, 1980年, p.77)。

資料

地方議員アンケート調査

《地方自治研究会・お問合せ先》

大阪大学人間科学部　居安　正　研究室

電話06(877)5111　(内線6409, 6364)

―――《記入上のお願い》―――

イ．この調査票には、ご本人がご回答くださるようお願いいたします。
ロ．ご回答は、主として、番号に○をつけていただくか、所定の欄に記入していただきます。
ハ．問によっては、別紙の《職業表》《規模表》《学校表》を利用していただくことがあります。
ニ．〔小問〕は、その前の〔問〕の関連質問です。お見逃しのないようにお願いいたします。
ホ．「その他」のご回答には、(　)の中にその内容を具体的にご記入ください。

なお、お手数ですが、ご回答いただきました調査票は、同封の封筒にて、11月28日までにご返送くださいますようにお願い申し上げます。

【問1】あなたの生年と性別をお教えください。
　　　(明治・大正・昭和　　　　年)
　　　昭和63年10月1日現在(満　　歳)
　　　(性別　　男　女)

【問2】あなたは、現在、市部にお住まいですか、それとも郡部にお住まいですか。
　　　1．市部　　2．郡部

【問3】あなたは、現在お住いの市町村内で、お生まれになりましたか。
　　　1．はい　　2．いいえ

【問4】あなたは、現在お住いの市町村に、合計何年お住いですか。
　　　(　　)年

【問5】あなたの所属政党をお答えください。
　　　01．自民党　　02．社会党　　03．公明党
　　　04．民社党　　05．共産党　　06．社民連
　　　07．その他の政党(記入　　　　　　)
　　　08．保守系無所属
　　　09．革新系無所属　┐
　　　10．いずれでもない ┘─【問6】へお進みください

〔問5.1〕それでは、あなたは先の選挙で、その政党の公認をお受けになりましたか。
　　　1．受けた　　2．受けなかった

【問6】職業についておたずねします。ご回答は、それぞれ別紙の《職業表》の中から主なもの1つを選び、番号でご記入ください。(以下、公職とは首長や議員をさします)

　　　　　　　　　　　　　　　　　職業表の番号
　①あなたの最初につかれた職業　　(　　　)
　②初めての公職につく前の職業　　(　　　)
　③あなたのお父さまの主な職業　　(　　　)
　　(死去の場合は生前の職業)

〔小問6.1〕それでは、その就業先の規模は別紙の《規模表》のどれにあたるでしょうか。規模は支店や工場の規模ではなく、会社全体の規模をお考えください。自営や農業は従事者数、団体は職員数(但し労働組合は組合員数)をお考えください。

　　　　　　　　　　　　　　　　　規模表の番号
　①あなたの最初につかれた職業の規模　(　　　)
　②初めての公職につく前の職業の規模　(　　　)
　③あなたのお父さまの主な職業の規模　(　　　)
　　(死去の場合は生前の職業)

【問7】あなたは現在、議員以外の職業をおもちですか。1か2に〇をつけてください。

1．はい→〔小問7.1〕へ進んでください
2．いいえ→【問8】へ進んでください

〔小問7.1〕その職業と、就業先の規模をお教えください。
ご回答は別紙の《職業表》と《規模表》の番号で記入してください。2つ以上ある方は主なもの1つだけを記入してください。

職業番号（　　　）⇦別紙《職業表》参照

規模番号（　　　）⇦別紙《規模表》参照

【問8】現在の公職も含めて、あなたが立候補されたり、おつきになった公職についておたずねします。なお、任期途中で辞めた場合や現在任期の途中の場合も1期と数えてください。

	初立候補時の年齢	初当選時の年齢	在職期間
国会議員	（　　）歳	（　　）歳	（　　）期
府県議	（　　）歳	（　　）歳	（　　）期
市　議	（　　）歳	（　　）歳	（　　）期
町村議	（　　）歳	（　　）歳	（　　）期
知　事	（　　）歳	（　　）歳	（　　）期
市　長	（　　）歳	（　　）歳	（　　）期
町村長	（　　）歳	（　　）歳	（　　）期

【問9】あなたは現在とは異なった公職に立候補されるお考えはありますか。

1．ある　　　2．ない

【問10】はじめて公職につかれるまでに、あなたは下のいずれかの団体に加入していましたか。いくつでも〇をつけてください。

01．商工関係の同業組合・団体
02．農協・その他農林漁業団体
03．住民運動・消費者運動等の団体
04．労働組合
05．スポーツ・趣味のグループ
06．政党などの政治団体
07．自治会・町内会等の地区組織
08．宗教関係の団体
09．婦人会・青年団・老人会
10．消防団・防犯協会など
11．PTA
12．その他（記入　　　　　　　　　）

【問11】それでは、はじめて公職につかれるまでに、下のいずれかの団体の役職を経験されましたか。いくつでも〇をつけてください。

01．商工関係の同業組合・団体
02．農協・その他農林漁業団体
03．住民運動・消費者運動等の団体
04．労働組合
05．スポーツ・趣味のグループ
06．政党などの政治団体
07．自治会・町内会等の地区組織
08．宗教関係の団体
09．婦人会・青年団・老人会
10．消防団・防犯協会など
11．PTA
12．その他（記入　　　　　　　　　）

【問12】先のあなたの選挙において、次の各団体から支援を受けましたか。受けた団体すべてに〇をつけてください。

01．商工関係の同業組合・団体
02．農協・その他農林漁業団体
03．住民運動・消費者運動等の団体
04．労働組合
05．スポーツ・趣味のグループ
06．政党などの政治団体
07．自治会・町内会等の地区組織
08．宗教関係の団体
09．婦人会・青年団・老人会
10．消防団・防犯協会など
11．PTA
12．その他（記入　　　　　　　　　）

〔小問12.1〕そのうち最も大きな支援を受けた団体はどれですか。1つだけ番号でお答えください。

団体の番号（　　　）

【問13】先の選挙で、あなたは、特定の地域から推薦を受けましたか。1か2に〇をつけてください。

1．はい　　　2．いいえ

〔小問13.1〕推薦を受けたのは、次の1から6のどの地域からですか。受けなかった方は7の非該当に〇をおつけください。

1．班、組など　　　4．連合町内会・連合自治会など
2．町内会、自治会など　5．市町村議会
3．小学校区　　　6．その他（記入　　　　　）
　　　　　　　　7．非該当

【問14】全員にお尋ねします。立候補にさいして、特定の地域から<u>推薦</u>を受けることについて、どのようにお考えですか。次の中から該当するものを<u>2つ</u>まで選び、番号に〇をつけてください。

1. 地区の平和が保たれる
2. 地域の利益代表を選べる
3. 議員にふさわしい人が選べる
4. 地区の平和が乱れる
5. 地域エゴが横行する
6. 出たい人が出られない
7. 投票の自由が奪われる
8. その他（記入　　　　　　　　　）

【問15】あなたは、どのような<u>理由</u>で現在の公職に初めて<u>立候補</u>されましたか。該当する理由を3つ選び、<u>重要な順</u>に（　）内に<u>1、2、3</u>の番号を記入してください。

（　）以前から現在の公職につくことを考えていた
（　）家族や親族から立候補をすすめられた
（　）前任者に立候補をすすめられた
（　）所属政党の決定に従った
（　）支援団体の強い要請を受けた
（　）参加団体のなかでの協議で自分が立候補することになった
（　）その他（記入　　　　　　　　　）

【問16】あなたは現在の公職の初立候補時に、どなたかから<u>後継者</u>として指名されましたか。1か2に〇をつけてください。

1. 指名された→〔小問16.1〕へ
2. 指名されなかった・【問17】へ

〔小問16.1〕それはどなたですか。<u>いくつでも</u>〇をつけてください。

01. 前任者自身　　06. 親
02. 前任者の後援会　07. 兄弟
03. 前任者の支持団体　08. 親戚
04. 所属政党　　　09. 地元の有力者
05. 所属団体　　　10. その他（記入　　　）

〔小問16.2〕あなたは、<u>後継者指名</u>を受けて、選挙のときに何か<u>有利</u>になったことがあったとお考えですか。<u>いくつでも</u>〇をつけてください。

1. 前任者の地盤を引きつげた
2. 選挙費用が安くてすんだ
3. 前任者の知名度が有効であった
4. 特に良いことはなかった
5. その他（記入　　　　　　　　　）

【問17】あなたが公職を引退されるときに、あなたの<u>後継者を指名</u>されますか。該当するもの<u>1つ</u>に〇をしてください。

1. 後継者指名は必要なので、指名するだろう。
2. 後継者指名には疑問だが、指名するだろう。
3. 後継者指名は必要だが、指名しないだろう。
4. 後継者指名には疑問なので、指名しないだろう。
5. その他（記入　　　　　　　　　）

【問18】あなたはご自身の個人後援会を持っておられますか。

1．もっている　　2．もっていない

【問19】あなたは、最近、次のいずれかの<u>後援会</u>に加入されていたことがあります。またその<u>役員</u>をされていましたか。該当する番号に〇をつけてください（御自身の後援会は除いてください）。

衆議選候補者の後援会（1．一般会員で加入　2．役員で加入）
参議選選挙区の候補者の後援会（1．一般会員で加入　2．役員で加入）
府県議選候補者の後援会（1．一般会員で加入　2．役員で加入）
知事選候補者の後援会（1．一般会員で加入　2．役員で加入）
市町村議選候補者の後援会（1．一般会員で加入　2．役員で加入）
市町村長選候補者の後援会（1．一般会員で加入　2．役員で加入）

【問20】あなたは昭和61年7月の衆議院選挙で、特定の候補者の<u>選挙運動に協力</u>なさいましたか。1か2に〇をつけてください。

1. した（候補者氏名　　　　　　　）
　　　（候補者の政党　　　　　　　）→〔小問20.1〕へ

2. しなかった→【問21】へ

〔小問20.1〕協力した方におたずねします。それはどのような<u>理由</u>からですか。重要と思われる順に3つまで、<u>1、2、3</u>と番号を記入してください。

（　）01. 血縁・地縁や友人・同窓生といった人のつながりから
（　）02. 地盤を引き継いだあなたの前任者が協力していたので
（　）03. あなたの選挙運動を支援してもらいたいので
（　）04. 政治資金を援助してもらいたいので
（　）05. あなたの政策活動を支援してもらいたいので
（　）06. あなたの世話活動を支援してもらいたいので
（　）07. 他の公職に進みたいので
（　）08. 所属政党内の主要ポストにつきたいので
（　）09. 議会内の主要ポストにつきたいので
（　）10. 人柄にひかれたので
（　）11. 同じ政党の候補者だから
（　）12. 地元の候補者だから
（　）13. 市民・住民運動の一環として
（　）14. その他（記入　　　　　　　）

【問21】市町村議の方にお尋ねします。(県議の方は【問22】へ)
先の府県会議員選挙で、特定の候補者の選挙運動に協力なさいましたか。1か2に○をつけてください。

1. した（候補者氏名　　　　　　　　）

　　　（候補者の政党　　　　　　　　）→〔小問21.1〕へ

2. しなかった・【問22】へ

〔小問21.1〕協力した方におたずねします。それはどのような理由からですか。重要と思われる順に3つまで、1、2、3と番号を記入してください。

(　) 01. 血縁・地縁や友人・同窓生といった人のつながりから
(　) 02. 地盤を引き継いだあなたの前任者が協力していたので
(　) 03. あなたの選挙運動を支援してもらいたいので
(　) 04. 政治資金を援助してもらいたいので
(　) 05. あなたの政策活動を支援してもらいたいので
(　) 06. あなたの世話活動を支援してもらいたいので
(　) 07. 他の公職に進みたいので
(　) 08. 所属政党内の主要ポストにつきたいので
(　) 09. 議会内の主要ポストにつきたいので
(　) 10. 人柄にひかれたので
(　) 11. 同じ政党の候補者だから
(　) 12. 地元の候補者だから
(　) 13. 市民・住民運動の一環として
(　) 14. その他（記入　　　　　　　　）

【問22】次のイ～ニの4つの活動を、あなたはどの程度されていますか。それぞれの活動について、該当する番号に○をつけてください。

活動の内容		よく行う	少し行う	あまり行わない	まったく行いない
住民の個人的な悩みや相談事を議会や行政に	イ. 働きかけずに解決すること	1	2	3	4
	ロ. 働きかけて解決すること	1	2	3	4
支援団体や住民全体の諸問題を議会や行政に	ハ. 働きかけずに解決すること	1	2	3	4
	ニ. 働きかけて解決すること	1	2	3	4

〔小問22.1〕問22のイからニのうち、あなたが最も重視したいのはどの活動ですか。1つだけ選んで、(　)内に記号を記入してください。

あなたが最も重視したい活動（　　）

〔小問22.2〕問22のイからニのうち、有権者から最も支持されるとお考えの活動はどれですか。1つだけ選んで、(　)内に記号を記入してください。

有権者が最も支持する活動　　（　　）

【問23】あなたは、過去4年の間に代表質問（一般質問）をなさいましたか。1か2に○をつけてください。

1. した→〔小問23.1〕へ　　2. しなかった→【問24】へ

〔小問23.1〕あなたがそこで取り上げた問題のうちで、重要であると考える問題を1つお教えください。

――― 重要な問題の内容 ―――

〔小問23.2〕その問題を取り上げようとしたとき、あなたは次のどれを最も尊重されましたか。1つだけ○をつけてください。

1. 地元の意向　　　　　4. 自分の考え
2. 支援団体の意向　　　5. その他（記入
3. 会派（党派）の意向　　　　　　　　）

〔小問23.3〕その問題の解決のために、どこへの働きかけが効果的でしたか。次の中から、効果があったと考える順に3つまで番号を回答欄に記入してください。どれも効果がなかった場合には【問24】へお進みください。

01. 国会議員　　　　06. 中央官庁の担当者
02. 府県会議員　　　07. 府県行政の担当者
03. 市町村会議員　　08. 市町村行政の担当者
04. 知事　　　　　　09. 議会で取り上げたこと
05. 市町村長　　　　10. その他（　　　　）

最も効果的	2番目に効果的	3番目に効果的

【問24】全員の方にお尋ねします。代表質問（一般質問）以外で、あなたが過去4年の間に行政に働きかけた問題のうちで、重要であると考える問題を1つお教えください。

――― 重要な問題の内容 ―――

〔小問24.1〕その問題を取り上げようとしたとき、あなたは次のどれを最も尊重されましたか。1つだけ○をつけてください。

1. 地元の意向　　　4. 自分の考え
2. 支援団体の意向　5. その他（記入　　　　　　　）
3. 会派（党派）の意向

〔小問24.2〕その問題の解決のために、どこへの働きかけが効果的でしたか。次の中から、効果があったと考える順に3つまで番号を回答欄に記入してください。どれも効果がなかった場合には【問25】へお進みください。

01. 国会議員　　　　06. 中央官庁の担当者
02. 府県会議員　　　07. 府県行政の担当者
03. 市町村会議員　　08. 市町村行政の担当者
04. 知事　　　　　　09. 議会で取り上げたこと
05. 市町村長　　　　10. その他（　　　　　　　）

最も効果的	2番目に効果的	3番目に効果的

【問25】あなたが、ある政策を取り上げて活動しようとしたとき、地元から反対されたご経験がありますか。1か2に○をつけてください。

1. あった　　　2. なかった

〔小問25.1〕あなたの活動に地元の反対がある場合、あなたは、どのような行動をとることにしていますか。1つだけ選んで○をつけてください。

1. 地元の納得がえられるまで自分で説得を続ける
2. 行政にまかせて、自分では何もしない
3. 行政と協力して地元を説得する
4. 同僚議員の協力を得て地元を説得する
5. 国会議員や府会議員の協力を得て地元を説得する
6. 地元の意向を尊重して、活動を断念する
7. その他（記入　　　　　　　　　　　　）

【問26】あなたは、党の決定と自分の考えに食い違いがあるとき、どちらを重視して活動しますか。無所属の方は4の非該当に○をつけてください。

1. 党の決定に従う　　2. 自分の考えに従う
3. わからない　　　　4. 非該当（無所属）

【問27】あなたは、支援団体（地元や党を除く）の意向と自分の考えに食い違いがあるとき、どちらを重視して活動しますか。番号に○をつけてください。

1. 支援団体を重視する　　2. 自分の考えを重視する
3. わからない

【問28】20歳前後のころ、同年輩の友人と比べると、あなたは政治に対して、関心や興味が高かった方だと思いますか。それとも低かった方だと思いますか。

1. 高かった
2. どちらかといえば高かった
3. どちらかといえば低かった
4. 低かった
5. わからない

【問29】あなたが20歳になるころまでに、あなたの親しい友人で、将来「政治家になりたい」と話していらっしゃった方がいましたか。

1. いた　　　　2. いなかった

【問30】あなたが20歳になるころまでに、あなたのお父さまや親戚（家族を含む）の中で、下記の公職を経験された方はおられたでしょうか。おられた場合には1か2に○をつけてください。

国会議員（1. 父が経験　2. 父以外の家族・親戚が経験）
府県議　（1. 父が経験　2. 父以外の家族・親戚が経験）
市議　　（1. 父が経験　2. 父以外の家族・親戚が経験）
町村議　（1. 父が経験　2. 父以外の家族・親戚が経験）
知事　　（1. 父が経験　2. 父以外の家族・親戚が経験）
市長　　（1. 父が経験　2. 父以外の家族・親戚が経験）
町村長　（1. 父が経験　2. 父以外の家族・親戚が経験）

【問31】それでは、現在、あなたの家族・親戚の方の中に、議員や首長をされている方はおられるでしょうか。

1. いる　　　　2. いない

【問32】あなたが、はじめて「政治家を志してみたい」と思われるようになったのは何歳のころですか。

01. 10歳代　　05. 35～39歳　　09. 55～59歳
02. 20～24歳　06. 40～44歳　　10. 60～64歳
03. 25～29歳　07. 45～49歳　　11. 65歳以上
04. 30～34歳　08. 50～54歳

【問33】それでは、あなたが政治家を志される以前から、あなたによく政治や政治家についての話をされた方が身近にいらっしゃいましたか。1か2に○をつけてください。

1. いた→〔小問33.1〕へ　　2. いなかった→【問34】へ

〔小問33.1〕その方々のうちで、特にあなたの「政治家を志してみたい」という気持ちに影響を与えた方がいらっしゃいましたか。あてはまる番号にいくつでも〇をつけてください。

01. 父 　　　　06. 恩師
02. 母 　　　　07. 知合いの政治家
03. 両親以外の家族　08. 地域の有力者
04. 親戚 　　　09. その他（記入　　　　）
05. 親友 　　　10. 影響を与えた人はいない

【問34】はじめて「政治家を志してみたい」と思われたころ、あなたはどのようなご性格だったと思いますか。下記の6つのことがらに関して、それぞれ「そう思う」か「そう思わない」かを、お答えください。

はじめて政治家になろうと思われたころのご性格	そう思う	あるうま程度	あまりそう思わない	思わない
決断力があり、行動がテキパキしていた	1	2	3	4
世話好きで、すすんで人の面倒をみるほうだった	1	2	3	4
社交的でいろいろなタイプの人とうまくつきあえるほうだった	1	2	3	4
友人の間で何か決めたり相談するときなど、よくリーダーシップをとった	1	2	3	4
友人の間でもめごとなどがあったときよくなだめ役やまとめ役を果した	1	2	3	4
人前で話をするとき、聞き手を自分の話にひきつけるコツを心得ていた	1	2	3	4

【問35】いまの世の中は公平だと思いますか、それとも不公平だと思いますか。

1. 公平　2. だいたい公平　3. やや不公平　4. 不公平

【問36】かりに現在の日本の社会全体を、次のように4つの層に分けるとすれば、あなた自身はこのどれに入ると思いますか。

1. 上　2. 中の上　3. 中の下　4. 下

【問37】次の意見について、あなたご自身は賛成ですか、それとも反対ですか。それぞれの意見について、1から5までのどれかに〇をつけてください。

意見	賛成	やや賛成	どちらともいえない	やや反対	反対
権威ある人びとにはつねに敬意を払わなければならない	1	2	3	4	5
以前からされてきたやり方を守ることが、最上の結果を生む	1	2	3	4	5
子供のしつけで一番大切なことは、両親に対する絶対的服従である	1	2	3	4	5
目上の人には、たとえ正しくないと思っても、従わなければならない	1	2	3	4	5
伝統や慣習にしたがったやり方に疑問をもつ人は、結局は問題をひきおこすことになる	1	2	3	4	5
この複雑な世の中で何をなすべきかを知る一番良い方法は、指導者や専門家に頼ることである	1	2	3	4	5
現在の青年はあまりにも軟弱だから、きびしい鍛練が必要だ	1	2	3	4	5
上下関係のけじめをつけることのできない者には、きびしい制裁が加えられて当然である	1	2	3	4	5
政治家は地元のことよりも、全体のことを考えるべきだ	1	2	3	4	5
現代のような社会においては、政治や政治家の役割はとても重要である	1	2	3	4	5
仕事上のチャンスをつかむためには自分の個人的な生活や家族の犠牲はやむをえない	1	2	3	4	5

【問38】あなたの支持政党を1つだけお教えください。

1. 自民党　　5. 共産党
2. 社会党　　6. 社民連
3. 公明党　　7. その他の政党（記入　　　）
4. 民社党　　8. なし

【問39】それでは、次の各政党ついて、それぞれどの程度支持できるかをお答えください。すべての政党についてお答えくださるようお願いします。

政党	強く支持する	ある程度支持する	どちらともいえぬ	あまり支持しない	絶対支持しない
自民党	1	2	3	4	5
社会党	1	2	3	4	5
公明党	1	2	3	4	5
民社党	1	2	3	4	5
共産党	1	2	3	4	5
社民連	1	2	3	4	5

【問40】支持するしないは別として、次の各政党に対して好きから嫌いまでのどれかを選び、番号に○をつけてください。すべての政党についてお答えくださるようお願いします。

政党	好き	どちらかといえば好き	どちらともいえない	どちらかといえば嫌い	嫌い
自民党	1	2	3	4	5
社会党	1	2	3	4	5
公明党	1	2	3	4	5
民社党	1	2	3	4	5
共産党	1	2	3	4	5
社民連	1	2	3	4	5

【問41】最後にいらっしゃった学校についておたずねします。ご回答は別紙の《学校表》より選び、番号でお答えください。20番の「その他」を選ばれた方は、具体的にご記入ください。

　　　　　　　　　　番号　　その他の場合の記入欄
　①あなたの最後の学校（　　）（　　　　　　　）
　②父親の最後の学校　（　　）（　　　　　　　）
　③母親の最後の学校　（　　）（　　　　　　　）

【問42】昨年1年間のあなた個人の収入を、お教えください（税・議員報酬を含む）。四捨五入して百万円単位でお答えください。

　　個人収入（　　　　）万円

【問43】それでは、昨年1年間のお宅の収入はどのぐらいでしょうか。あなたご自身を含めて、家族全員の収入を合計してお答えください（四捨五入して百万円単位で）。

　　世帯収入（　　　　）万円

【問44】最後の質問です。政治家以外で、あなたの最も親しくされている友人の方について、以下の各項目にお答えください。なお職業と学歴については、別紙の《職業表》《規模表》《学校表》の番号でお答えください。

　①年齢（　　　歳）
　②性別（1. 男　2. 女）
　③学歴（　　　番）⇒別紙《学校表》参照
　④職業（　　　番）⇒別紙《職業表》参照
　⑤規模（　　　番）⇒別紙《規模表》参照

　⑤支持政党（下の番号に1つ○をつけてください）

　　1. 自民党　　7. その他の政党（記入　　　　　）
　　2. 社会党　　8. なし
　　3. 公明党　　9. わからない
　　4. 民社党
　　5. 共産党
　　6. 社民連

　貴重なお時間をお使いくださいましたこと、心からお礼申し上げます。ご協力ありがとうございました。
　なお、集計結果をご希望の方は、お送り先とお名前を記入してください。

　ご住所　〒_____

　ご芳名　_____

地方議員として国や自治体にたいして要求されることがありましたらご自由にお書きください。

地方議員として有権者にうったえたいことがありましたらご自由にお書きください。

このアンケート調査に対するご意見などがございましたら、お書きください。

資料 ── 337

自治体首長アンケート調査

《地方自治研究会・お問合せ先》

大阪大学人間科学部　居安　正　研究室
電話06(877)5111　(内線6409, 6364)

―――《記入上のお願い》―――

　イ．この調査票には、ご本人がご回答くださるようお願いいたします。
　ロ．ご回答は、主として、番号に○をつけていただくか、所定の欄に記入していただきます。
　ハ．問によっては、別紙の《職業表》《規模表》《学校表》を利用していただくことがあります。
　ニ．〔小問〕は、その前の〔問〕の関連質問です。お見逃しのないようにお願いいたします。
　ホ．「その他」のご回答には、(　)の中にその内容を具体的にご記入ください。

なお、お手数ですが、ご回答いただきました調査票は、同封の封筒にて、
12月10日までにご返送くださいますようにお願い申し上げます。

【問1】あなたの生年と性別をお教えください。

　(明治・大正・昭和　　　年)

　昭和63年10月1日現在(満　　歳)

　(性別　男　女)

【問2】あなたは、現在お住いの市町村内で、お生まれになりましたか。

　1. はい　　2. いいえ

【問3】あなたは、現在お住いの市町村に、合計何年お住いですか。

　(　　)年

【問4】あなたの所属政党をお答えください。

　01. 自民党　　06. 社民連
　02. 社会党　　07. その他の政党(記入　　　　)
　03. 公明党　　08. 保守系無所属
　04. 民社党　　09. 革新系無所属
　05. 共産党　　10. いずれでもない

【問5】先の選挙で、あなたは政党の公認をお受けになりましたか。受けた政党すべてに○をつけてください。受けなかった方は8番に○をつけてください。

　1. 自民党　　5. 共産党
　2. 社会党　　6. 社民連
　3. 公明党　　7. その他の政党(記入　　　　)
　4. 民社党　　8. 受けなかった

〔小問5.1〕それでは、先の選挙で政党の推薦や支持をお受けになりましたか。受けた政党すべてに○をつけてください。受けなかった方は8番に○をつけて下さい。

　1. 自民党　　5. 共産党
　2. 社会党　　6. 社民連
　3. 公明党　　7. その他の政党(記入　　　　)
　4. 民社党　　8. 受けなかった

【問6】職業についておたずねします。ご回答は、それぞれ別紙の《職業表》の中から主なもの1つを選び、番号でご記入ください(ここで公職とは議員・首長を指します)。

　　　　　　　　　　　　　　　　職業表の番号
　①あなたの最初につかれた職業　(　　　　)
　②初めての公職につく前の職業　(　　　　)
　③あなたのお父さまの主な職業　(　　　　)
　　(死去の場合は生前の職業)

〔小問6.1〕それでは、その就業先の規模は別紙の《規模表》のどれにあたるでしょうか。規模は支店や工場の規模ではなく、会社全体の規模をお考えください。自営や農業は従事者数、団体は職員数(但し労働組合は組合員数)をお考えください。

　　　　　　　　　　　　　　　　規模表の番号
　①あなたの最初につかれた職業の規模　(　　　　)
　②初めての公職につく前の職業の規模　(　　　　)
　③あなたのお父さまの主な職業の規模　(　　　　)
　　(死去の場合は生前の職業)

【問7】あなたは現在、首長以外の職業をおもちですか。1か2に○をつけてください。

1. はい→〔小問7.1〕へ進んでください
2. いいえ→【問8】へ進んでください

〔小問7.1〕その職業と、就業先の規模をお教えください。
ご回答は別紙の《職業表》と《規模表》の番号で記入してください。2つ以上ある方は主なもの1つだけを記入してください。

職業番号（　　　）⇦別紙《職業表》参照

規模番号（　　　）⇦別紙《規模表》参照

【問8】現在の公職も含めて、あなたが立候補されたり、おつきになった公職についておたずねします。なお、任期途中で辞めた場合や現在任期の途中の場合も1期と数えてください。

	初立候補時の年齢	初当選時の年齢	在職期間
国会議員	(　　)歳	(　　)歳	(　　)期
知　事	(　　)歳	(　　)歳	(　　)期
市　長	(　　)歳	(　　)歳	(　　)期
町村長	(　　)歳	(　　)歳	(　　)期
府県議	(　　)歳	(　　)歳	(　　)期
市　議	(　　)歳	(　　)歳	(　　)期
町村議	(　　)歳	(　　)歳	(　　)期

【問9】あなたは現在とは異なった公職に立候補されるお考えはありますか。

1．ある　　　2．ない

【問10】はじめて公職につかれるまでに、あなたは下のいずれかの団体に加入していましたか。いくつでも○をつけてください。

01. 商工関係の同業組合・団体
02. 農協・その他農林漁業団体
03. 住民運動・消費者運動等の団体
04. 労働組合
05. スポーツ・趣味のグループ
06. 政党などの政治団体
07. 自治会・町内会等の地区組織
08. 宗教関係の団体
09. 婦人会・青年団・老人会
10. 消防団・防犯協会など
11. PTA
12. その他（記入　　　　　　　　）

【問11】それでは、はじめて公職につかれるまでに、下のいずれかの団体の役職を経験されましたか。いくつでも○をつけてください。

01. 商工関係の同業組合・団体
02. 農協・その他農林漁業団体
03. 住民運動・消費者運動等の団体
04. 労働組合
05. スポーツ・趣味のグループ
06. 政党などの政治団体
07. 自治会・町内会等の地区組織
08. 宗教関係の団体
09. 婦人会・青年団・老人会
10. 消防団・防犯協会など
11. PTA
12. その他（記入　　　　　　　　）

【問12】先のあなたの選挙において、次の各団体から支援を受けましたか。受けた団体すべてに○をつけてください。

01. 商工関係の同業組合・団体
02. 農協・その他農林漁業団体
03. 住民運動・消費者運動等の団体
04. 労働組合
05. スポーツ・趣味のグループ
06. 政党などの政治団体
07. 自治会・町内会等の地区組織
08. 宗教関係の団体
09. 婦人会・青年団・老人会
10. 消防団・防犯協会など
11. PTA
12. その他（記入　　　　　　　　）

〔小問12.1〕そのうち最も大きな支援を受けた団体はどれですか。1つだけ番号でお答えください。

団体の番号（　　　）

【問13】先の選挙で、あなたは、特定の地域から推薦を受けましたか。1か2に○をつけてください。

1．はい　　　2．いいえ

〔小問13.1〕推薦を受けたのは、次の1から6のどの地域からですか。受けなかった方は7の非該当に○をおつけください。

1. 班、組など
2. 町内会、自治会など
3. 小学校区
4. 連合町内会・連合自治会など
5. 市町村議会
6. その他（記入　　　　　　　　）
7. 非該当

【問14】全員にお尋ねします。地方議員の立候補にさいして、特定の地域から推薦を受けることについて、どのようにお考えですか。次の中から該当するものを2つまで選び、番号に○をしてください。

    1. 地区の平和が保たれる
    2. 地域の利益代表を選べる
    3. 議員にふさわしい人が選べる
    4. 地区の平和が乱れる
    5. 地域エゴが横行する
    6. 出たい人が出られない
    7. 投票の自由が奪われる
    8. その他（記入　　　　　　　　　）

【問15】あなたは、どのような理由で現在の公職に初めて立候補されましたか。該当する理由を3つ選び、重要な順に（　）内に1、2、3の番号を記入してください。

    （　）以前から現在の公職につくことを考えていた
    （　）家族や親族から立候補をすすめられた
    （　）前任者に立候補をすすめられた
    （　）所属政党の決定に従った
    （　）支援団体の強い要請を受けた
    （　）参加団体のなかでの協議で自分が立候補することになった
    （　）その他（記入　　　　　　　　　）

【問16】あなたは現在の公職の初立候補時に、どなたかから後継者として指名されましたか。1か2に○をつけてください。

    1. 指名された→〔小問16.1〕へ
    2. 指名されなかった→〔問17〕へ

  〔小問16.1〕それはどなたですか。いくつでも（　）をつけてください。

    01. 前任者自身　　　06. 親
    02. 前任者の後援会　07. 兄弟
    03. 前任者の支持団体　08. 親戚
    04. 所属政党　　　　09. 地元の有力者
    05. 所属団体　　　　10. その他（記入　　　　）

  〔小問16.2〕あなたは、後継者指名を受けて、選挙のときに何か有利になったことがあったとお考えですか。いくつでも○をつけてください。

    1. 前任者の地盤を引きつげた
    2. 選挙費用が安くてすんだ
    3. 前任者の知名度が有効であった
    4. 特に良いことはなかった
    5. その他（記入　　　　　　　　　）

【問17】あなたが公職を引退されるときに、あなたの後継者を指名されますか。該当するもの1つに○をしてください。

    1. 後継者指名は必要なので、指名するだろう。
    2. 後継者指名には疑問だが、指名するだろう。
    3. 後継者指名は必要だが、指名しないだろう。
    4. 後継者指名には疑問なので、指名しないだろう。
    5. その他（記入　　　　　　　　　）

【問18】あなたはご自身の個人後援会を持っておられますか。

    1. もっている　　　2. もっていない

【問19】あなたは、最近、次のいずれかの後援会に加入されていたことがありますか。またその役員をされていましたか。該当する番号に○をつけてください（御自身の後援会は除いてください）。

    衆議選候補者の後援会（1. 一般会員で加入　2. 役員で加入）
    参議選選挙区の候補者の後援会（1. 一般会員で加入　2. 役員で加入）
    府県議選候補者の後援会（1. 一般会員で加入　2. 役員で加入）
    知事選候補者の後援会（1. 一般会員で加入　2. 役員で加入）
    市町村議選候補者の後援会（1. 一般会員で加入　2. 役員で加入）
    市町村長選候補者の後援会（1. 一般会員で加入　2. 役員で加入）

【問20】あなたは昭和61年7月の衆議院選挙で、特定の候補者の選挙運動に協力なさいましたか。1か2に○をつけてください。

    1. した（候補者氏名　　　　　　　）
    　　　（候補者の政党　　　　　　　）→〔小問20.1〕へ

    2. しなかった→〔問21〕へ

  〔小問20.1〕協力した方におたずねします。それはどのような理由からですか。重要と思われる順に3つまで、1、2、3と番号を記入してください。

    （　）01. 血縁・地縁や友人・同窓生といった人のつながりから
    （　）02. 地盤を引き継いだあなたの前任者が協力していたので
    （　）03. あなたの選挙運動を支援してもらいたいので
    （　）04. 政治資金を援助してもらいたいので
    （　）05. あなたの政策活動を支援してもらいたいので
    （　）06. あなたの世話活動を支援してもらいたいので
    （　）07. 他の公職に進みたいので
    （　）08. 所属政党内の主要ポストにつきたいので
    （　）09. 人柄にひかれたので
    （　）10. 同じ政党の候補者だから
    （　）11. 地元の候補者だから
    （　）12. 市民・住民運動の一環として
    （　）13. その他（記入　　　　　　　　　）

【問21】市町村長の方にお尋ねします（知事の方は【問22】へ）。先の府県会議員選挙で、特定の候補者の選挙運動に協力なさいましたか。1か2に○をつけてください。

1. した（候補者氏名　　　　　　　）
　　　（候補者の政党　　　　　　　）｝→〔小問21.1〕へ

2. しなかった→【問22】へ

〔小問21.1〕協力した方におたずねします。それはどのような理由からですか。重要と思われる順に3つまで、1、2、3と番号を記入してください。

（　）01. 血縁・地縁や友人・同窓生といった人のつながりから
（　）02. 地盤を引き継いだあなたの前任者が協力していたので
（　）03. あなたの選挙運動を支援してもらいたいので
（　）04. 政治資金を援助してもらいたいので
（　）05. あなたの政策活動を支援してもらいたいので
（　）06. あなたの世話活動を支援してもらいたいので
（　）07. 他の公職に進みたいので
（　）08. 所属政党内の主要ポストにつきたいので
（　）09. 人柄にひかれたので
（　）10. 同じ政党の候補者だから
（　）11. 地元の候補者だから
（　）12. 市民・住民運動の一環として
（　）13. その他（記入　　　　　　　）

【問22】あなたは、（選挙時に）公認を受けた党の決定と自分の考えに食い違いがあるとき、どちらを重視して活動しますか。公認を受けなかった方は4の非該当に○をつけてください。

1. 党の決定に従う　　2. 自分の考えに従う
3. わからない　　　　4. 非該当（公認を受けていない）

【問23】それでは、（選挙時に）推薦や支持を受けた党の決定と自分の考えに食い違いがあるときは、どちらを重視して活動しますか。推薦・支持を受けなかった方は4の非該当に○をつけてください。

1. 党の決定に従う　　2. 自分の考えに従う
3. わからない　　　　4. 非該当（推薦・支持を受けず）

【問24】複数の政党から公認・推薦・支持を受けた方にお尋ねします（受けていない方は【問25】へ）。それらの政党間で政策協定が結ばれましたか。○をつけてください。

1. はい　→〔小問24.1〕へ
2. いいえ→【問25】へ

〔小問24.1〕その政策協定とあなたの活動に食い違いがあるとき、あなたはどちらを重視しますか。

1. 政策協定　　2. 自分の考え

【問25】全員にお尋ねします。支援団体（政党を除く）の意向と自分の考えに食い違いがあるとき、あなたはどちらを重視して活動しますか。番号に○をつけてください。

1. 支援団体を重視する　　2. 自分の考えを重視する
3. わからない

【問26】地方自治体行政に政党色を持ち込むべきでない、という意見について、あなたは賛成ですか、反対ですか。

1. 賛成　　　2. 反対

【問27】20歳前後のころ、同年輩の友人と比べると、あなたは政治に対して、関心や興味が高かった方だと思いますか。それとも低かった方だと思いますか。

1. 高かった
2. どちらかといえば高かった
3. どちらかといえば低かった
4. 低かった
5. わからない

【問28】あなたが20歳になるころまでに、あなたの親しい友人で、将来「政治家になりたい」と話していらっしゃった方がいましたか。

1. いた　　　2. いなかった

【問29】あなたが20歳になるころまでに、あなたのお父さまや親戚（家族を含む）の中で、下記の公職を経験された方はおられたでしょうか。おられた場合には1か2に○をつけてください。

国会議員　（1. 父が経験　2. 父以外の家族・親戚が経験）
府県議　　（1. 父が経験　2. 父以外の家族・親戚が経験）
市議　　　（1. 父が経験　2. 父以外の家族・親戚が経験）
町村議　　（1. 父が経験　2. 父以外の家族・親戚が経験）
知事　　　（1. 父が経験　2. 父以外の家族・親戚が経験）
市長　　　（1. 父が経験　2. 父以外の家族・親戚が経験）
町村長　　（1. 父が経験　2. 父以外の家族・親戚が経験）

【問30】それでは、現在、あなたの家族・親戚の方の中に、議員や首長をされている方はおられるでしょうか。

1. いる　　　　　　2. いない

【問31】あなたが、はじめて「政治家を志してみたい」と思われるようになったのは何歳のころですか。

01. 10歳代　　05. 35～39歳　　09. 55～59歳
02. 20～24歳　06. 40～44歳　　10. 60～64歳
03. 25～29歳　07. 45～49歳　　11. 65歳以上
04. 30～34歳　08. 50～54歳

【問32】それでは、あなたが政治家を志される以前から、あなたによく政治や政治家についての話をされた方が身近にいらっしゃいましたか。1か2に○をつけてください。

1. いた → 〔小問32.1〕へ　　2. いなかった → 【問33】へ

〔小問32.1〕その方々のうちで、特にあなたの「政治家を志してみたい」という気持ちに影響を与えた方がいらっしゃいましたか。あてはまる番号にいくつでも○をつけてください。

01. 父
02. 母
03. 両親以外の家族
04. 親戚
05. 親友
06. 恩師
07. 知合いの政治家
08. 地域の有力者
09. その他（記入　　　　）
10. 影響を与えた人はいない

【問33】はじめて「政治家を志してみたい」と思われたころ、あなたはどのようなご性格だったと思いますか。下記の6つのことがらに関して、それぞれ「そう思う」か「そう思わない」かを、お答えください。

はじめて政治家になろうと思われたころのご性格	そう思う	ある程度思う	あまり思わない	思わない
決断力があり、行動がテキパキしていた	1	2	3	4
世話好きで、すすんで人の面倒をみるほうだった	1	2	3	4
社交的でいろいろなタイプの人とうまくつきあえるほうだった	1	2	3	4
友人の間で何か決めたり相談するときなど、よくリーダーシップをとった	1	2	3	4
友人の間でもめごとなどあったときよくなだめ役やまとめ役を果した	1	2	3	4
人前で話をするとき、聞き手を自分の話にひきつけるコツを心得ていた	1	2	3	4

【問34】いまの世の中は公平だと思いますか、それとも不公平だと思いますか。

1. 公平　2. だいたい公平　3. やや不公平　4. 不公平

【問35】かりに現在の日本の社会全体を、次のように4つの層に分けるとすれば、あなた自身はこのどれに入ると思いますか。

1. 上　2. 中の上　3. 中の下　4. 下

【問36】次の意見について、あなたご自身は賛成ですか、それとも反対ですか。それぞれの意見について、1から5までのどれかに○をつけてください。

意見	賛成	やや賛成	どちらとも言えない	やや反対	反対
権威ある人びとにはつねに敬意を払わなければならない	1	2	3	4	5
以前からなされてきたやり方を守ることが、最上の結果を生む	1	2	3	4	5
子供のしつけで一番大切なことは、両親に対する絶対的服従である	1	2	3	4	5
目上の人には、たとえ正しくないと思っても、従わなければならない	1	2	3	4	5
伝統や慣習にしたがったやり方に疑問をもつ人は、結局は問題をひきおこすことになる	1	2	3	4	5
この複雑な世の中で何をなすべきかを知る一番良い方法は、指導者や専門家に頼ることである	1	2	3	4	5
現在の青年はあまりに軟弱だから、きびしい鍛練が必要だ	1	2	3	4	5
上下関係のはじめをつけることのできない者には、きびしい制裁が加えられて当然である	1	2	3	4	5
政治家は地元のことよりも、全体のことを考えるべきだ	1	2	3	4	5
現代のような社会においては、政治や政治家の役割はとても重要である	1	2	3	4	5
仕事上のチャンスをつかむためには自分の個人的な生活や家族の犠牲はやむをえない	1	2	3	4	5

【問37】あなたの支持政党を1つだけお教えください。

1. 自民党
2. 社会党
3. 公明党
4. 民社党
5. 共産党
6. 社民連
7. その他の政党（記入　　　　）
8. なし

【問38】それでは、次の各政党について、それぞれどの程度支持できるかをお答えください。すべての政党についてお答えくださるようお願いします。

政党	強く支持する	ある程度支持する	どちらともいえない	あまり支持しない	絶対支持しない
自民党	1	2	3	4	5
社会党	1	2	3	4	5
公明党	1	2	3	4	5
民社党	1	2	3	4	5
共産党	1	2	3	4	5
社民連	1	2	3	4	5

【問39】支持するしないは別として、次の各政党に対して好きから嫌いまでのどれかを選び、番号に○をつけてください。すべての政党についてお答えくださるようお願いします。

政党	好き	どちらかといえば好き	どちらともいえない	どちらかといえば嫌い	嫌い
自民党	1	2	3	4	5
社会党	1	2	3	4	5
公明党	1	2	3	4	5
民社党	1	2	3	4	5
共産党	1	2	3	4	5
社民連	1	2	3	4	5

【問40】最後にいらっしゃった学校についておたずねします。ご回答は別紙の《学校表》より選び、番号でお答えください。20番の「その他」を選ばれた方は、具体的にご記入ください。

　　　　　　　　　　　番号　　その他の場合の記入欄
①あなたの最後の学校　（　　）（　　　　　　　）
②父親の最後の学校　　（　　）（　　　　　　　）
③母親の最後の学校　　（　　）（　　　　　　　）

【問41】昨年1年間のあなた個人の収入を、お教えください（税・議員報酬を含む）。四捨五入して百万円単位でお答えください。

　　個人収入（　　　　）万円

【問42】それでは、昨年1年間のお宅の収入はどのぐらいでしょうか。あなたご自身を含めて、家族全員の収入を合計してお答えください（四捨五入して百万円単位で）。

　　世帯収入（　　　　）万円

【問43】最後の質問です。政治家以外で、あなたの最も親しくされている友人の方について、以下の各項目にお答えください。なお職業と学歴については、別紙の《職業表》《規模表》《学校表》の番号でお答えください。

①年齢（　　　歳）
②性別（1. 男　2. 女）
③学歴（　　番）⇒別紙《学校表》参照
④職業（　　番）⇒別紙《職業表》参照
　規模（　　番）⇒別紙《規模表》参照

⑤支持政党（下の番号に1つ○をつけてください）

1. 自民党　　7. その他の政党（記入　　　　）
2. 社会党　　8. なし
3. 公明党　　9. わからない
4. 民社党
5. 共産党
6. 社民連

　貴重なお時間をお使いくださいましたこと、心からお礼申し上げます。ご協力ありがとうございました。
　なお、集計結果をご希望の方は、お送り先とお名前を記入してください。

　　ご住所　〒_____

　　ご芳名　　_____

自治体首長として国や都道府県にたいして要求されることがありましたらご自由にお書きください。

自治体首長として有権者にうったえたいことがありましたらご自由にお書きください。

このアンケート調査に対するご意見などがございましたら、お書きください。

■索　引

あ

アーモンド,G. 113
会田彰 83
間場壽一 3,12,74,166,295
青木康容 300
青島幸男 199
明るい革新大津市政をつくる会
　　　　　　　　145,147
飛鳥田委員長 136
足立友治郎 141
圧力政治 52,53,283
圧力団体 142,143
安倍晋太郎
　　　　230,238,239,241,242
安定過半数 137
イーストン,D. 13,174-176,290
伊夫貴直彰 218
石田雄 18,114,178,287
意思伝達機関 49,79,282
石本武彦 142
磯部亀吉 221
一党優位政党制 140
伊藤正明 218
稲葉稔 235,242
猪口孝 323,325
イメージ選挙 236,237,264
居安正 3,5,21,82,301,304
岩戸景気 222
インタレスト・ポリティックス 197
ウェイク,K.E. 290
ウェーバー,M. 81,94,286,325
上田金脈事件 128,144,289
上田茂行
　　124,125,127,128,132,179,183,
　　217,234,235,238

宇佐見忠信 235
宇治敏彦 233
海原小浜 239
宇野宗佑
　　116,118,132,141,186,214,218,
　　223,238,239,254,255,257,261,
　　271,287,288,293
江崎真澄 238
鳳啓助 239
大平首相 136,137
大平内閣 136
大山七穂 14
オール兼化 62
オールポート,G.W. 302
岡本清一 153

か

階層構造 170
カヴァナー,D. 114
科学イデオロギー 194
革新自治体 144,146
革新知事 234
春日昂郎 145
寡頭制の鉄則 195
川島信也
　　20,216-218,238,243,255,257,
　　261,292,293
川端達夫
　　234-237,239,256,257,261,264,
　　293
河本嘉久蔵 208
慣習法的制度体系 169
感情的指向 113
間人主義 173
「間人主義」的人間関係 192
官僚制社会学 3

議員活動 77,83,94
議員政党
　　20,73,91,180,194,198,211,251,
　　268,291,320
議員報酬 94
議会活動 77,83,94
企業ぐるみ選挙 236
企業的農業経営 27,280,283
帰属意識 220,222,292
基礎票
　　120,121,140,198,216,223,247,
　　250,251
北一輝 3
規範志向運動 140
共産党・革新共同 242
行政改革 216,269,294
競争の原理 116,178,182,287,288
共通問題解決団体
　　　　　　　49-51,79,282
共同体意識 184,291
巨視政治 12
桐畑好春
　　115-118,120,122,124,125,128,
　　129,183,186,217,287,288
桐山ヒサ子 145
草野一郎平
　　124,125,127,128,179,221
草の根県政 145,242,271
草の根自治体 144
草の根ハウス 270
草の根保守主義
　　16,17,40,45,73,75,90,109,285
草花の会 237,264,293
具志堅幸司 239
クラーク,G. 192
黒田春海 124,125,129

経済懇話会	241	
経済至上主義	14	
経済的成層化	164	
京阪ローズタウン	246	
契約社会	169	
下情上通機関	49-51,79,282	
権威主義	112,180,183,184,192,291	
兼業化	27,38,58,60,280,283	
兼業深化	27,35,38,58,63,64,280,281,283	
憲政の常道	136,230	
減速経済期	34,63	
現代型無関心	57,162	
現代型無党派層	267	
県土地開発公社乱脈事件	128,144,289	
広域志向性	181,182	
江雲塾	241	
後援会方式	195	
後継	300,301,323	
高集中地域	155	
公職選挙法	20,213,230,295	
公選知事	222	
構造政策	26,280	
拘束名簿式比例代表制	20,195,206,291,295	
高度経済成長	14,27,34,58,62,78,163,283	
高度産業社会	163-165,170	
河野洋平	128	
公明党滋賀県本部	141	
香山健一	75,76,83	
〈個我〉主張性	54	
国鉄琵琶湖環状線構想	217	
国民政治協会	194	
護国神社	240	
55年体制	123,180,181,198,211,251,291,294	

個人演説会	117	
個人選挙	196	
個体性	80	
国家社会主義	3	
後藤俊男	124,125,127,128,179,198	
粉せっけん運動	272	
湖南工業団地	246	
古武家昇平	141	
湖北協定	117,118,186,287,288	
〈湖北の復権〉思想	186,218,220,291	
小宮繁忠	142	
コミュニティ	13,168,169	
コミュニティ・インボルブメント	184,220,291	
ゴム鞠原理	84	
米の生産調整	29	
コロンビア・トップ	199	
混住社会化地域型政党	249,250	
混住社会化地域優位型政党	247	

さ

サークル選挙	196	
サービス経済	59	
菜園的趣味的農業	283	
財貨生産経済	59	
斎藤栄三郎	199	
最頻値的行動	183	
酒井研一	218	
佐々木毅	76-78,284	
佐藤誠三郎	231,232,269	
左右両派社会党統一	20,123,198	
沢田雅美	239	
沢野邦三	147	
参加民主主義	20,198	
山東昭子	199	
三バン	21,302,312,315	
滋賀県教職員組合	146	
滋賀県高等学校教職員組合	146	

滋賀県興農政治連盟	141,216,238	
滋賀県職員組合	146	
滋賀県民クラブ	141	
滋賀社会民主連合	141	
滋賀晋太郎会	241	
滋賀地方中立労働組合協議会（滋賀中立労協）	142,150,151	
鹿野昭三	148	
滋賀方式	5,18,21,140,145,147,149,154-156,208,234,235,289,291,292	
滋賀労働党	143,289	
滋賀労働4団体	142-146,149,208,289	
自給的生産	26,280	
重松徳	241	
次圏構造	170	
自社二大政党時代	20,130,198,288	
自治会推薦	81,285	
市町議会議員連絡協議会	118	
実存型保守主義	192	
実存型無関心	162	
指定席選挙	233	
私的生活領域への自己閉塞	162	
篠原一	112,113,194	
資本集約的経営	63	
市民政党	20,180,195,197-199,206,251,291	
自民党滋賀県支部連合会（県支部連合会）	116,117,141,241,243	
自民党政権	15,16,26,33,40,166,269,281,283	
自民党政治	147,148,232	
自民党総裁	136	
自民党単独政権	136,213,292	
自民党派閥	323	
自民・民主二大政党制	296	

索　引 —— 345

地元意識	食糧自給政策　28	政党の多党化時代
5,17,19,114,116,118,119,132,165,	食糧自給率　28,29	15,20,131,198,244,289
166,176-178,184,186,220,222,271,	白鳥令　40	政党派閥　193
287,289-293,304	人格的相互依存均衡　169	政府信用感覚　90
地元（地域）志向性	陣笠議員　195	政和協会　194
180,181,182,183,291,294	新自由クラブ滋賀連合会　141	世界湖沼環境会議　270
地元民主主義	新自由主義協会　196	セクショナリズム　168
75,76,78,284,285,292	新全国開発計画　170	瀬崎博義
社会外環境　175	新中間大衆　15	115,131,214,236,237,256,257
社会学的想像力　162	「浸透型」政治システム　83	世襲　300,301,312,314,323-325
社会心理学的アプローチ　163	新日米安全保障条約　26	世襲議員　315,323-325
社会的地位の非一貫性　164	新日米安保体制　26	瀬津一男　141
社会の保守主義	親睦団体　49-51,79,282	ゼロ-サム的な競争　118,288
165,193,219,220,292	「する」の論理　112	全会一致　81,284
社会内環境　175,176,290	生活価値優先主義　197	専業化　27,94,95,280,286
ジャパン・バッシング　294	生活政治　194	専業農家　63
集合意識　176,290	生活組織　84	選挙管理内閣　136
衆参同時選挙　136	生活保守主義　14,78,193,232,284	選挙至上主義　76
衆参同日選挙	政官財の三位一体構造　33	全国産別労働組合連合滋賀地方協議
5,14,18,20,72,115,179,199,206,	政権至上主義　76	会（新産別滋賀地協）　142,150,151
207,246,287,292	生産者米価　35	全戸加入制　44,308
集団的自由　192	政治資金規正法　148	全国区制　20,206
集中地域　155	政治システム	全国農民総連盟　238
周辺地帯　170,177	13,113-115,295,305	戦後保守政治　35,67
住民社会優先の原則　197	政治社会学　3,4,12	禅譲　300,301
集落の共同体的機能（集落機能）	政治社会学研究会　3	ゼンセン同盟　144
37,38	政治体系モデル　13,174,290	全日本労働総同盟滋賀地方同盟（滋賀
主観的生活格差　177,184,220,291	政治的意味空間　77,78,284	地同盟）　142,144,146,150,151,236
地主の土地所有制　26,280	政治的成層化　164	全民労協　208
主要議員　73	政治の保守主義	創価学会　195,249
準備状態の要素　302	5,19,20,44,165,178-180,183,184,	総花的補助金政治　17,35,73,90
状況規定の要素　302	192,193,198,211,218-220,222,224,	組織運動論　18,140,150,289
小選挙区制　296,323	271,281,287,291-293	組織過程論　5,18,140,289
小選挙区比例代表並立制　295	政治的無関心　162,183	組織政党
象徴過程の常時化　155	政治的有効性感覚　53,81	20,73,91,103,180,195,198,251,
象徴の構造化　143	政党化の逆ピラミッド現象　16,73	268,320
食糧管理制度　84	政党中心志向性　180,183	村落コミュニティ　98,101,286
食糧管理法　29,30,35		

た

第1次石油ショック	14
第1種兼業農家	62
第三次全国総合開発計画（三全総）	38,39,281
対人的勢力関係	12
対内道徳・対外道徳	81
第2次中曽根内閣	213,292
第2次橋本政権	295
第2種兼業農家	62,63
第2次吉田内閣	136
大松博文	199
第4次吉田内閣	136
「多核家族」現象	185
高島昌二	3
高田三郎	240
高橋明善	26,27
高畠通敏	15,197
武智鉄二	199
武村県政	241,244,251,270,271,294
武村県政期	15
武村旋風	234,257,259,293,294
武村知事	151,223,235,238,241
武村同友会	237,241
武村正義	21,145,233,234,236-244,246,254,257,264-272,293
立会演説会	117,207,208,213
脱イデオロギー化	15,75
脱工業社会	59
脱55年体制	251
脱政治的保守主義	20,198
脱政党化	20,198
脱政党型無党派層	267
脱農	38,58,60-63,67,281,283
脱物質主義志向	14
脱保革層	193
田中一審有罪判決	20,213,215
田中角栄	128
田中金脈問題	128
田中富野	237
谷口久次郎	221,222
玉城哲	35,169,173
タレント候補	199
地域資源均衡	169
地域志向性	171,172,182,219,290
地域主義	77,168
地域推薦	301,307,308,310,320-322
地縁共同体的人間関係	172,219,290
地縁の共同体原理	173
地区推薦	81,82,285
地方自治研究会	5,21,301
地方主義	168
中道連合政権構想	138
中央依存主義	77
中間集団	16,17,44,90,168,184
中間政治	12
中選挙区制	15,295,323
陳情請願政治	52,53,283
塚本三郎	238,242
辻悦造	239
土田繁潔	240
堤ツルヨ	124,125,179
定数解散	230
低成長時代	27,34,280
テクノポリス構想	217
伝統型保守主義	192
伝統型無党派	267
伝統主義	67,180,183,184,291
伝統の権威主義	112
伝統の無関心	162
統一地方選挙	107,207,239,296
党営選挙	195
東郷栄司	151
同時選挙	136,230
同日選挙	115,122,136,137,138,145,230-234,239,244,253,264-266,268,269,271,272,293
党籍証明書	83
同調の原理	116,178,182,220
党派的集団	143
投票率低下現象	14
都市化社会型政党	247,249,250
都市型選挙	236,237
都市型選挙区	72
都市型労働者	56,65
都市部の過小代表	72
都市優位型政党	247,249,250
土地改良事業	34-38,56,73,281
土地もち労働者	27,56,65,185,280,283,287
富田信男	118,166,184
豊臣秀吉	220
鳥越皓之	80,284
ドント式計算	211,291

な

内閣総辞職	136
内閣総理大臣	128,136,240
内閣不信任案	136,137
中尾辰義	141
中川登美子	141
中曽根首相	230,232
中曽根政治	230,232
中曽根総理	75
中曽根内閣	294
長浜県	220
「なる」の論理	112,218
二階堂進	238
西田毅	3

西田八郎 131,141,214,235,240	80年代をみんなでつくる県民連合 148,235,290	保革伯仲 14
日本共産党滋賀県委員会 141		星伸雄 142
日本社会党滋賀県本部 141	86年体制 14	保守回帰 14,268-271
日本労働組合総評議会滋賀地方評議会（総評滋賀地評） 142,144,146,150,151,289	8者共闘 145	保守回帰現象 15
	秦豊 199	保守合同 20,123,136,198,213,230,231,292
	派閥政治 128,193	
認知的指向 113	派閥領袖 195	保守的ラジカリズム 197
農業基本法 26,280	ハプニング解散 230	補助金行政 36,37,40,56,281
農業構造改善事業 26,40,280	バブル景気 294	補助金政治 34,35,281
農業実行組合 38,82,101,281	濱口惠俊 173	細川連立政権 295
農業粗生産額 61	林田悠紀夫 239	ボランティア選挙 196
農業補助金 36	林俊郎 236	堀江湛 215
農村型選挙区 72,155	バンス,R.B. 168	
農村環境の総合整備問題 37,38,281	反動型保守主義 192	**ま**
	曳山祭 220	槙枝元文 154
農村整備事業 35,73	非契約社会 169	舛添要一 324
農村部の過重代表 72	非拘束名簿式比例代表制 295	松あきら 239
農村優位型政党 247	久枝浩平 169	マッキーバー,R.M. 168
農地改革 26,280	微視政治 12	松崎哲久 231,232,269
農地法 29,30	非ゼロ-サム的な競争 118,288	マニフェスト 296
農民層分解 27,60,280	筆谷稔 3-5	マニフェスト選挙 296
農民的土地所有 65	評価の指向 113	丸山真男 80
農民的土地所有制 26,280	比例代表制 207,208	満場一致方式 81,284
農林漁業基本問題調査会 27	琵琶湖富栄養化防止条例 270,272	密室の農業 35
農林漁業金融公庫 37,40	深尾円秀 146	三塚博 238
農林水産省 29,36	藤井恒男 235	三原朝雄 323,324
野口幸一 131,141,214,216,236,256,257,293	藤森寛 146	ミヘルス,R. 154,195
	藤山寛美 239	宮城健一 196
野崎欣一郎 145	部落推薦 304	宮沢喜一 230,242
野崎県政時代 144,289	不破哲三 238	宮田輝 199
野村博 3	文化的成層化 164	宮本憲一 77
	分散地域 155	ミルズ,C.W. 162
は	米作中心農業 60,283	民社党滋賀県連合会 141
媒介変数 19	平準地域 155	みんなの革新県政を育てる会 141,145,179
廃藩置県 220	並列支持 216,223,236,292	
バカヤロー解散 136	並列推薦 236,293	無所属政治 16,45,73,74,109,311
羽衣会 237,293	ベル,D. 59	村上義一 124,125,128,221
羽柴秀吉 220	保革大連合政権 155	村上泰亮 15,164

ムラぐるみ選挙		81,285
村田廸雄		55
村山連立政権		295
黙約の社会		169
望月邦夫	115,116,120,145,195,208	
森幸太郎		221
森下元晴		324
森喜朗		238
森脇俊雅		104

や

靖国神社		240
安田三郎		302
野党の多党化時代	20,130,198,288	
山口淑子		199
山下元利	20,116,118,130,132,186,214,218, 223,237,238,255,257,259,261,264, 271,287,288,293	
山田耕三郎	116,120,121,145-149,208,234-236, 272,292-294	
山田正次郎		145
山田豊三郎		240
山元勉		142,146
有力議員		73
横井庄一		199
横山ノック		199
与野党逆転		140,149
与野党伯仲国会		138
四次生活圏		171

ら

ライフスタイル		163,164
ライブリー・ポリティックス		195
リージョナリズム		168
利益指向型包括政党		15
利益政治		78,197
利益の構造化		143
利益誘導型政治	75,76,78,284,285,292	
離農	38,58,61-63,66,67,281,283	
累積構造		170
連合自治会		321
連合政権		138,140,155
連合町内会		321
連立政権		213,295
連立内閣		14
ロッキード事件		128
ローカル・コミュニティ		168,171,175,184
ローカル・マニフェスト選挙		296

わ

若田恭二		96,101,104,314
脇圭平		3
渡部恒三		195

著者略歴

大橋　松行（おおはし　まつゆき）

1951年	滋賀県長浜市に生まれる
1976年	同志社大学法学部政治学科卒業
1978年	佛教大学大学院社会学研究科社会学専攻修士課程修了（社会学修士）
1982年	佛教大学大学院社会学研究科社会学・社会福祉学専攻博士後期課程単位取得満期退学
現　在	滋賀県立大学人間文化学部助教授
専　攻	政治社会学，地域運動論，教育社会学

主要著書・訳書

単　著　『生活者運動の社会学―市民参加への一里塚』北樹出版，1997年
　　　　『地域変動と政治文化の変容―滋賀県における事例研究』サンライズ出版，2000年
　　　　『蛍雪の学び舎・癒しの学び舎―変わりゆく定時制高校』サンライズ出版，2003年

共　著　『近代化の社会学』晃洋書房，1982年
　　　　『社会学の現代的課題』法律文化社，1983年
　　　　『近代の滋賀』滋賀民報社，2002年
　　　　『日本国憲法のすすめ―視角と争点』法律文化社，2003年
　　　　『教職への道標―現場で役立つ教職概論』サンライズ出版，2004年
　　　　『地域計画の社会学―市民参加と分権社会の構築をめざして』昭和堂，2005年
　　　　『変動期社会における地方自治―現状と変化，そして展望』ナカニシヤ出版，2006年
　　　　『地方自治の社会学―市民主体の「公共性」構築をめざして』昭和堂，2006年

訳　書　『人間社会に関する7つの理論』（トム・キャンベル著，共訳）晃洋書房，1993年

地域政治文化論序説―滋賀県の政治風土研究

2006年10月28日　初版発行

著　者　大橋　松行
発行者　岩根　順子
発行所　サンライズ出版株式会社
　　　　滋賀県彦根市鳥居本町655-1
　　　　〒522-0004　TEL.0749-22-0627

© MATSUYUKI OHASHI
ISBN4-88325-311-2

印刷・製本　P-NET信州
定価はカバーに表示しております。